# 设计
# 交叉与融合

创造性未来
教学模式

陈香◎著

DESIGN

FUSE

OVERLAPPING

化学工业出版社

·北京·

## 内容简介

本书是江苏省教育科学"十三五"规划重点课题项目"综合性大学设计类专业'交融'系统整合创新型教学模式构建研究（B-a/2016/01/20）"的成果。

本书详细介绍了国内外工业设计领域本科教学中，各学科间交叉教学模式的构成、组织形式、实施方案及实施过程、成果等方面的内容。文中系统分析了当代国内外高校设计专业教学模式的历史演变过程、改革特点和发展前景。通过查阅国内外文献及走访国内外高校设计类专业的师生，以充实本书的核心内容，主要包含的高校有美国的佛罗里达大学艺术学院、斯坦福大学、北伊利诺伊大学、卡内基梅隆大学，意大利的米兰理工大学、都灵理工大学、佛罗伦萨美术学院、罗马一大等以及日本的名古屋大学、东京艺术大学、筑波大学、札幌市立大学、千叶大学和国内的江南大学、浙江大学及同济大学等高校综合研究而成。书中通过对以上各个院校实施交叉模式过程中的理论与实际案例的比较研究，总结出设计类专业在与其他学科交叉时存在的问题点、共同点与差异性，进而构建"未来创新型"教学模式的框架，并在此基础上提出中国设计学科交叉后该如何融合的策略、措施和方法，以供设计类院校和设计相关者参考并借鉴。

本书适合高等院校艺术设计和工业设计专业教学使用，也可供设计爱好者自学设计理论和实践知识参考。

## 图书在版编目（CIP）数据

设计交叉与融合：创造性未来教学模式/陈香著. —北京：化学工业出版社，2021.5（2023.4重印）

ISBN 978-7-122-38977-0

Ⅰ.①设… Ⅱ.①陈… Ⅲ.①高等学校-教学模式-研究 Ⅳ.①G642.0

中国版本图书馆CIP数据核字（2021）第071266号

---

责任编辑：王 烨　　　　　　　　　　文字编辑：谢蓉蓉
责任校对：张雨彤　　　　　　　　　　装帧设计：王晓宇

出版发行：化学工业出版社（北京市东城区青年湖南街13号　邮政编码100011）
印　　装：涿州市般润文化传播有限公司
787mm×1092mm　1/16　印张17¼　字数436千字　2023年4月北京第1版第3次印刷

购书咨询：010-64518888　　　　　　售后服务：010-64518899
网　　址：http://www.cip.com.cn
凡购买本书，如有缺损质量问题，本社销售中心负责调换。

---

定　　价：128.00元　　　　　　　　　　　　　　　　　　版权所有　违者必究

# 前言
## PREFACE

随着知识经济和科技的飞速发展，高质量、高水平、多元化创新的教学已成为世界高等教育的广泛诉求，每年以改革教学模式为契机提升教学质量，是各国大学达成的广泛共识。在此背景下，各种教学模式的改革与创新已成为各国大学教育改革的主旋律。我国的高等教育随着经济社会对人才要求程度的日益提高，目前正面临着人才培养与教育教学质量亟需不断改进与完善的问题。如何改革我国大学本科教学模式、促进大学教学质量不断提高以培养创新人才、实现高等教育的可持续发展，是我国大学亟待解决的重要课题。因此，研究新时代背景下国内外大学本科教学模式的改革与创新的优势，将在一定程度上对国内高等院校创造双一流的大学起到推动作用。

近年来，国外在大学本科及研究生教学模式的改革方面积累了不少值得我国借鉴的经验，这反映在大学本科教学模式的类型、组织设计与教学实践等方面。国际间大学本科教学改革的研究也较活跃，各国间相互借鉴已日趋频繁。因此，学科间的交叉与融合是世界高等教育改革发展的必然趋势。交叉学科教育与专业教育的"共生效应"是构建学术共同体的基础和支柱，交叉学科教学与研究的"协同融合"取决于各领域的特色与限度。

我国在高等教育研究领域也十分重视对教学模式的改进与研究，在理论与方法层面已取得很大进展，但对国内外大学本科学科交叉的教学模式，特别是工业设计专业的交叉课程研究还不够深入，这反映在缺乏能够较为全面和系统地认知大学本科设计类交叉学科在教学上的相关课程、实践、项目合作等交叉的模式、框架及其交叉后融合的方法、措施及策略上最新进展的研究等方面。

本书从纵横两个方面梳理当代国内外大学本科交叉课程教学模式的发展与变革。从纵向来看，本书探讨了国内外大学本科交叉课程教学模式的历史演变过程，分析了当代国内外大学本科交叉课程教学模式改革的特点，并展望其未来的发展前景。从横向来看，本书在研究对象上选取了国内外知名综合性大学、设计类专业本科及研究生教育中交叉课程教学的现状进行实际调研，并通过课堂教学的实践应用案例来说明各学科在交叉过程中，其教学目标、人才培养目标、课程设置、教师匹配及学生学习能力等环节所存在的优点和问题点。

在研究方法上，本书以"问题逻辑"为研究路径，对学科交叉后存在的问题进行探索研究。从发展的角度探讨国内外大学本科交叉课程教学模式的历史演进过程，分析当代大学设计类专业交叉课程教学模式创新的背景和动因，以便把握来龙去脉，促使各学科间相关知识的"隔离"变为知识"系统整合"，并相互借鉴与活用；同时也注重运用横向比较的方法，对国内外大学设计类专业交叉课程教学模式的内涵、特征、理论基础与组织设计原则进行了深入分析，并对交叉课程教学模式存在的问题点进行总结与评价。

书中还将理论探讨与实践研究相结合，选取了具有典型性的国内外大学的个案，以勾勒出当代国内外大学设计类专业交叉课程教学模式改革与创新的新面貌。并提出在面临多元教学"融合"挑战的同时，概括、归纳并总结出影响设计专业交叉课程实施方案改革的要点因素，着重强调学科交叉的科教结合是本科教学体系重构的有力支撑，提出"为创造性而教""为未来型而学"的设计交叉与融合的教学模式，提出从设计视角下系统整合地培养具有创造性的未来人才的无限魅力，为推动我国高校本科设计类专业交叉与融合的教学改革提供有益的参考与借鉴。

由于笔者时间和水平所限，书中不妥之处，敬请广大读者批评指正。

于江南大学设计学院

2021年6月6日

# 第1章 交叉学科的基本概念　　/ 001

## 1.1 基本概念认知　　/ 002

## 1.2 交叉学科教育现状　　/ 003

### 1.2.1 问题的提出　　/ 003
### 1.2.2 交叉学科的内容　　/ 005
### 1.2.3 交叉学科的属性　　/ 005
### 1.2.4 交叉学科的含义　　/ 007
### 1.2.5 交叉学科的种类　　/ 007
### 1.2.6 交叉学科的作用　　/ 007
### 1.2.7 交叉学科的形式　　/ 008
### 1.2.8 交叉学科的教育模式和专业建设　　/ 009
### 1.2.9 交叉学科的人才培养与资源　　/ 009

## 1.3 国内外研究现状　　/ 010

### 1.3.1 国内研究综述　　/ 010
### 1.3.2 国外研究综述　　/ 011
### 1.3.3 亟待解决的问题　　/ 012
### 1.3.4 研究意义　　/ 013

## 第2章 国内外设计交叉教学模式 / 015

### 2.1 设计交叉教学模式 / 016
- 2.1.1 国外设计交叉教学模式的分类 / 016
- 2.1.2 国内设计交叉教学模式的分类 / 020

### 2.2 设计交叉学科教学 / 025
- 2.2.1 设计与交叉学科间的关系 / 025
- 2.2.2 设计交叉学科教学的内涵 / 031
- 2.2.3 设计交叉学科教学的目标和任务 / 035

### 2.3 设计多元交叉模式 / 038
- 2.3.1 设计学科的教学模式 / 038
- 2.3.2 其他学科的教学模式 / 039
- 2.3.3 设计与交叉学科教学模式概述 / 041
- 2.3.4 设计学科交叉教学的科学性与必要性 / 045

## 第3章 中国设计交叉模式 / 047

### 3.1 国内高校的交叉学科教学发展背景与现状 / 048
- 3.1.1 高校交叉学科教学发展背景 / 048
- 3.1.2 江南大学设计专业发展状况 / 048
- 3.1.3 浙江大学设计类专业发展状况 / 055
- 3.1.4 同济大学设计类专业发展状况 / 061

### 3.2 三所高校设计专业交叉学科的相关教学模式的理论分析 / 067
- 3.2.1 江南大学设计专业交叉学科现状 / 067
- 3.2.2 浙江大学设计专业交叉学科现状 / 068
- 3.2.3 同济大学设计专业交叉学科现状 / 070

3.3 三所高校交叉学科教学模式改革与发展状况 / 073

  3.3.1 江南大学交叉学科教学模式 / 073

  3.3.2 浙江大学交叉学科教学模式 / 076

  3.3.3 同济大学交叉学科教学模式 / 079

3.4 三所高校交叉学科教学模式特点分析 / 082

  3.4.1 三所高校开展交叉学科教学模式改革的一致性 / 082

  3.4.2 三所高校开展交叉学科教学模式改革的差异性 / 087

  3.4.3 三所高校交叉学科教学模式存在的问题点 / 093

  3.4.4 三所高校交叉学科教学模式改革问题启示 / 095

## 第4章 美国设计交叉模式 / 096

4.1 美国高校的教学发展背景与状况 / 097

  4.1.1 美国高校教学发展背景和教学目的 / 097

  4.1.2 美国高校交叉学科教育发展状况 / 101

4.2 美国四所高校设计交叉教学模式与发展状况 / 108

  4.2.1 四所高校设计交叉的知识体系、课程设置、教学方法、人才培养目标 / 108

  4.2.2 美国四所高校开展设计交叉教学模式存在的问题点 / 136

  4.2.3 美国高校交叉学科的两种模式 / 137

4.3 美国四所高校开展设计交叉教学模式的一致性和差异性 / 138

  4.3.1 美国四所高校开展设计交叉教学模式的一致性 / 138

  4.3.2 美国四所高校开展设计交叉教学模式的差异性 / 140

4.4 美国高校设计交叉教学模式的特点及启示 / 142

  4.4.1 美国高校设计交叉教学模式的四个特点 / 142

  4.4.2 美国高校设计交叉教学模式发展的启示 / 144

## 第5章　意大利设计交叉模式　　/ 145

### 5.1　意大利高校的教学发展背景与状况　　/ 146
- 5.1.1　意大利高等教育的背景　　/ 146
- 5.1.2　意大利高校设计教育的发展　　/ 147
- 5.1.3　意大利高等教育的国际化视野　　/ 151
- 5.1.4　意大利高校设计教育教学模式　　/ 156

### 5.2　意大利高校交叉学科教学模式比较分析　　/ 167
- 5.2.1　意大利高校交叉学科改革与发展　　/ 167
- 5.2.2　意大利高校交叉学科教学模式　　/ 168
- 5.2.3　意大利五校交叉学科教学模式比较　　/ 170

### 5.3　意大利高校设计交叉中的师资、课程与教学方法　　/ 176
- 5.3.1　设计交叉中的师资配置　　/ 176
- 5.3.2　设计交叉中的课程设置　　/ 178
- 5.3.3　设计交叉中的教学方法　　/ 181

### 5.4　意大利高校设计交叉教学模式改革的一致性与差异性分析　　/ 184
- 5.4.1　意大利高校开展设计交叉教学模式改革的一致性　　/ 184
- 5.4.2　意大利高校开展设计交叉教学模式改革的差异性　　/ 188
- 5.4.3　意大利高校设计交叉教学模式存在的问题　　/ 190

## 第6章　日本设计交叉模式　　/ 193

### 6.1　日本高校设计交叉教学发展背景与状况　　/ 194
- 6.1.1　日本高校教学发展背景　　/ 194

6.1.2　日本高校设计交叉教学发展状况　　　/ 200

　　　6.1.3　日本高校教学人才培养目标　　　/ 202

　6.2　日本五所高校设计交叉教学模式改革与发展状况　　　/ 205

　　　6.2.1　名古屋大学研究生院学科结构　　　/ 205

　　　6.2.2　东京艺术大学　　　/ 211

　　　6.2.3　筑波大学　　　/ 214

　　　6.2.4　札幌市立大学　　　/ 219

　　　6.2.5　千叶大学　　　/ 223

　6.3　日本五所高校交叉学科教学模式存在的问题　　　/ 229

　　　6.3.1　五所高校存在的问题　　　/ 229

　　　6.3.2　日本设计在交叉学科中存在的整体问题　　　/ 230

　6.4　日本五所高校设计交叉教学模式的一致性与差异性分析　　　/ 232

　　　6.4.1　日本的五所高校开展设计交叉教学模式的一致性　　　/ 232

　　　6.4.2　日本五所高校开展设计交叉教学模式的差异性　　　/ 234

　6.5　日本高校设计交叉学科的发展模式　　　/ 236

　　　6.5.1　以学生为本体，结合多方需求使交叉良性发展　　　/ 236

　　　6.5.2　以需求为导向，探索设计交叉模式新的发展方向与目标　　　/ 236

　　　6.5.3　多元主体参与，搭建设计交叉学科的实施平台　　　/ 237

# 第7章　创造性未来　设计交叉＆融合　　　/ 238

　7.1　设计交叉融合教学模式的构建　　　/ 239

　7.2　科技应用下设计交叉融合教学模式的转型　　　/ 242

　　　7.2.1　创立技术应用实践型设计教育新形式　　　/ 242

　　　7.2.2　推动科技型设计院校发展的战略意义　　　/ 243

### 7.3 强化设计交叉融合教学模式的特色 /244
  7.3.1 交叉融合背景下设计专业教学模式的基本思路 /244
  7.3.2 设计学科交叉融合教学模式的组成内容 /247

### 7.4 建立设计学科交叉融合团队、平台和实验基地 /248
  7.4.1 制定激励学科交叉融合的措施办法 /248
  7.4.2 寻求多样化的学科交叉方法 /248
  7.4.3 建立设计交叉融合教学模式的组织架构与形式 /250

### 7.5 制定设计交叉融合教学模式的实施路径 /252
  7.5.1 设计交叉学科教学的应然路径 /252
  7.5.2 交叉学科促进了设计新学科专业的层次结构 /254

### 7.6 保障设计交叉融合教学模式的机制 /256
  7.6.1 搭建有利于学科交叉发展的平台 /256
  7.6.2 建立有效的交叉学科资源配置机制 /256
  7.6.3 完善科学的评价和绩效考核机制 /256
  7.6.4 推行交叉学科教学培养交叉型人才 /257
  7.6.5 加强政产学研整合合作式的交叉学科教学 /257
  7.6.6 营造设计交叉学科与各个组织间合作创新的氛围 /257

## 结语 创造性未来设计交叉与融合的趋势 /259

  设计交叉融合促进"双一流"学科建设 /260
  设计交叉与融合引领科技理念创新 /260
  设计交叉与融合增强体制上的创新 /260
  设计交叉与融合是夯实学科建设的基础 /261

## 参考文献 /262

# 第1章
# 交叉学科的基本概念

1.1 基本概念认知
1.2 交叉学科教育现状
1.3 国内外研究现状

## 1.1 基本概念认知

**设计类专业**：指包括产品设计、视觉设计、环境设计、数字媒体设计、服装设计等相关设计在内的专业。设计类专业注重学科交叉应用，强调艺术和技术、文科和工科、设计和生产、人才和市场的相互融合与互通，并强调与实际生产、市场、使用者的紧密联系。在培养人才时，除需注重艺术方面的能力之外，也需重视工程类的技术能力，以及其他相关交叉学科的能力。

**交叉学科**：交叉学科在西方被称为跨学科，是指在两种或两种以上不同学科间或同一学科内进行的概念移植、理论渗透、方法借用等跨学科活动。这种学科互动包含了丰富的内容，从基础性的学科认识到材料、概念、方法论和认识论、学科话语的融会贯通，再到研究路径、研究组织方式和学科人才培养的整合，最终形成独立的、跨越单一学科的交叉学科或交叉学科群。交叉学科在人才培养方面具有显著的优势，学科间发生联系，以"相干""共振""融合""吸附""嵌入"等方式共享知识。交叉学科包括自然科学和社会科学各自内部的交叉，也包括自然科学和社会科学的交叉。本书所论述的"交叉学科"是指一种跨学科的研究或教育活动。

**交叉学科类别**：专业交叉、跨学科交叉、邻近交叉、远距交叉、简单交叉、复杂交叉等。

**本专业交叉**：指在同一个大学科群内的分支学科间的交叉，如设计中的产品设计、视觉设计、公共艺术、环境设计、服装设计、多媒体设计交叉成为艺术设计学，艺术学中的音乐、美术、戏剧、摄影等交叉成为电影学等。

**跨专业交叉**：指在不同类学科群内的各分支学科间的交叉，如设计学与心理学交叉成为设计心理学，教育学中的美育学与心理学交叉成为美育心理学。

**邻近交叉**：指两门或两门以上分支学科及相邻学科间的交叉，如电动力学、解析几何学、生物化学。

**远距交叉**：指两门或两门以上不相邻学科的交叉，如自然科学的顶端学科数学与社会科学的顶端学科美学交叉成为量化美学。

**简单交叉**：指两门平行邻近学科的交叉，如设计学、艺术学。

**复杂交叉**：指两门或两门以上非平行或非邻近学科的交叉，如美育心理学、量化美学、自然科学、美育心理学等。

**"交融"**：指设计与其他学科的"交叉"与"融合"。交叉学科是在传统学科（如物理、化学、心理学、哲学、美术、经济学等）的基础上发展起来的学科形式。"交叉"多指各学科之间在内容上的简单重叠，虽然形成了多学科的教学体系，但各学科还保持着相当的独立性；"交融"是在"交叉"基础上的升华，指各学科之间不再是单独的个体交叉，而是在教学模式、实施措施、保障体系、研究对象等方面更深层次的相互融合。

**"交叉"的三个层次**：学科内容、学科间方法、研究领域之间的交叉。

**"融合"的三个层次**：学科间存在着共同的目标、限制条件、研究对象之间的融合。

**"交融"的功能性**：从交叉后的学科状态来看，单纯的"交叉"后可形成相互借鉴的学科，而"交融"后可形成相对独立且具有创新性、前沿性与新颖性的学科。

交叉学科与传统科学部类及其他类型学科相比有着鲜明的特征，具体如下。

**整合性**：交叉学科的形成和发展是科学知识体系整体化的最重要表征。交叉学科中的各门学科拉近了传统学科部类之间的距离，填平了各类学科之间的鸿沟，使学科知识体系越来越成为一个有机的整体。交叉学科的发展极大地促进了哲学学科和社会学科向生产力的转化，加强了科学知识与社会实践的联系，推动了从科学到技术再到生产的一体化。

**远缘性**：交叉学科的各门学科产生于研究对象差异较大的学科之间，是学科间远缘联姻的产物。例如，生态伦理学是由生态学和伦理学两门研究对象相差很远的学科相互交叉和渗透形成的。这种跨越巨大差异的学科融合，往往会表现出极强的生命力，并能够对其他交叉学科的孕育起到积极的作用。

**多样性**：交叉学科的各交叉学科形式多种多样。有相邻学科之间的交叉，也有边缘学科之间的交叉；有同一层次学科之间的交叉，也有不同层次学科之间的交叉；有两门学科之间的交叉，也有两门以上学科之间的交叉；有传统学科之间的交叉，也有传统学科与新兴学科之间的交叉；有自然学科之间的交叉，也有社会学科之间的交叉，还有自然学科与社会学科之间的交叉；有内交叉，也有外交叉；有顺交叉，也有逆交叉。这些交叉学科都不同程度地表现出"交"的结构形式。

交叉学科是一门多学科知识的再构成或重构，也是对信息进行多角度、多层次加工后而形成的跨学科、多重、多种、多维思维的交互活动。

交叉学科的构成要素主要有：同学科、多分支和多学科、多分支重组；多种研究和思维方法并用；多科、多向研究者协作；跨学科评价体系的建立和使用等。

## 1.2 交叉学科教育现状

### 1.2.1 问题的提出

现代科学技术促进了学科形态的高度分化和高度融合。近年来，学校教育的发展正朝着交叉融合的方向不断发展。由于各学科之间的相互渗透和交叉，各学科之间的界限，逐渐形成了学科内容相互融合的现象，各学科之间的界限在交叉和融合中变得模糊和发展。

随着学科的交叉和融合发展，科学出现了不同形式的创新。高校在学科交叉领域有着天然的优势，其多学科多专业并存、多学科专家学者聚集、综合性的科研机构、专门的综合性科研管理机构、跨学科跨专业硕士生博士生等，为交叉学科的教学、成果和队伍的形成提供了有利的条件和基础。随着社会对综合型人才需求的日益增多，跨学科的发展正在成为高校提高学术和教学水平不可缺少的因素，尤其是学科和专业的创新和提升也成为现代一流大学发展的主要方向和主题。

第一，在目前高校人才的培养方式中，学科之间的界限往往比较明显，学科之间的交叉和融合尚不够深入，交叉学科的发展也处于起步阶段。高校学科的分离和学科的划分过于细化，导致知识间的联系被切断，一些联系紧密的知识呈现出分离、分解的状态。高校中过分强调专业的精细分工，使得人才的知识构成相对单一，学生缺乏多角度思考和处理问题的知识基础和创新能力。在高校教育中，单一的学科"专业"教育模式容易忽视学生在新时期需要适应各种产业发展的需求，太重视理论就会偏向人文教育，知识面太狭窄就会偏向专业教育，以就业为导向则会偏向功利主义，从而使高校的人才培养目标很难适应实践知识和理论知识的综合应用创新，也很难适应社会的需要、职业的发展和就业及其他。

第二，随着新时期科学技术的发展，各学科的高度分化和交叉融合，以及知识经济的变化，科学知识向综合知识转变成为必然。学生知识面的拓宽、学生教育课程的改革以及教育内容、形式和人才培养目标的变化被推到了现代教育发展中，并不断得以修改和丰富。在知识日益广泛、分散和增长的情况下，采取综合的、多学科的或跨学科的方法来解决教育的复杂问题是更为有效的教育方案，特别是在对教育的批判反思中，学术界和企业界认识到长期形成的理工科、社会科学、文艺学、理学、工学、农学的分离，已经导致这些基础学科的发展遇到瓶颈。由此，促进新学科创新理念的相互促进，推进教育改革、教育模式创新和人才培养一体化是当务之急。

耶鲁大学校长理查德·莱文指出，交叉学科的广度和批判性思维的培养是中国本科教育缺失的两个关键因素。微软公司首席研究和战略官科瑞格·蒙迪表示，人类面临的问题在未来将变得越来越复杂，解决之道就在于跨学科的合作，尤其是以市场为导向的企业希望当今的大学能够培养出越来越多的跨学科、综合型创新人才。因此，在高校中推进跨学科教育工作已迫在眉睫。

第三，"跨学科"是当前课程改革的要求之一。传统的分学科教育方式虽然能够帮助学生更系统地获取知识，但也存在一些局限性。首先，分科课程过于重视本体学科知识，排斥其他逻辑系统的知识，容易切断不同学科之间的横向联系，这将不利于对事物整体属性的把握；其次，分科课程过度关注各学科本身知识体系的完整性，忽视了知识和社会生活之间的联系，这不利于学生综合思维能力和处理实际问题能力的培养；再次，分科课程教学中以知识为本位，忽视了学生学习的主体地位，这很容易导致学生在情感、态度、能力和其他方面的发展不平衡。我国《基础教育课程改革纲要（试行）》中明确提出：各门课程都应重视学科知识、社会生活和学生经验的整合，改变课程过于强调学科本位的现象，淡化学科间的界限，加强学科渗透"学科交叉"的相关研究，打破专业垄断，加强学科之间的交流与合作，促进学科知识、社会生活和学生体验的融合。将不同学科相互交叉，打造具有融合性的课程体系，不仅符合时代、社会等多方面的需要，也能促进重大科学问题的有效解决。

第四，高校应改变以学科为中心的组织运行模式，摒弃追求标准的、统一的"效率取向"，从"标准化教育"向"个性化教育"、从"分科教育"向"跨学科教育"的转变已成为高等教育改革的重要趋势之一。对此，美国学者克莱恩提出："大学一旦围绕现实或问题来组织活动，不但是科学，连学科交叉也不再是一种教学方法或视野，而是一种组织化的需求。"我国跨学科领域专家刘仲林教授也认为："在现代科学技术和教育的发展中，对跨学科现象的全面关注和研究，不是无用，也不是小用，而是有大的用处。"因此，在构建新的教学体系时，应注意两个维度：一是学科专业的深度，二是学科交叉的广度。二者缺一不可。

党的十七大、十八大以及2017年的十九大报告和近年来国家出台的科技、人才、教育三大中长期改革和发展规划纲要，明确了创新型国家建设和社会发展战略目标，提出要以培养创新型人才和推进高水平科技创新作为高水平大学的主要任务。学校承担着推动学科创新和教学改革创新的重要任务，关键是要培养一大批适应创新型国家建设和社会发展需要的复合型、创新型人才。跨学科教育作为"专业教育"的平衡力量，其根源在于大学知识库的变化、人才培养目标的定位，以及日益复杂的社会发展对大学人才培养的要求，因此已成为现代社会转型的教育思考和行动指南。

第五，创造性正在逐渐成为核心竞争力。随着知识经济的发展，社会的转型和生产方式的改变，人们的生活方式和思想观念也在不断发生着变化，差异性、创造性和主体性逐渐成为人们关注的焦点，而教育的转型和变革则是促进人才培养多样化的重要手段。高校人才培养目标的转变，也是教学目标、教学课程、教学知识体系等方面的教学模式的转变。国外对跨学科教学的研究起步较早，也较成熟。目前，美国、意大利、日本和其他发达国家把多年交叉学科教学在教学实践中探索的经验，投入到各种各样的综合课程中，通过跨学科的思考，旨在整合学科知识并将学生培养为具有整合创新能力的人才。总之，各学科间的交叉以及相互融合已成为国际科学教育的新特征，也是当前教育国际化的必由之路。

本书将基于学科交叉与融合的背景，尝试去关注、思考和把握当代科技发展、知识演进、教育转型的趋势，研究国内外设计类专业院校在教学、课程设置、教学目的及教学实践上可借鉴的共同特征，分析有待改进的缺陷以及主要差距等，总结并提炼交叉学科教育的综合性内容要素，为我国高校设计类专业的多学科交叉融合提供参考。

## 1.2.2　交叉学科的内容

"交叉学科"是近年来国内外学术研究较为关注的主题，也是世界各国高校普遍关注的热点。总体来看，国外学术界对"交叉学科"问题的关注始于20世纪20年代，一直发展到80年代，国外的研究趋势已经从主要关注模式、形式和结构的问题，转向关注支撑学科结构的行为观察和过程分析的内容。从80年代开始，我国许多学者也逐渐展开对交叉学科相关学术的研究。他们主要围绕交叉学科的概念、发生机制、发展模式、实践内容等方面以及高校跨学科组织与学科建设、跨学科教育与人才培养等领域，不断拓宽研究思路、视角和空间，在跨学科研究和跨学科教育方面取得了很多丰富的理论和实践成果，也为本研究作了先期的理论铺垫和实践积累。

基于对交叉学科中教学模式的研究，本小节主要从科学学科、教育学学科视域，对国内外学术界及与本主题相关的教学进行梳理研究。主要有三个方面：一是关于交叉学科基本属性的研究；二是关于交叉学科教育模式的研究；三是关于交叉学科中教学实践及成果的研究。

## 1.2.3　交叉学科的属性

现代意义上的"学科"起源于19世纪，包含三个层次的含义：一是传递知识、教育教学的活动，即教学的科目；二是科学的分支和知识的门类，即学问的分支；三是从事教学和研究的机构，即学术的组织。从以上内容可以看出，学科不仅仅是一套知识的分类体系，同时也是具有约束力和引导力的社会建制。有学者将"学科"的三层意思概括为专门化的知识体系，其延伸意义是指学术组织，隐含有实现知识专门化、规范化的意思。

"交叉"一词在汉语中的基本含义，是指几个方向不同的线条互相穿插或事务间

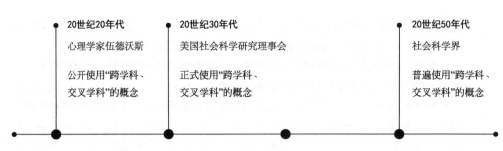

图 1-1 交叉学科的发展历程

隔错杂。"交叉学科"的英语为"Interdisciplinary",其译法主要有:跨学科、交叉学科。20世纪20年代,哥伦比亚大学著名心理学家伍德沃思(R.S.Woodworth)在美国社会科学研究理事会上最早公开使用"跨学科、交叉学科"的概念,指出理事会的主要职能是发展涉及两个或两个以上学科的综合研究;20世纪30年代,美国社会科学研究理事会正式使用"跨学科、交叉学科"活动的说法,认为"跨学科、交叉学科"是指超越一个已知学科的边界而进行的涉及两个或两个以上学科的实践活动。从20世纪50年代起,这一术语已在社会科学界得到普遍使用,并一直风行至今。交叉学科的发展历程如图1-1所示。

学界对"交叉学科"的概念,较有影响的观点有十多种,主要分为三种理解。

第一种理解,将"新学科""新兴学科""边缘学科""横向学科""横断学科"等概念都等同于交叉学科。美国国家科学院协会对"交叉学科"的解释是:交叉学科是指两门或两门以上学科交叉渗透,在学科交叉的空白地带构建出新知识体系,形成属于自己独有的概念、原理、方法、原则、范畴、规范等基本要素。

第二种理解,将"交叉学科"视为一组学科群,所有具有交叉特点的、包括众多的跨学科在内的学科群,按照交叉程度的不同,大体可分为"比较学科、边缘学科、软科学、综合学科、横断学科和超科学"。也就是说,交叉学科不是某一学科孤立的个体现象,而是涉及两门或两门学科以上的系列现象,是冲破原有学科系统的一个新崛起的学科群。

第三种理解,将"交叉学科"视为一种跨学科性的协作攻关和跨学科研究性的科学实践活动,是"具有不同学科背景的专家所从事的联合的、协调的、始终一致的研究"。

美国学者克莱恩将学科交叉按活动目的分为"工具性交叉学科""认知性交叉学科"和"跨学科"三类。其中,工具性交叉学科旨在两个成熟与稳定学科之间构建联系、架起桥梁;认知性交叉学科指向重新构建知识和概念,用一种学科的方式来定义另一个学科领域;跨学科则是寻求知识的整合与统一,如图1-2所示。可以说,每一类都代表了一种更强程度上的知识融合。拉德克(Lattuca,L.R.)在广泛采访多位从事跨学科工作学者调研的基础上,定义了四种类型的交叉学科:借用式学科、综合性交叉学科、跨学科和概念性交叉学科。借用式学科指从一门学科延伸到别的学科或者从别的学科那里获取方法;综合性交叉学科指通过课程或者研究问题的方式将各个学科紧密地联系起来;跨学科指课程和研究问题跨越了学科;概念性交叉学科则显示了一种知识上的追求,这种追求不一定必须有学科基础,而要有新的知识空间。交叉学科通常都会遵循一种知识融合不同的水平进行定义和分类。

| 工具性交叉学科 | 认知性交叉学科 | 跨学科 |
|---|---|---|
| 在两个成熟与稳定学科之间构建联系，架起桥梁 | 重新构建知识和概念；用一种学科的方式来定义另一个学科领域 | 寻求知识的整合与统一；每一类都代表了一种更强程度上的知识融合 |

**图 1-2　交叉学科按活动目的分类**

### 1.2.4　交叉学科的含义

综合学术界对交叉学科定义的不同看法，可以给出交叉学科的概括性定义：交叉学科是在一定的条件下，由不同的学科或不同的领域交叉渗透、彼此融合、相互作用而形成的新兴学科。

交叉学科的含义：首先，交叉学科是主客观条件相结合的产物。就客观而言，它是人们实践需要的反映，是现代科学技术迅速发展的结果；就主观而言，它是各门学科矛盾自身演变的结果，是传统学科的继承与发展。其次，从学科整体的格局来看，交叉学科已冲破原有学科的界限，而形成一个新的学科群。最后，交叉学科的知识体系是诸学科间交叉渗透、创造性地建构起来的新的知识体系，它开拓了新的研究领域，有着独特的学科研究对象，并已形成了其学科领域的概念、原理、方法等。

### 1.2.5　交叉学科的种类

交叉学科是由两门或两门以上的学科在交叉渗透的基础上发展起来的不同层次的学科群，它可以分为以下三类。

**狭义的交叉学科**：指两门学科研究范畴交叉渗透，或用一门学科的原理和方法解决另一门学科的研究问题而产生和发展起来的学科，如政治社会学、军事社会学、人文地理学、历史哲学等。

**综合学科**：指多门学科相互渗透融合，为解决某些新问题或复杂问题集中运用多门学科的理论和方法而形成的新兴学科，如管理科学、行为科学、系统科学、领导科学等。

**横断学科**：指以各门学科的某些共同特点、各种运动形成间的内在联系和共同的规律为研究对象的新兴交叉学科，如系统论、信息论、控制论、耗散结构论等。横断学科具有综合性和广泛性的特点，它为自然科学和社会科学之间架起一座桥梁，成为促进现代科学发展整体化的一个重要因素。

### 1.2.6　交叉学科的作用

通过学科交叉，不断丰富和完善学科知识体系，为人类认识世界、改造世界提供了多样化解决问题的方法、手段和角度。交叉学科在科学研究中有以下几个方面的作用。

**交叉学科是获得原创性科学成果的重要途径**。随着科学研究的深入，单一的学科知识体系并不能揭示事物更为复杂和深刻的变化。学科的交叉与融合给了科学家一套新的方法，使他们跳出原来学科的狭窄领域，突破传统学科方法的束缚，综合运用多学科方法解决复杂问题。

**交叉学科易于培养复合型研究人才**。随着科学研究的深入，单一的学科体系并不能揭示事物更为复杂和深刻的变化。学科的交叉与融合给了科学家一套新的方法，使他们跳出原来学科的狭窄领域，突破传统学科的束缚，综合运用多学科方法解决复杂问题。

**交叉学科有利于促进学科建设**。学科的整体格局不断整合和分化，形成了大量的交叉学科。同时，大量学科交叉的出现，暴露了传统学科结构的局限性，使学科都不能"封闭"，只有突破原有学科的边界，才能实现本学科的生存和发展。由于大量学科的出现，有效地促进了学科格局的转变和学科建设与发展。

**交叉学科使决策科学化**。客观的事物是复杂的。当我们从不同的角度和层次来考察它们时，它们就会有不同的内容。面对复杂、多因素、多变量的决策任务，只有运用交叉学科的理论、方法、手段，才能避免在决策过程中出现重大失误。学科间的交叉可以将分析与综合相结合、定性与定量相结合、归纳与演绎相结合，并将辩证思维与观察、逻辑、数学等方法有机结合，使决策准确、科学。

### 1.2.7 交叉学科的形式

学科间的交叉具有多种不同的形式，有相邻学科之间的交叉，也有远缘学科之间的交叉；有自然科学和人文社会科学内部学科之间的交叉，也有自然科学与人文社会科学之间的交叉；有横向意义上的交叉，也有纵向意义上的交叉，还有应用研究和开发研究之间的交叉等。

从狭义看，学科间的交叉发生在学科之内或者学科之间，即自然科学和社会科学内部以及两大门类之间的交叉。

从广义看，学科间的交叉是一种跨科学、学术、生产三个部门并引导其协同发展的科研活动。无论是外生的，还是内生的，交叉学科往往都表现为"内交叉、际交叉和外交叉"等形式，其决定性因素在于研究人员和学者研究的最终目标。

交叉学科的崛起是科学发展的必然，具有跨学科性、综合创造性和自组织协作等特点，呈现交流型、方法型、项目型和平台型等学科交叉的模式。学科交叉多以学科的综合性和多科性为前提，基础学科的水平为基础，学科带头人队伍为关键。交叉学科研究开展，在我国主要以国家组织的重大科研项目形式进行，而70%左右主要是在研究型大学、综合性大学中开展。

学科间的交叉形式大致可分为三种模式：一是依托国家或教育部重点实验室模式；第二，交叉学科研究中心或研究所模式，如国家工程研究中心、校级交叉学科研究中心；三是独立的交叉学科研究中心模式。

目前，我国综合性大学大多采取"学校到学科再到各个教研室"的学术组织模式，大部分科研和教学体系建立在传统的单一学科基础上，使得交叉学科组织体系受到当前高校学术组织形式、管理体制和运行机制的制约，使得交叉学科研究在组织、制度和资源分配上都存在一定的障碍。相比之下，国外研究型大学已经探索了各种各样的模型，并推出了一系列相应措施，具有较高的借鉴价值。例如，建立"种子基金"来支持学科间交叉研究，促进共享核心设施的建设，实现教师任命和评价的新模型，并创建一个新的跨学科的部门。

### 1.2.8　交叉学科的教育模式和专业建设

交叉学科的教育模式总体可概括为"单交叉性教育模式""多交叉性教育模式"以及"研究性教育模式"三种。其中，单交叉性教育模式由两门或两类典型学科交叉而形成，如大学的文理渗透、理工结合；多交叉性教育模式由多门学科相互作用交叉而形成，如大学开设的城市规划、环境科学等，是以学科群为特征的跨学科教育；研究性教育模式则以重大的社会问题或综合性的科研项目为载体，以教学与研究、实践相结合为形式，以不同学科师生的共同参与为团队而形成。这三种交叉学科教育模式都比较注重知识的交叉性和教育的研究性，且都以培养具有交叉学科专业背景和交叉学科合作能力的学生为教学目的。

交叉学科专业建设在发达国家的本科人才培养中受到广泛重视。它主要有两种实施途径：一是开设交叉学科专业；二是学生自主设计"个性化专业"。交叉学科专业设置一般由两门或两门以上的课程组成，构成交叉学科专业课程体系。例如，耶鲁大学拥有"数学与哲学""种族与移民研究""分子生物物理学与分子生物化学"等交叉学科专业；加州大学伯克利分校拥有6个本科专业和3个研究生专业的"国际和区域研究"交叉学科专业群，专业组教师来自学校40个不同的传统院系。此外，一些大学还允许学生个性化定制学习内容，提出"个人专业"的课程组合模式，提交给学校的教学委员会进行审查和批准，学生如果完成相关课程和实现自己的职业目标，即可获得"个人专业"的本科学位。例如，加州大学伯克利分校的"非固定专业"、加州理工学院的"独立研究项目"、哈佛大学的"特殊专业"等。

与国外的大学相比，当前中国的本科教育仍处于相对较弱的跨学科专业建设中，存在着专业设置自主权、学科组织设置模式和运行机制、弹性培养机制、个性化专业改革等方面的制约因素。2008年，北京大学元培学院在国内首次开设了交叉学科本科课程"古生物学"。此时，交叉学科教学模式和人才培养模式的改革正式启动并逐步发展至今。

### 1.2.9　交叉学科的人才培养与资源

交叉学科人才培养的目的是打造复合型人才。复合型人才是指通过某些教育模式，培养具备广泛的基础理论知识，掌握两个或多个学科的知识和技能，充满交叉学科意识和创新精神的人才。学科的多样性和学科间的交叉网络结构决定了复合型人才知识结构的多样性和复杂性。

近年来，我国学者着重引荐了美、英、日、法、德、澳等国外发达国家开展交叉学科教育的实践经验，其中尤以美国高校案例居多。比如，美国高校重视交叉性的学科群设置与人才培养，在美国国家教育统计中心最新修订发布的《美国学科专业目录（2000版）》中，出现了交叉性的学科群设置，单独设置了"交叉学科"和"文理综合"两个学科群，占所有学科群的比例为7%；"交叉学科"学科群授予的学位占1.8%；"文理综合"学科群授予的学位占2.4%；还在其他学科群内设置了60个交叉类（一级）学科。此外，大多数学科还设置了学科内部的交叉专业。

国内高校的教学改革探索，主要集中在一些高水平研究型大学和综合性大学如"985"和"211"高校中。在本科教育方面，江南大学设计学院2000年在全国率先创办的设计整合实验班，其目的就是要打破艺术学、心理学、哲学等学科门类之间的学科专业壁垒，培养设计学科专业基础知识宽厚、综合素质较高、创新能力强的设计学复合型人才。

国内在培养交叉学科人才和拔尖创新人才方面进行了有益的改革探索，并取得了可喜的建设成果。与此同时，实施交叉学科人才培养，必须对现有的学科专业设置与管理体制提出改革要求，打破学科专业壁垒，淡化专业的实体性色彩，加强基础、拓宽口径、通专并用。比如，四川大学的人文试验班，其人才培养模式体现出"两个打通""两次分流""三段培养""联合培养"等特征，其课程设置体现出明显的多学科性和高度的综合性。在研究生教育方面，交叉学科教育的可能性和可行性更加明显，并开展了相关研究。然而，如何将交叉学科教育、教学模式和高校人才培养有机结合、有效推进，还需要进行系统深入的措施研究和实践研究。

与国外高校相比，目前我国交叉学科的教学模式及人才培养等方面的研究刚刚起步，鼓励学科交叉融合的管理体制、运行机制还不健全，交叉研究的资助力度和资助方式等都很有限。在各类项目基金申报计划中，交叉学科的研究也被列为一个单独的领域，虽与其他学科享有同等待遇，但总体上仍处于边缘状态；目前在交叉学科中仍然存在资源配置机制，教师聘任、考核、晋升机制，交叉学科研究成果的评审机制，交叉学科人才的招生、培养机制等尚不完善亟需解决的难题。

## 1.3　国内外研究现状

### 1.3.1　国内研究综述

20世纪80年代，我国经济学家于光远在国内首次提出交叉科学的概念。1985年4月，我国首届交叉科学学术讨论会在北京召开，钱学森、钱三强、钱伟长等著名科学家就交叉科学问题发表了重要讲话，会后出版了《迎接交叉科学的时代》文集，跨学科研究开始受到关注。而关于艺术设计学科中交叉的概念的提出时间则更晚。从以上文献资料研究来看，2003年金银在"设计艺术学科的交叉性研究"中提出"对于艺术设计来说，要用科学的方式深入到具体细节，才能交叉、综合"，设计艺术类的学科交叉的概念才真正被提出。

从近五年对文献的分析来看，早期研究重点关注艺术设计类在各个大学中交叉的运用情况介绍以及与其他专业发展的比较分析上。随着国家经济文化的发展以及对设计教育的改革，特别是随2012年教育部颁布了新一轮《普通高等学校本科专业目录》，新增了艺术学门类，并把设计学作为一级学科后，对于设计类的研究重点也慢慢转移到关注设计类各个专业方向教学模式的创新发展上，高校的设计教育改革也进入了转型期。

特别是江南大学设计学院在2012年提出"设计教育再设计"的改革先锋，并连续六年召开关于"设计教育转型"的国际会议，为全国高校的教学改革树立了典范，同时也不断建立起新的课程体系和创新教学模式。由此，全国掀起了设计教育改革的热潮，有关教育改革的研究也得到了进一步的广泛与深入。这主要表现在两个方面：

一方面，研究的文献量在不断增加，近六年的研究文献占所有该主题文献的70%多，但关于综合性学校设计类专业的交叉学科建设及教学模式研究文献较少。

另一方面，从内容分析来看，大多数研究偏重于国外高校经验层面的引荐，对我国高校特别是综合性高校的特点与自身发展以及如何促进跨学科人才培养的整体理性思考不深，理论支持薄弱。虽然近年来也提出了建设地方综合性大学的教学模式、中国特色的设计类教学方法，但以上的研究仍重点关注学科的内容体系以及教学目的等某一方面的研究，且往往只涉及设计学科的某一个专业，缺乏对整个学科的研究，不具备整体性和系统性；特别是对于学科交叉后更深层次的"融合"问题，其研究存在缺陷；缺少对学科教育的未来发展以及如何处理好与传统专业教育之间关系的关注度。

## 1.3.2　国外研究综述

1919年，德国著名的建筑师格罗皮乌斯建立的"国立包豪斯学院"被视为世界上第一所完全为了发展设计教育而建立的学院，着重培养学生的综合能力、实践能力、解决问题的能力等，是现代设计教育的新模式。

1996年，法国学者S·拉塞克、G·维迪努（S.Russell，G.Vidinu）在《从现在到2000年教育内容发展的全球展望》一书中首先提出关于学科"交叉"的方法，指出：应在新学科领域取得进步的同时不断丰富和修改自己的内容，并且在知识越来越广泛、分散和持续增加的情况下采取全面的、多学科或跨学科的新方法。

2002年，美国学者斯蒂芬（Stephen D.Brookfield，Stenphen Preskill）在《讨论式教学法——实现民主课题的方法和技巧》一书中提出：学生不应过早地精通某门学科，而涉猎各门学科的"通才"将来才会有更广阔的择业空间，并总结出专业和学科之间的交叉和打通，融入多专业、多学科和相关学科的知识，以培养智力和动手能力皆强的多专业、多学科的复合型设计人才。

2010年，美国耶鲁大学校长理查德·莱文（Richard levine）和微软公司首席研究及战略官科瑞格·蒙迪（Craig mundy）等学者提出：交叉学科的广度和批判性思维的培养，是中国大学本科教育缺乏的两个关键要素；面对未来人类所遇问题的复杂性，解决问题的办法取决于跨学科的合作，企业界特别希望大学能培养出更多具有跨学科能力和合作能力的人才等观点。

2012年，英国学者罗纳德·巴尼特（Ronald Barnett）指出：高等教育试图恢复其所承诺的自由探究特性，就要鼓励学生之间拉开距离，探询对不同知识的理解而可能走向不同的交叉学科中，以赢得自身的独立和自主等交叉学科的一些学术观点，传统模式的"个性化教育""分科教育"已向"跨学科教育"转变，并成为其他国家高等教育改革的重要趋势之一。

2017年，日本札幌市立大学莲见孝校长指出：设计理念和设计文化的基础性知识与当地市民文化建设的公益组织相结合，大力推广设计文化在整个社会中的传播，关注全社会问题，横向融合社会资源，为培养设计人才建构新的教育理念和实践途径。

2019年，麻省理工学院提出：秉承"专与通、知与行相统一，致力于培养在21世纪为本国和世界更好地服务的精英"理念，在创新作为主要的发展驱动力的时代特征下，依托传统的专业学院继续培养专业化的人才，组建大约70个跨学院、跨学科的学术组织机构，专门为学生提供交叉学科科学研究和学习的机会。

为了促进交叉学科领域的发展，麻省理工学院（Massachusetts Institue of Technology，MIT）专门开设了提供学位计划或辅修学位计划的跨学科教育项目，形成了一套完整的以学科交叉形式的研究生培养模式：以兴趣为基点，以问题为导向，以项目为牵引，以资金为保障，将跨学科性融入教学、研究与实践等诸环节之中，致力于培养具有学科知识交叉、能够解决复杂科学问题的高层次复合型人才。

回顾既往研究，不论是在研究内容、研究方法，还是研究对象等方面，国内外学术界对本主题的研究都有着较大的差异。

从研究内容来看，国外学者不仅对交叉学科的研究相当重视，而且对"交叉学科教育"开展的学术研究也较为重视。以社会科学索引期刊（SSCI索引期刊）论文为例，1998～2018这16年间的论文量占索引期刊总量的60%以上，充分显示出世纪之交以来交叉学科教育的学术关注度不断趋高的确是教育研究的热点。国内学术界主要在高校的交叉学科研究和交叉学科建设方面比较重视，涉及交叉学科研究的组织结构、运行机制等多方面，产生了一些可喜而有价值的研究成果；但对于从事开展设计交叉学科教育的研究文献偏少，主要涉及的内容大部分是关于研究生教育中的交叉学科的理论与实践应用。

从研究方法来看，国外主要以案例研究为主，国内则侧重于理论探讨。近年来，国内开始侧重于对国外设计类高校成功做法或经验的引荐，通过分析国外成功案例提出建设性意见，但大多数止于设计形式上的模仿和表层诉求，尚缺乏深入的系统性和结合国情的可操作性研究。

从研究对象来看，国外的设计案例研究或以所在机构、多个高校为例，或以某个学科、专业为例，或以学科交叉的研究成果为例，或以设计学科学术会议、刊物发表的成果为例，调查研究丰富多样，值得借鉴。国内研究则主要介绍和借鉴国外高校交叉学科教育的经验，辅以高校或某一学科领域的案例研究。目前，我国关于设计类交叉的文献综述中缺乏对不同类型高校、不同交叉学科教育案例的大样本调查研究。从文献梳理中发现：当前国内对设计类交叉学科的研究缺乏整体视野和系统建构，缺少第一手材料的案例剖析，学术界对设计交叉学科模式的改进措施等方面的理论与对策研究，也不同程度地存在"宏观不宏""微观不微"的不足，尤其是对设计类学科缺乏整体性、系统性、可操作性的深度研究。

### 1.3.3 亟待解决的问题

通过对目前设计类交叉学科的文献研究与整理，就目前中国高校存在的问题集中在以下方面。

首先，缺乏针对设计类专业学科与其他学科间系统性的交叉和整合研究。在近九年对设计学科的研究中，普遍存在将学科研究与学科教育分域而治的情况，研究本身缺少整体性、系统性和交叉性，从而造成对学科间的交叉、学科的发展、教学模式的改进和设计创新人才的培养等方面的内在关联与结合路径的研究较为粗浅。

其次，缺乏针对中国国情的设计类专业学科与其他学科间的交叉与融合的理论与实践研究。在诸多文献研究中，偏重于对国外设计高校中教学措施、人才培养模式的分析，对我国高校自身如何促进交叉学科教学模式的整体理性思考不深，以及提出的相应的可操作性和对策性研究存在不足，理论支持力量较为薄弱。例如，在引荐国外设计交叉学科教学模式的成功范例的同时，不知道如何能进一步系统梳理、消化吸收，并很少提出针对我国高校设计类专业的可操作性建议；再如，当前高校中针对设计学科进行交叉的人才培养模式共识虽已初具，但对于影响高校交叉学科教学模式的诸多限制性因素等方面的研究尚需补充和完善。

如何借力国内外在交叉学科研究方面的优势，推进我国交叉学科特别是设计类专业的创新性教学模式理论及实证研究还有待进一步加强和完善，如何进一步梳理、分析、建构促进设计类专业的交叉教学模式培养体制以及搭建交叉学科的教学、科研团队和平台，推进设计类专业交叉学科专业和课程建设等方面的行动策略、保障体系的研究等都还有待深入研究。

最后，现有文献研究对交叉学科教育特别是针对设计类专业的未来发展关注甚少。面对现代科学技术的发展、经济社会的转型、信息社会的挑战，如何处理好设计类专业与交叉学科之间的发展以及与传统设计专业之间的平衡关系，如何架构起以"设计问题为导向"的交叉学科教学模式和其他门类的学术共同体等诸多理论和实践中的教学现实问题等都亟待深入研究。

## 1.3.4 研究意义

党的十七大报告提出："提高自主创新能力，建设创新型国家，是国家发展战略的核心，也是提高综合国力的关键。"建设创新型国家的关键，是培养大批高素质的创新人才，全面加快科学和技术创新的速度。可以说，学科交叉发展是高等教育转型改革的新取向，学科交叉正在成为推动大学知识创新的内在驱动力，成为大学顺应国家战略发展需求的必然选择，更成为培养符合创新型国家建设和社会发展需要的复合型创新人才的重要途径。高校在新时代、新技术的背景下，推进并借力交叉学科的研究、探索和完善交叉学科人才培养的理论体系与实践机制将具有重要的理论、现实意义。

当前交叉学科的建设受到各高校的重视，《江苏省中长期教育改革和发展规划纲要（2010—2020）》提出了一系列的战略性任务，这也是国家高等教育综合改革试点项目之一。政府的重视和推动是本课题形成的重要现实依据，而走向学科交叉是高等教育转型改革的趋势，也是其重要的社会价值所在。

理论意义：本书研究紧密聚焦设计专业"交叉学科"与"大学教学模式"问题，尝试在学科交叉的视角下，以知识论、科学学、教育学、高等教育学为理论基础，系统考察大学教育功能的历史变迁，关注和思考当代科学发展的趋势、知识演进的脉络、教育转型的路径，有助于精确把握高等教育转型的时代背景和历史进程；同时，分析和厘清设计学科交叉融合高等教育转型改革的关系逻辑，重新评估以"设计学科"为中心、以"设计问题"为导向的教学模式的当代价值，有助于提高交叉学科教育的必要性并丰富其理论内涵。

此外，进一步梳理并借鉴国外交叉学科教育的成功经验，调查分析国内高校交叉学科教育的现状和困境，探索建构具有国际视野、本土情怀的基于学科交叉的大学人才培养机制，有助于揭示交叉学科教育及其人才培养的内在机理，推进交叉学科教育

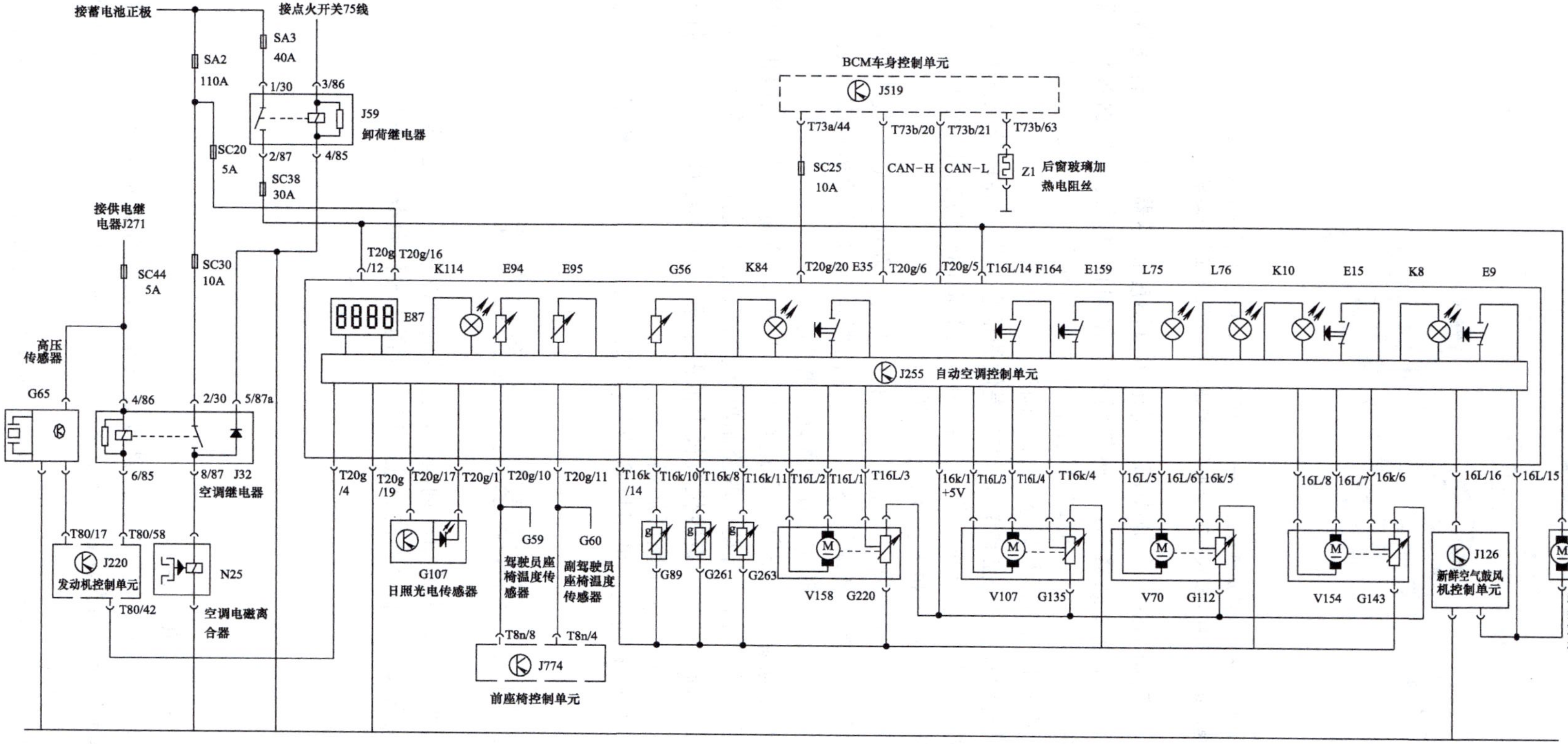


图 4-40 朗逸自动空调控制电路

E9—新鲜空气鼓风机开关；E15—可加热后窗玻璃开关；E35—空调开关；E94—可加热驾驶员座椅调节器；
E95—可加热副驾驶员座椅调节器；E159—新鲜空气和空气内循环风门开关；G56—仪表板温度传感器；G89—新鲜空气进气道温度传感器；
G112—中央风门伺服电动机的电位计；G135—除霜风门伺服电动机内的电位计；G143—空气内循环风门伺服电动机的电位计；
G220—左侧温度风门伺服电动机的电位计；G261—左侧脚部空间出风口温度传感器；G263—蒸发器出风口温度传感器；
K8—新鲜空气鼓风机指示灯；K10—可加热后窗玻璃指示灯；K84—空调器指示灯；K114—新鲜空气和循环空气运行模式指示灯；
L75—显示器照明；L76—按钮照明；V70—中央风门伺服电动机；V107—除霜风门伺服电动机；
V158—左侧温度风门伺服电动机；V154—新鲜空气/空气内循环风门伺服电动机

理论体系与实践机制的本土化研究，丰富教育研究尤其是高等教育研究的理论视域，推进高等教育事业的科学发展。

现实意义：本书研究基于理论与实践的双向建构，采用历史研究、文献研究、案例和实证研究多元互证的研究方法开展交叉学科的综合性研究。从科学发展的进程中考察学科交叉的历史必然和时代需求，从知识演进的脉络中厘清交叉学科教育的理论依据和价值意义，从学科交叉推进大学教育改革的国际经验和本土实践中探索学科交叉与融合背景下的大学人才培养模式，有助于认清高等教育转型变革的新形势，增强对高等教育内涵式发展、提高人才培养质量等重大理论和现实问题的判断把握能力。

基于以上，借鉴国外成功经验，调研国内现状的基础上，探索并构建以"学科交叉"为依托、以"设计问题"为导向的设计类专业交叉学科教学模式的理论体系和实践机制，有助于推进高等教育的实践创新，为高校深化本科教改提供前瞻性、时代性的实践框架，也为教育行政部门进行科学决策提供理论依据和指导方案。

# 第2章
## 国内外设计交叉教学模式

2.1 设计交叉教学模式
2.2 设计交叉学科教学
2.3 设计多元交叉模式

## 2.1 设计交叉教学模式

### 2.1.1 国外设计交叉教学模式的分类

（1）"STEAM"模式

美国是世界上设计教育较先进的国家之一。美国高校设计教学注重交叉学科、跨领域知识和资源的整合，注重学生设计实践水平和设计创新能力的培养。"STEAM"模式是指融合了Science（科学）、Technology（技术）、Engineering（工程）、Arts（艺术）、Math（数学）五门学科，由美国政府提出的通过主体项目等活动结合起来的教学模式，可以促进学生全面发展，使学生快速适应社会的变化，是美国最重要的教学模式之一。

美国教育家认为，学生不应该过早地决定自己的专业方向，而应该学习各种学科的知识。只有这样，才能培养学生的综合实践能力、设计创新能力和多向思维能力。同时，他们比较重视学生专业与学科之间的交叉与融合，认为只有多专业、多学科相结合，才能培养出既有理论能力又有实践能力的复合型设计师。"STEAM"教学模式通过交叉学科的方法，融合了科学、技术、工程、艺术和数学五个领域，注重学习内容与实际相联系。该模式重视学生对与自己生活相关的实践项目的选择，旨在培养具有交叉学科思维的新型人才，从而将学习融入实践、体验式教学、建构主义教学等模式中。该模式主要采用项目学习和问题学习两种教学方法，使学生通过团队合作完成实际项目并解决问题。

相比于传统的教学模式，"STEAM"模式更注重以学生为中心，教师教授学生应该做什么、应该怎么做，进而引导学生在设计实践中解决实际问题，在不断学习中提升创新创造能力。在该模式中，教师需要根据学生的情况安排整个教育活动的过程，如需要做什么、用什么来做以及如何达到最终的教学效果等。整个教学过程共包括四个阶段：准备阶段、实施阶段、改进阶段、反思阶段。

**准备阶段**：学生需要选择课程所需的资源和工具，包括元素、材料和设备。同时需要查阅本学科的相关资料，选择完成本学科所需的技术设备、素材和材料。在这个阶段，学生需要独立完成主题活动并做出自己的判断，主要是培养学生的逻辑判断能力和独立思考能力。

**实施阶段**：学生需要运用所学知识思考现有的设备和材料可以做什么、如何做、如何完成项目以及最后的效果如何。在这个阶段，学生需要通过不断的探索和实践，运用多学科知识解决当前生活和社会中存在的问题，完成主题活动，主要是提高学生的主观能动性和知识应用能力。

**改进阶段**：学生需要提出一些使活动更有效、更可持续、更受欢迎的建议。教师可以指导学生通过查阅如文字资料、视频资料等相关资料来解决问题。在这个阶段，主要是培养学生的批判性思维能力和创新能力。

**反思阶段**：学生需要对整个学习过程进行反思，总结所学知识，表明自己对所学知识的新看法以及最感兴趣的环节。通过这种反思，学生不仅可以巩固所学知识，而且可以优化知识体系，拓展知识面。反思阶段主要是培养学生的反思能力。

"STEAM"教学模式不仅可以帮助学生掌握多学科知识，还可以引导学生把自己的知识与现实生活联系起来，解决现实中存在的问题，提高他们的创造力。采用交叉学科的方式，使学生在解决问题的过程中提升创造力，获得源源不断的创新能力和实践能力。该模式在美国高校中有大量应用，体系较为成熟，具有较高的借鉴和实践价值，通过多方协同参与，合作开展教学活动，发挥其最大价值。

（2）"TI：GER"模式

"TI：GER"教学模式（Technological Innovation：Generating Economic Result），即"技术创新：产生经济成果"，由佐治亚理工学院和埃默里大学联合创办。这是一种基于跨院校、跨专业的教学模式，对结课要求较高，且课程实践周期长，在实行过程中需要对教学目标、教师与学生的选择、课程的具体实施进行缜密的规划。在教学目标上，该模式包括以学生培养为目标和以研究项目为目标。以学生培养为目标又包括三个方面：首先，通过不同学科背景学生的相互合作，培养学生面对问题时与团队沟通协作的能力以及学生的团队精神。其次，不同学科背景下的学生在项目中不仅能够提升自己的专业能力素养，还能接触到其他专业的相关知识和技能。最后，在项目实施过程中学生与教师的思维交融、碰撞，能够提高学生的创新能力、发散思维能力、团队沟通能力。以研究项目为目标则以经济收益为主，项目团队在研发产品专利申请获得批准后，就可以实现商业化，从而为学校和团队创造一定的经济收益。

该模式主要是为了满足具有各种设计类专业背景的学生的需求。例如，作为设计管理专业的学生，可以在未来的实际管理工作中管理设计公司或设计团队。他们虽然不需要了解设计实践的基本知识或熟悉设计软件的操作流程，但需要知道更多关于设计工作的流程并能够更好地甄别成本、价值、产品开发和其他商业元素。因此，该模式需要满足学生理解基本设计知识的需求，以便将相关知识运用到管理决策中。在成员组成上，一个"TI：GER"项目小组需要多学科背景下学生的支持、多院校跨专业背景下教师的合作，同时还需要项目指导负责人以及助教的努力。在具体实施过程中，学生需要学习一系列专业课程，锻炼设计思维，参与商业研讨课程，并汇报作业。另外，学生还需要选择其他专业的课程。与传统课程相比，研讨课程可以调动学生的主动性和参与性，有利于培养学生在设计学科中的积极性和发散思维。

"TI：GER"教学模式下的学生除了专业能力获得提升以外，团队沟通能力也有所提高，通过在交叉学科环境下与他人的合作，未来在学习、工作中也将收获颇丰。该模式适用于研究生教学，交叉方式包括跨院校、跨专业，课程周期长，对结课要求高，研究压力较大，对学生和教师要求都极高，涉及学科范围狭窄，课程多以商业成果的形式形成产出，目前在佐治亚理工学院和埃默里大学有部分成功应用。该模式优势明显，但难度较大，值得国内院校进行深层次研究和本土优化，并辐射更多专业。

（3）"探讨式"模式

"探讨式"模式是德国较为普遍的设计类学科教学模式，最早起源于柏林大学。在此模式下，课堂教学中的师生思维活跃，研究氛围良好。在讲授阶段，教师提出项目，教授学生学习方法和策略，逐步引导学生发现学习过程中存在的问题并找到解决方法。在学习阶段，学生以小组的形式进行项目研究，在研究过程中发现问题，并找到独立解决问题的方法。

在项目课题中，"探讨式"模式要求教师和学生一起讨论项目，一起制定解决方案。在这一过程中,教师和学生是相互渗透的:教师影响着学生的学习过程和研究方法,学生影响着教师的研究内容和教学方法。通过探究课堂,学生和教师可以在项目中发现越来越多的问题,不仅丰富了教学内容,也拓展了学生的知识面。在实施方法上,全班学生可以一起讨论同一个项目,也可以分组讨论,但无论采取何种形式,都需要在课堂上共同规划项目细节。学生可以选择自己感兴趣的项目,教师一般负责安排学生组成学习小组,然后组织学习活动。在"探讨式"模式下,小组不是进行传统的自主学习,而是进行集体学习。小组一般由4～6人组成,组员可以互相帮助,一起解决学习中遇到的问题。

在具体实施环节,"探讨式"模式可分为以下六个环节:建立情境、设计问题、项目教学、引导探究、团队合作、实践操作。在讨论问题的过程中,教师不仅要为学生提供学习环境和学习资源,还要与学生建立平等的关系,让学生敢于表达自己的观点,消除师生之间的隔阂,建立愉快的学习氛围和环境。接下来,要选择适合学生探究性学习的项目,并尝试选择学生感兴趣的项目。可以将教科书作为辅助材料,而不必完全按照其内容进行。项目不宜过于简单或过于困难,应该具有一定的探索价值。学生可根据自己的学术背景做出假设,通过自己的努力完成项目。

在项目教学中,项目与学生原有的知识背景越相关,就越能激发学生的学习热情。学生也会大胆运用所学知识,解决当前的问题。在这个过程中,教师应该努力调动学生的积极性,不是单方面地向学生灌输知识,而是引导学生独立思考以锻炼其自主学习的能力。在"探讨式"模式下,学生必须在小组合作中完成项目和课题,因而合作意识成为学生的必修课程。同时,团队意识在设计工作中也是非常重要的。学生分组学习,完成部分小组任务,然后一起讨论,充分发挥个体的作用。当然,由于融合了"双元制"教学模式,学校可以与校外企业联合开展项目研究,把教学场景设立在企业的工厂中,以企业为支撑。这样一来,学生就可以选择企业技术人员为导师,与不同学科背景的人员接触,做到产学一体、理论与实践相结合。

"探讨式"模式的交叉方式为不同学科背景的学生分组学习,这有利于打破传统教师的刻板印象,也有利于学生培养团队意识,且课堂氛围较活跃。我国高校可以在设计学科上运用"探讨式"模式,以锻炼学生的设计潜能和设计意识。

(4)"PBL"模式

"PBL"(Project-based Learning)模式是指"基于项目的学习"的一种以学生为中心的教学模式,由美国神经病学教授Barrows于1969年在加拿大的McMaster大学首创。日本的多摩美术大学对这种教学模式进行了深入的运用。这是一种满足商业需求的教学模式,被德菲利皮定义为"通过项目推动个体与学习的理论与实践"。美国巴克教育学院认为,这是一种非常系统的教学方法。它不仅是对复杂现实问题的研究过程,而且是设计项目作品、规划和实施项目任务的过程。学生可以通过这个过程学习所需的知识和技能。这种模式也被认为是对传统的以教师为中心、死记硬背的教学模式的颠覆。

"PBL"模式结合了目前流行的三种教学法:探究教学法、任务驱动教学法、案例教学法。旨在使学生抛开单个学科的概念,积极投身到项目中去,创建交叉学科的知识体系。在具体实施上,日本多摩美术大学以实践性、参与性、项目化的教学形式为基础,既保留了原有的教学模式,又引入了新的教学方法,通过多种方式开发学生的潜能，且任何年级和任何学科的学生均可参与"PBL"模式下的课程。多摩美术大学的"PBL"模式以学生为中心，让不同专业背景的学生组成一个团队，互相帮助，互相启发，共同学习，锻炼学生从不同角度思考问题的能力，激发更多有趣的创意。同时，校企合作的项目还可以拉近学生与将来实际工作环境的距离。

"PBL"模式下的教学内容多样，主要包括交叉学科领域的基本知识、学校与企业的合作项目、实验项目的最新领域等。在同一课程中，学生可以自由组成一个学习小组，这不仅能有效拓展学生的知识面，也有利于促进低年级学生学科专业的成长。

"PBL"模式是以学生为中心、以项目为基础的行之有效的教学模式。其交叉途径是让不同专业背景的学生共同完成课程，倡导学生从不同角度积极解决设计问题，独立开展知识架构，从而加深对知识的理解和应用。这种教学模式极大地培养了学生的实践能力，在许多学科领域得到了广泛的应用。我国高校可以研究和引进这种教学模式。

（5）"一课多师"模式

"一课多师"模式是指一门课程由拥有不同学科背景的教师进行教学、辅导和评价的教学模式。在英国大学艺术设计教育中经常采用。与传统的"一科一师"教学模式相比，"一课多师"教学模式有其独特的优势。这种教学模式在课堂教学、课堂合作、评价体系等方面都具有较大的优势。

在课堂教学中，一节课有多位教师参与授课，轮流为学生讲授知识点，这样的课堂气氛更加生动有趣。例如，擅长知识点的教师可以切入知识点，让学生产生很强的学习兴趣。擅长重点内容讲解的教师可以在其他教师讲解之后讲解重点知识，让学生记忆深刻。多位老师的默契配合，会使学生更容易关注并学习新内容；教师可以抓住学生的兴趣点，这样学生就更容易投入学习；拥有不同背景的教师可以从不同的角度教，这样学生就可以体验思维的碰撞并学习使用交叉学科思维设计问题。师生在亲切的互动中完成了知识的传递，体现了教学的专业性和主动性。

对于教师而言，"一课多师"教学模式对设计学科具有积极意义。该模式不仅能提高教学质量，而且能提高教师的专业水平和教学水平。由于这种模式的独特性，教师需要不断地交流，分享经验，相互合作，这有助于创造一个良好的教学和研究环境。如果教师有不同的专业背景，也可以对同一问题提出不同的意见，通过分享自己的专业知识和教学经验，使教学合作顺利开展。"一课多师"教学模式是国内设计类专业少见的教学模式，其学科交叉方式是让不同专业的老师一起授课，使学生感受到不同学科老师对同一个设计问题的不同看法。这种模式下的课堂生动有趣，容易与交叉学科带来的火花产生碰撞，主要是培养学生从不同角度看待设计问题的能力。但与此同时，它也需要高质量和拥有多学科背景的教师。

从表2-1中可以看出，国外的设计学科在教学模式上大多采用了不同的交叉形式。区别于传统的传递式教学，国外的设计学科在教学上注重以学生为中心，根据设计学科应用性强的特点采用不同的教学模式，由原有的交叉学科课程内容转变为让不同学科背景下的学生参与到同一门课程中，引导学生从不同角度看待问题，或采用跨校交叉学科的形式、拥有多学科背景教师共同参与同一门课程的形式进行教学，具有与时俱进、不断创新的特点。

表 2-1　多种教学模式汇总

| 模式名称 | 国家 | 交叉形式 | 优势 | 缺点 |
| --- | --- | --- | --- | --- |
| "STEAM"模式 | 美国 | 教学过程中多种学科交叉 | 能够培养学生的实践能力、从多种角度看待问题的能力以及自主学习能力 | 对学生自觉性要求较高，课程所需前期准备工作较复杂 |
| "TI：GER"模式 | 美国 | 跨院校、跨专业学生共同参与 | 能够培养学生的协作能力、科研能力、独立思考能力 | 课程周期长，涉及学科范围狭窄，对结课要求高 |
| "探讨式"模式 | 德国 | 不同学科背景学生共同完成课程 | 能够培养学生的团队协作能力，课堂氛围活跃 | 对学生自觉性要求较高，教师担当知识的引导者，任务较重 |
| "PBL"模式 | 日本 | 不同学科背景学生组成团队完成课程 | 能够培养学生的自主学习能力，有效拓展学生其他学科的知识面 | 在项目的选择上要求较高，需要根据学生能力来制订合理的学习计划 |
| "一课多师"模式 | 英国 | 不同学科背景的教师共同完成教学 | 能够帮助学生养成从不同角度看待问题的能力，教师之间能够相互学习 | 对教师人数和教学质量要求较高，备课过程较复杂 |

## 2.1.2　国内设计交叉教学模式的分类

我国高校教学改革正在不断深入发展，设计学科的相关课程也必须充分重视教学模式的转变，并加强理论研究。教学模式是指在一定的教学理论、思想和学习理论指导下建立的较稳定的教学活动结构框架以及活动程序，它决定着教学活动能否成为提高教学质量和效率的关键，以及能否解决好教学过程的控制和优化问题。在当前环境下，交叉教学模式已成为一种趋势。目前，我国设计学中涉及的交叉教学模式可大致分为以下几类。

（1）"工地"模式

"工地"模式是一种针对设计学科的创新型教学模式，由广西理工职业技术学院陈良副教授提出。在该模式下，专业教学场所直接被设定在"工地"，由校企共同建立的教学工地和校外工地组建而成。这种模式注重模拟真实的工作环境，能够让学生将所学知识与实际工作融会贯通，突出学生动手能力和实际工作技能的培养，能够让教师与学生在模拟的工地边做边学，促进实践和理论相统一，在直观和抽象中激发学生的参与热情和求知欲，是一种高质量的教学模式。

"工地"模式需要完善的各项管理制度作为保障才能有效实施，需要学校与企业签订有效的合作协议，在保证学生获得高质量学习体验的同时，实现学校与企业的双赢。在管理方面，健全的机制尤为重要，因此应建立"工地"与企业合作的领导组，一般由学院领导和企业法人担任组长，校内专业课教室作为小组成员，负责维持这一教学模式的正常开展和监督工作。班主任则负责管理学生，并组织学生参加校内校外的课程实践。为了保证"工地"模式下人才培养的质量，企业需要与学校一起培养学生，即采用"双师制"，也称现代学徒制教学。学生可与学校教师、企业工程技术人员签订学徒关系，保证在校学习与校外实践同步发展，实现真正的产教一体化。在这种学徒制度下，学生可以在学校和企业的共同培养下，学习企业一线的知识和技术，从而实现学校与企业的紧密合作，实现"教育、实践、学习"的统一。

在"工地"模式下，需要建立专业教学模块体系并和教学模块相连接。学校以基础理论课程为主，校企合作由项目、实训、专业教学三部分组成。项目部分在模拟"施工现场"或施工现场下完成，各岗位在专业教师和企业工程师签署师徒关系的帮助下完成，并进行实践教学，组织学生开展见习活动，以达到突出的教学效果。

"工地"模式的开展与实施，实现了学生、教师、学校、企业的共赢。通过"工地"模式，学生接触到真实的工程案例，不仅可以学到理论知识，还可以加强实践操作，培养专业理念。学生学到的知识，既是企业所要求的，也是连接学生当前学习和未来就业的桥梁。对于教师来说，在校外教授学生时能够接触到企业的先进技术和技能，也能够了解市场所需人才并且有利于在以后的教学中培养适应企业和社会的学生。"工地"模式深化了学校和企业之间的友好合作，实现了专业和职位之间的连接，可以有效提高学校的就业率，在树立学校品牌形象的同时，也可以保证自身和学生的利益。对于企业而言，"工地"模式能够为企业培养具备技能的后备力量，也可以提高企业对毕业生的满意度。

"工地"模式是针对国内职业院校实施的一种校企合作的教学模式，交叉方式为不同职业背景和不同专业背景的校外企业共同参与教学。这种互利双赢的合作方式可以为学生将来就业打下良好基础，有利于学生提前了解真实的工作环境，不仅能提升学生的职业技能，同时也能提升教师的教学技能。

（2）工作室模式

工作室模式起源于德国包豪斯设计院实行的"工坊"制。作为高等院校设计学科培养高素质设计人才的有效模式之一，它能够引导学生真正参与到设计工作中，培养学生的设计技能，这对我国的设计教育具有深远的意义。

工作室模式教学的主要特点是开放性和互动性，以及人员结构的灵活性，包括各年级学生、国际学生和高级学生。教师团队由负责工作室的教授自主建立，同时教授设立工作室的教学方向、大纲、课程、实践课题等内容，并在上课之前向学生阐述将要学习的内容，以便学生根据自身特点和发展方向来选择进入相应的工作室。工作室的学习内容是公开透明的，每一阶段的教学任务完成后，教学成果都将以报告或展览的形式展示。

工作室的主题一般分为两类：一类是商业实践项目，来自企业和社会，针对现有市场的需求提出解决方案。此类项目可以涉及很多领域，如需要研究消费趋势、用户建模、产品价值点等，通过大量的用户研究为新产品做出准确的定位，学生在这个过程中的学习也有很强的灵活性。在这个过程中，工作室不仅充当了学校与社会企业之间的桥梁，还模拟了真实的设计工作环境，搭建了"产、学、研"一体化平台。另一类是探讨人类生活中更深层次的问题，如社会环境、心理健康、环境保护等。这类课题超越了传统设计教学中技能训练的层面，更注重学生创新思维能力的培养，同时也注重学生社会责任感的培养。工作室模式与传统的课堂教学模式相比，最大的不同在于教师和学生的角色发生了变化。在传统的教学活动中，学生需要完成老师安排的任务；而在工作室，学生可以根据自己的学习情况，选择自己喜欢的主题或教学任务。当然，老师也可以根据自己的研究方向和专业背景选择合适的工作室，这种方式有利于教师自身的科研研究。在学生学习的过程中，他们以小组的形式分阶段完成一个实践课题；学生在每个阶段都将有不同的学习任务，而教师在整个环节中扮演了策划人或引导组织者的角色。

工作室模式是国内外高校普遍采用的一种教学模式。来自不同专业的学生以交叉方式学习和讨论同一主题，以就业为导向，以提高学生综合能力为核心，所有的项目活动都是为了提高学生的专业技能、学术能力和社会适应能力。它以人为本，注重学生未来发展的特点。此外，工作室模式并不局限于学校的课堂中，也能吸收拥有不同专业背景的设计师或企业工程师，给学生提供一个多学科的学习环境，不仅可以丰富学生的工作经验，缩小学生之间的差距，也可以为企业培养储备所需的人才。

（3）立体式实践模式

立体式实践模式是针对设计专业学生综合实践能力差的问题，基于项目驱动的教学模式，由中原工学院机电学院工业设计专业提出。通过建立教师工作室、学生工作室和实践教学工作室，构建多元化的实践教学平台。采用这种教学模式，需要从师资力量、实践内容、实践平台三个方面着手改进。

在师资力量方面，教师的素质直接决定着实践教学的质量。针对设计专业学生实践能力的不足，必须组织经验丰富的老教师、朝气蓬勃的青年教师、拥有多学科背景的校外人员组成教学团队。在教学过程中，不仅学生的实践能力得到了提高，教师的实践能力也得到了提高。同时，在校企合作项目中，教师有机会与企业工程师、设计师等校外人员一起开发设计产品，相互支持，相互渗透，优势互补，既能提高教师的整体水平，又能最大限度地为企业创造经济价值，从而保证教学效果。

在实践内容方面，采用项目驱动的思路来强化实践过程，如课程设计实题化、作业项目化、设计大赛专题化、项目互动化等。在课程设计方面，教师根据设计内容精心设计项目作业，模拟真实项目进行实践教学，模拟企业运营模式制定课程内容。在这种真实的课程实践过程中，学生将接触从接受设计任务到指定实现方案再到最后完成设计的整个过程，可以锻炼学生的设计实践能力，这需要学生有目的地根据这个主题灵活地使用技能，深入理解课程的内涵。在作业方面，以项目为基础，每一项都是这一阶段所学知识的全面应用和提高能力的机会，以便测试学生的实际操作能力。正常的家庭作业也能反映教学质量，是检验教师水平的标准。主题任务应该来自企业的实际需要、社会的实际需要，实际的科学研究项目往往会从不同的角度进行考虑，如市场需求、企业需求、社会需求等，体现实用性并激发学生的创造力。设计大赛专题化是指将设计竞赛融入课程实践中，要求学生积极参与相关设计比赛，这不仅可以使学生了解市场需求，也可以使学生在这一过程中发现自己的缺点，通过互来弥补，提高自己的设计创新能力和实践能力。在竞赛选拔方面，鼓励学生参加国内外著名的设计竞赛，如IF、红点、红星奖等，以利于学生未来的就业。在项目互动化发展中，学生可以根据自己的意愿形成多个小组，通过参与式、启发式讨论等教学互动模式，培养团队精神、沟通能力和管理能力。根据项目需要，邀请校外设计师加入团队协助教学，用项目将所学知识与实际应用紧密结合起来。在项目实践中，教师的角色应由原来的教师转变为教学的组织者、知识的引导者，注重激发学生的学习热情并培养学生的研究能力、自主学习能力。

在实践平台方面，有必要构建平台，以满足学生的实际操作需求，同时实现设计专业的实验室专业化、工作室项目化、校企基地特色化等，以满足各种实践教学需求。这样学生不仅可以在校内参与实践环节，还可以在工作室参与设计大赛和科研项目，从而为实践打下坚实基础。立体式实践模式符合设计专业应用性强的特点，交叉方式为让学生在学习过程中参与各种跨专业项目的活动，创建一个全方位的实践平台供学生自主选择并投入学习，不仅丰富了学习内容，也调动了学生的积极性，更提高了学生的实践动手能力。

（4）"互联网+"模式

在网络教育高度发展的今天，高校的设计课不应该局限于课堂中，教师应该在网络学习平台上为学生提供学习资源、专业知识和实践互动。因此，对于教师而言，"互联网+"教学模式是对传统教学模式的一次重大变革，标志着以教师为中心的教学模式正在向以学生为中心的教学模式转变。相反，对于接受教育的学生来说，学习不再是教师在课堂上单方面的教学。他们通过互联网掌握设计学科的大趋势，通过互联网与各行各业的设计师或教师进行交流和分享，使交流有了更多可能性，从而提高学习效率。

对于设计专业来说，掌握趋势信息是非常重要的。设计教育不能只停留在设计思维和设计技术上。通过理解最流行的设计风格、动向、技术、信息，学生可以拥有最尖端的设计思维，实现教学的最终目标。搭乘互联网的顺风车，设计教学将迎来巨大改变的机遇，最前沿的设计资讯将快速呈现在学生面前。同时，高校的设计作品也可以通过互联网传播到外界，增加与外界交流的机会。

"互联网+教学"模式，即通过互联网与世界的设计大师、设计馆、美术馆、博物馆建立紧密联系，教学中强调思维的个性化，强调师生间的默契协作，利用互联网这一平台，可以照顾到每位学生的学科背景以及知识的掌握情况，还能够使学生认识到自己的不足，大大提升学生的自主学习能力和检索信息能力。

"互联网+"模式的优点在于线上线下联合教学，培养课后学生在线上进行自主学习，这就要求教师在设计课程内容的时候站在学生的角度思考问题，加入互联网资源和设计信息的导入，设计讨论和小组协作的作业。只有在教师的不断引导下，互联网才能发挥出真正的作用，让课堂的教学内容与课后的线上教学无缝衔接，促使学生进一步主动学习，激发学生学习的热情和积极性，最终提高教学质量。

在具体实施上，可以采用"慕课""微课""智能手机平台"等综合方式来进行，形成多元化的教学模式。"慕课"平台可以聚集顶尖的教育资源，且不受时间、地点和上课人数的限制，不同学科背景的学生可以会聚于此，大家互相学习、互相吸收，更具有学习的主动性和专业性，从根本上区别于传统的线下授课模式。"微课"则区别于慕课，每节课时常较短，为5～10分钟，只针对某个知识点进行讲解，使学生可以利用碎片化时间对薄弱的知识点进行单个的学习，帮助学生查漏补缺和总结整合。与"慕课"进行衔接可以获得较好的学习效果。"智能手机平台"的出现建立在智能手机的高普及率上，教师可以通过创建微信公众号等方式实现教学内容的信息公开、资源共享、互动交流等操作；还可以用微信群发布教学课件、教学视频等，为学生自主学习提供引导，一方面督促学生完成好学习任务，另一方面加强教师与学生之间的学习交流。另外，利用微信的音频聊天、视频聊天等功能，教师还能在线辅导学生完成学习任务。

"互联网+"模式是一种新形势下应运而生的教学模式，是一种全新的教育理念，交叉方式为课堂教学与互联网教学相结合，依靠强大的互联网资源进行教学补充，充分利用"慕课""微课"等创新的教学模式来使设计学科的实践操作更具趣味性和生动性。

（5）交互式教学模式

交互原本是一个计算机术语，后来被广泛运用到各个领域。在教育领域中，交互式教学模式主要体现在师生、学生与学生之间参与的教学活动之中。交互式教学起源于1982年，由美国学者David Jaffee提出，现在的交互式教学法主要是指在宏观的教学环境下，教师和学生围绕某个问题进行平等自由的互动。该方法注重师生之间的相互促进和知识整合，具有重要的教学意义。课后，学生利用计算机或智能手机完成老师在互联网平台上布置的任务，与老师互动，借助各种学习网站和社交平台补充并拓展知识。同时，除了线上互动教学外，线下课堂教学才是交互式教学模式的核心。

交互式教学模式可以分为三个层次。

首先，是师生之间的互动。教师是课堂活动的创造者，既要负责引导学生自主学习，又要参与学生的自主学习，与学生进行互动学习。在课堂上，教师提出问题，学生自主学习并给予反馈。教师根据反馈制定策略，帮助学生进行深入的探索。师生之间的互动可分为线上和线下：线上互动体现在网络上师生互动，线下互动集中在课堂上师生互动。其次，是学生与学生之间的互动。学生以小组的形式进行协作学习，共同探讨问题、交流问题、解决问题，分享成果。学生之间的互动也可分为线上和线下两种。最后，是学生与知识的互动。学生从各种学习资源中获取大量的知识，整合和总结现有的课堂资源，选择符合自己学习能力水平的内容。这种与知识的交互主要依赖于互联网平台。

在设计学科中，交互式教学模式可分为"沉浸式"课堂互动和"项目驱动式"课堂互动。"沉浸式"课堂互动是指在课堂中构建虚拟的工作环境，让学生在真实的工作环境中有工作的感觉，既能使学生有效地完成对知识的吸收，又能培养学生的实践能力。这种教学模式让学生体验小组建设、会议讨论、市场调研、成果分享等设计工作中的实际环节，以更专业的态度培养学生构建知识和应用系统，更早适应实际工作环境。"项目驱动式"课堂交互是建立在上述"沉浸式"课堂互动之上，由教师向学生下达围绕知识点的设计项目，学生根据项目自行组建小组，在规定时间内完成项目，定期发表项目的时间进度，教师作为辅导人员进行疑难解答或引导性工作，可以让团队体验到真实的商业设计中存在的竞争性。这种教学模式可以让学生体验到实际项目中遇到的难题，提前积累行业经验。

交互式教学模式是一种大胆创新的教学模式，交叉方式为师生之间改变原本立场，形成双向互动，针对教学问题开展多方面合作，从各自知识背景出发去解决问题。这种模式改变了传统的单项灌输模式，使课堂更人性化，更灵活。

从表2-2中可以看出，通过教学改革，我国的设计学科开始脱离传统单一的传递式教学模式，教师不再是课堂绝对的统治者，教学模式开始向交叉学科模式靠拢。从校企联合的模式到建立工作室模拟真实项目，交叉学科的思维开始成为培养学生综合能力的重要一环，随着互联网的普及，线上线下相结合的教学模式开始出现，能够挖掘更多学习资源，不再依赖单一教材。从长远来看，设计学科必定会向交叉学科的教学模式不断转变，设计学科的教学模式也将在教育工作者的不断探索中得以丰富。

表 2-2　各交叉模式的比较分析

| 模式名称 | 交叉形式 | 优势 | 缺点 |
|---|---|---|---|
| "工地"模式 | 校企合作，校外企业人员与学生共同完成课程 | 能够培养学生动手实践能力、科研能力、独立思考能力 | 实践部分过多，没有重视理论的学习 |
| 工作室模式 | 不同专业背景学生共同参与课程 | 能够培养学生实践能力、多种角度看待问题的能力以及自主学习能力 | 在项目的选择上要求较高，需要根据学生能力制订合理的学习计划 |
| 立体式实践模式 | 不同学科背景教师、设计师、工程师参与教学 | 能够培养学生团队协作能力，课堂氛围活跃 | 教学环境建立困难，需要教师投入大量精力以及经济支持 |
| "互联网+"模式 | 课堂教学与互联网多学科资源相结合 | 能够培养学生自主学习的能力，有效拓展学生其他学科知识面 | 对学生自觉性要求较高，学生容易沉迷互联网而忽视学习 |
| 交互式教学模式 | 教师与学生之间切换立场，共同开展课程学习 | 能够帮助学生养成从不同角度看待问题的能力，教师之间能够相互学习 | 对学生能力要求较高，对教师传统观念也是一大挑战 |

## 2.2　设计交叉学科教学

### 2.2.1　设计与交叉学科间的关系

（1）设计交叉的成因

交叉学科是科学新的生长点，在这里最有可能出现重大科学突破，以增强学科交叉和交叉科学的前沿发展，对科学的发展进步将有重大意义。高校设计教育引入交叉学科教学理论和方法的动机，一方面是社会对设计人才的需求，另一方面是交叉学科设计本质的要求。我们将后者视为内因，即设计与交叉学科之间密不可分的联系，从而赋予了设计交叉学科的实践意义和理论基础。现代设计实践自发地跨越了人类文明成就的各个领域，设计研究自发地开辟了设计边缘学科的新研究范畴。

设计教学积极引入交叉学科的教师、课程和实践，对设计交叉学科进行理论研究和课程模式探索，成为设计教育研究的热点。了解设计行为和设计教学以及交叉学科之间的关系，将帮助我们理解现代设计教育的交叉学科的现象和趋势，全面澄清设计交叉学科课程的内涵和目的，并为发展和改革提供理论依据和指导。设计交叉学科要求教育者首先理解设计和交叉学科之间的关系，其次定义设计交叉学科的教学内涵和制定教学目的。

首先，探析设计及设计学科在发展过程中展现出的新特征，特别是系统性、综合性、交叉性等与交叉学科关系密切的特征；其次，寻找这些特征与交叉学科，在学科框架、教学理论、教学模式上的共性与联系；最后，在上述分析的基础上，阐明在设计教育中引入交叉学科概念和模式的可行性和必要性。

（2）设计的交叉特征

从历史视角观察，设计源自人类在一切社会实践经验基础上发挥的主观能动性，具有综合性。文艺复兴时期的托斯卡纳玻璃工艺领先于全世界，正是在实验中不断磨炼技艺，在吹塑过程中塑造精美的造型，随着在玻璃材料中加入矿物技术的成熟，玻璃呈现出丰富的颜色，从而才使玻璃吹制成为真正的设计作品，享誉世界。我国唐代诗人柳宗元在《梓人传》中，把"梓人"即一位木工师傅的职业比作宰相治国之道。"能知体要者欤！吾闻劳心者役人。"意思就是，"梓人"是使用他的思想智慧，能知道全局要领的人。可以看出，即使在手工业生产的我国古代，设计也是以依靠经验与直觉为指导，没有形成科学的方法，但设计行为已经被认为是对各类知识的整合了。

从19世纪开始，被称为现代设计起源的工艺美术，搭上了工业革命的快车，发展出丰富的内涵，也逐渐从科学研究的视角得到理论分析。包豪斯将现代设计科学地发展为一门学科，建筑师、美术家、雕刻家以及舞台设计师、匠人、技师组成了整个教师的体系，以实现"艺术与技术的新统一"。在这个时期，艺术家对工艺的更新、改良的不断探索，奠定了现代设计教育的基本课程，培养出一批优秀的工业设计师、建筑设计师、平面设计师，对20世纪设计教育的发展（设计风格、设计理念、设计对象）产生了深远的影响。

在接下来的几十年里，作为一门设计学科，设计经历了多次分异，最终形成了工业设计、平面设计、建筑设计、服装设计等基本门类，及其下属的二级门类。例如，工业设计可以分为产品设计、家具设计、汽车设计等；建筑设计可以分为室内设计、环境设计、园林设计、城市规划设计等。单独看这些分化出的各学科，又能窥见设计学科其边缘性特征。以工业设计为例，首次对其进行权威的定义，是1959年在瑞典斯德哥尔摩召开的首届ICSID（国际工业设计理事会）会议上："就批量生产的工业产品而言，凭借训练、技术知识、经验及视觉感受，而赋予材料、结构、构造、形态、色彩、表面加工、装饰以新的品质和规格，叫作工业设计"。在其后的数十年中，ICSID对这一定义进行修正，在设计对象中增添了过程、服务、产品生命周期的系统等描述；同时，不再强调该定义仅针对"工业设计"，即不同设计专业在经历了分化后，又走向重构与融合。

2011年9月30日至10月30日在中国台北举办的"2011台北世界设计大展（Taipei World Design Expo 2011）"上，设计学科的交叉性和整合性被作为有关会议的主要议题，引起了广泛的关注。大会主题"交锋"（Design at the Edges）明确地展现了设计活动在不断发展中，其内部领域和外部领域正面临着前所未有的结构重组和研究模式转变，这需要在跨界交锋中激荡创意思维。会议明确指出现存的学科分类与学科壁垒，将不利于当下和未来的设计发展与人才培养。在2017年10月17日至18日举办的国际投资争端解决中心ICSID（The International Center for Settlement of Investment Disputes）第29届大会上，该组织正式更名为WDO（国际设计组织），还彻底地重新定义："设计旨在引导创新、促发商业成功及提供更好质量的生活，是一种将策略性解决问题的过程应用于产品、系统、服务及体验的设计活动。它是一种交叉学科的专业，将创新、技术、商业、研究及消费者紧密联系在一起，共同进行创造性活动，将需解决的问题、提出的解决方案进行可视化，重新解构问题，并将其作为建立更好的产品、系统、服务、体验或商业网络的机会，提供新的价值以及竞争优势。"由此来看，设计及设计学科的交叉学科特性，已经得到学术界、商业界乃至全社会的认可。

（3）大设计的形成

近几十年来，信息技术颠覆了艺术和技术的载体，使设计对象去物质化，使虚拟空间成为设计的新领域。例如，交互设计考虑到人类心理和生理的各个方面，与计算机和互联网技术的突破密切相关。在过去的十余年间，"设计"或"设计师"的定义已经在不停地更新并颠覆，使设计的范畴得到延伸。苹果手机的问世重新定义了体验与交互，爆发式的手机应用市场反过来又发展了UX（用户体验）的理论；体验经济在销售中大放异彩、服务设计成为商业营销新宠、物联网技术走向成熟、共享理念初见成果、产品与商业模式越来越密切地联系在一起。当设计的范畴与对象发生转变时，它已展现出新的特征并与其他知识更广泛地交融在一起。以体验设计这一概念来说，如今它已成为交互设计中重要的考量维度。交互设计师对用户体验的关注，以及体验设计理论基础的建立，并非来自学科发展的自身要求，而是在产业驱动下以及设计实践中总结出的一系列理念。体验经济被认为是继初级产品、产品、服务经济之后的第四种经济产出。

在学科交叉相融的边缘，不断吸收任何可能的学科知识、利用任何先进的技术手段，不断催生新的关注点、探索新的设计领域，从而诞生新的设计交叉学科。学科边界的交叉融合，也被称为学科互涉。约翰·海厄姆将学科互涉描述为"住在房间里的人在房门紧闭的情况下，从敞开的窗户里探出身去，与周围的邻居愉快地交谈"，这个比喻与当今设计学科在所有人类知识领域发挥整合作用不谋而合。设计只有专攻之域，无限定之界，最具创新的设计往往存在于领域交叉的空间里。

上述交互设计的交叉特征，以及其他种种设计趋势，无不说明设计"有域无界"的交叉潜力，这正是设计学科未来走向"大设计"的诸多缩影之一。所谓"大设计"，实质上是在新形势下产生的一种新的设计原则、设计方法和设计态度。它主要表现在：设计运营模式的高度合作，企业与产品形象的高度融合，设计项目的整体规划，设计师社会责任的高度思考。创造性人才不再是简单地解决一般意义上的"设计"工作。很多设计最终完成所需要的知识远远超出了设计师个人能力控制和管理的范围，更需要具备交叉学科合作的能力和相关知识的储备。在这样的背景下，现代设计产业需要将设计活动提升为综合性服务，设计教育也需要在大设计的理念下进行整合与融通。从资源共享平台的建设到具体教学模式的调整，需要适应设计交叉带来的变化，适应产业升级对设计人才的需求。

美国卡耐基·梅隆大学（Carnegie Mellon University，CMU）设计学院是世界上最早开设交互设计硕士学位点的学院之一。其交互设计专业框架分成3个方向：服务设计（Design For Service）、社会创新设计（Design For Social Innovation）、过渡设计（Transition Design）。交互设计专业依托学校丰富的交叉学科研究资源和为不同学院或学科的师生们搭建的合作平台，使交叉学科理念与实践成为其基本特性。除与计算机技术的紧密结合外，交互设计专业的交叉学科领域还涵盖了传播学、医学与护理学、社会学（涉及社会行为、社会交往、社会心理等）、管理学、教育学、经济学以及政治学等，形成了能整合人文科学、社会科学、商业、工程等研究视角和方法的设计过程。

近年来，国内的设计院校也在设计交叉融合发展趋势下，积极探索设计研究的新"田地"，开创了一些独具特色的新学科、新方向。例如，2008年深圳大学艺术设计学院针对深圳乃至珠三角地区创意管理人才缺乏的实际情况，依托深圳文化创意产业发展的迫切需要，开设了艺术硕士创意管理专业。目前，创意产业已发展成为深圳市继高新技术、金融、物流之后的第四大支柱产业，也是城市优先和重点发展的战略性新兴产业，其产业总规模仅次于北京、上海，总体发展水平处于国内领先地位。经过近十年的教学探索，创新管理学科已初具规模。这个方向代表了设计类研究生创新教育未来的发展方向，本学科的发展前景既有机遇也有挑战。又如，2012年江苏无锡江南大学设计学院，首先开创了整合创新实验班，将本科的设计教学专业领域拓展到了设计与商学、艺术与设计、设计与经济学、计算机与设计以及设计与食品设计等。以设计科学为基础，构建了设计学与管理学、经济学、商业、计算机、传播学等协同发展的交叉学科。这样为本科专业培养懂艺术、能设计、会营销、善管理的复合型创意人才打下基础，也为文化创意产业的发展做好服务。

（4）设计交叉团队

广义上的设计是人类所有生物性和社会性的原创活动，设计的结果并不是凭空出现的，而是在感性直觉与理性科学知识、经验和理论的火花融合之后形成的。因此，在知识层面上，设计活动可能涉及多个领域。设计也是一种群体合作性质的工作，它的产品不是通过个人灵感主观创造的。例如，现实中企业的产品开发团队往往依赖于团队合作，一个项目从最初的概念准备阶段到最后的实施阶段需由多个部门设计和反馈。例如，IDEO是一家设计咨询公司（见图2-1），通过派遣其设计团队，进驻到所服务的企业中，与企业合作并运用"设计思维"，来为客户进行设计顾问服务。它曾被《财富》杂志以及波士顿咨询公司等机构评选为全球最具创新能力的公司之一。在公司首席执行官蒂姆·布朗眼中，一个设计团队，往往是由3～5人组成的，他们可能会来自设计、经济、商业、心理学、工程、医学等各个领域，以不同的视角进行观察和讨论，最后形成比较全面的观点和创意。他们的工作就是以交叉学科的团队合作，应用设计思维洞悉与解决问题，并给出包括产品、服务、商业模式、宣传手段等在内的完整解决方案。设计理论家维克多·帕帕纳克认为："一个整体的设计团队，应是由一位设计师、一位人类学家、一位社会学家和从事某个专门的工程领域的人组成的。一位生物学家（或精通仿生学和生物力学的人）以及若干医生和心理学家可能会完善这个团队。同时，客户派遣自己的代表参与到设计团队中。"

以设计领域的新兴交叉学科交互设计来说，任何一项设计活动都必须在多学科人员共同组成的设计团队下进行。交互设计专业最初被称为人机交互（Human-computer interaction，HCI），主要关注人与机器，尤其是与计算机之间的交互，几乎覆盖了包括信息技术、互联网、物联网、服务与体验等不同领域、不同行业的产品研发，为用户提供着丰

图2-1 IDEO设计团队在讨论概念原型

富的、易用的软性产品。交叉学科合作的任务涵盖了研究、定义、设计用户的使用行为，并进行信息内容的规划与构建、呈现与交互，来实现用户使用产品时的优良体验。

交互设计是一个交叉性很强的学科和实践领域，一个完整的交互设计活动涉及设计的内容构建、交互实现、效果表现三个主要的维度，不同的维度需要不同的专业人员和不同的技术支持，而在某一维度内也需要交叉学科的合作交流。例如，交互设计的用户研究、功能定义、产品创新、项目运营通常由不同学科背景的人员共同完成，囊括了传达设计、信息设计、认知心理学、人机工效学、社会性、人类学等多个领域的知识。在一个完整的交互设计活动中，原型测试与反馈是不可或缺的步骤。如Java、Processing、Python等计算机语言，成了交互人员工作的重要工具，用于建立原型和参与测试。著名交互设计师艾伦·库珀（Alan Cooper）指出，交互设计的过程至少应该在程序工程师的支持下完成。一般情况下，在交互设计师应该观察用户，确定产品的使用方式后，程序工程师根据确定的模式定义产品架构，编写执行代码，制作原型以支持用户测试。其测试结果不仅可以用于程序本身的调试和修改，还要提供给交互设计师进行修改，通过这样的循环设计过程把不同背景的人结合在交互设计的过程之中。

同样，作为一门学科，设计也涉及艺术、技术和科学领域。即要求学生具备基本的艺术审美能力和表达能力，掌握基本的设计表达工具，了解生产过程中的相关技术，关注社会、文化、心理等知识以及新的科技成果和相关政策的变化等社会因素。设计专业涉及多学科知识，具有交叉学科交叉的性质。教学体系既体现了艺术设计学科本身的一致性，又体现了其相关学科的关联性和普遍性。社会的发展和进步带来了越来越复杂的设计实践、多层次的设计问题、多样化的设计需求，构成了艺术设计多学科、多系统协同联动的互融综合的学科特征。

（5）设计与交叉学科的内在联系

从18世纪开始，设计从艺术的系统中彻底地分化出来，形成了一个新的科学范式和相应的科学方法论，最后发展成为我们现在熟悉的设计领域。在当今社会，知识更新和迭代的速度急剧增加，在不断变化的生产资料和社会需求下，需要不断地对设计本身进行讨论审视，及时迎接新的挑战。在商品社会中，设计相关行业与其他所有领域一样，具有生产、市场、管理、营销等外部约束，全球化和商业化的目标，以及类似的内部思维方式和技能培养。在这种情况下，设计更多地与商业行为、商业模式以及背后深刻的社会因素交织在一起，成为一种创造利益和价值的手段。诚然，现代设计发展之初就离不开市场的助力，但市场的供需关系、生产能力、国际竞争等条件已经彻底改变，设计的交叉乃至转型蕴含着无限的挑战与机会。例如，商业的成功更多地依赖于商业模式的创新，为用户提供完整的服务体验，而消费者和商家之间的关系也正在逐步调整，单一的产品并不能保证企业和市场的长期立足。

生活中的任何商品都是通过一系列的实物或非实物的系统，与消费者产生关系，设计也不再仅仅以某个独立的产品的形式展现在我们面前。于是产品与服务的边界越来越模糊，设计与商业在新的时代背景下的激烈碰撞，开拓了服务设计、体验设计等新的领域。知识的交叉融合或是当下流行的词汇"跨界"已经被视为是催生生产创新的一大动力。

图 2-2 共享单车的服务系统

以共享单车为例（见图2-2），当用户看到路边停放的一辆单车时，可能会下意识地掏出手机，扫码、开锁、使用，而为了实现上述动作，设计师需在产品背后综合考虑所有的因素。

首先，体验设计师需要从用户的角度对需求和整个行为进行分析，通过科学而详尽的用户分析，寻找商业机会。例如，平面设计师需要为自行车、用户端乃至企业设计一套完整的视觉识别系统，以保证用户能轻而易举地发现共享单车；交互设计师需要为共享单车设计好用的应用软件，以确保整个使用过程的优良体验；结构设计师在综合考虑成本、安全性、舒适性等因素后，重新设计单车及其锁具；此外，停放点及其设施牵扯到环境设计；整个服务系统还可能涉及营销手段与广告传媒设计，乃至整个服务构架、运作流程、单车回收循环链等。

其次，不仅需要这些设计专业之间鼎力合作，而且需要积极与商业、技术寻求沟通。共享单车项目的实现，必然需要交叉学科的设计团队，来实现产品服务体系设计。如"ofo小黄车"体验设计部的设计师，被要求在做好本职工作的同时，尽可能了解产品的问题、运营的问题。产品设计研发团队会以小组的形式深入业务线，与业务团队进行合作。

最后，这些部门间的交流还会保持下去，各部门工作中的问题，都可以通过进行头脑风暴和创意发散，以设计的思维和方法得到解决。在这个过程中，来自多领域的团队通过合作解决实际问题。这个现象揭示了一个趋势，即设计师更需要具备交叉的知识与合作的能力。

设计和交叉知识之间的密切关系已不仅仅反映在业务行为中。目前，越来越多的设计理论家开始关注如何在设计中引导社会创新。在这样的背景下，设计与医疗保健、帮助老人和残疾人、帮助妇女和儿童、帮助穷人等领域相结合，共同思考解决方案。例如，面对环境污染、全球变暖和有限的人力资源，设计呼吁并与整个社会联系起来，进行绿色设计和可持续设计。特别是当来自大学和社会的设计力量开始走向社会，深入不同群体，试图解决社会问题时，设计更需要与交叉学科的知识相联系。

对于设计这门学科来说，交叉是其生命力所在。著名设计史论学者维克多·马格林曾提出"跨边界"的设计思想，他的思想来源于设计边界的模糊性，而这种模糊性也带来了设计边界的"扩展"。马格林认为设计学的"交叉学科"性是在设计研究中逐渐体现出来的，从艺术学、社会学、心理学乃至哲学等传统人文社科知识系统中吸收养分，并与理工学科产生交叉，进而综合发展，最后形成设计学科。

设计范畴与艺术设计学科体系有着广泛的内在联系和交叉特征，如建筑、景观、环境艺术、产品、服装、视觉等方向都具有共同的审美特征和思维方式。也就是说，在设计学科体系下，不同的专业方向之间存在交叉的可能性和必要性。例如，成都大学视觉传达专业基于交叉学科视角，对其品牌设计课程进行了改革，最大限度地整合多学科知识，打破学科壁垒。这就需要整合专业课程，如广告设计、产品设计、包装设计、交互设计等课程围绕品牌设计课程，形成一个课程板块或课程群。即以品牌设计的整体规划为宗旨，不再简单地以某一学科的理念和方法来设置课程板块。

在系统外，设计与交叉学科的内在关系体现在以下两个方面。

首先，设计已经广泛地与人文、社科、自然学科建立联系，形成了繁多的边缘学科，如设计心理学、设计符号学、设计史学、设计哲学、设计文化、设计管理、设计程序与方法等。边缘学科、交叉学科的出现是具有边缘学科性质的设计发展的必然结果。

其次，以综合型高校为基础，建立了艺术设计学院与其他诸如机械、电信、物联网、食品等学院之间的交叉学科交叉的教学平台与模式。例如，江南大学设计学院院长魏洁曾提出设计学院的教师需结合本专业的特色与人文、食品、物联网等学院提供联合指导，规划本科和研究生的理论与实践的毕业设计，同时设置开放的课程进一步引导学生积极学习多学科的知识，给学生自由选择的机会，整合多学科的知识解决专业问题，从而拓展设计思路。未来，知识不断更新，技术不断融合与创新，这就要求各学科打破壁垒，积极开展边缘研究，扩大科学技术的应用。在这种趋势下，设计学科必须积极寻求合作，建立交叉学科。这个过程体现了设计学科的实用性和社会价值，使设计学科本身具有强大的生命力。

## 2.2.2　设计交叉学科教学的内涵

上文探讨了设计、设计学科与交叉学科的内在联系，以"设计"内涵变迁与发展进程的视角，剖析了不同时代社会背景下，设计所涵盖知识的综合性与设计学科的边缘性。从中可以发现，设计学科内部各个细分的专业，都具有相似的思维方式和紧密的内在联系；设计学科与人文、社会、自然科学，都交融贯通、彼此借鉴，应用着一系列原理或方法。

（1）比较学科层面的教学内涵

比较学科是指以比较方法为主要研究方法，对不同时期、不同文化、不同背景、不同模式下两个或两个以上相关的学科领域进行比较研究，探索各个系统运作的共同规律和发展趋势，以寻求学习和借鉴，形成的学科包括比较文学、比较教育学和比较历史学。同样，设计史理论中不同时代、不同地域的设计风格和作品的比较，是比较学科在设计教学研究中的具体体现。20世纪中叶，随着现代设计的飞速发展，现代主义风格在世界范围内得以传播和产生影响，不同的国家和地区结合自己的文化背景，各自发展出了各种各样的设计风格和理念。技术的进步为各国设计院的国际学术交流提供了基础。20世纪80年代初期，中国的现代设计教育在很大程度上借鉴了当时西方设计教育的形式。在教学发展和改革的过程中，部分高校与国际知名设计院校建立了长期的合作与交流平台，以保证设计潮流和教学模式与时俱进。尽管到目前为止，我国设计学科课程体系中还没有确立具体的比较学科课程，但为保证教学方向的国际化与先进性，比较分析的方法常被用于分析国际上知名的设计院校的学科趋势、课程设置与教学模式。

设计交叉学科教学应注意两个方面：一是要充分开拓国际化视野，学习跨文化与背景的设计教学经验，广泛参与全球范围的设计教育转型。通过比较，从经验主义的小圈子中跳出来，拓宽视野；二是要广泛甄别和接受一切设计教学的先进经验，将前沿的趋势和教学模式应用到本土的设计教学中，以促进设计教育的学术前瞻性和教学先进性转变。

**（2）边缘学科层面的教学内涵**

边缘学科是设计类交叉学科课程的一种常见形式。在洞察和解决问题的过程中，设计师往往会涉足新的领域，而这些领域也可能需要借助设计思维来突破自身的瓶颈。当原有学科之间存在交叉和融合时，便产生了边缘学科。边缘学科可以是基于几门学科相互需要彼此领域的原理、方法时产生的崭新的学科。

**首先**，边缘学科可以是一门新的学科，当某一领域的所有问题都不能依靠自己的知识来解释时，可以借助其他学科的方法来解决自己的问题。它不仅可以是自然学科、社会学科和人文学科交叉融合的结果，也可以是通过在这些类别之间建立联系而产生的新学科。

**其次**，我国本科和研究生设计教学体系中的一些交叉学科课程经历了多年的实践，已经趋于成熟。例如，设计心理学、符号学、工效学、设计与文化、设计程序与方法、设计材料与技术等，这些课程大多还处于艺术与设计学科的"范式"之内。有时候，设计专业的学生除了要学习自己的主干课程外，还需要学习其他学科的相关课程。一些工科院校的工业设计专业培养目录中还添加了力学、工程材料、机械设计等机械专业通识课，旨在培养能够充分考虑设计可行性和结构合理性的设计人才，保证设计方案的落地。

虽然在高等教育层面的设计专业经历了学科的细分，但在实践领域中，特别是针对企业内部设计部门，设计一直都是一项全面考虑各种因素、需求、规范，并依靠各部门协作的综合性工作。基于设计的综合性特征，设计专业边缘学科的内涵在于提供给学生基本的专业知识，保证学生设计实践能力达到"合格"。不同的课程设置在人才培养上必然有所侧重，如机械学院的工业设计专业注重学生工程能力的训练，艺术设计学院的工业设计专业则注重设计思维的锻炼和设计展示的效果。在设计交叉学科发展的层面上，高等院校要设计教育应通过交叉学科的课程设置，一方面要合理地开设边缘学科，另一方面要提供给学生非本专业的设计课程以及工科类的通识课程。另外，全方面考虑设计发展趋势与社会实际需要，积极与其他学校、学院展开教学合作，形式可以是跨专业的授课、联合培养、合作项目、多学科工作坊等。未来，社会经济基础与人们物质需求的升级，必将对设计教育提出新的挑战与要求，设计的领域还将横向地拓宽交叉领域、纵向地深入交叉程度。更多的传统学科将需要设计的思维，设计也需要引入新的知识体系，一个个崭新的设计交叉学科便会出现，以满足设计教育的发展需要。

**（3）软学科层面的教学内涵**

软学科是在更高层面上，以管理和决策为核心的综合性学科。当设计学科发展到一定阶段，设计研究与设计实践在不同层面上都出现冲突，亟需解决实际问题的新思路、新方案时，从社会到学科自身，都力图重构知识体系、整合资源、再定位学科内涵，就会产生一种具备相当高度，自外而内看待问题的软科学。设计交叉学科在软科学层面上，主要是借助管理学手段，对设计过程、人事、资源进行整合，并在此基础上结合社会实际问题进行系统整合，使各领域紧密联系，从微观战术上升到宏观策略。

自20世纪60年代以来，设计管理作为一门设计软学科，逐渐走向成熟。随着我国于21世纪初开始引入设计管理的概念，相当数量的设计院校逐渐开设了设计管理课程，但该类课程要深入发展还面临重重困难。目前国内设计管理教材已达20余本，内容基本上相近，主要从应用的层面上介绍企业中的设计管理、决策实践。基于设计管理学科鲜明的实践特点，设计管理教学除了采用传统课堂教学模式外，还以实习、考察项目为途径。在产学研合作的大背景下，设计院校频繁与设计公司、设计部门展开教学合作，派遣学生进入企业实习。在实践中

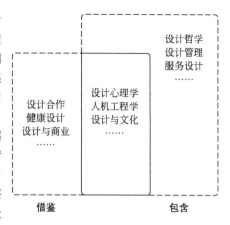

图 2-3　设计交叉学科内涵的多个层次

学习，学生能深刻理解设计管理者面对一个完整的产品生命周期，怎样协调设计部门与工程、制造、销售、市场等部门沟通；怎样保障设计顶层战略、中阶设计策略与具体项目实施之间的信息传递与反馈；怎样引导设计师在横向上考虑政策趋势、生态环境、节能减排、产品价值、产品语义等与产品演进、迭代有关的设计专业领域进行协同创新（图2-3）。

（4）更深层次上的教学内涵

随着交叉学科走向更深入的综合，还产生了综合学科、横断学科、超学科等概念（图2-4）。国内设计教育中，虽尚未出现为各院校所广泛接受并开设的具体课程，但设计实践和设计研究中，设计与其他社会资源、其他科学领域走向更深层的整合已是大势所趋，这一趋势又反过来影响设计教育，在具体课程中得以体现。

设计交叉学科的综合学科趋势体现在"系统化"上。近几十年来，设计热点从工业产品转向智能终端的交互界面，进而又转向体验、服务，设计对象的扩展深化了设计学科的综合性特征。作为一种社会行为，设计的最高宗旨，是与诸如商业、医疗、教育、金融、制造业、服务业等各部门形成战略合作，解决实际问题，给人们的生活带来福祉。为实现这一愿景，设计行业频繁地与其他领域展开合作，最终超出了设计交叉学科的软科学范畴，进入了更深的层次。目前，一些设计院校开设了系统设计课程，以适应设计教育的新变化。事实上，"系统化"这个趋势早在20世纪便出现了。例如，在工业设计领域，出现了将"人—机—环境"视作一个系统来进行研究的人因

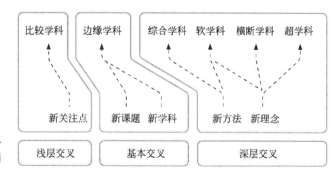

图 2-4
设计交叉学科多个层次的内涵

学研究;在平面设计领域,出现了CIS(企业形象识别系统),即包括企业的理念识别(Mind Identity)、行为识别(Behavior Identity)、视觉识别(Visual Identity)三个要素在内的企业形象设计系统。在未来社会分工从细化回归综合的过程中,设计交叉学科教育越来越需要综合化的、系统化的转变,以此回应社会发展提出的迫切要求;我国的设计教育必须将设计跨领域合作的构想,付诸教学实践中,以探索解决社会问题的创新思路,同时培养具备交叉学科思考问题能力的学生。

横断学科是更进一步综合的产物,是对各领域系统中结构相似性和共同性的总结,是具有高度普遍性的方法论,如系统论、功能论、控制论、信息论。由于这些方法论具有广泛而科学的实用性,有学者将它们应用到设计的方法学中。从结果来看,在设计中运用科学的方法论,更彰显出设计行为的科学性。在这一层面上,设计交叉学科教育难以应用在本科设计教育中,似乎更适合作为设计研究的范畴,或纳入硕、博研究生的培养体系中。不论怎样,横断学科的发展都不断印证了未来多学科交叉、多领域知识体系紧密联系的大趋势,是未来设计交叉学科教育需要开拓的疆域。

交叉学科的最高层次,是超越具体的研究对象,将视野上升到抽象的一般哲理的层面,于是便出现超学科的概念。超学科是自然科学、社会科学和人文科学的高度概括与升华,是超越一般科学和各种交叉学科类型,并在更高层次上进行"纯粹"的思维行为。任何形式的设计在本质上都是创造性解决问题的行为,是基于系统内各因素的综合性、开创性发挥。这些创造活动中囊括的丰富内涵,构成了设计哲学、设计伦理的范畴,即研究关于设计行为的普遍认识、关于设计本质的深入挖掘、关于设计意义的辩证思考和关于设计伦理的人文探析。柳冠中教授曾指出,设计是介于科学与艺术之间的,人类的"第三种智慧"。设计哲学是设计研究领域意义最深重的方向之一,在当前的本科设计教育中"渗透"对设计哲学的思考,引导学生思考设计行为背后的本质与意义,已得到国内设计院校的广泛认同。作为设计交叉学科的最高层表现,设计哲学具有深刻的现实意义:只有当学生将设计放在社会动态的大环境内,理解与感悟设计的本质,才能培养出良好的格调,才能贡献高质量的设计作品;更深层地说,培养大学生感知社会实际需要,明辨事物的本质,提高回报社会的意识,才是本科教育的宗旨。

### (5)设计交叉学科教学的现实意义

随着学科交叉范围广度、融合程度的层层递进,设计交叉学科教育的内涵也在动态变化着,是一个由设计专业基本知识逐渐上升到哲学层面的线性发展过程。但综合来看,都是以培养设计人才为宗旨,因而应将其视作一个由浅入深,由实践操作的层面逐步上升为理论,最终表现为设计哲学、设计伦理的知识体系。高等院校开设的本科设计教育课程体系实际上就是一个从基础知识开始,走向能力多维提升,最终能运用全部知识储备解决问题的过程。设计交叉学科教学模式和目前的本科设计教育体系在目的上是一致的,即培养学生系统地分析、学习、实践的能力。

设计交叉学科教学侧重于培养学生解决实际问题的能力,即能够在多学科交互背景下开展设计活动,要求学生在一定程度上掌握其他领域的知识,能够洞察社会现象背后的问题、趋势、机会,养成交叉学科合作精神。设计交叉学科教学的研究涉及教育理论、教学模式、实际课程等多种形式,就教学模式而言,国内外院校在理论、实践层面探索出了联合培养、项目合作、交叉学科团队、交叉学科工作坊等案例。对设计交叉学科在高校教学中的发展和升级将起到重要的推动作用。

综上所述，开展设计交叉学科教学是设计教育自身发展的要求，也是回应社会对高水平设计人才的强烈需求。21世纪以来，学科知识重构背景下的交叉学科发展已是大势所趋，没有哪个学科能仅仅凭借自身知识体系解决实际的社会问题，设计类专业亦是如此。为此，在设计教学引入交叉学科的理论与方法，引导设计交叉学科教学探索，分析并总结国内外已有教学实践，为设计交叉学科教学下一步发展指明方向，具有深刻社会意义和时代意义。

### 2.2.3 设计交叉学科教学的目标和任务

（1）教学目标建立的缘由

相对于美国、欧洲、日韩等发达国家，中国的现代设计教育起步较晚，基础薄弱，成规模、成体系的设计教育在20世纪80年代才步入正轨，发展到今天仅有40余载。改革开放以前，人们对设计一词的理解还普遍停留在图案、广告等平面设计与诸如"工艺美术"等概念上。早期设计教育主要依靠师傅单独传授给学徒的形式，而未纳入现代教育的体系，这里不做详述。到了五六十年代以后，一些艺术类院校先后开办了工艺美术系，如1956年国务院批准成立了中央工艺美术学院、1960年无锡轻工业学院创办的轻工业造型美术设计系首次以"设计"二字冠名，我国的设计教育开始了新的探索与尝试。改革开放以来，随着我国生产力的发展进步，中国特色社会主义市场经济体系逐渐成熟起来，需要能工业化生产、满足人们精神需求的设计软实力。基于这样的现实要求，"设计无用"思想被摒弃，早期的艺术工作者和教育家开始思考中国现代设计教育的出路，他们需要明确设计艺术专业的学科意义与价值，填补我国设计教育半个多世纪以来的空白。

从80年代开始，中国设计踏上了发展的快速路，随着一批学者经过海外考察，将西方的设计教育模式带回国内，我国高校陆续开办了设计相关的专业。1986年，在原国家机械工业部教育司主持下，工科院校内成立工业级教学指导组，经过研究和协调，"工业设计"被纳入我国的本科专业目录，作为一门独立的专业出现。随后的1987年，中国工业设计协会正式成立。1998年，教育部颁布的本科专业目录中剔除了"工艺美术"，设立了一级学科"设计艺术学"，至此，中国的艺术设计教育终于迎来了全新的阶段。90年代初，仅有数十所高校开办了设计艺术专业。到2010年，全国已有1300多所高等院校开办了设计艺术相关专业。2011年，艺术学从文学门类下独立出来，成为一个新的学科门类，设计学也提升为一级学科，对设计专业的重视再一次被提升。到2016年，我国已开设设计专业的院校达到了2000所，约有200万名在校学生，每年向社会输送50万名设计师，与世界的"设计大国"相比，中国设计专业学生总量非常庞大。美国每年有3.8万名设计专业毕业生，日本约有2.8万名，英国约有1.6万名。再如北欧的芬兰，每年的设计毕业生为400多人，瑞典则不足100人。即便如此，中国设计专业学生仍希望前往欧美等国家留学深造，这200万名毕业生又有多少能在本科毕业后从事设计行业呢？所以，设计教育的改革必须解决教学规模上繁荣和国家设计综合实力上羸弱的矛盾，培养社会真正需要的综合型设计人才。

总结改革开放以来这一时期的办学发展，出现了一些不利于教学质量提高和人才培养的因素。一是大规模扩招，不论是艺术院校、理工院校还是综合性大学，都在不断分设专业、扩招学生。特别是在二三线城市的院校跟进开展设计教育的过程中，出现了一些不顾自身办学能力、条件，盲目开设设计专业的现象，这使有待完善的设计学专业教育体系再次陷入模糊化的泥淖。同时，院校水平的高低不一、院校之间缺乏对教学成果的分享借鉴是差异性存在的客观原因，一些低水平大学存在着学术态度不严谨、教学改革缺乏执行力、创新改革流于表面等问题。二是缺乏对课程评估与改革的重视，一些院校设立设计专业伊始通过照搬、沿用国外的课程体系，设置自己的培养方案，之后便不再评估课程的实际效果；缺少对设计理念、先进技术、交叉学科协作等学科趋势的关注，改革缓慢，难以培养出符合社会要求的毕业生，更谈不上培养具有创新能力的设计师。设计人才综合素质的培养需要高等院校教学模式从传统的技能培养为主，兼顾多学科内涵，来应对社会问题为导向的演变。

值得肯定的是，一些重视设计教育办学水平的院校在改革开放以来的数十年中，通过积极吸收海外归国教师、开展国际交流合作学习借鉴前沿的设计教育理论和模式，为我国的设计教育改革方向带来了新的机遇、新的风气；通过充分结合国内各产业现状，对国际先进的设计教育理论、模式进行试验，并与企业展开产品、服务等方面的产学研合作，进行教学改革的实践，不断改进课程体系和教学能力。这些设计教育探索中积累的新经验、新方法、新模式，值得总结和推广。

设计教育的发展亟待理念的转变。尽管交叉课程、交叉学科教学等概念以被人们广泛接受，但总体而言，国内高等院校的设计教育实践，仍然存在理论与实践脱节情况严重、对交叉学科设计教学的探索尚处在纸上谈兵的问题，只有少数高校重视并设立多学科交叉交融的培养中心、课题或课程。与其他学科的交叉融合及吸收借鉴是现代设计教育发展到21世纪以来，所展现出的一个新的形式和趋势，带来了教学上的创新，国内外也已经有了可供借鉴的相关教学实践。以现有的理论为依据，为设计交叉学科制定一个能够被共同认可的教学目标和教学任务，给我国设计院校未来展开交叉学科交叉教育提供教学理论上的参考依据，也对我国设计教育的整体发展，特别是对传统教学的创新与改革具有重要意义。

（2）教学的宗旨

在人才培养上，开展设计交叉学科教学的目的并不是单纯地训练学生的设计基本功，而是以综合的设计素养为宗旨，使学生具备系统设计的思维和丰富的、国际化的视野，对设计趋势转变具有敏感性，并成为能展开多学科、跨领域合作的设计工作者。在未来，设计师可能更多地作为团队组织者和协调者，在交叉学科团队中，将来自多领域的专家联系起来，共同进行设计活动。高等教育所担负的责任，就是设计专业应在这个大背景下，重新审视设计教学改革的宗旨，探寻创新的教学模式。

**首先**，以通识课和设计基础课为主，系统地了解社会因素、人文因素、传统文化、工程技术、生态环境、商业模式、管理模式等知识，以解决复杂需求之间的潜在矛盾，为设计在实践层面的展开打下基础。

**其次**，要求学生在实践中运用设计思维，并应用到未来的工作领域中。在社会创新变革的大背景下，只有当设计师坚持自身立场，以设计思维主导设计活动中的多学科合作，才能使设计在新的社会趋势和新的社会问题中发挥更为重要的作用。

**再次**，鼓励学生以开放的态度进行设计，鼓励学生广泛接触新知识，培养学生参与交叉学科合作的素质。设计正处在广泛转型与整合创新的阶段，设计活动的组织中必将引入来自多领域的参与者，需要设计师在团队性质的工作中沟通、分析、表达，综合多方面的需求和限制来进行设计。

**最后**，鼓励学生广泛关注社会问题，积极思考造福人类的方式，培养具有社会意识的学生。通过在设计教育中引入关怀设计、绿色设计、可持续设计等理念，引导学生投入到社会创新中，进而探索设计及其教育的新内涵、新机会。

（3）教学的原则

在学科建设上，要站在整个院系乃至高校教学改革的战略高度，以开拓创新、宏观的视野，整合产学研等一切资源，以教学效果为导向，与政策、趋势密切结合，避免课程设置背离设计交叉学科的宗旨与初衷。学科建设原则如下。

**首先**，重新整合设计专业的培养方案与课程结构，合理安排设计专业的课程部分、实践部分以及各种新形势，尽可能地覆盖设计交叉学科的知识点。以探索新型的设计交叉学科教学模式为目标，组织不同学科背景的教师，创建课程教学团队；组织来自不同方向甚至不同院系的学生，以比赛、科研等目的为依据，建立交叉学科的学生小组。

**其次**，推进设计学科在全国范围内的经验和资源共享，特别是开设设计专业时间较短的院校应重视学科的改革发展。我国设计教育在国际上的影响力、认可度，不可谓微弱，问题在于先进的教育理念和教学经验不能在全国的高校之间充分地推广开来。

**再次**，以培养设计专业学生的综合素养和实践能力为标准，改变以往侧重课程作业质量、考试难度与评分的课程评估方法，重建设计学科的教学质量评估标准，特别是要将与设计交叉学科相关的新形式纳入考量。

**最后**，以适应社会实际需要为设计学科发展的最高宗旨，将教学改革充分地与国家政策、科技进步、企业需要、学生就业等现实因素相结合，保证设计交叉学科的实践落到实处，避免其停留在空洞的理论层面上。

（4）教学的短期目标

各高校在进行设计交叉学科教学时，需要实现的目标如下。

**首先**，要在教学中引入"系统设计"，积极进行课程体系的改革，以整合创新的教学体系取代原本孤立、静止的课程设置。

**其次**，要在设计各专业方向、校内各学院乃至各高校之间建立交叉学科、跨院校、跨文化的合作平台，给学生提供交叉学科设计实践的机会。

**最后**，要根据现有的教学成果，对设计交叉学科的教学模式进行总结，分析教学实践中的经验，制定设计交叉学科教学策略与方法，为教学模式的后续发展与推广建立基础。

（5）教学的长远目标

作为一种创新性、综合性、实践性的教学探索，交叉学科教学设计应力求在教学形式上建立规范，在教学目标上达成共识，在国家高等教育学科体系中形成规模和推进。设置交叉学科设计的教学目标不是要细致全面，而是要立足学科的长远发展，放眼未来。

随着设计教育中交叉学科知识和交叉学科课程的发展，其成果得到了我国高校的广泛认可，也得到了学生、教师和企业的积极评价，并已成为艺术设计教育发展的重要途径和主要趋势。目前各地高校陆续开展了以交叉学科为主题的高等教育改革试点项目，政府的重视和推动也成为相关课题的重要现实依据，学科交叉已成为推动大学知识创新的内驱动力，成为大学顺应国家战略发展需求的必然选择，更成为培养符合创新性国家建设和社会发展需要的整合创新性人才的重要途径。

（6）教学中存在的问题

基于设计交叉学科的近期与长期目标，还有一些关于教学中的问题需要被界定，以避免偏离教育研究和教学实践中设计交叉教学的本质精神和内涵。

**首先**，针对艺术设计专业交叉学科教学的质量评价标准与课程评估体系需要被建立。随着全国范围内设计交叉教学实践的不断推进，有效的教学评估体系成为其检验效果、保障质量的重要手段。其中的困难和挑战来自设计专业极强的实践性与全国各地、各高校所处的实际情况这两个不确定因素的相互交织。例如，一些院校开设的交叉课程是通过与企业建立合作，课程任务与企业需求密切相关，这些企业及其需求各有不同，这便是实践性导致的教学质量评价标准差异化；再如，国内高校中工科院校的设计专业学科带头人若是来自机械专业的，教学上往往以交通工具设计、机械装备设计、人机工程学为重点并要求学生把控好产品的结构。不同学校之间，教学团队结构、教学研究方向上的差异，会在人才培养上体现出来，这便是高校间实际情况不同导致的教学质量评价标准差异化。标准的建立固然十分困难，但更要求院校之间加强合作，求同存异，达成认识上的一致。

**其次**，在进行设计交叉学科的教学安排时，应谨慎地思考教学主旨与内容的边界，模糊的边界将对设计类学科的发展有一定的限制。首先，交叉广度与深度的不足，会使得教学浮于表面且达不到预期效果，使"交叉学科"口号化。其次，教学交叉过甚，也可能会影响教学质量。所谓博而不精，过于泛化的知识内容、结构，使学生无法理解学习的重点，庞大的知识体系对学生来说也是一种压力，这在某些院校设计专业的培养方案中已经初见端倪。最后，设计交叉学科教学的研究指导教学实践的过程中，又反过来受到实践的影响，教学上模糊的边界对设计学科在整个科学体系中所处的地位产生负面影响。新的科学领域往往是在交叉中诞生的，可若是哪门学科不注重自身的范式界定，便可能会在交叉中失去自我、丧失其重要性，乃至消失在科学研究的领域中。

## 2.3 设计多元交叉模式

### 2.3.1 设计学科的教学模式

设计学科是一门独立的艺术学科，它主要包含了视觉传达设计、工业设计、环境设计、产品设计等研究方向。设计学科与传统的艺术学科有所不同，是一门强调综合性，结合了文、理、工的特点，融艺术学、人机功效学、计算机辅助设计为一体的艺术与科技相交叉的新型交叉学科。作为一门交叉性和应用性较强的学科，设计学科的教学模式与其他学科也有所不同，不仅含有艺术类学科的基础内容，也包含一些计算机辅助设计的内容，所以在教学设计上，既要考虑纯艺术类的要素，还要考虑加入其他交叉学科的内容。

设计学科的课程设置首先要突出其专业的核心主干课程，在此基础上还要注重其他学科课程的插入，形成良好互补的课程体系。以图形创意表达课程为例，需要开设字体设计、版式设计、计算机色彩构成等多门课程进行辅助。

在教学模式上，设计学科首先应明确其目的，即为社会服务。教育的最终目的是培养设计人才，教师应该根据设计学科的特点不断调整适应学生发展的教学模式，在教学过程中融入现代的高科技技术，把设计学科与现代科技相结合，同时也必须兼顾艺术修养的养成，让高科技技术为设计服务，不断地与时俱进，培养符合市场需要的复合型人才。教师应改革传统的教育模式，尤其是原来单一的被动式学习模式，培养学生的创新意识和实践能力。

## 2.3.2 其他学科的教学模式

（1）"传递—接受"模式

这种教学模式起源于赫尔巴特的四阶段教学法。它经过调整和改造被引入中国，在我国是一种普遍适用的教学模式，深受我国教师的喜爱。这种教学模式注重传授知识和培养基本技能，注重在短时间内更有效地传递更多的信息，强调教师主导，注重教师权威，是一种单向的教学模式，需要学生具备较强的记忆和推理能力。这种模式的授课流程为：复习所学内容—引入新课，激发兴趣—讲授新课—巩固练习—学习测评—间隔性复习。

复习所学内容的目的是加深对旧知识的理解，加强知识之间的联系，在头脑中整理新旧知识，从而引起学生对新学习内容的好奇心。新课程的教学是该模式的核心，教师以传授学生知识为主。学生要严格遵守课堂纪律，保持高度集中，跟随课堂节奏完成老师布置的学习任务。巩固练习是学生通过练习巩固知识的过程，也是运用所学知识解决实际问题的关键过程。学习测评是指学生通过课堂测试或家庭作业来测试自己对新知识的理解和掌握程度。间隔性复习是学生加强对所学知识的记忆，加深对所学知识的理解。

这种教学模式需要教师对学生的整体情况有一个大致的了解，然后根据情况设计教学内容，使教学内容与学生原有的知识背景尽可能匹配。在教学过程中，教师要发挥绝对的主导作用，并要有良好的语言表达能力，对学生的知识有高度的洞察力。这种教学模式在文科类专业中较常见。

（2）探究模式

探究模式是一种以解决问题、培养学生的个人能力和体验式学习为核心的教学模式。该模式的教学流程是：提问、提出假设、推理、验证推理、总结和改进。在教学过程中，首先创设一定的情境进行提问，然后让学生大胆猜测，提出假设的答案，接着设计实验，通过实验验证前面的假设，最后总结出规律。

这种教学模式的实施需要建立一个平等的教学环境，使学生可以自由地与教师讨论问题。教师不再是刻板的权威形象，而是教学的辅助者。只有在这种宽容和民主的环境中，学生的思维才能得到充分的发挥。这种教学模式的优势在于培养学生的创新能力和独立思考能力，培养学生的团队精神。但这种教学模式只适合小班教学，需要良好的教学支持系统，耗时较长。这种教学模式多运用于文科类专业中。

（3）概念获得模式

概念获得模式是指学生通过体验所学到的概念知识来培养自身的思维能力。这种模式建立在布鲁纳、古德诺和奥斯汀的思维研究理论之上，反映了认知心理学的观点，强调学习是认知结构的组织与重组的观点。

这种模式的授课流程为：教师选择和界定一个概念—确定概念属性—教师准备肯定和否定的例子—教师将学生导入概念化过程—展示例子—学生概括并定义—提供更多例子—进一步研讨并形成正确概念—运用与拓展概念。

在具体实施上，教师帮助学生深刻理解学习的概念是整个教学流程最重要的目标之一。概念获得模式是使用"归纳—演绎"的思维模式。首先，教师给出一些例子，让学生发现这些例子中包含的共同特征，并从这些共同特征中得到概念。学生在对知识概念进行挖掘后，立即理解了这些概念。教师引导学生从概念的内涵、外延等方面理解概念。其次，为了加深学生对知识概念的深刻理解，还应区分和分析与概念在逻辑上相关的、对应的概念等。最后，在应用的过程中发现学生对所学概念的掌握情况，起到发现和填补空白的作用。

这种教学模式可以培养学生的归纳推理能力、严谨的逻辑思维能力，使他们形成清晰的知识概念。这种模式多运用于理科类专业中。

（4）合作学习模式

合作学习模式是一种以小组形式组织的学生学习和研究的教学模式。在这种模式下，团队的成绩与每个学生的表现密切相关。合作学习必须具备以下五个条件：学生之间的良好依赖、学生之间的直接沟通、每个学生必须理解团队材料、学生个体具有合作技能与群体策略。合作学习有利于培养学生的独立思考和实践能力，可以增强学生的沟通能力，培养学生的团队精神，提高学习效率。

在具体实施过程中，教师向学生讲解教学目标。学生可以根据自己的意愿，与同学自由组成学习小组，共同讨论老师提出的话题。学生根据自己的知识水平分工，互相学习。学习进度落后的学生需要学习能力强的学生的帮助，综合能力强的学生可以帮助综合能力差或相对内向、言语能力差的学生。合作学习模式需要教师发挥协调作用，因为一旦有学生对团队学习不感兴趣或缺乏能力，就很容易导致合作失败。这种模式在文科和理科类专业中均适用。

（5）发现式教学模式

发现式教学模式是培养学生探索和发现知识的能力的一种教学模式。这种教学模式的特点是让学生主动发现和学习知识，体验从0到1的知识生成过程。

发现式教学模式有四个优势：提高学生对学习知识的热情；挖掘学生的学习潜力；激发学生对知识的兴趣；锻炼学生解决问题的能力。

在具体实施过程中，教师提前告知学生即将学习的新课内容，学生进行预习。在上课期间，大致分为以下五个步骤：首先，教师提出问题，创建教学情境，使学生在这个过程中遇到问题和矛盾，教师再提出需要解决的问题；其次，学生研读教师在上课时提供的学习资料或教材，对之前教师提出的问题提出解决方案的猜想和假设；再次，学生从实践或理论上验证之前自己的假设；又次，学生通过实验获得结果，并通过结论验证之前的猜想；最后，教师鼓励学生反思整个学习过程，帮助学生提炼有用的知识点，理解和概括新的知识。这种模式多运用在理科类专业中。

## 2.3.3 设计与交叉学科教学模式概述

设计学自2011年升级为一级学科,一方面这是教育界对设计内涵认识的深化,充分证明了社会对设计这门学科地位和价值的认可,另一方面也对设计教育提出了更高的要求,以应对现代社会转型的需求。

从设计发展的历史来看,设计教育的每一次变革都与其所处的时代背景有着密不可分的联系。辛向阳曾在《设计教育改革中的3C:语境、内容和经历》一文中指出,"现代设计教育大致可以分为五个不同的阶段"(见图2-5)。

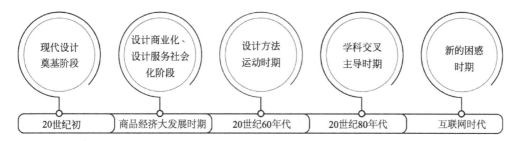

**图 2-5 现代设计教育的五个阶段**

**现代设计奠基阶段**:20世纪初的包豪斯时代,强调技术与艺术的结合。

**设计商业化、设计服务社会化阶段**:由于战争和社会动荡等原因转移到美国的"新包豪斯",在商品经济大发展时期,顺应设计商业化和设计服务社会化的潮流。

**设计方法运动时期**:20世纪六七十年代末,强调过程管理和决策依据的设计方法运动兴起,使设计从师徒经验传承发展成为具有学术严谨性、注重从实践经验到知识和智慧积累的真正意义上的学科。

**学科交叉主导时期**:20世纪80年代后,随着计算机和信息技术的发展,通过学科交叉来了解和运用新型技术成为设计领域的潮流。

**新的困惑时期**:互联网技术、新的商业模式以及新型社会组织的出现,一方面,为设计实践提供了新的机遇,另一方面,设计原有的学科基础不足以形成迅速拓宽的应用领域。这是一个探索新的理念和方法的过渡时期,对设计交叉学科教学模式提出新的挑战。

(1)以问题为导向的"项目式"教学模式

设计是一门实践性突出的、综合性交叉学科,是一门将艺术、科学、社会、经济相关领域知识相融合的边缘学科。它要求设计师具备"通才型"的知识结构。从设计1.0到设计3.0,设计对象不再局限于实体产品,从物质设计到非物质设计,从实体到虚拟,从"设备"到"内容"再到"平台",设计师从关注功能实现的单一维度,扩展到基于用户体验和可持续经济价值的多元维度。设计学科原有的基础和分类已经不足以解决当下或是未来的问题,设计应该以问题为导向,教学模式也应该从以"学科"为基础转向以"问题或项目"为基础。

江南大学设计学院正是以此方式,在以往学科知识的基础上,以不同的问题复杂行为设计知识发展的主线,重构从本科到研究生的课程体系。具体为:一二年级为现实世界而设计,三年级为商业的创新问题而设计,四年级为社会转型的新兴问题而设计,研究生阶段关注可持续发展方面更加广泛的未知问题。这是一个涉及学生从广泛技能、专业综合到专业交叉的知识的不断构建过程。

在专业理论教学的基础上,改善实践案例、设计项目和专题研讨内容的课程设置,使之适用、实用并易用于相关课程教学。以产品设计课程为例,除了原有的产品设计及与产品设计相关的交互外,还需要加入更多的新情景问题,包括商业语境下的系统设计问题、服务生态(流程)中的服务创建及触点整合问题,甚至初步面对可持续社会创新及转型中的复杂问题(如食品、医疗保健、教育、能源资源等),将设计拓展为产品、服务、过程与政策的综合。从过去的满足用户的产品使用功能实现与形式审美需要,逐步转变为利用新技术、新材料和新工艺去创造良好的用户体验。专业方向逐步从产品创新向交互设计与用户体验、文化创新、服务设计等纵深领域拓展,将人、自然、社会三者间的交互关系以及自此关系中的人的体验作为设计的核心问题。

事实上,在设计人才培养中,国外的一些设计院校已经开展了整合不同学科与专业的资源来进行课程教学模式改革的实践探索。以美国的设计院校为例,绝大多数高校采用多学科团队合作的专业教学模式。如斯坦福大学D-School项目、西北大学(Northwestern University)的"产品发展专业"(MPD)和"工程管理学位专业"(MMM);伊利诺伊理工学院(Illionis Institure of Technology)享有盛誉的设计学院(Institute of Design)与该校斯图加特商学院(Stuart School of Business)联合开办的"设计与MBA双学位专业";卡内基·梅隆大学(Carnegie Mellon University)下属设计学院、商学院、机械工程系联合开办的"产品开发专业";加利福尼亚艺术学院(California College of the Arts)的"设计策略MBA专业"、该校与杜伯克大学(University of California Berkeley)商业学院、工程学院合办的设计MBA项目;萨凡纳艺术与设计学院(Savannah College of Art and Design)开办的设计管理硕士专业;帕萨迪那的艺术中心设计学院(Art Center College of Design,Pasadena)与法国欧洲商业管理学院(INSEAD)合办的"战略产品与服务设计MBA专业"(SPSD)等。其中,成绩最突出、特色最鲜明、影响最大的是斯坦福大学的D-School项目。

斯坦福大学的D-School项目于2005年启动,学院所有的教学课程都是由项目驱动的,向斯坦福大学的所有研究生开放(学生都有各自的专业背景和基础能力),强调跨院系的合作,宗旨是以设计思维的广度来加深各专业学位教育的深度。

斯坦福大学的D-School项目希望能够成为斯坦福大学工程、商业、人文及教育等专业的师生聚集的场所,学习设计思想,一起工作,通过一种以人为本的方式解决重大问题;希望来自大公司、新创企业、学校、非营利组织、政府的人员和任何对设计思想的力量有所认识的人,都能够加入交叉学科的教学、实验与研究中。将设计师引入混合的群体是多学科取得成功以及有批判性地揭示出创新的未经探索过的领域的关键所在,设计师提供了各部门都可采纳的方法以及有助于创新的设计环境。D-School鼓励工作团队从交叉学科交叉的视角,以问题为导向,探索经济、科技与社会领域各种疑难杂症的解决之道,例如如何制止酒后驾车、如何建设更加理想的小学、如何为排队等候增添情趣等。学院目前开设的课程皆采用基于实际项目的"项目式"教学模式。D-School由于斯坦福大学本身和硅谷的品牌效应,以及设计顾问公司IDEO的商业介入,使得这一合作产生了极为广泛的积极影响,可以为设计交叉学科的教学模式提供参考。

以问题为导向的"项目式"教学强化设计的探索性,倡导将学习置于复杂的、有意义的问题情境中,让学生通过合作来解决真实性问题,学习隐含于问题背后的科学知识，形成解决问题的方案。这类教学方式的主要特征为：以问题为核心来组织；基于真情实境；具有合作性、综合性、多元性；学生是主动的问题解决者，教师是引导者与促进者。

（2）交叉课程的协同教学模式

针对设计对象和设计范畴的不断扩大，在交叉课程中引入协同教学（Team Teaching）这一教学组织形式。《教育百科全书》（The Encyclopedia of Education）指出，协同教学是"两个或两个以上的教师有目的、有组织地为同一组学生共同规划、讲述和评价课程的方法"。协同教学的一个核心要素在于其认识论观点，即"知识是社会性构建的，是由群体而不是个人性构建的……只是不是灌输给学生的，而是在持续的对话和群体互动中显现的"。协同教学能够通过整合教学小组成员各自不同的专业知识，形成一种新型的智力统合型教学实体，最大限度地探索教师资源的利用方式，从而为实现设计与多学科交叉课程的教学目标提供路径。协同教学如今已拓展到不同年级和不同学科的教师之间的合作，形成了跨年级的纵向协同教学和交叉学科的横向协同教学。从协同教学中教师之间的合作关系、程度和表现方式来考察，协同教学主要有以下几种实践模式。

**典型模式：** 教学团队全体成员共同对教学内容的设计、呈现、反馈和成绩评定负责。团队成员共同确定教学内容，设计教学过程，在同一时间内、同一班级中展开互动，以不同的视角讨论同一主题；作为团队成员的教师对学生的教学指导负有平等的责任，且都积极地参与整堂课的全过程。在典型模式中，教师之间的协作贯穿于教学的全过程。

**支持模式：** 教学团队的全体成员共同设计教学内容，共同负责成绩评定，但轮流呈现适用于他们个人专长的教学材料。通常，不承担呈现内容任务的教学者也在课堂之中，但处于一个相对从属的地位，承担辅助教学的职责，如巡视、辅导学生的作业和实验、偶尔提问或作出评论。

**平行模式：** 合作教师共同设计教学内容和教学过程，但分别对同一班级的两个小组进行教学。它的一个变种是：两个教师分别检查同一班级中不同学生的作业，并作出相应的反馈。此时班级不被分开，教师以平行的方式从事同一种活动。

**嘉宾模式：** 教师之一作为主持人单独对内容设计和成绩评定负责，但定期邀请专门人士作为嘉宾合作者参与呈现。通常，嘉宾呈现的内容是整个课程计划的一个有机组成部分。

在设计课程中，具有多学科背景的教师共同参与教学，需要对课程内容进行重新定义。以产品设计专业为例，将专业内涵有狭义的产品设计转换为广义的产品设计，将人、自然、社会三者间的交互关系以及在次关系中的体验作为产品设计的核心问题。产品设计的关注点不再局限于人造物，而是向服务设计模式、新型的社会创新模式以及未来的转型设计模式转变。从造型能力、表达能力、设计方法、商业设计等方面构建课程内容，层层递进。视觉传达专业的课程中也加入了用户研究与产品定义课程，引导学生全方位地认识和理解现有地产品与服务系统，并且通过对产品、用户、市场、服务等研究，挖掘新的产品和设计的机会，同时具备更加广阔的事业和专业间交叉融合的可能性。

以江南大学设计学院所开设的整合创新设计课程为例，课程教学内容涉及系统设计、商业模式和设计管理等知识体系和专业技能。该课程任课教师分别来自工业设计、产品设计、交互设计和视觉传达设计等不同专业（一般有3～4位教师），具有不同的设计专业背景，保证设计知识结构的横向覆盖。该课程以团队合作形式组建（一般由5名左右的学生形成单元组），并按团队领导能力、演讲能力、视频制作、视觉设计等方面的专业所长进行科学组合，以促进学生发挥积极性。此外，每个团队还安排了1～2名研究生共同参与，这样既保证了团队横向与纵向兼备的合理知识构成，也为学生提供了相互学习和促进的平台，更有助于他们在合作交流中提高个人的综合设计能力。跨专业、跨年级交叉协同，是本课程教学组织形式的一大亮点。在此过程中，专业之间的流动性更大、融合度更高，不同专业的同学在交流合作的过程中，衔接更加紧密，能够协同解决设计所面临的复杂问题。

此外，教师团队在指导学生时，会根据各组学生的特点和进度参与其中（不同专业背景的教师在各组间随需交换），进而由学生团队和教师组成教学小单元，共同探讨与决策设计问题。协同教学从以教师为中心转向以学生为中心，最大限度地激发学生的能动性。

（3）产学研平台合作型教学模式

以产业需求引导教学方向，教学成果回馈产业需求，同时研究成果转化教学资源，积极推进产、学、研、政、商的合作机制，建立教学、科研、开发利用与生产实践一元化体系。在设计专业教学过程中，通过参观调研相关企业、引入企业实际项目辅助教学，聘请有经验的工程师、设计师、专家等共同参与教学与课程指导，促进设计理论与实践的有效融合与转化。

一方面，高校与行业企业合作，成立产学研协同创新研发中心，师生共同参与设计，并开展立体式设计创新和技术服务工作，以创新设计、技术开发、产品开发等为行业企业提供专业化服务。

另一方面，设计人才培养要积极探索校政企共建办学模式，充分发挥地方政府在应用型人才方面的主导作用，形成政府引导、企业参与、高校自主办学的协调机制，建立起校政企人才共育共管、成果共创共享、责任共分共担的合作育人机制，在教学实践中增强针对性、时代性、持续性和实效性。依托校企政互动机制，探索者创立一种由高校创新创业新机制，从传统行业转型升级出发，围绕产品设计、创造理念升级、质量升级、企业营销升级和省会服务升级等具有商业价值的市场需求。利用企业实践项目，充分结合"产学研"和学科交叉融合模式。

以江南大学设计学院为例，通过与企业签署合作框架协议、定期举办专题讲座、专题研讨会、举办项目设计比赛、设立实验实习实训基地，参与并承担地方政府及企业单位的设计项目等，逐步建立起产、学、研、政、商合作式教学与设计实践平台，构建了"学科研究型平台+企业实践性平台+核心课程模块+拓展课程模块"的独特教学模式。此外，基于产学研平台的合作式教学模式推动了以学生为中心的自助研学，能够培养学生的国际视野、创新精神和综合实践能力，促进学生的学习能力、实践能力、创新能力与设计应用能力协调发展。

（4）学科交叉研究型教学模式

设计专业是实践性非常强的学科，然而过于依赖实践经验的积累，一方面会导致设计教育中思维的缺失，另一方面还会影响设计学科理论的发展，以及设计师在复杂商业或社会环境中解决复杂问题的能力。因此，基于设计研究的"研究型"设计教学模式同样是应对新的设计挑战的结果。"设计科学"最初由富勒（Fuller）提出，并由格雷戈里（Gregory）在1965年的"设计方法"会议上提出，其目的是"识别和发展设计及设计活动的规律"（汉森/Hansen），发展设计科学就是要制定条理清楚的、理性的、类似于科学方法的设计方法。设计作为一门独立的学科发展时，设计师出身的研究人员对设计研究的发展起关键作用；而当前设计研究人员大量来自人文艺术或工程科学，设计师出身的研究人员数量很少，在研究方法、研究内容和符号规范上都限制了设计研究的发展。

在设计人才的培养中，国外的一些设计院校已经开展了整合不同学科与专业的资源来进行课程教学模式改革的实践探索，通过多学科交叉方式来改进传统设计教育。以米兰理工大学为例，研究生课程内容完全不受专业的限制。近几年来，包括米兰理工大学在内的国际设计教育和研究领域出现了"可持续设计"的热潮。不同的设计学科、设计领域和研究小组分别从不同的角度开展相关的研究工作，因此"可持续设计"已经成为交叉学科基础上的设计理念和设计伦理层面的研究。

## 2.3.4 设计学科交叉教学的科学性与必要性

（1）设计学科交叉教学的科学性

从设计开发的角度来看，它包含交叉特性。设计是基于人类一切社会实践经验的主观能动性发挥。它是全面的，在一个完整的意义上，并不源于某一种特殊技能本身。设计包括自然科学、社会科学和人文科学三大学科。在大学的设计学科下，有许多交叉相关的子学科：人体工程学、行为科学、材料科学、结构加工与技术、系统工程、环境科学、包装设计、广告设计、设计心理学、符号学等。在今天的设计过程中，高校应该考虑许多因素的影响，如营销策划、消费者心理、人机工程、技术科学等。

传统的学科和专业分工模式已经难以解决当今社会中日趋复杂的问题和矛盾，用传统的从学科到学科的方法处理问题，效率和效果都不尽如人意。交叉学科协作并不是以学科为导向，而是能够从问题的解决和发展的需要出发，灵活运用不同学科的优势，使之达成对问题的共识，将不同学科领域的资源调动起来，从而协调各学科进行合作。

设计教育最早从强调美观和实用并存的技能型教学发展到以用户为中心的概念设计，再到强调方法论的系统化设计。设计教育的下一个趋势之一便是学科间的交叉教学。现代科教发展正在呈现出多学科交叉、复合型人才培养、大学科聚焦等多种趋势。高校的教育改革也正处在向大科学时代过渡的阶段，高校需要逐步摒弃以往独立、分散的研究和教学模式，使交叉学科在促进学科发展方面发挥不可替代的作用。

（2）设计交叉教学的必要性

艾斯林格曾说过，20世纪50年代是生产的年代，60年代是研发的年代，70年代是市场营销的年代，80年代是金融的年代，而90年代则是综合的年代。科技的发展给现代生活的各个方面都带来了变化，由此引起的不仅有差异化，也有许多领域的互相融合。解决任何一个问题都不可能只运用一门孤立的学科，每个学科之间也不可能互相割裂，无论科学技术还是经济文化抑或社会的许多问题都需要多方面的知识交叉运用才能得以解决。例如，探究人口问题的解决方法，就需要利用社会学来解释现象、数学来建立模型、自然科学来探究细节，同时还需要运用到其他领域的理论、观念、技术和方法。

在自由市场竞争中，大众品味和对生活品质的追求不断提高，对产品设计质量的要求也越来越高，同时全球化也带来了更为严格的设计标准。在这样的背景下，设计逐渐成为重要的商业竞争工具。例如，现已普及的智能手机，除了产品硬件，还有一个重要的部分——交互操作系统。交互操作系统是一个动态的非物质系统。以平面设计、产品设计、数字媒体设计等传统设计门类为基础，但任何传统学科都不能单独满足其设计要求。只有综合运用各个领域的技术和知识，才能完成一套完整的交互设计。从诞生和发展来看，交互设计是交叉学科的产物。设计教育的特点应该是多元化及交叉性的，多学科整合发展的出现将成为现代设计教育新的培育方式。学科交叉、学科融合、借鉴其他优势学科的有效教学方法和手段，培养复合型人才，并以合作等方式进行学术讨论和课题研究，是设计教育最主要的发展趋势之一。

行业在纵向发展的同时，也在不断向横向领域发展，与各自相邻或相似的领域之间产生了无穷无尽的联系，行业间的界限逐渐模糊，由此对人才的要求也从单一的I型人才逐渐向T型人才与X型人才转变。I型人才，指某种专才，拥有很强的研发能力和过人的专业技能的人才；T型人才，指不但拥有过人的专业能力和深厚的行业知识背景，还有广博的多种知识结构和交叉学科领域支援整合的能力；X型人才，则指掌握两种系统专业知识，并有明显接合部、交叉点的人才。T型人才和X型人才就是我们常说的复合型人才。复合型人才的特点是在各个方面都有一定能力，在某一个具体的方面出类拔萃。复合领域包括知识复合、能力复合、思维复合等多方面。当今社会的重大特征是：学科交叉、知识融合、技术集成。这一特征决定每个人都要提高自身的综合素质，个人既要拓展知识面又要不断调整心态，变革自己的思维。

目前设计界普遍认为T型人才未来最具竞争力。这个概念主要指学生的能力像字母T。垂直的笔画代表学生的专业领域，而水平的笔画则代表学生超越传统专业人士，能够更全面地思考问题的能力以及合作能力，这些能力主要来自早期职业生涯的经验和本科后更高层次的教育。设计教育界认为在掌握自身专业技能的基础上有丰富的与其他学科合作经验或者能拓展自身专业外延的人才，是未来创新公司最需要的人才。英国设计教育界也据此做出相应调整，将交叉学科学习上升成为设计教育界一种普遍推崇的教学方式。

目前世界各国都在不断调整设计教育未来的发展战略，发展设计教育思想、完善设计学科专业结构、制订设计人才的培养计划、丰富设计学科教学内容和教学方法，以适应当前不断发展、瞬息万变的社会。在社会高速发展、高度全球化的大环境下，各学科之间相互融合、相互渗透才能发挥出更大的价值已成为知识产出的一则基本定律，要想更好地发展设计教育就要遵循这一定律。设计本身就属于比较边缘性、交叉性很强的学科，因此更需要通过增强学科交叉的教育模式，将艺术与其他各学科有机联系在一起，加强文科、理工科和艺术学科等学科的交叉、协作机制，进一步加强设计学科的边缘性发展。

综上所述，设计学科所呈现出的系统性和研究性特点对学科分类之间的关系提出了新的要求，并揭示了设计学科"交叉学科"发展的新趋势。种种迹象表明，设计学科在经历了高度细化的过程后，交叉学科成为设计学科发展轮回的新起点。无论设计领域还是其他学科领域，学科交叉教学都已成为适应时代发展的新趋势和必然要求。

# 第3章
# 中国设计交叉模式

3.1 国内高校的交叉学科教学发展背景与现状
3.2 三所高校设计专业交叉学科的相关教学模式的理论分析
3.3 三所高校交叉学科教学模式改革与发展状况
3.4 三所高校交叉学科教学模式特点分析

## 3.1 国内高校的交叉学科教学发展背景与现状

### 3.1.1 高校交叉学科教学发展背景

2012年，教育部发布了新一轮的《普通高等学校本科专业目录》，增加了艺术学科，由此设计成为一门学科。教育领域加深对设计内涵的理解，也确认了设计学科的地位和作用。国务院在2014年发布的《关于促进文化创意和设计服务及相关产业一体化发展的意见》中指出："要切实提高中国文化创意和设计服务的整体质量水平和核心竞争力。大力推动相关产业的综合发展，更好地为经济结构调整和产业转型升级服务。"在互联网时代，传统的单一设计人才已无法有效解决综合性问题。设计教育改革势在必行，复合创新人才是当今社会最需要的设计人才。

近年来，"工业设计"等关键词屡屡出现在国家政策中。例如，2015年《国务院关于印发〈中国制造2025〉的通知》中提到"建设一批具有世界影响力的创新设计集群，培育一批专业开放的工业设计企业，鼓励制造企业建立研发中心，向自主品牌产品设计出口转型。开展创新设计教育，设立国家工业设计奖，激发全社会对创新设计的热情和主动性"。目前，中国的制造业规模庞大，但实力不强，核心竞争力不足，创新能力不强。为了改变这种状况，跟上世界先进创新的步伐，国家大力发展工业。工业设计的核心是学科的交叉性，这是回归核心并将交叉学科思想运用到设计教育中的重要措施。2016年，国务院印发了《关于印发国家"十三五"规划》的通知。科技创新是指："加快工业设计、文化创意和相关产业的综合发展，提高我国重点产业的创新设计能力。"可见，促进工业设计产业化将涉及其他学科的知识范畴。大学尤其是培养工业设计人才的大学需要设置与设计相交的课程，以进行高级培训。

随着设计学科一级学科的建立，重构设计学科的定义、范畴、方法等相关专业理论体系迫在眉睫。从战略高度改革设计学科，发挥设计学科的社会作用，显得尤为重要。这些现状为交叉学习模式在设计教育中的应用提供了契机，而创新交叉学习模式的应用则为设计教育改革提供了新的视角。

设计对象、环境和需求的变化对设计学科提出了新的挑战，特别是设计对象或任务的复杂性提高了对设计人员系统地理解、分析和解决问题的要求。因此，要求设计学科突破传统的教学结构和教学手段，提高学生的资源整合能力和解决复杂问题、交叉学科融合探索的创新力。

如今设计对象已经从过去的物化设计（如器皿）转变为信息和服务（如非物化设计）。这一变化要求过去单一、独立的设计专业打破壁垒，相互融合。同时，传统的设计学科如工业设计、视觉设计、环境设计等陈旧的专业教育理念，培养出的设计人才已不能满足新时代的设计需求。设计社区的概念不断发展，甚至设计学科与其他学科交叉发展，出现了设计心理学、设计管理等新学科。同时，交叉学习模式也是设计教育的新趋势。在这种模式下，学生可以在学校学习不同学科的知识，为将来走向社会打下坚实的基础。

### 3.1.2 江南大学设计专业发展状况

江南大学设计学院（见图3-1）成立于1960年，前身为无锡轻工业学院造型系。它是中国现代设计教育历史最悠久的学院之一，也是最早成立的大学之一。它是中国现代设计教育的主要发源地，也是中国设计教育改革的先驱与示范学院。该学院致力于培养精英设计人才和研究型设计人才。目前，设计专业涵盖工业设计、产品设计、环境艺术设计、视觉传达设计、公共艺术设计及设计理论所。

**图 3-1　江南大学设计学院**

江南大学设计学院设置了中国第一个工业设计类专业"轻工日用品造型美术设计专业"。在50多年的发展历史中，设计学院经历了从纯艺术到实用艺术、从萌芽的工艺美术到造型设计的转变，并从"理工方向"招收学生。

（1）产品设计（国家一流专业，江苏省品牌专业，江苏省重点专业类建设专业）

**专业介绍**：本专业是国家特色专业、江苏省品牌专业、江苏省重点专业类建设专业，主要培养产品造型设计师，属于艺术学科门类的设计学领域。本专业历史悠久，师资力量雄厚。近年来在产品创新的基础上进一步关注科技、商业、服务、文化、社会、生态等新型复杂问题，主要聚焦生活产品、移动生活方式、服务、健康设计、文化传承与创新等主题领域，通过设计思维、用户研究与产品定义、系统创新设计等知识学习，建立从研究、创新、实践到沟通的复合型能力架构，已成为具有一定国际影响力、国内一流水平的知名专业。

**培养目标**：培养学生具备扎实的产品设计专业技能及理论基础，并掌握综合设计应用能力；具备创新设计思维、先进设计理念及一定的设计研究能力；具有宽广的国际视野、深厚的人文社会科学基础、良好的团队合作精神及社会责任感；能够适应不断变化的经济和产业格局。为企事业单位、专业设计机构和科学研究单位从事产品创新设计开发、系统创新研究、设计管理工作等输送具有整合创新能力的高级复合型设计人才。

**主干课程**：包括设计基础、设计研究、设计沟通、设计方法、设计人文、设计实践等相关课程群：设计思维，综合设计表达，用户研究与产品定义，整合创新设计，服务设计，民间工艺传承与创新设计，产品开发设计，专题设计等。

**毕业去向**：部分学生继续在国际、国内一流设计院校深造，海外留学涵盖欧洲、美洲、澳洲、日本等海外名校，境内考研覆盖清华大学等在内的大陆知名高校，进一步深造率达40%以上。就业于世界五百强企业和国内知名企业，如华为、腾讯、阿里、海尔、美的、上汽集团、广汽集团等以及国内知名设计机构与研究院所，每年就业率保持在98%以上。

江南大学设计学院产品设计专业是国家一流专业建设点，基于艺术与工程相结合的原始专业特色，逐步形成了以"社会创新问题"及"发展前沿"为依托的商业设计和服务设计的整合创新系统课程体系，体现了交叉学科的整合性，引领可持续设计、商业产品设计、健康设计、公共服务设计等新领域的研究与产业合作，已形成中国一流专业水平的特色专业。它强调多学科知识体系的整合，旨在培养具有创新思维能力和逻辑分析能力的设计和营销人才，并强调对企业、高等院校互联网、物联网等信息技术产业的用户研究，以形成生活产品设计、文化产品设计、整合创新设计、商业设计、服务设计、健康设计、新产品开发的教学与研究。

综合师资实力、教学资源、专业人数等各方面的指标，产品设计是设计学院实力较雄厚的专业之一。产品设计专业的教师都有很强的专业素养以及丰富的海外游学经历，研究方向广泛，与校外众多知名企业有项目合作。产品设计专业下设有轻工业产品设计基地、文化与创意中心平台、生活家居产品实验室、交通工具设计工作室、系统创新设计工作室、生活创新工作室、摄影工作室、CMF实验室等设计实验室等，近年来随着国家宣扬文化自信，还设有"非遗中的'工匠技艺'与现代设计跨界融合研究"项目空间等。产品设计专业一流学科设计交叉学科的研究与应用，主要体现在以下几个方面。

江南大学设计学院作为CUMULUS国际设计学院联盟、DESIS国际社会创新与可持续设计联盟等的重要成员，具有丰富的国际教学资源。学院充分利用这些资源，开设了国际前沿设计的研究工作坊和暑期班等一系列专题课程。通过这些国际化课程，学生能够感受到国际化学习的情景模式，对培养学生的国际化设计视野和对前沿设计理念、领域的敏感性，以及在国际化设计环境和团队中的协作设计创新能力有重要作用。

2019年5月江南大学设计学院同米兰理工大学设计部，正式签署"商业创新设计专项硕士"联合培养课程即"商业创新设计领袖班"合作协议，开展以职业能力培养为核心的硕士课程。课程虽然以联合培养硕士为主，但也体现了江南大学设计学院所认为的设计人才概念正在发生的变化。从过去对设计专业技能上的聚焦转变为对设计领袖的培养，课程聚焦设计和商业之间的关系，从组织变革的框架角度再认知设计创新的本源，提供设计助力商业发展的有效方法和途径。通过国际前沿的系统教学体系，结合国际著名企业的真实商业案例，促进设计驱动商业创新的思维方式并开展实践。而江南大学设计学院在此课程的招生简章中明确招生对象除了高校师生外，还有"企业经理和决策者"。学院对设计的概念尤其是教学中的"设计"概念做了更大的拓展，从传统的工业设计衍生到"设计决策"与"设计管理"。这样的联合课程越来越多，在开拓国际化视野的同时体现了新的社会语境下的设计教育改革已经被提上日程。

除了设计领袖课程的开设，江南大学还针对学院重点关注的服务领域进行了课程创建和开设，比如针对健康领域就开设了暑期课程，重点教授健康服务设计理念和系统设计方法。学院在2019年7月开办了"健康养老体验系统设计"暑期学校，邀请了来自国内外健康设计领域的专家学者，举办了多个学术报告讲座，分享学科前沿领域动态，共同探讨设计学科发展如何服务社会民生。

2019年12月20日至21日，为增进"故宫学与江南设计"研究的学术交流，为更好地提供研究人员学术交流和思想共享的平台，促进中国设计文化遗产的当代传承与发展，由江南大学主办，江南大学产品创意与文化研究中心、《创意与设计》杂志社共同承办了第四届"设计遗产——故宫学与江南设计学术研讨会"。此次会议邀请了故宫博物院、南开大学、江苏大学与苏州大学等专家和学者，齐聚江南大学设计学院开展专题研究与讨论，各位专家学者结合自身学术背景共同探讨故宫学与江南设计领域的研究成果（图3-2）。

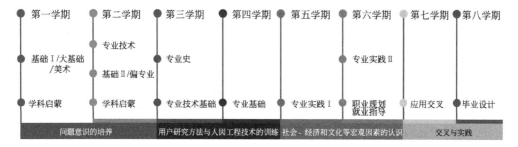

**图 3-2 江南大学设计学院各专业课程大纲**

此次会议围绕"故宫学与江南设计"的议题展开,以故宫学、设计学、建筑学、历史学等角度进行学科的交叉探索,从器具、工艺、建筑以及人物考据等方面,阐释了设计在不同历史阶段与生产生活方式、经济科技发展、社会人文因素之间的互动关系,展开了"故宫学与江南设计"交叉学科研究的探索,也展示了一批新成果、新发现与新结论。与会的各位专家学者积极通过理论创新,探讨古代文化资源的现代价值,利用科学系统化的研究方法助力传统工艺的传承、保护与振兴。此次研讨会仅仅是抛砖引玉,故宫学与设计学的未来发展需要更多专家学者的参与,继而为中国设计文化遗产的研究提供新思路和新方向。

（2）大设计理念下的教育改革

针对当今社会普遍关注的生态、老龄化、教育等话题,结合日益成熟的信息技术,新的材料、生产工艺和商业模式,江南大学设计学院从2013年开始到现在,已经连续七年策划和组织了"设计教育再设计"系列国际会议,联合国内外一流的专家学者,共同探讨大设计理念下设计学科的共性话题,并借此推动学院自身围绕大设计理念的设计教育改革。

在2013年以来的设计教育改革过程中,江南大学设计学院的教育理念和培养目标也发生了变化。其中,最重要的特点之一就是设计师职业目标的转变。设计逐渐完成了从自我艺术修养的表达到创作者的商业和社会价值的角色转换,目标是从"培养优秀设计师"转变为"培养负责任、受人尊敬的设计师"。

新的人才培养目标体现在本科课程体系中,即贯穿四年本科学习过程（见图3-2）。

一年级:问题意识的培养;二年级:人文关怀的旁观者技术、用户研究及人因工程等能力的培养,从个人需求的角度理解和满足消费者、用户和社会人群的需求;三年级:宏观人文关怀素质,理解社会、文化的影响,经济技术发展趋势与设计问题的关联性和理念的合理性;四年级:整合与应用,即熟练运用前三年所学的专业技能和人文素质,关注社会问题和新出现的问题,打破设计专业各专业的界限,实现学院范围内各专业的全面交叉整合,师生共同研究系统设计问题。

（3）教育改革后各设计专业的差异

传统的设计理论体系已经无法满足新时代下的专业要求,设计学院在近几年的改革过程中对设计学院各专业200多个课程进行了调整、修改。

**工业设计（国家特色专业,江苏省品牌专业）**

在"艺工结合"的基础上,构建了面向信息和智能化时代,以工程技术与实现、

# 设计 交叉与融合
## 创造性未来教学模式

交互技术与智能化、产品开发与体验为核心的课程体系。率先在智能产品设计、交互设计、服务与体验设计等领域展开教学、研究与产业合作。通过设计思维与表达、设计元素与技术及产品设计初涉、体验与交互等8个学期模块的知识与技能的学习，培养"全链路"复合型设计师。

**专业介绍**：本专业是国家特色专业，江苏省品牌专业，是通过对用户的研究，推动人与产品之间的互动、体现产品工程实现与良好的使用体验之间紧密联系的专业，将科技以更美、更轻松和更恰当的方式带到人们的日常生活中。该专业涉及交互设计、智能产品开发、互联网产品设计、用户研究等方面，强调交互与设计工程，强调对商业、人文与科技的整合能力，以创造出内外兼美、功能体验俱佳的产品和服务。

**培养目标**：培养具有扎实的工业设计理论基础及发现问题、定义问题、分析问题和综合解决问题的能力，具有宽广的国际视野、较强社会责任感和创新设计思维，能够在不断变化的经济和产业格局下为企事业单位、专业设计机构和科学研究单位从事工业产品创新设计、商业模式设计、交互与体验设计、服务设计等领域的复合型工业设计人才。

**主干课程**：产品设计原理与方法、交互设计原理与方法、用户研究与体验策略、智能产品开发、交互设计技术、服务设计、交叉设计与实践等。

**就业去向**：目前就业地域集中在沿海与大城市，主要是在大中型企业的研发设计部门从事产品设计开发、在国内外互联网企业从事用户体验与交互设计、在独立设计公司从事产品设计，以及成为独立设计师并进行独立创业等。

工业设计专业在之前"艺工结合"思想的指导下，以人体工学、设计原理与方法、立体造型、材料与工艺、产品开发设计、设计表达、计算机辅助工业设计、产品语义设计、专题研究、产品系统设计等课程为教育核心，在改革后重新拟定核心课程，包括技术基础与设计表达、交互设计原理与方法、用户研究与体验策略、智能产品开发、设计心理学、交互设计技术、服务设计、设计论证、交叉设计与实践等。

在"艺工结合"时代，工业设计偏重于实体造型设计，对学生的要求更多地局限于产品的造型特征、材料工艺、功能性的改良等；而如今，工业设计被赋予更多的意义，偏重于交互、科技运用等新领域，智能产品的开发，技术与艺术的结合等。课程改革的趋势是基于社会转型语境下的设计教育改革中的具有承上启下、实现双一流学科的重要一环。

2018年，江南大学加入CODEX国际研究网络——开启英国普利茅斯大学博士学位中英联合指导项目。基于江南大学设计学院和英国普利茅斯大学艺术学院的多次沟通讨论和良好的合作基础，近日双方签署了关于博士课程合作备忘录，正式启动与英国普利茅斯大学合作的博士学位中英联合指导项目（CODEX），江南大学设计学院成为CODEX研究网络的第一个合作伙伴及中国区协调人。

CODEX是一个涉及艺术、设计和技术应用等领域的全日制实践性交叉学科博士培养项目，课程由普利茅斯大学负责管理并与相关合作单位合作成立国际网络化的研究社区，依靠艺术设计与建筑学院和艺术与人文学部的博士培养中心以及大学博士研究生院的世界级卓越研究经验和成果建设而成。

作为CODEX的合作伙伴，江南大学设计学院提供的研究中心包括为教育部国家外专局"体验设计前沿方法与技术"学科创新引智基地及中国轻工业设计重点实验室。此外，江南大学设计学院还推荐教授团队担任普利茅斯大学博士课程培养的兼职导师，并为普利茅斯大学博士学生在中国研究期间提供相应学术资源和指导，以促进两校联合科研共发展。课程合作模式是一次创新性的探索，必将进一步拓展和提升中英高校科研合作和人才培养，为中英高水平人文交流创造更多可能性。

另外，研究生利用暑期学校依托教育部"体验设计前沿方法与技术"学科创新引智基地，集聚健康养老领域的国际前沿专家资源，会聚中英优秀学生，面对全球性命题，从设计角度提出中国现阶段养老这一社会热点问题的解决方案。国际化专家团队将全方位剖析"健康养老"这一具有高度社会意义的课题，针对全球性案例和先进系统设计方法进行深入讲解和教学。具体课题有《为老年人设计：人机工程学与老年医学的结合》《老龄化设计研究及实践》《艺术与设计植入适老医疗健康设计路径研究》等。从课程名称可以窥见江南大学设计学院对健康与智能的关注。

同时，以工业设计专业为例，设立研究交互哲学的交互设计工作室、专攻健康领域的健康设计工作室等。这些举措丰富了原来工业设计的内涵，也是在当今社会普遍关注的生态、老龄化、教育、健康等话题背景下的改革，具有交叉学科特色的产品创意与文化研究基地是江苏省普通高校哲学社会科学重点研究基地之一，集设计艺术、管理、经济、美学、工程于一体的多学科交叉的创意文化研究机构（图3-3）。

图3-3　产品创意与文化研究中心

以江南大学产品创意与文化研究中心为基地，研究方向有五个：可持续设计、区域文化服务、交互设计、创意文化和设计美学的工业设计创新系统理论。它关注设计艺术、管理、经济学、美学和工程学的交叉学科理论，研究产品创意与文化的前沿理论和创新设计方法，解决产品、包装、服装、建筑、城市环境设计等相关问题，构建具有国际视野和中国特色的系统的产品创新和文化研究创新体系，为促进区域和国家创新经济发展提供决策建议和政策支持。

交叉学科在教学中的初步应用：在第七个学期的应用交叉中。设计学院要求，每个系必须安排一门课或者若干项目与其他学院实现交叉，为毕业设计助力。以下是2020年6月江南大学设计学院本科优秀毕业设计交叉的案例介绍，此设计由笔者指导，2016届肖磊设计——5G空气协调器的系统设计。通过本设计，说明江南大学设计学院在培养学生方面的侧重点是关注社会前沿和热点进行交叉学科的研究和探索，其交叉学科教学模式对学生的毕业设计起到了重要的指导作用。

**案例：5G空气协调器系统设计[设计者：肖磊；指导老师：陈香，获江苏省优秀毕业设计（论文）二等奖]**

> 5G通信技术已经成为当下全球新技术领域的热点，中国在该技术领域的研究和基础设施建设目前走在世界前列。在5G通信等新技术逐渐融入日常生活中，以及全球遭遇新冠疫情的背景下，未来的用户消费需求将集中体现在新技术与健康生活的融合点上，出现更多元、更复杂的生活与工作场景。本设计研究聚焦5G技术与物联网技术在健康家电领域中的应用，以个人人居环境与空间

中极为重要的空气调节类家电为例，将蕴含中国设计哲学的审美基调融入科技产品中，进行创新设计，致力于为中国用户带来更舒适、健康、智能、多元的空气调节产品体验。本设计旨在为5G时代的全品类智能家电提供全新的物联协同案例与开源性的云端功能迭代案例，促进中国5G智能家电产业的发展，提升中国智造的国际竞争力。

2019年1月，本设计第一代产品已经在多个主流设计社交平台受到当下用户的关注与好评。目前本设计第二代产品，在集合现有空气调节类先进产品的基础上，对多元的功能结构与全新人机交互进行重点开发与研究（图3-4和图3-5）。

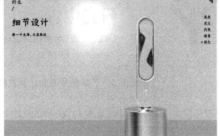

图3-4　5G空气协调器毕业设计展示图（一）　　图3-5　5G空气协调器毕业设计展示图（二）

### （4）江南大学设计学院本科设计教学课程设置

一方面，探讨基于社会转型的广泛问题的可能性。该课程利用设计思维和流程工具重构个人健康领域的新体验，是处于新时代下一个前沿技术与生活家居产品相结合的课题。江南大学设计学院的设计专业创新课程内容改变以往以具体产品类别为研究和设计范畴的定式，突出课题研究与社会问题前沿趋势相联系的特点。

另一方面，在"大设计"理念下，江南大学设计学院的人才培养目标、教育理念等发生了变革。培养目标由"培养精英型设计师"转变为"培养责任感和受尊重的设计师"。新的人才培养目标反映在本科课程体系里，是人文关怀素养在本科四年学习中的全程贯穿。培养学生的问题意识被放在一年级学生的教学任务中，以问题为导向的设计是新时代重体验、重服务的大背景下的必然趋势。该设计主要针对儿童哮喘病虽然不能根治但是可以控制的现象而设计的辅助治疗产品，学生通过对患者、家长、医生等利益相关者进行访谈，寻找痛点，为设计提供思路。利用设计思维重构健康护理体验，有效解决以往慢性病管理中的问题。在完成课题的过程中，学生其他学科的知识起着重要的作用。

江南大学设计专业的交叉学科教学体现在课程设置和教学模式两个方面。课程设置方面，在保持设计学科科学性与系统性的基础上重构课程结构。从2010年至今，江南大学工业设计专业研究团队在交叉设计与实践相关的课程建设中，针对部分课程做了新的教学内容和教学方式的调整，如在"产品开发设计"课程、"专题研究与实践"课程以及"工作室"课程的指导上，强调不同专业之间的交叉与合作，强调设计的交叉学科、跨领域合作，强调设计与产业需求的对接。江南大学设计学院交叉学科的组织形式主要有交叉学科研究组（课题组）、科学园和交叉学科研究会三种形式，以工业设计专业为例，专业教学以学生为中心坚持教学与科研相结合，以科研成果反哺教学活动，现有的科研中心有江南大学海尔创新中心、江南大学科沃斯机器人研发中心、江南大学新日电动车研发中心、江南大学飞鱼设计产学研基地、江南大学上海汽车集团产学研基地等（图3-6）。

图3-6　江南大学本科设计教学课程设置

江南大学设计学院设计类专业交叉学科教学注重培养学生的实践能力，使学生核心设计能力的提升，辅以交叉学科领域的内容输入，为学生走向社会打下坚实的基础。

## 3.1.3　浙江大学设计类专业发展状况

浙江大学不同于江南大学，没有专门的设计学院。工业设计专业属于计算机科学与技术学院，视觉设计和环境设计专业属于人文学院。其中工业设计系以技术为主，艺术设计系（景观设计、视觉传达设计）以传统艺术为主。与工业设计系相关的研究中心，还包括教育部计算机辅助产品创新设计工程中心、浙江大学国际设计院等平台。人文学院艺术系设有两个本科专业，分别是美术（中国书法、中国画）和设计艺术（景观设计、视觉传达设计），以及三个二级学科，即美术、设计艺术和艺术，具有硕士学位。中国艺术研究院、公共艺术教育中心、中国古代书画研究中心、文物鉴定研究中心、中国书画研究中心等科研教学平台已经建成（图3-7）。

图3-7　浙江大学计算机科学与技术学院

### (1) 特色专业介绍（以工业设计专业为例）

浙江大学的工业设计专业是全国领先专业，培养具有创新精神和创业精神的设计人才，他们能够进行独特的产品创新设计，具有跨领域整合的能力。学生国际交流率达到30%左右，设立了"西摩国际交流奖学金"等专项资金以支持学生出国留学。学生实践作品获得国际顶级设计大赛奖项的较多，每个学生基本上都有能力在毕业前完成至少四项专利授权项目，并且本专业要求应聘者具有良好的审美能力和创新意识。因此，浙江大学工业设计专业的许多学生毕业后，都可以成为国内外众多500强企业的设计骨干人物。

浙江大学工业设计系成立于1990年，隶属于计算机软件学院。由于本专业的学院性质和浙江大学985平台的资源优势，浙江大学的工业设计具有较强的交叉学科综合性。在学科建设方面，美国的工业设计一直面向国际、地区和行业，与交叉学科的整合，形成了"知识系统设计＋工程知识＋人文与艺术"的教学知识体系，培养学生两个"系统化的能力"，即："创新思维和工作方法的系统能力""具有市场前景的创新能力""设计和设计规划的系统能力"已经从被动接受型设计人才培养转变为主动领导型设计人才培养。

浙江大学计算机学院工业设计系罗仕鉴教授强调"工业设计＋嵌入式系统＋机电一体"的整合创新理念，他说："当今设计应是艺术、技术、人性三者平衡的结果，仅仅谈美学是无用的，设计应该由技术支撑，进行创意设计。"这也反映了浙江大学工业设计系注重技术、交叉教学的办学理念。

### （2）独具特色的学产研平台建设

**浙江大学教育部计算机辅助产品创新设计工程中心简介**

浙江大学教育部计算机辅助产品创新设计工程中心的前身为浙江大学产品创新中心，是由浙江大学原校长潘云鹤院士发起的区域经济创新平台，积累了一批原创创新技术。该中心的基本宗旨是转化浙江大学信息科学、工业设计等多个学科的科研成果，成为我国信息技术集成产品创新技术的产业化基地，通过升级换代促进经济发展，综合创新带动传统产业发展。由于工作成绩突出，受到社会各界的广泛赞誉和高度认可，2006年由教育部升格为浙江大学指定职能机构。该旨在整合"设计、技术、商业、用户、文化"等创新元素，促进传统产业转型升级，推行PBL（Problem-Based Learning是一种"以问题为导向"的创新设计模式），构建思维能力、整合能力和实现能力的设计创新平台。设计研究包括嵌入式技术研究与设计、服务机器人研究与设计、设计技术研究与设计、信息与可达性研究与设计、商务与服务设计和文化创意设计等。五年来，该中心已获得2000多项专利授权，三年来成功孵化了相关企业12家，成功打造了产业集群300亿元，形成了成熟的产学研成果转化孵化体系（图3-8）。

**浙江大学国际设计研究院**

浙江大学国际设计研究院于2011年11月正式成立，致力于创新设计的人才培养、学术研究和社会服务。研究所是浙江大学设计专业博士学位授权点建设的承担者，也是工业设计、产品设计、设计与工业设计工程专业本科、硕士学位授权点建设的参与者。浙江大学计算机辅助设计与图形学国家重点实验室成员，与中国创新设计产业战略联盟、日本设计促进会全面合作，同时也与阿里巴巴、苹果、飞利浦、佳能等企业建立合作模式，共同开发企业驱动的创新设计课程、研讨会和联合研究等项目。

□ 研制面向设计师的产品智能化软硬件开发平台，支持"工业设计+嵌入式系统+生机电一体化"的产品智能化研发模式

□ 获2011年度国家科技进步二等奖

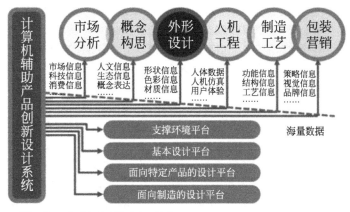

图 3-8 浙江大学产品创新设计工程中心成果展示

□ 获2004年度国家科技进步二等奖

浙江大学国际设计研究院以行业为主要服务对象，以绿色低碳、网络智能、共创分享为时代特征，集科技、文化、艺术和服务模式创新于一体，并涵盖各种设计等领域的工程设计、工业设计、服务设计和文化创造力，是科技成果转化为现实生产力的关键环节，也是新时代工业革命的有力支撑和引领。

浙江大学国际设计学院是浙江大学创新设计的交叉学科开放平台，主要有计算机、建筑设计、园林设计、生物、控制、机械等专业背景的教授、研究员，共同参与学院人才培养和学术研究。作为社会服务平台，研究院建设北斗航天创新设计工程中心和计算机辅助产品创新设计教育部工程中心，建设知识服务中心创新设计分中心，并参与规划和支持乡村城镇的改良建设等项目。

研究院开设了两个实验室。第一，科技设计创新创业实验室、浙江大学NextLab创新创业实验室致力于解决前沿问题，构建创新创业知识共享平台和创新创业资源库，是设计驱动、引进、整合和培养领域的先驱。截至目前，NextLab创新创业实验室已取得多项成果。例如，中国"互联网+"大学生创新创业大赛金奖、中国大学生计算机大赛移动应用创新大赛特等奖、浙江省青年大学生创新创业大赛金奖、浙江

图 3-9　云造科技的旗舰产品云马 C1

省青年大学生创新创业大赛最佳创意奖等（图3-9）。

第二，创意实验室（智能、设计、体验和审美实验室），隶属于先进技术的联合研究中心（浙江大学和阿里巴巴 azft），成立于 2017 年 3 月，由保罗，阿里巴巴 Damo 研究所的人机自然交互实验室的研究员、浙江大学国际设计研究院副院长孙凌云教授共同推动与建立其成员主要来自浙江大学国际设计研究院和浙江大学 CAD&CG 国家重点实验室研究团队、阿里巴巴人机自然交互实验室团队 Damo 等（隶属于 Damo 研究所，成立于 2017 年，致力于加强人类对世界的看法，通过数字和智能方法促进人机交互）。

为了提高人类与世界和机器的交互能力，实验室的研究方向分为三大类：设计智能、经验计算和多模交互。在这三个维度中，设计智能主要包含的内容是"如何让设计更加智能化"，包括建立我国第一个知识地图系统来解决智能生成的创新设计问题。面对日益增长的个性化、大众化设计需求，实验室在平面、视频、富媒体等多个领域实现了高质量的大众智能设计。在生成交互内容时，将涉及智能体验计算，解决设计、语音、新零售等人机交互场景中的体验评估问题。

实验室将综合考虑用户模型和情感模型来评估个性化用户体验。在此基础上，生成具有同理心和负责任的情感内容，建立具有同理心、预见性和高响应能力的人机交互。

未来，实验室将为新出现的环境和媒体提供丰富的信息表达渠道和多模式互动。这不仅将研究人类视觉、触觉、味觉、嗅觉、听觉等渠道的信息感知能力和交互特性，还将涉及多屏、AR、VR 等场景的感知技术和交互方法，拓展人们在不同环境下的不同交互模式。

**多通道情感信息传递**

在人与人的交往中，情感的传递和情感的体验是影响人们生活体验的重要因素。人们对外部世界的感知和认知是通过听觉、触觉、视觉、味觉、嗅觉等感官渠道以及情感体验来实现的。情感是城市管理和公共安全中传递迅速、波动剧烈、影响巨大的信息。本项目利用人们对现有事物的情感意向和情感认知，建立多渠道的情感信息传递方法，增强用户对复杂事件中情感信息的感知、推理和应对能力。

实验室从触觉、嗅觉等方面传递与影响情感信息的方法，开发相应交互装置；同时与视觉、听觉等已有情感信息传递通道结合，综合主观评价、客观生理参数测量等手段，从认知角度研究嗅觉、听觉信息对视觉情感信息的加强作用，明确用户对复杂事件中多维度情感信息的感知与推理特征。在人类的各种感官通道中，嗅觉与情绪密切相关，它们在系统发育过程中有一定的关系，在解剖结构上也有高度的重叠。嗅觉天生具有情感效价，无论是在意识层面还是潜意识层面，嗅觉信息都会影响情绪；相反，情绪也会影响嗅觉。

**气味表达**：通过开展对气味的意向性认知实验，从认知心理学的角度探索气味的情感效价，最终得到一组与人类情感相对应的"气味表达"，并设计有"嗅觉表达"，能传递特定的嗅觉相关的交互设备（见图 3-10 和图 3-11）。

**振动表达**：针对振动引起的触觉刺激，研究振动信号在可穿戴计算设备中表达情

 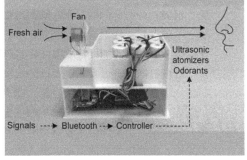

图 3-10 视觉、听觉、嗅觉共同传递复杂事件中的情感信息

图 3-11 "气味表情"装置原型

感的可能性。在分析触觉刺激、触觉表情和振动参数的基础上，通过改变振动的强度、节奏和持续时间，设计出六种振动模式（振动表达式），分别对应愤怒、恐惧、滑稽、悲伤、厌恶和惊讶六种基本情绪。将振动表达式应用于可穿戴计算设备常用的手指、手腕、上臂和踝关节，比较各部位振动表达式的识别率，确定受试者能否准确识别各部位振动模式所代表的情感。基于以上方法设计了一个可佩戴的振动环，通过探索远程通信场景中振动表情对情感表达的影响，来评估振动表情的有效性。

**结果表明：** 在可穿戴计算设备中引入振动表情，通过振动刺激表达情感信息，可以有效提高情感识别的准确性，提高情感传递的效率增强情感感知强度（见图3-12）。

**折纸机器人工作坊**

折纸机器人不是由金属机械部件构成的，而是由折叠纸构成的。折纸机器人只需要一张纸就可以完成最终的设计和制造，还需要一台电机来驱动机器人。在生产过程中，只需要一些基本的模型工具、2D或3D打印机、Arduino入门套件，配合纸质材料本身的特性和特点，使折纸变得可扩展、个性化。

折纸机器人工作坊汇集了设计方法、机械原理、编程技术、折叠技巧等方面的知识和技能，从设计到制作，从具体到抽象，锻炼了学生的创新能力。学生以仿生学为

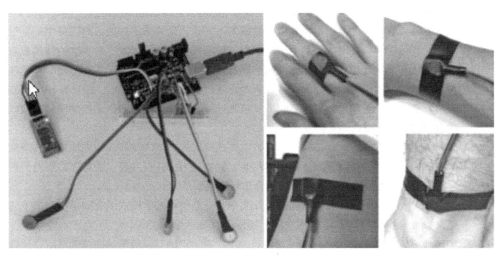

图 3-12 可穿戴设备中的"振动表情"

设计起点,从不同角度探索折纸机器人成型的形态。学生通过观察"动物"或"生物"世界,分析他们的动作,同时用相应的折纸方式来模拟出动物或生物在各种不同状态下的动作,使得最终的原型在形状、结构和实时交互方面都与自然生物相同。基于对以上的动作的捕捉、成型,将其应用于产品设计、影视设计、建筑设计等方面。

折纸机器人研讨会主题设计的出发点是:从仿生学出发,探索自然并获得创新的机器人理念。折纸机器人与传统工业机器人相比,体积更小、更灵活、更安全。从折纸的内容上来说,主要从基本运动学出发,包括机械原理和表面折纸结构概述;从制备方法来说,主要探讨了复合材料的制备方法、层压方法和自折叠方法;从控制的角度来说,主要包含如何驱动机器人的动作,并对机器人所需的行为进行编程,包括伺服系统、直线驱动器,以及使用Arduino套件进行传感和控制。

**食品3D打印机**

本产品由浙江大学本科毕业生创办的时印科技公司研发,主要解决3D打印材料和效率限制等行业的难题。2019年5月推出的首款可打印多种食材的机器Shinnove-S1,可以打印巧克力、饼干、糕点、糖果和酱类等五大类十多种口味的食材。该机器可以通过PC端和移动端的操控直接进行打印。例如,在移动端口,该机器的系统可直接链接微信打印界面,用户通过常用的微信软件端口直连想要打印的物品,不仅节约了设备资本,也减少了消费者操作的烦琐步骤。

通过上述案例的介绍,可以看出浙江大学设计的"硬"实力,这种"硬"实力表现在每一个案例都在技术的支撑下落地并实现功能,而最终对每个项目的评估是直接对设计原型具体功能实现的测试。以上浙江大学工业设计所设计产出的产品具有明显的交叉学科特征,同时设计涉及非常多的工科知识,且对学生的动手能力提出了极高的要求,正是因为浙江大学本身具有浓厚的创新、创业氛围,才培养出设计交叉的创业者。交叉学科的理论与实践项目的培养,使得设计人才的知识架构和能力模型较强且能将不同知识点融入设计,并创造出新的设计产物,更重要的是所设计的产品与市场和行业贴切度较高,大部分产品都会产生实际的经济效益。这是其他院校所欠缺且不是短期内能赶上的要点,这不仅源于浙江大学的艺术设计与工科背景交叉的关系,也离不开浙江区域性本身所具有的创新创业的市场氛围。

因此,一个完整的项目必然会涉及不同交叉的学科理论知识与设计实践。例如,试衣机器人系统设计中机器人会根据数据的不同而自动变形的功能,离不开电子、自动化、编程等学科知识;多通道情感信息传递项目,则利用人对已有事物的情感意向与情感认知,从而建立多通道的情感信息传递方法,它是一种基于认知心理学科的理论知识,通过传感技术设计出可穿戴震动介质对实验结果进行验证。这些设计成果的取得,都归功于浙江大学设计学院多年来与计算机技术相结合的交叉教学模式在设计教育中的实践验证。

浙江大学工业设计专业交叉学科教学模式发展处于国内发展较领先地位,其交叉学科模式也在将设计学科与计算机学科等其他学科进行并行发展,能更加客观地促进学科之间的相互交融,从而产出更贴合市场的科研成果(见图3-13)。

江南大学、浙江大学等高校的设计类专业交叉学科教学模式围绕同学科门类下的交叉设计较多。但随着学科的发展,特别是江南大学产品设计、环境艺术设计专业2019年被认定为国家级一流本科专业点建设,其学科的交叉范围也在往物联网、计算机等方面拓展。

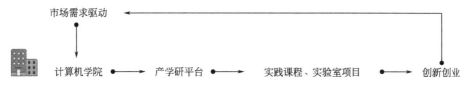

图 3-13 浙江大学工业设计课程设置

### 3.1.4 同济大学设计类专业发展状况

同济大学的设计教育开始于20世纪40年代,深受德国"包豪斯"学派的影响。2009年5月,同济大学借鉴世界设计与创新学科的最新理念与模式,在同济大学艺术设计系的基础上,成立了"同济大学设计创意学院"。设计创意学院现有工业设计、环境设计、视觉传达设计(含数字媒体设计)、产品设计四个专业。最新的QS(Quacquarelli Symonds)大学排名中,同济大学设计创意学院在设计学科榜位列亚洲第一,取得了显著成绩,也受到了国际认可(图3-14)。

图 3-14 同济大学设计创意学院楼

(1)人才培养方式

现阶段,设计创意学院在培养规划上采取低年级不分专业共同培养的模式。即一年级采取共同平台教学,四个专业的学生一起学习专业设计必备的设计常识,接受设计思维能力、形态创造能力、设计表达能力等基础设计能力的训练。其中,通过《设计概论》等课程,使学生了解设计类型、设计史等常识;通过《设计思维与表达》课程,培养学生形象、人性、整体、协作的思维方式和快速表达的能力;通过开源设计和编程,帮助学生创造性地接受新技术。在此基础上,通过引入专业设计课程,向学生介绍工业设计、产品设计、环境设计、媒体传播设计等不同专业方向的具体技能。同时,让既有交叉又有不同侧重的专业方向以相互关联的方式帮助学生形成一种整体的设计观念。在基础教学阶段,要求所有学生都能熟练操作创意工坊的各种设备,将其作为实现设计创意的基本工具。

在第一学年结束时,学院将根据学科的发展目标和学生的培训需求,考虑学生的意愿、专业成就和专业潜力。学生将根据不同方向的结果完成大二和后续专业的学习,学位和毕业时获得的学位与进入大学时的专业和类别一致。第二年,开始各专业方向的教学。通过设计方案的介绍,使学生逐步掌握系统的设计知识和设计方法,以提高自己的逻辑能力和创新能力,形成自己的设计理念。高等教育通过校企合作和国际合作拓展学生视野,加强设计知识与社会经济问题的联系。最后一年的教学分为综合设计和毕业设计,培养学生的协调能力、综合创新能力和合作精神。同时,通过与实际项目的结合,进一步培养和提高学生的合作能力或独立开展设计工作的能力,为将来的职业生涯或下一阶段的学习做好准备。

同济大学设计学院借鉴最新的设计理念和模式,创新学科,会聚世界设计实践、设计研究、设计管理和设计教育管理人才。在此之前,很少有设计院与企业如此紧密地合作,这种合作不仅体现在教师聘任制,还体现在其他合作理念。这意味着,从本科一开始,学生就可以接触到与企业合作的大大小小的项目,50%以上的学生会从企业问题入手设计课题。同时,学生有机会参加与英特尔、戴尔、微软、阿里巴巴等企业的研究生和博士生联合实验室、联合科研,重点开展"设计驱动创新",以"面向未来产业转型和智能生活的可持续设计"为学科特色,以培养具有国际水准的"可持续设计创新"人才,追求学术卓越,为社会发展作出贡献为使命。

(2)各设计类专业介绍

**工业设计/产品设计**:在本科阶段,工业设计/产品设计的教学重点是有形产品的设计,涉及与产品相关的品牌、服务、策略和系统设计。教学内容包括材料体验、形态设计、人机关系、产品结构和不同类型的产品设计培训。教师引导学生发展设计与创意思维,掌握不同的产品设计流程与方法。通过拓展设计教育的深度和广度,进一步思考产品与人、企业与社会的关系,树立正确的设计理念,培养学生的创造力和责任感,协调产品、人与环境的复杂关系。

在教学内容上,学院和传统的设计学院不同。在传统认知里,"画画"是设计专业学生的基本功,而同济大学创意设计学院学生的基本功则不仅仅是传统的"画画"这么简单,而是通过课程内容拓展到开源软件应用和编程这些新时代的学科内容。强大的师资加上与时俱进的创新课程,造就了同济大学在设计教学交叉改革上的累累硕果。同济大学创意设计创意学院是全国首个将"开源设计"课程作为设计基础教育的设计学院。在2018年中美青年创客大赛的总决赛中,学院获奖作品Magic Cube正是运用了设计与开源软件交叉后的产物。此作品由一位本科一年级学生设计,面向3~6岁儿童,致力于推广实际体验和动手实践的音乐课堂(图3-15)。

**环境设计**

教学从空间设计基础训练入手,培养学生的设计创造力和想象力,使之掌握空间尺度、设计逻辑和基本设计技术。通过一系列从简单到复杂的室内外环境设计,基于人与环境的互动和体验过程中的互动、交流与空间研究,引导学生以功能和空间需求、市场和生态考虑以及用户生理和心理需求为设计立足点,通过技术和艺术手段,创造并贡献高质量的"生活/空间生态系统"。从2012年,学院开始组织学生参与周

图 3-15 音乐教具设计——Magic Cube

边社区改造。比如四平社区的"微更新"项目。学生的任务是改造小区内的楼道,这让学生有机会与真实的"用户"接触。因此,在他们看来,社区与学院互相成就各自的实践成果,即"社区环境得到改善,同时为学院提供实验场所"。

**媒体与传达设计**

致力于培养数字信息人性化、人文化、艺术化和勇于探索新兴媒介下传达设计的创新可能性的设计师和研究者。

### （3）"三个重新认识"理念下的教育改革

设计创意学院院长娄永琪介绍,所有的设计院校都应该结合时代的发展趋势和自身的特点来确定适当的办学政策、人才培养的目标位置,实现通过教学系统的体系结构和具体的课程设置。同济大学设计创意学院采用"三维T型"设计与创新教育框架：研究生注重整合能力的培养,即根据不同情况下交叉学科应用知识的能力；本科生定位于知识面广、视野宽、垂直能力强的专业人才。虽然不能像许多美国综合性大学那样将本科教育变成通才教育,但同济大学也希望通过专业学习帮助学生树立人生观、价值观和世界观。同济大学设计教育体系比较完善,在不颠覆现有教学体系的前提下,学院的改革主要通过再理解技术、再理解经济、再理解可持续性三个模块来实施。

这三种"再理解"是技术创新和新经济时代背景下设计教育策略的改革,从以下几个方面阐述了它们在教学中的具体表现。首先,教学中的再学习技术是指所有一年级的学生在第一学期开始学习开源设计,同时用Autodesk®Fusion360设计云软件管理自己的设计和数据。同济大学将其作为一门基础课程,课程教材由同济大学教师编写,使得艺术和科学之间没有区别。扔掉晦涩的计算机理论,让学生在"玩"的过程中掌握知识——虽然快乐、愉快,但同时作业量也很大。由此,学生把学习计算机技术当作完成学业的一个"标准"。这样做的目的是改变学生的思维方式,使学生适应数字网络时代,培养他们的合作精神和分享意识。

前文提到的开源设计仅是同济大学开展计算机技术中的一个环节。在当今时代,设计的内涵与外延都在扩展。所谓造物,也就是设计对象已经从现实中的物拓展到非物质领域,即信息设计。计算机思维和技术的发展,使得制造业成本降低,极大地支撑了创造。在这样一个时代,同济大学设计教育提倡让学生进入校园就能接触到计算机世界,为以后的学习、步入社会打下坚实的基础。

其次,对经济的新理解,使学生认识到他们的设计和未来职业对经济的影响。新时代的经济不再属于管理和商业的专业领域。据统计,目前在硅谷大约1/4的初创企业合伙人有设计背景；另外,大型企业模式的竞争力在减弱,制造业企业在世界500强企业中的比例在不断下降。创新驱动企业的未来是无限的,具有强大的竞争力。设计给企业带来的不仅仅是一个单一的部门,更是一个基于设计思维的战略设计,技术的发展为设计行业提供了巨大的机遇。现代技术（主要是3D打印技术）和产品生产的单位时间消耗大大降低,但其生产能力与过去一样,不需要仓储和物流环节。DTU（designer to user）商业模式使在线设计师与用户直接对接,节省了大量的中间环节和成本,具有无限的发展潜力。更重要的是,对于设计在经济中的重要作用,人们消费最多的其实是产品背后的意义。"背后的意义"蕴含着巨大的经济力量,这种经济力量以社会为导向、以服务为导向、以精神文化为导向、以经验为导向,是可以设计的。通过意义的改变,设计不仅可以推动创新,还可以促进社会生活方式的改变和新的经济转型。这些内容都应纳入教学,成为教学体系中的一个环节。

最后,再理解可持续成为第三个模块。与前两个模块不同的是:再理解可持续的教学方式比较灵活,除了有一门可持续设计的本科生课程外,还通过课程设计、工作坊、讲座和社会实践等教学环节加以渗透。2017年Nature杂志刊登庆祝同济大学110周年的文章中,就特别提到了创意与设计学院在可持续设计工作上的亮点。

接下来,通过几个案例来说明可持续的产品设计方法。

**原竹车架的时尚自行车**

"笃行"系列竹自行车(图3-16)由杨文庆副教授为上海老字号企业"永久自行车"设计。"笃行"采用原竹作为部分车架的构件,代替传统的金属车架,具有高度的韧性和良好的吸震特性。和普通钢管自行车相比,竹自行车的质量可减轻30%~40%。自主创新的铝竹嵌合工艺,使得标准化的生产方法能够在自然生长的竹子上使用,该产品获得了2项发明专利、3项外观专利。"笃行"不仅仅是一辆自行车,更是一种可持续出行和生活方式的体现。

**设计重塑城市交通**

这是和VOLVO公司合作开展的为清洁能源城市公共交通设计的校企合作项目(图3-17)。动力的改变,极大程度地改变了城市公共交通的商业格局和生态系统,使越来越多的新利益相关者和机会点不断萌生出来。本项目从用户体验出发,针对用户体验的痛点,用服务设计的思维发掘关于界面、接触点、后台、利益相关者、商业模式等方面的洞察,从而对交通工具、基础设施、服务和系统的再设计提出策略和具体建议。

将企业课题带入课程对于交叉学科有着重要的影响。前文提到,同济大学设计创意学院重视在课程设置中引入真实的企业问题,培养学生在真实世界中解决问题的能力。以下通过同济大学—麻省理工学院上海城市科学实验室的案例说明交叉学科在企业实际项目中所起到的作用。

同济大学—麻省理工学院上海城市科学实验室由同济大学设计,上海国际创新学院与麻省理工学院媒体实验室联合成立,是一个可持续生活和产业转型的联合实验室,着眼于未来城市交通、智能生活,在社区建设等重点领域与产业和资本紧密合作,推动创新研发和孵化加速,"四新"经济为上海科创中心建设作出实质性贡献。目前,同济大学实验室与麻省理工学院开展基于创新项目的联合研究,探索未来的城

图3-16 "笃行"系列竹自行车

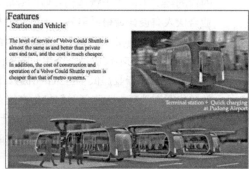

图3-17 VOLVO校企合作项目

市旅游模式和可持续的社区生活方式，并通过大规模的数据建模和分析，支持设计、技术和产业的创新和转型。

**数字创新中心（CDI）**

同济大学数字创新中心（Center for Digital Innovation，CDI）致力于探索和实践基于技术的设计创新（图3-18）。中心与Intel、Siemens、PSA、Philips、SAP、VGC、华为、上汽、腾讯等企业合作，在大数据、人工智能、机器人、AR/VR开展车载人机交互与车联网服务、无人驾驶汽车、智能环境、城市科学、互动媒体等多方面的研究与实践。

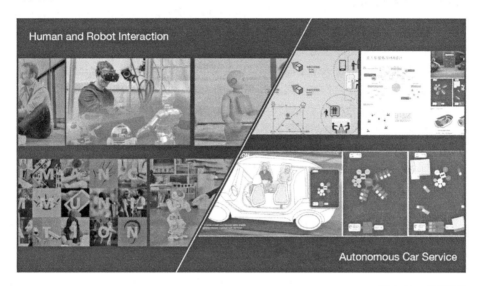

图3-18 成果展示

**智能大数据可视化实验室**

同济大学智能大数据可视化实验室（Intelligent Big Data Visualization Lab，IDVXLab）成立于2016年9月，以信息与数据科学为研究方向，跨越"设计与创新学院"和"软件学院"。实验室旨在构建数据科学领域的智能数据分析、可视化、设计和人机交互技术，开展该领域广泛应用的智能医疗和智能设计相关技术。实验室在国家"千人青年"的引领下，与北卡罗来纳州立大学信息学院、匹兹堡大学信息学院、亚利桑那州立大学信息系统学院建立了长期的合作交流访问计划。在工业界，实验室先后与IBM、微软、Adobe、西门子等国内外大型企业建立合作关系。

**设计与人工智能实验室**

设计与人工智能实验室由同济大学设计与信息技术学院联合创办，致力于数据、算法、网络和学习人工智能的交叉学科应用与设计研究，通过博士和硕士的教学，培养新一代创意设计人才，配合科技企业的成熟创业、实施产学研、转型。

**未来需求实验室NEEDS**

实验室由同济大学设计创意学院发起，未来与盈智共建。它立足广东、香港、澳门，辐射珠江三角洲，同时与深圳的行业紧密结合。它关注的"三大"字段设计推动制造业转型升级，设计驱动的现代服务业发展，设计驱动的文化和品牌形象推广，开展前瞻性研究和创新转型，推动未来发展的支柱产业和新兴产业在深圳与世界领先的

# NEEDS
## 未来需求实验室
Next Economy & Ecology Design Studies

设计创新驱动产业升级模式。

实验室未来将与深圳产业深度合作（图3-19），借助国际学术地位高的学院，联合国际知名高校和研究机构，包括麻省理工学院媒体实验室、米兰设计学院等世界一流科技大学，打造"面向未来"的空前创新"产学研"深圳新格局。

同济大学设计创意学院从低年级时期就将"设计无边界"的意识灌输给学生。在这种环境下，学生能够领略到不同领域的学科知识，获得启蒙。在这种模式下，学生更容易选到适合自己的方向。同济大学交叉学科教学组织形式以交叉学科实验中心为主，凭借处于上海地理位置的优势，学院与国外著名的设计院校进行合作，比如中芬合作中心同济大学上海国际设计创新学院、同济大学—麻省理工学院上海城市科学实验室，各个合作基地侧重于不同的社会议题或者新型领域，组织设计学科和各种其他学科进行合作交叉及研究，每个实验中心由有名望的海归教授领导，团队由不同学科的研究生组成，这种交叉学科教学模式下产生的教学成果具有较大的参考价值。

图3-19 未来需求实验室

当然，同济大学设计创意学院在设计教育改革的实践中也遇到了一些困难。数据显示，在设计创意学院，有将近1/3的毕业生会选择出国读研，1/3的毕业生会选择在国内读研，剩下1/3的毕业生会选择直接参加工作。事实上，由于国内设计教育的差距和国外设计学院的品牌影响力，近年来选择出国深造的设计专业的学生越来越多。显然，设计创意学院目前还不能弥补这样的差距和达到这样的影响力。学校教育是设计产业的上游部分，而中国设计产业在不断发生变化，如何确保学生毕业后能适应这种变化，也是学校当前面临的挑战。除此之外，如何解决学生水平参差不齐的问题？毕竟除一线城市以外的其他城市，并非每个高中生都能拥有高端的教学条件与设计学基础。当然，更重要的是如何帮助学生塑造全面的设计学观念，这意味着从设计出发，进入更大的人文、艺术综合门类学习及社会大环境的理解与思考，而非仅仅为了适应市场的需求。这还需要同济大学设计创意学院进一步的探讨。同济大学设计学院的课程设置如图3-20所示。

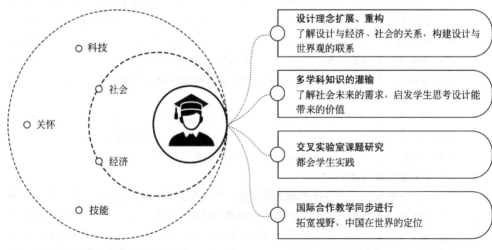

图3-20 同济大学设计学院的课程设置

## 3.2 三所高校设计专业交叉学科的相关教学模式的理论分析

### 3.2.1 江南大学设计专业交叉学科现状

江南大学设计专业交叉学科的发展，首先是构建以问题为导向的多学科教学课程体系。以大设计背景下的设计教学问题为基础，强调交叉学科交叉，促进政商产学研的合作。其次是充分发挥江南大学多学科的综合优势，使教学团队与来自不同学科的教师系统地解决设计问题，实现交叉学科的专业课程建设和研究设计、业务、工程及其他相关专业学术高度与实践能力的联合支持大学。最后是在设计课程中嵌入商业、管理、工程综合课程的信息和人文知识。

（1）以设计学科为核心、其他学科为辅的多边、多重知识体系

在现有传统知识体系的基础上，注重创新思维及造型能力培养。同时进一步拓展对相应设计问题的认知、分析与探索方法的环节，以及加强人文、哲学思维和审美意识。贯彻"宽专业、有深度"的人才培养思想，拓展与完善知识体系。学生在不同阶段所掌握的知识结构不同，按照时间规划可以分为五部分：专业基础知识的掌握、课程主题知识结构体系的建立、交叉学科知识的掌握与结合、真实的实践检验与评估、预计的结果与未来设计方向。

（2）研究性与实践性并重的交叉学科教学课程设置

2012年以来，江南大学工业设计专业团队在交叉设计和相关课程建设实践中，针对一些课程的教学内容和教学方法做了新的调整，如《产品开发设计》课程，"研究与实践"和"工作室"课程强调交叉方向和不同专业之间的合作，强调交叉学科设计与合作，强调设计与行业需求对接。

工业设计专业核心课程包括技术基础与设计表达、交互设计原理与方法、用户研究与体验策略、智能产品开发、设计心理学、交互设计技术、服务设计、设计演示、交叉设计与实践；视觉传达设计专业核心课程包括视觉设计基础、平面设计、传统乐器与设计研究、民间工艺传承与创新设计、品牌形象设计、包装系统设计、书籍设计、信息设计、环境视觉设计；环境设计专业核心课程包括环境设计基础、空间设计、居住空间室内设计、商业空间室内设计、景观艺术设计、城市公共空间设计、中国建筑史、国外建筑史。

（3）以学生为中心的教学方式

设计类专业在教学中如何平衡理论教学与实践教学的关系是一个重点。江南大学设计学院摆脱传统的"老师讲授—学生听课"的单一模式，改变以教师为核心的教学模式，突出学生的核心地位，教学与科研相结合，科研项目与教学平台相配套，教学活动与科研成果相衔接。从以传授知识和技能为特征的教师主导教学，到以学生为中心的师生开放式探究教学。课程教学创新模式设计注重启发式设计思维训练，让学生走出课堂，面向社会，使企业专家走进课堂，参与教学环节，设计思维方式，让更多的企业人才参与到设计过程和环节中，满足企业定向培养、转化课程成果和产业对接的需求，培养学生的综合素质，满足相应的企业人才需求。与原有的教学方式相比，

交叉学科教学中的交叉学科多维、立体，教学成果更具原创性、社会价值和意义。

（4）人才培养目标

江南大学设计学院在人才培养上，主要以创新的理论思维和方法，促进社会福利和设计学科的发展，培养具有国际视野、创新能力、创业精神、社会责任感的高级设计人才和未来领导者。本科人才培养，主要从"问题""意识""个人""社会""市场"的理解、学习和实践入手，最终实现"以人为本、以用户为中心"的设计理念，并将设计思想、方法和手段应用于各种专业实践中，体现了高校本科设计教育跨境、开放的特点。在传统专业技能培训的基础上，致力于研究性设计教育，遵循以人为本、可持续发展的原则，培养具有问题意识、执行能力、责任心和受人尊敬的设计师。

### 3.2.2 浙江大学设计专业交叉学科现状

（1）设计、工学、人文艺术整合的知识体系

浙江大学设计专业主要通过专业培养与工业设计相结合的双学位培养模式，使学生具备跨领域设计的综合能力。它集成设计、技术、用户和业务，以创建新的智能系统、产品和相关服务。学生主要掌握工程、社会科学、商业、设计等方面的理论知识，通过实践掌握知识的综合运用方法。该专业的毕业生应该有能力为市场提供高科技研究和创新产品，其课程体系如图3-21所示。

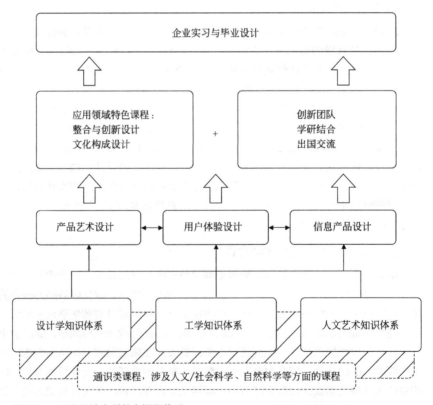

图3-21 工业设计本科教育课程体系

（2）课程设置

浙江大学设计专业的课程，在设置上以计算机学院和国际设计学院工业设计专业为主。其核心课程包括设计思维与表达、产品系统设计、人机工程学与创新设计、集成与创新设计、文化构成与创新设计、用户体验与产品创新设计。教学特色课程包括双语课程：智能技术、交互设计、健康设计、业务流程设计；研究课程：集成与创新设计、用户体验与产品创新设计、设计与未来；讨论课程：文化构成与创新。具体的课程内容如表3-1所示。

**表 3-1　浙江大学设计课程内容**

| NO. | 课程名称 | 学分 | 周/学时 | 年级 | 学期 |
|---|---|---|---|---|---|
| 必修课程事项 ||||||
| 1 | 设计思维与表达 | 4.5 | 3/3 | 二 | 秋 |
| 2 | 计算机辅助工业设计 | 2.5 | 1/3 | 二 | 冬 |
| 3 | 图形设计 | 2.5 | 1.5/2 | 二 | 冬 |
| 4 | 产品形式与方式设计 | 2.5 | 2/1 | 二 | 冬 |
| 5 | 设计工程学 | 3 | 2/2 | 二 | 春 |
| 6 | 信息设计 | 2.5 | 2/1 | 三 | 冬 |
| 7 | 人机工程学与创新设计 | 2.5 | 1/3 | 二 | 春 |
| 8 | 服务创新设计 | 2.5 | 2/1 | 二 | 春夏 |
| 9 | 用户体验与产品创新设计 | 4 | 2/4 | 二 | 夏 |
| 10 | 科技设计在21世纪中国发展过程中扮演的角色 | 1 | 1/0 | 三 | 秋 |
| 11 | 文化构成与创新设计 | 4 | 2/4 | 三 | 秋冬 |
| 12 | 产品系统设计 | 3 | 2/2 | 三 | 秋冬 |
| 13 | 商业过程设计 | 3 | 2/2 | 三 | 春 |
| 14 | 整合与创新设计 | 4.5 | 3/3 | 三 | 春夏 |
| 15 | 设计与未来 | 2 | 1/2 | 三 | 夏 |
| 实践教学事项 ||||||
| 16 | 从玩到创新设计 | 3 | 1/3 | 二 | 短 |
| 17 | 产业提升与设计 | 3 | 1/3 | 三 | 短 |
| 毕业论文事项 ||||||
| 18 | 毕业设计 | 8 |  | 四 | 秋冬 |

（3）教学方式

浙江大学工业设计系为产学研互动搭建了创新体验设计实践平台。培养国际视野，提高设计能力；同时跨领域学习，促进知识渗透。根据国内外产业的需要，每年开展各种研究项目和合作计划，举办和参加多项国际设计竞赛，实现产学研紧密结合及互动，培养学生创新设计研究与实践能力。

（4）人才培养目标

浙江大学设计专业主要是为市场和企业培养产品、智能系统、服务创新的独特设计领导者,以及具有较高的"创新能力"和"系统能力"的创新创业设计人才。它要求学生具备整合用户、设计、技术、业务、文化以创造新产品、智能系统及相关服务的理论与实践能力。

### 3.2.3 同济大学设计专业交叉学科现状

(1)培养面向未来、面向全球的"T"型人才知识体系。

全球设计正经历着一场由design-doing向design-thinking延伸的革命,这一趋势不仅大大拓展了设计对社会和经济发展的贡献作用,同时也对设计知识的深度、广度和综合性提出了新的要求。交叉学科性加强、"垂直能力(专门知识和能力)"和"水平能力(广度思考和整合思考的能力)"结合的"T"型创新型和复合型人才的培养以及新的设计领域的开拓、学习方式的改变和新价值观的确立成了新设计教育的特征。

同济大学设计创意学院提出了立体"T"型的本、硕、博创新设计人才培养框架,分别按"技""理""道"三层级有侧重、分类型地培养各种不同设计、研究、教育和管理人才。同时充分利用"同济大学中芬中心"这一国际化交叉学科开放创新平台,面向全校开设"创新创业辅修项目",培养具有设计思维的交叉学科创新人才。

其中,本科重"技",重点培养"具有创新思维和宽广知识的专业设计人才",以"垂直能力"的培养为主,同时也注重水平知识的积累和设计方法的形成,特别强调如何把设计和真实世界的挑战联系起来。硕士重"理",教育重点将从"垂直能力"向"水平能力"拓展,特别强调交叉学科知识、整合创新、设计方法和国际经验的培养,设计关注的重点也从物质世界拓展到非物质世界,如服务的设计、关系的设计、系统的设计和管理等。

(2)各专业核心课程设置

视觉传达设计专业强调从概念创意到设计发展再到最后实施的完整设计过程的专业设计课程,如图形与符号、动态与媒介、信息与传达、交互与系统、整合设计等;强调技能训练的设计技术课程,如印刷、摄影、摄像、三维动画、创意编程、开源硬件等;强调为研究生学习做准备的基本理论课程,如设计史、数字媒体艺术和技术导论、传播理论、游戏化设计、用户研究、空间叙事、服务设计等课程。

例如,在"生活—环境生态系统"课程中,把环境设计从物质范畴拓展到意义的设计、互动的设计、服务的设计、体验的设计和生活方式的设计等非物质范畴。学生将通过学习环境图形、空间建构、品牌体验、场景交互、服务设计、社会创新等方面的知识和技能,以及设计史论、环境心理、社会经济与商业的相关知识,建立起系统和可持续的环境设计观。

其工业设计专业参照教育部高等学校教学指导委员会制定的《普通高等学校本科专业类教学质量国家标准》中的"机械类教学质量国家标准"设置。产品设计专业参照教育部高等学校教学指导委员会制定的《普通高等学校本科专业类教学质量国家标准》中的"设计学类教学质量国家标准"设置。包括产品设计理论与方法、艺术与美学、材料与制造工艺、人机工程、交互与体验设计、商业品牌与产品策略、先进制造与先进设计、技术与工具以及设计方法等相关知识的学习。内容涵盖学生未来就职后进入不同行业的共通性设计思维的培养,也包括针对不同产业的相应设计技术培养。

学习与创造将探讨的设计主题包括但不仅限于：交通工具与出行、生活美学与文化、健康关爱与医疗、运动装备与时尚、数字制造与智能硬件等。

（3）可持续设计课程

可持续设计是一门综合学科，它需要大量的交叉学科知识，同时也有对许多令人眼花缭乱的新技术的应用。对于可持续设计的探索，本科三年级和研究生一年级的学生有着不同的研究方法和设计视野。

在交叉设计课程中，同济大学上海国际设计与创新学院一年级的研究生进行了"面对可持续的社会技术转型"这门课程的探索。课程由阿尔托大学IDI1GAZIULUSOY博士主导。在短短的五周内，学生们经历了三周的理论阅读和两周的强化讲座与项目。学生被分为八个小组，重点关注中心和周边地区的可持续交通、食物、水、废物管理、能源、建筑、空间、生活方式和文化。经过两周的数据分析、视觉创造、行动计划和发起的研究过程，提出了8个令人满意的解决方案。

第一部分是讲座部分。IDI1总共举办了4次讲座，题为《Systems Thinking》的讲座为大家介绍了"系统"的概念。系统是指为实现某种功能而组织在一起的元素，强调系统从不同的角度具有不同的功能。为了让学生理解视角的变化，IDI1要求学生在课堂上举手，并及时自上而下地转动笔。当笔从头顶移到地平线以下时，学生们奇迹般地发现，顺时针变成了逆时针。通过物理体验，学生感知到系统的变化所带来的视角的变化。IDI1还使用了牛顿被苹果击中后发现引力的例子来说明系统中因果关系的复杂性。本课程还增加了游戏的形式，使学生对游戏中的"系统"有了更深的了解。

在《System Innovations and Transitions》的讲座中，IDI1列举了历史上的主要变革，阐述了制度创新的多层次本质，以及社会和技术因素是如何共同干预，引导可持续的结果的。在《Visioning and Scenarios》的讲座中，IDI1提出了课程实践中最重要的"愿景"概念，强调愿景的价值取向。与之前三个部分的理论不同，《Stakeholder analysis》这节课更侧重于实践部分，即如何分析项目过程中的Stakeholder，并指出Stakeholder的权益可以通过设计干预来改变。这些讲座一方面拓展了学生对社会技术转型与可持续性的理论理解，另一方面也为课程项目的发展提供了指导。第二部分是项目的一部分。本课程要求学生以项目组为单位，提出了在"Mr"中心实施改造的实验方案，近距离要求每组选择一个研究地点，并对"手指"中心作为社会技术系统进行分析。根据分析结果，以创建25年或2043年的可持续视觉和未来5年的视觉表达为单位，逐步规划，说明如何干扰这一视觉的定向进度（back－casting）。与此同时，该项目还要求学生回到2017年，构思一个可以立即付诸实施的实验，被IDI1称为可持续愿景导向Acupuncture（针灸疗法）。

创建愿景是项目的核心部分，因此在课程中组织了一整天的"愿景"研讨会。每个小组的成员分为两部分，一部分固定在小组讨论中，另一部分分成不同的小组，参与其他小组讨论，在观点和见解的视角下贡献小组主题，吸收其他团队的知识和差异。每次持续20～30分钟。每一个小组从不同的主题角度，通过八个回合互相贡献和补充，提供了对创造愿景更系统的理解。在"愿景"工作坊之后，各小组逐渐有了清晰的愿景。在接下来的几天里，IDI1和每组学生进行了深入的讨论，以帮助学生完成时间表并确定针灸实验项目。

最后一部分是研究结果的输出显示。这里有两种情况：第一种是"可持续交通"。

未来25年,我们将在"中芬"中心及周边地区建立更加便捷、高效、可持续的交通系统,让每个人都能积极使用公共交通,形成积极出行的理念,享受先进技术带来的便利。第二种是"浪费=资源"。未来,"中芬"中心将是建设环境资源转化系统的理想平台。各种垃圾都是资源,通过意识的转变,实现零浪费(见图3-22)。通过连接不同的个人、团体或机构,促进他们参与回收和再生的过程,最后形成资源流动的闭环。

图 3-22 Zero waste 的未来愿景

(4)学科交融的教学方式

在学院政策和教学设计方面,同济设计学院实施的重要措施包括:首先,取消院系设置。大量聘请校外教师,与校内教师共同授课。其次,加强国际交流。从教学的角度看,"程序"更有利于交叉学科。正是基于这一"课程体系",学院在本科一年级就开设了一门独创的"团体课程",由不同专业的教师组成的教学团队授课。最后,在专业课程方面,同济设计创意学院的开放方式是提高校外教师的比例,大部分课程将由校内外教师共同承担。

一方面,他们所谈论的是新的和正在发生的事情,解决了更新外部知识和连接校内外的问题;另一方面,它促进学生和教师双方达到"双赢"的效果,这也是"鲶鱼效应"。事实上,校外教师与校内高校教师共同承担教学任务,在一个课程中,教师在学校的地位是不变的,而兼职教师是可以不断变化和更新不同知识面及知识量的。校内教师也可以有选择地与不同的兼职老师进行不同项目和课程的合作。

(5)人才培养目标

面向未来美好生活,面向信息物理交融时代和先进制造技术,同济大学人才培养目标主要以问题为导向,倡导以人为本与可持续创新,培养具有艺术修养、工匠精神、系统视野、策略思维和社会责任的新产品及其服务系统的创新设计践行者与促成者。培养学生理解产品及其服务与人们生活方式的关系,掌握先进的设计理念、方法与工具,理解产品与品牌和商业的相互关联,以及对新技术和新商业范式变革的独立思考能力。

## 3.3 三所高校交叉学科教学模式改革与发展状况

### 3.3.1 江南大学交叉学科教学模式

江南大学设计学院在工业设计课程交叉教学上的改革可以分为四个步骤：第一，设计学院在2013年确定了新的设计人才培养模式，即"121整合创新人才培养模式"；第二，在整合创新人才培养教学模式下单独设立"整合创新实验班"充分整合校内资源和社会资源，并新设了整合创新课程——以"用户研究与产品定义"课程为例；第三，营造整合创新的教学环境；第四，强调实践交叉的培养方式，打通校内和校外资源，充分整合社会资源（图3-23）。

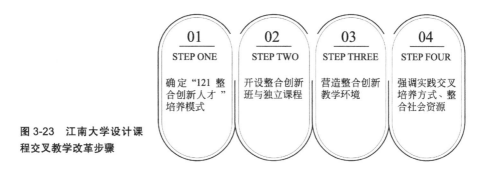

图3-23 江南大学设计课程交叉教学改革步骤

（1）121整合创新人才培养模式

2013年5月，江南大学以举办"设计教育再设计系列国际会议（二）：新领域、新问题、新对策"为契机，探索设计的新境界，将设计与时代潮流有机结合，提出设计在新的产业格局中发挥新的作用。因此，江南大学设计学院提出了"继承""艺术与工程""交叉融合"的创新体系，首次强调并明确了交叉教学模式将在未来的设计教学中所占据的比重。同时，为了解决更加复杂的现代社会问题，强调设计学科应该与交叉学科、综合化教学相协调，整合各学科的资源优势，注重创新型、复合型人才的培养，并确定了"1+2+1"的人才培养模式。其内容如下：

**第一个"1"是指**：本科一年级注重通识教育和基本问题意识的培养。

**第二个"2"是指**：本科二、三年级注重对设计创新问题的关注。在这个阶段，需对设计进行细化，将各个专业与市场和消费者的需求相结合，从用户、社会和人们的个人需求角度出发，把握社会的影响和互动以及经济和民生在设计领域中的影响等因素，为设计与其他学科在可交叉的内容及可实现的探索方面奠定良好的基础，在培养学生具有设计责任感的同时，也加深了学生对工业设计的理解。

**第三个"1"是指**：本科四年级的学习阶段，主要关注新出现的社会问题。在设计上真正打破各学科和各专业之间的界限，实现高校学院内及其他范围内各专业的全面交叉融合，解决不同学科、不同专业共同研究系统的社会问题，真正实行交叉教学模式。

综上所述，江南大学设计学院的交叉学科教学模式的探索早在2012年已经开始，并确定了设计人才培养模式。工业设计学科本科四年除了第一年的基础教育阶段很少有设计交叉教学之外，本科二年级至四年级分为两个阶段进行了交叉教学模式的实践，分别在专业内进行多领域知识的交叉以及在各专业之间进行学科间的交叉融合。

（2）重新定义课程内容

2013年对设计人才培养模式进行再设计后，江南大学设计学院就成立了"整合创新实验班"。配合"设计教育再设计"系列国际会议和相关科研活动，实验班不仅仅是新的设计理念的探索，更是江南大学为设计教育改革探索所尽的微薄之力。实验班的学生是在一年级阶段从同年级学生中择优录取的，并设单独协调人，由学院直管，可见江南大学设计学院对整合创新实验班的重视程度。实验班的教学目标是：培养能够定义产品或服务、提供整体解决方案、具备良好沟通和团队协作能力的职业设计师。

以"用户研究与产品定义"课程为例，它要求学生通过趋势分析和用户研究明确用户需求，提出产品或服务要求（设计任务书）。这部分内容是设计活动的第一步，也是十分关键的一步。2014级整合创新实验班的同学在此课程中组成的"特斯拉小组"以特斯拉Model-S汽车作为研究对象，经过对消费者、用户、设计师和特斯拉4S店营销人员等多方面的深入调研，分别用海报和视频的形式对特斯拉设计、社会和功能等多重属性进行了充分的分析。其中特斯拉Model-S属性分析视频得到特斯拉总部的高度关注和认可，并作为特斯拉品牌理念的重要宣传资料在特斯拉中国官网上进行播放（见图3-24）。

图3-24 江南大学整合实验班的特斯拉调研视频展示

该视频分三部分对特斯拉Model-S进行了分析，即特斯拉象征着未来不仅是对行业的颠覆，更是对时代的颠覆。首先，对特斯拉的性能、技术、环保和外观进行调研和分析，并找出其在设计上的优缺点。其次，从特斯拉的营销模式入手，分析它与市场上其他产品的异同点。通过调研视频不难发现，社会对汽车的需求已经发生了深刻的变化，以往作为出行工具和身份象征的汽车不仅要满足用户的出行需求，还要满足用户新的体验需求和情感需求。整合创新设计课程将传统工业设计的专业内涵进一步拓展到了人、自然、社会三者间的交互关系以及在此关系中注重对人的体验，并以此作为设计研究的核心问题（图3-25）。

小组中关于特斯拉的调研分析成果不仅仅是针对汽车本身，更是将目光聚焦于特斯拉现有的服务设计模式、社会创新设计模式以及未来的转型设计模式上。这些交叉课程内容的研究，让工业设计课程的教学内容从以往的人造物本身拓展到了社会创新模式上。当然，这需要一定的相关交叉学科知识储备量，比如针对特斯拉的属性分析就会涉及心理学、设计学、社会学、商科、HMI（人机交互）、能源等专业的知识，

 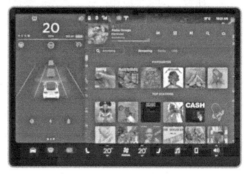

图 3-25　特斯拉用户交互界面

而这些不同专业之间的流动性和融合度正不断提高,正需要类似整合创新课程的尝试来丰富教学模式改革的内容。

（3）整合创新的教学环境

创新设计是一个团队协作活动,需要学生具备良好的协调、沟通能力,整合团队资源进行设计创造,并进一步提供复杂问题的整体解决方案。江南大学设计学院在本科开设的整合创新设计课程,就是通过多学科融合的虚拟课题或实际项目,让学生掌握系统设计的理念与方法,根据用户需求、现实的社会环境或商业条件提出合理、可行的产品解决方案。交叉课程中所涉及的系统设计、商业模式和设计管理等知识体系与专业技能,基于以上课程的设置,也为探索整合创新环境的营造积累了丰富的经验。

整合创新课程主要通过两个方面来营造整合创新环境：一方面是在工业设计专业内进行课程创新；另一方面则是用设计专业课程设置的经验来为各个系部的专业改革提供参考。

**专业内整合创新环境营造**

在教学组织形式上,教学团队的所有成员负责教学内容的设计、呈现和评估,使教师在教学过程中相互配合。综合创新实验班的学生通过来自不同设计专业的教师,保证了设计学科知识的交叉融合和横向覆盖。同时,团队将配有1～2名不同背景的研究生作为课程中一些常规问题的解决顾问,或是课程研究过程中的辅助主讲老师的配角人员,这种方式不仅促进了师生的协同创新,还实现了不同知识背景的纵横向整合。另外,该课程打破了传统的课堂教学模式,变成了相互独立又相互合作的单元组

（每个单元约5名学生）。

**构建全方位的创新交流环境**：交流环境的构建主要体现在师生沟通和校企沟通上。设计综合创新课程的教师团队根据团队学生的特点，按需交流、沟通并参与到讨论和决策设计问题中。这样，学生就可以在了解课程项目所需个性化设计专业知识的同时，积极与教师进行互动，快速拓展相关知识的广度。此外，要求每个学生小组向课程全体成员介绍小组的设计进度，汇报阶段性成果，解答师生对设计方案的疑问和困惑，并在老师和其他小组的帮助下修正方案。各团队相互学习，整合彼此的资源和智慧进行设计创新。

**营造与外部企业沟通的环境**：在设计的早期阶段，教师带学生到企业进行调查和研究，沟通学校和行业之间完全整合的创新想法。企业内部的设计师可以去学校开设企业相关知识的讲座，与师生共同参与企业命题项目，并共同指导学生进行市场实际项目的创新设计。

**强调实践交叉的培养方式**

理论与实践相结合是培养创新型设计师的重要模式。设计创新模式一定要在扎实的理论基础上，开展充分的社会实践，才能真正发挥本学科理论知识的核心作用，实现一体化创新设计的教学模式和人才培养目标。

江南大学设计学院的整合创新设计课程都是以问题为导向的"项目导向"教学，注重学习的探索性。根据校外企业或行业的实际需求来指导教学方向，教学过程中不仅涉及行业人才，同时也将教学成果回归产业需求，转化为教学资源，为将来的设计交叉创新教学，提供必要的理论与实践教材。

不同形式的社会实践不仅体现在校企合作上，国际合作也是江南大学设计学院的重要战略之一。通过定期的国际会议、国际研讨会、国际讲座、设计展览等形式，进一步拓宽学生的视野。由此，设计问题的解决边界也由国内延伸到了国际，从而培养了一大批全球化的综合型创新人才。

### 3.3.2 浙江大学交叉学科教学模式

浙江大学的教学模式与江南大学和同济大学的教学模式最大的区别是学科设置。江南大学和同济大学的设计专业都在设计学科门下，且都设有单独的院系，是从设计的角度培养设计人才的，而浙江大学的工业设计专业则设在了软件学院计算机学科门下。因此，浙江大学工业设计专业的学生从一"出生"就有"交叉教学"的基因。

浙江大学软件学院的设计专业被称为"信息产品设计"。该专业的就业方向是制造业，特别是在传统产业转型升级中提供全方位解决方案。经过多年的探索和改革，形成了工业设计、商业技术一体化的创新理念，使学生获得了两个"系统"，即创新思维和工作方法的系统能力、创新设计与设计策划具有市场前景的系统能力，从被动接受型设计人才培养转变为主动领导型设计人才培养。在信息产品设计方面，成立了多元化的设计创新团队，引导学生参加多项国际设计竞赛，并获得德国IF概念设计奖、红点奖、创意奖等近20项大奖，在国际国内设计界享有很高的声誉。同时，还建立了生产互动模型，开发了一系列产品，特别是针对浙江省区域经济和块状产业的特点，对传统产业进行了改进，信息产品集成技术取得了很好的效果，先后开发了大量同类智能清洗机、智能割草机、水下清洗机器人、智能护理机、智能救生设备等产品,其专利数量远超其他设计学院。在教育部的支持下,成立了教育部计算机辅助产品创新设计工程中心,成功地将设计的多项科研成果转化为实地工业产品,为浙江省区域经济作出了巨大贡献,也孵化了一大批科技企业。

如杭州亿脑智能科技有限公司以"嵌入式技术+工业设计+生物机电一体化"为核心的信息产品创新技术,如图3-26所示。

图3-26 杭州亿脑智能科技有限公司设计的智能割草机器人

浙江大学工业设计交叉教学模式也可分为四个步骤,即确定主动设计人才培养模式、建立工业大学研究性综合教学框架、建立项目实践与企业课程培养体系实践、服务本地平台建设。

(1)主动领导型设计人才培养模式

学科交叉教学培养综合型创新人才的目的是使设计人才具有更系统地解决实际问题的能力。浙江大学工业设计专业主要面向制造业,是一个集设计、业务、技术于一体的系统性专业,为传统制造业的转型升级培养具有综合性特征能力的设计人才。因此,从人才培养模式上看,浙江大学交叉学科的工业设计与传统工业设计专业有着本质的区别,即浙江大学工业设计专业不是培养传统的设计人才,而是从设计的角度来培养综合型创新人才。

传统的设计人才培养模式是以培养设计开发人才为核心,即在其他学科和知识交叉融合的基础上,培养具有生活各领域实践能力和设计能力的人才(目前,许多设计院校的交叉教学能力仍然不足)。例如,传统高校的工业设计,虽然已经从传统的产品设计扩展到现在的界面设计,但本质上仍然是设计学科的延伸。高校仍然注重学生对设计规则和方法的掌握,最终培养出从设计角度思考解决问题的人才。大多数设计人才在接受工业需求时都是被动的,往往通过专业的设计能力和设计实践来解决工业问题。

浙江大学工业设计专业在产品、智能系统、服务创新等方面培养出独特的设计综合型人才。即培养具有扎实的"创新能力"和"系统能力",跨领域交叉融合,能够将用户、设计、技术、业务、文化等融合在一起,创造新产品、智能系统及相关服务的创新型、创业型设计人才。因此,浙江大学工业设计专业培养的人才需要根据行业自身需求发现问题,分析问题,最终解决问题。设计是其人才培养内容的重要组成部分,但不是最终目标,属于培养主动设计型人才。

浙江大学和国内其他高校对设计人才的定义有着不同的特点,它更多的是从行业角度出发,系统规划,解决实际问题,而不仅仅是从设计思维的角度去分析如何解决问题,起点和思维方式的不同,导致最终的交叉设计教学创新模式也不同。

(2)产、学、研一体化的交叉教学框架的建立

为了培养交叉设计人才,浙江大学软件学院充分整合政府、行业等各方资源参与学生培养,使人才培养的参与者丰富而完善。同时,学院还建立了以学生为中心,

产、学、研一体化的交叉教学框架。在教学内容上充分整合行业、学术界最新信息和知识，在技术教学团队建设上引进行业、学术界创新人才，全面实施"院企合作"和"院院合作"。同时，每个方向需要建立合作或合作研发机构（或研究中心、研究所等），以便为学生提供一个真正的和专业的交叉教学环境，使学生能真正进入整合生产、学习和研究三方面综合的系统式的交叉教学模式。

例如，嘉兴王店集成吊顶产业集团，利用地方软件学院，使吊顶行业整合政府、企业和学校资源，运用智能技术设计提升了现有产业变化的吊顶，使传统吊顶品牌得到转型升级，满足了智能家居品牌的市场需求。据行业协会2010年的统计，天花板行业有300多个企业，转型升级后的市场产值近60亿元。浙江大学软件学院与政府的深度合作，不仅为政府升级了产业集群，也给企业带来了技术和效益，而政府和企业也给高校带来了政策和资金支持。同时，传统制造业的智能化转型也为学院人才培养提供了真实的产业环境和实践环境。学生可以更早地接触到行业的实际需求，更早地将自己的专业知识与行业知识结合起来，将所学付诸实践。学校也可以深入行业和企业，参考行业人才培养模式，将其与高校设计人才培养模式相结合，进一步优化人才培养模式和交叉教学框架。

为了加强面向应用的创新设计人才的培训，学院采用灵活的课程体系和动态教学计划，结合理论和实践，集各种专业和行业知识，建立起人才培养体系。为了适应新时代的发展，参照当前工业情况，可从以下三个方面说明浙江大学教学的特征和特点。

### 课程内容

以浙江大学计算机科学与技术专业为例，介绍了产品设计专业的本科课程设置。除了设置基础课程外，学校还提供用户体验与产品创新设计、服务设计、产品形式与方法设计、整合与创新设计、文化构成与创新设计、商业创新设计等。对于产品设计课程体系而言，多学科知识整合是其重要特征。产品设计专业的学生需要有很强的创造性思维和整体流程设计及管理能力，其高水平的产品创新和设计技能及良好的基础人文、社会科学、自然科学和设计科学，能创新设计出具有审美能力和文化内涵的产品。一方面，交叉设计课程将贯彻系统创新思维和工作方法，培养学生具有创新能力的系统设计和设计规划能力，特别是培养学生具有良好的对市场前景包括应用数码、逻辑及科学原理的认知和运用能力，也促使他们能够在实践中具备较强的工程实践能力和服务设计整合创新能力。

浙江大学教授实践用户体验与产品创新设计开发的课程，是产品和工业设计专业课程中重要的交叉设计课程。2013年，本课程荣获全国优秀资源共享课程，并撰写出版了用户体验与产品创新设计。本课程创建跨域一体化的教学理念和集"工业设计+计算机技术+心理学"交叉的课程体系，要求学生自发地整合"用户、设计、技术、商业和文化"在设计过程中创造新的产品和服务，并形成一种知识和能力以全面提高用户体验。

另外，浙江大学高度重视行业最新成果和知识储备，邀请行业专家到校园授课，有近三分之一的课程是由一线工业工程师向学生开放式教授的。这使得学生所学的知识与实际的产业需求紧密结合，同时也对产业内的各种知识进行了深度的交叉融合，不仅给高校人才培养课程注入了新的血液，也为企业培养符合行业需要的人才奠定了基础。

**课程实践**

学生根据自己的兴趣和目标进入不同的项目组,根据实际项目进行实践训练。例如,浙江大学软件学院现有的"健康设计使命""电子折纸、传统手工艺互动展示"等课题组的交叉教学模式(见图3-27)。

自2015年起,浙江大学每年都在紫金港校区小剧场举行工业设计系信息产品设计新概念发布大会,即课程展示。信息产品设计是浙江大学工业设计专业的核心课程之一,该课程由孙凌云、陈石两位老师授课,学生在本课程中能够了解和掌握现代设计,新的变化和产品设

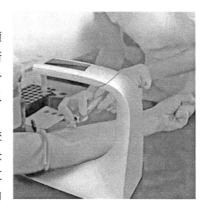

图 3-27 "健康设计使命"项目小组

计信息的基本过程以及物理计算的理论和方法,并以 Arduino(一种开源电子原型平台)单片机平台为例,学习基本信息产品的原型制作技巧,了解物理计算的基本逻辑。在此基础上,本课程将学生分成小组,通过头脑风暴、可行性分析、成本计算和商业设计,最终完成概念产品的设计和开发。

**交叉人才服务地方的平台建设**

学院立足杭州、宁波,面向长三角,积极争取地方政府的支持,为地方社会经济建设服务。学院积极与政府部门合作,努力将学院人才培养模式融入浙江省软件创新人才的统一规划,如"数字浙江""天堂硅谷"等。

同时,软件学院在服务当地经济社会的过程中,依托浙江本地特色优势产业,逐步形成了以信息技术应用为核心的一站式智能研发基地和工业设计城,为当地软件产业的发展作出了贡献,也提高了传统产业的信息化水平。

### 3.3.3 同济大学交叉学科教学模式

同济大学设计创意学院也是跨专业课程改革的前沿。学院认识到新时期设计教育的重点是能否为设计人才提供足够的知识和技能培训,因此从低年级的设计基础教学开始,就尝试建立交叉学科的课程和教学模式。同济大学设计创意学院的交叉学科的教学主要集中在基础设计教学阶段,以基础设计课程的核心和交叉学科知识为根本。它的目标是将设计从以创建为中心的活动升级到处理复杂关系的活动。通过交叉课程的设置,可以进一步提高设计知识的广度、深度和复杂性,以应对相互关联的社会、经济、政治、民生等复杂的社会问题。同时,培养能敏锐捕捉专业发展新趋势、能重构已有知识、能与时俱进地解决社会问题的人才。

(1)"设计基础2"的课程设置

同济大学设计创意学院的马谨在《基于设计四秩序框架的设计基础教学改革》一文以理查德·布坎南的四阶设计理论为基础,提出同济大学设计创意学院的交叉教学模式。设计的四个层次分为四个相互关联的部分,即符号、对象、行为互动和环境。通过相应的基础课程的设置,将四个部分有机地联系在一起,其中每个部分都有一个各学科的协调小组,对应着每一个学科小组,实现真正的一体化教学目标。

为了实现这一目标，学校开设了"设计基础2"课程，内容如下（图3-28）：

为期17周的"设计基础2"课程包括四个主题：符号、动态、物体和环境。这四门学科的每一门，从3周到5周，都直接对应着学院的专业方向，但并不完全对应着设计的四个顺序。第三阶（活动、交互、服务）暂时隐藏。第一、第二、第四阶的主题是符号、客体、环境三个不同层次上的三种不同的呈现形式。第二个简短的主题（动态设计），作为符号的延伸，让学生有机会接触到数字媒体的设计手段，有助于学生更好地理解抽象的传播设计。另外，服务设计和交互设计会在高年级阶段的课程训练中重点展开，因为这部分学习内容需要基于丰富的符号和工具知识基础的积累和实践经验。这四个主题各有侧重，相互关联。通过对四阶段设计课程的理论借鉴，有效整合各学科的知识，形成了同济大学设计创意学院自身独特的交叉教学模式。

在这门课程中，120多名新生被分成四个班，每个班配备来自不同专业的指导老师。各学科的设计、训练环节、训练内容和成绩要求等内容，直接由相关专业的教师制定和细化。每班配备一名本专业教师和两名相关专业或其他专业的导师共同授课。最后，每个专业在课程进行中的某一阶段，将成为主导偏向性专业，并由每一个老师轮流作为这一阶段的主导老师。这种交叉学科的教学模式形成了资源高效流动的环境和氛围，也实现了设计交叉在创新上的良性循环。

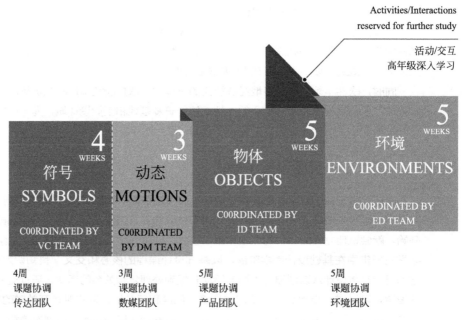

图3-28 设计四秩序指导下的课题设置

（2）课程中的交叉案例课题

以同济大学设计创意学院2014年的项目为例进行阐述，包括时间的符号设计、生活习惯的动态形象设计、挂衣服的方式设计、以流动摊贩转型为重点的环境设计。通过四个主题、四个设计的顺序来达到交叉设计创新的目的，其设计内容不仅涵盖了所有专业知识和技能，也关注了人类的价值观、方法论和可持续设计，使学生可以建立设计与人之间的关系。而经济、技术和社会从一开始，不仅培养了学生理性观察日

图 3-29 流动摊位的设计展示

常生活和分析这些设计的能力，也默默地在转换的过程中，培养了学生用设计解决复杂社会问题的责任感。

**课题 1：挂衣服的方式**

人工物品设计的主题是"挂衣服的方式"。其设计反映了对其他订单，尤其是第三个订单——活动和事件的具体产品的考虑。教师鼓励学生从人的创造、人的使用、人的环境、人的目的、人的行动等角度去猜测服装挂饰产品的形状、功能、材料、颜色和结构。最终的产品设计不仅仅是造型和材料，更是关于挂衣服的方式和行为。也就是说，设计要结合心理学、行为科学和人因工程学的内容，让学生从晾衣的行为本质来思考设计方法和过程。

**课题 2：流动摊位环境改造**

环境设计的主题是为街头摊贩的流动摊位进行环境改造（图3-29）。这里的环境不仅仅局限于空间，更注重人们在空间中的行为活动。其目的是构建浮动展位的系统设计，包括人员、行为和空间。此课程的交叉融合了设计专业内的工业设计和空间环境设计，也融合了设计专业外的行为科学、心理学等知识，甚至加强了对学生掌握社会调查和统计知识的训练。流动摊位是街边小贩和过路顾客实现购销行为的微环境，但同时又处于城市和社会环境中。在此课题中，教师鼓励学生发现问题，"在特定的空间环境中，对现有的设施和工具进行合理的、创造性的翻新设计，使这些流动摊位不仅能顾及城市的秩序和形象，还能更好地满足大众的需求"。该主题涵盖了以下方面：标志、指示牌、货架、商品展示、工具箱、存储方式、服务流程、展位环境等。

同济大学设计创意学院除了课程体系和内容的整合与创新外，还通过其他形式探索设计交叉教学模式。俞鹰（2013）曾对国外设计教育模式进行了分析，将其分为"课程体系、车间模式和产学研模式"，文中结合了学院的改革探索实例，对上述模式作了进一步评价。同济大学设计创意学院自2009年起，积极借鉴世界先进的艺术设计学科教学理念和模式，培养具有国际视野、创新性和前瞻性的综合型设计专业人才，旨在与国际知名设计院校合作，并与意大利米兰、芬兰阿尔托科技大学等开展联合学位项目。以工作坊模式为例，同济大学鼓励学生从实践教学的角度参与各种联合工作坊，培养学生形成解决问题的设计理念和协同设计的基本能力。在建立合作平台的基础上，成立同济阿尔托设计厂，通过建立产学研合作，为学生提供新鲜、跨领域、跨文化的学习方式和手段。在同济大学，交叉学科被视为应对设计变革、实现设计驱动创新、更好地面对现实问题及挑战的战略策略和教学方法，而设计学科的多样化也越来越要求协同创新。

虽然同济大学设计创意学院的交叉学科教学改革一直走在全国前列，但教学模式的创新与探索从未停止。例如，同济大学和麻省理工学院建立了上海城市科学实验室，通过关注校园与社区的协同互动，将社区作为协同创新的工场，紧密联系现实问题、需求、知识和人才。这个思路来自欧洲Living Lab网络组织，它强调根据实际的社会问题和应用将不同的利益相关者联系起来，他们既是潜在需求的挖掘者，也是解决方案、知识和资源的提供者。2015年，原同济大学设计创意学院院长娄永琪（现为同济大学副校长）发起的"美好2035"项目就是这个实验室的背景。它集学生、技术、资本于一体，关注未来生活方式，从社会需求出发，以设计思维为动力，依托实验室，通过一系列"小而通"的交叉学科的整合和逆向创新项目，解决现实世界的问题。

## 3.4 三所高校交叉学科教学模式特点分析

### 3.4.1 三所高校开展交叉学科教学模式改革的一致性

随着工业4.0时代的到来，中国的工业和经济发生了巨大的变化。一方面，工业、技术和经济的变化给工业设计学科和设计相关从业者带来了更多的机会，设计相关产业链在未来可以有长久的发展。另一方面，这一变化改善了设计人才的测量标准，而工业和经济的发展，使得只有更严格的标准才能促进技术、业务和其他学科人才加入跨领域设计行业，打破原始设计行业的人才竞争模式。以下将通过对江南大学、同济大学、浙江大学工业设计学科改革的分析，探讨在新产业改革、新设计人才需求、新人才竞争形势下，三所高校学科交叉教学模式上一致性的特征表现内容。

（1）基于现有深刻变革社会产业背景的积极反应

中国特色社会主义已经进入了一个新的时代，这意味着国际经济政治形势将发生深刻变化，社会发展的主要矛盾和发展的动力、目标及方式也将发生深刻变化。在工业设计专业领域，要辩证地认识这些新变化，准确把握新时期中国特色社会主义思想的内涵及其对工业设计专业和工业设计教育的深远影响。

首先，从产业背景来看，以往的产业侧重于"量"，即产品的丰富性。通过产品概念的多样化，满足人的不同需求。随着国家去杠杆化政策的不断实施，产能过剩问题逐渐凸显。如何充分发挥设计人才的创造力，如何创造性地设计新产品甚至新业态，是当代设计师的责任，也是不可避免的挑战。以冰箱的工业设计为例（图3-30），在过去，这类家电的设计往往是基于企业的技术，设计师进行用户匹配研究和产品外观设计。工业设计的作用仍然是为用户做产品外观设计，相关的用户研究也是与企业合作。甚至一些成熟的大型企业，如美的、海尔也有能力做用户研究，设计师的价值没有被放大。但随着物联网等新技术的发展，企业技术储备不足、

图 3-30　美的物联网冰箱

缺乏市场用户体验、产业链供给不成熟等问题逐渐凸显。在新的发展背景下，工业设计人才被赋予了新的使命，设计为工业和经济带来了巨大的价值。工业设计人才需要参与到产业链的各个领域，充分了解产业构成、技术边界、用户思维和国家政策，把握产品设计的未来方向，给出目前较为成熟的设计方案。

行业的进一步横向和纵向介入需要越来越多的设计人才。随着跨领域工作场景的增多，更加要求设计人才具备跨领域、交叉学科的知识储备。例如，设计师如果不充分了解现代物联网的技术背景，他们则无法为物联网设计冰箱。在新技术的背景下，用户对冰箱的需求必然会发生变化。设计师要有敏锐的嗅觉，把握技术发展的前沿方向，探索用户需求，提高用户体验。

**其次**，从产业格局来看，以往的工业设计人才或设计企业更多的是针对C（Customer）端客户，即大众消费者，而B（Business）端客户相对较少。这是因为B端客户更注重产品的技术性能，而不是丰富多彩的用户体验和产品外观。随着行业的发展，B端客户的需求在逐渐发生变化。

中国知名企业家腾讯CEO马化腾时隔6年再次在互联网平台上发问："未来10年，哪些基础科学突破将影响互联网技术产业？工业互联网和消费互联网的创新将带来什么样的变化？"可以看出，与C端客户最为接近的腾讯也在思考当前的技术变革将如何影响产业格局。从腾讯最新的组织结构调整可以看出，腾讯作为中国最成功的C端互联网企业之一，正在积极转型工业互联网（未来，腾讯将通过发现B端客户为自己创造新的增长）。从腾讯产业转型的案例中可以发现，技术创新即将冲击整个产业格局。

反思以用户为中心的设计理念，这种设计理念在一定程度上夸大了设计本身的价值。设计在产业链中有其重要的价值，但设计在产品开发、生产和销售过程中的价值不是核心。再论"设计主导产业"，设计产业正在向"设计融合产业"发展。例如，冰箱内部结霜的问题可以通过"风冷技术"来解决，这是一种典型的技术解决方案。在讨论是否有更好的解决方案时，如果从设计的角度出发，就需要设计师对相关的技术背景有深入的了解，分析技术边界，找到更合适的技术融入产品。因此，目前的设计师，必须具备在多学科背景下发现问题并解决问题的能力。

服务是多维的，工业设计的概念日益丰富，也包含了更多以前工业设计中没有的知识和技能。工业设计师的责任越来越重要，工业变化对工业设计人才的需求不再局限于设计专业技能，更需要资源整合能力，这意味着设计师应该具备企业资源整合、产业链整合、技术与产品整合的能力。而目前对新设计的需求，造成了设计师的"短缺"。希望通过三所高校的交叉教学改革，交叉教学给设计人才更多维度的知识和技能，并能在当前多变的社会中充分发挥创造力，给设计行业和其他相关行业带来更大的价值。

（2）基于产业人才需求升级作出的教学改革

三所高校的交叉学科教学改革是在对新时期设计人才需求变化或人才需求升级有清晰认识的基础上做出的必然行动。社会产业对设计人才的要求越来越高，不仅要对设计本身的方法论有清晰的认识，还要对其他领域的专业知识有相应的认识；不仅要积累知识，而且要把知识运用到实践和生产中，以便深入工作。

以特斯拉新能源汽车为例（图3-31），特斯拉的设计不仅涉及传统汽车行业的设计，还涉及对新能源乃至车身控制系统设计的了解。由于新能源汽车的分配控制系统与传统燃油汽车完全不同,如何保证设计实践既能满足新能源汽车的需求,又能使新能源汽车与传统燃油汽车具有一定的连续性,降低用户的学习成本已经成为一个重要的问题。新能源汽车噪声低是其优势之一,但从另一个角度看,没有传统汽车发动机的新能源汽车噪声会带来新的安全问题——行人不能及时判断周围的行驶情况,容易引发安全事故。这是传统燃油车不会遇到的问题,需要设计师综合各方面的知识来加以解决。

**图 3-31　特斯拉布控系统**

　　一方面,交叉学科设计人才将是未来人才市场的重要需求。设计院校作为为社会输送设计人才的源头,需要完善适应时代变化、适应行业需求的人才培养模式。因此,交叉学科教学模式的改革是必然措施。另一方面,从人才发展的角度来看,交叉学科教学是培养优秀人才的有利途径,有利于人才的多元化发展。社会正朝着多元化方向发展,人才的职业选择和人生发展方向是不一样的。越来越多的人选择跨行业工作或自由职业,而那些受过交叉学科培训的人将会有更多的发展机会。

　　离开学校教育环境后,人才拓展知识的途径是选择双学位学习或接受相应的职业培训。交叉学科教学领域的良好教学实践有利于人才培养和社会发展。例如,阿里巴巴"城市大脑"项目的王健博士有心理学专业背景,但负责的是最重要的人工智能项目。可见,学术背景的多元化和交叉性将决定现代人才的未来选择。

　　(3)课程设置与改革愿景的共性

　　无论是江南大学设计学院的整合创新实验班,还是同济大学的"设计基础2",抑或浙江大学软件学院的课程实践交叉,设计教育改革的规划和目标在这三所大学,以及实施效果的课程设置和实践教学环节,在设计教育界都引起了较大关注。在交叉学科教学方面,这三所高校拥有比传统教学更丰富的师资资源。协调校内外学术界和产业界,不同学科背景的专家学者共同培养设计创新人才,努力培养学生的交叉学科能力和协同创新意识。

　　在改革视野上,三所高校的目标虽然不完全相同,但都希望在培养交叉学科人才的同时,能够拓展工业设计学科本身,使人才培养跟上时代的步伐、满足社会的需要。高等教育的目的是为国家和社会培养人才,工业设计人才的培养需要高等教育把好第一关,利用学校和社会资源与时俱进地培养人才是高等教育改革的关键所在。

### （4）综合性工业设计教育

湖南大学何人可教授曾指出，工业设计教育正变得越来越全面，而构建综合性设计教育体系尤为重要，坚持以"设计"为中心，对相关知识进行有机安排，使学生在课程中获得综合性设计创意。

通过设计方案、方法等课程的开发，不仅可以将设计的相关知识有机地结合起来，而且可针对中国学生实践能力薄弱的现状，注重设计过程的连续性和完整性，知识一旦被有机地结合起来，教育系统各个部分的设计就可以形成一个整体。这对学生开展市场调研分析、模型制作、工程技术设计、市场推广等方面的活动能够产生积极的影响。在中国，江南大学、同济大学、浙江大学等高校率先开始探索交叉学科的设计教育。虽然每个学校的宗旨是一样的，但是都有自己的侧重点、配套措施和因地制宜的课程设计，从而形成了中国丰富多彩的综合性设计教育。工业设计本身是多元化的，综合性设计教育也应该是多元化的。以下是三所高校的综合性设计教育措施。

**体制上以导师或工作室为主**

这一体系起源于西方的艺术教学，在我国艺术类专业实践已久，但在设计类专业尤其是工科院校却十分鲜见。如国外的米兰理工学院和国内的江南大学、同济大学的体制都是导师制或工作室制。这样做的好处是可以拓宽学生的知识面，提升知识的深度，一般结合校园或校企讲座开展教学，有利于教师对学生进行全面的素质培养。

**教学以模块化为主**

所谓模块化教学，就是将相关课程组合成几个教学模块，便于同类课程的整合。同一模块可以有不同的水平，面向所有年级的学生。江南大学设计学院"1+2+1"的教学模式是模块化的教学模式。工业设计课程分为三个模块，每个模块适合不同年级的学生。

**辅以灵活的选修课程**

选修课在国外有着悠久的历史，我国高校通过学分制继承了这种课程设置方法，因为设置选修课能够有效地激发学生的主观能动性。选修课中有相当一部分是交叉学科，有利于学生进行知识的整合。

目前，三所高校在选修课的设置上有一个共同点，那就是重视"技术"为先和各学科间的"协调"。首先，江南大学和同济大学都设立了硬件开发课程的选修课，这都源于国内设计院校的认可。新时代的工业设计教育必须培养设计人才的理解能力，以设计好的产品匹配时代，而浙江大学软件学院有自己的技术背景，特别是丰富的技术课程。其次，三所高校高度重视校企合作。无论是选修课中的企业研究交流，还是频繁的演讲分享会，都意在培养学生的协同创新能力。如何培养学生与不同专业、不同行业的人才进行合作，是目前设计院校非常重视的问题，也对工业设计师来说非常重要。

### （5）注重核心课程的创新

工业设计专业发展的重点是核心课程的建设。三所学校充分发挥区域资源优势，结合当地产业形态和区域文化形态，开发课程内容。例如，在无锡轻工业和文化产业发展的基础上，江南大学开展了一系列的交叉课程和讲习班，使工业设计专业的学生加强了对工业、文化乃至整个社会的思考。浙江大学依托自身交叉学科的体系，不仅让学生在课堂上学习，也让学生更多地走进企业进行锻炼，培养学生较强的能力以及广阔的视野，从而激发学生创新事业，并由创新企业最终反馈给学校，形成良性循环。

江南大学设计学院工业设计专业核心课程的重点是加强设计的综合造型能力和设计中的人文关怀。其主要课程包括：综合设计表达、用户研究与产品定义、产品系统设计、民间工艺传承与创新设计、创新产品开发、专项设计、设计与工程、交互设计原理与方法、智能产品开发、用户体验与可用性测试等。课程内容需要加强实践环节，如企业合作项目、具有研发前景的项目等。丰富和深化国际课程合作，包括国际讲习班、国际课程、双语课程建设等。

产品设计与工业设计专业建设课程内容主要体现在产品设计的重点：生活新审美、新材料的文化创新、生活方式的新产品开发过程、品牌文化与商业的结合、科技与文化的创新、提升生活品质的创新、商业设计和互联网思维的创新、手机设计新生活等。工业设计的重点：智能与人机交互技术（物理交互）应用、社会创新与系统服务与体验、健康生活设计体验与服务、工业制造与设备设计、健康管理与医疗等。

（6）交叉学科教学的挑战

在交叉学科教学改革的道路上，无论是刚起步的江南大学、同济大学，还是已经有所成绩的浙江大学，都在不断摸索。交叉学科教学的挑战主要体现在以下几个方面。

**交叉教学模式改革的目标与计划模糊**

目前，江南大学设计学院对交叉学科教学和整合创新有一个总体规划，但仅仅是提出了一个总体的培养目标。面对高速变化的设计需求和社会环境，在未来5～10年内完成设计交叉教学模式的构建，形成一定的规模，积累一定的经验是非常重要的。目前，这三所学校虽然引领了中国设计交叉学科教育的发展，但仍需要更深入的交流以及进一步的资源共享，才能创造出新的人才培养模式。

**沟通交流不足，改革进程差异大**

江南大学、同济大学和浙江大学的设计学院是中国设计院校交叉学科教学模式改革的领头羊。虽然不同的高校有不同的教育特点和学科背景，但不能采取相同的改革方案，以使成功的经验能够相互交流。目前，在交叉教学模式改革方面的交流还不够，后续教学计划的优化可以有更多的机会进行共同探索。

**缺少适合设计的科研评价体系**

在交叉学科教学中，人才是最重要的，也是最缺乏的。交叉学科的发展需要聚集不同学科背景的人才作为基础，否则交叉学科教学是不可能的。目前，一方面，高校工业设计专业仍以艺术类学生为主，而艺术类学生往往缺乏工程思维和知识，只是开展艺术类学生的交叉学科显然不足；另一方面，设计作为一个新兴的行业，不能完全被市场和公众所接受，其他学科的人才也不愿意加入工业设计学科的建设中。

其他学科的人才较少参与工业设计学科建设的原因是多方面的。首先，工业设计学科的许多科研项目不是重点项目，提供的科研经费较少，不会带来直接效益。其次，人才往往更愿意加入由具有行政职务或职称的教师领导的科研团队，这样更容易聚集不同学科的人才。工业设计专业面临的上述复杂因素，有时会使一些科研项目难以招到所需人才，只能通过自学填补其他学科的知识空白，如此科研工作就变得相对困难。例如，最新的用户研究不再仅仅是深度访谈和问卷调查等，在很多情况下，更多的是依靠大数据和统计原理进行数据分析，进而获得用户画像。然而，没有统计背景的人才很难在工业设计教育中进行相关的用户研究。

此外，高校科研项目的评审标准也会对工业设计的交叉学科项目造成一定的阻碍。目前，对评估结果的参考较少，主要取决于项目数量、项目排名和文章数量。这种定量评价方法不能充分反映结果的质量和价值。因此，部分高校教师厌倦发表各种论文，有时甚至没有应用价值。有许多原创的创新项目，往往需要几年的持续研究才能成功。这些年来，坚持不懈的创新人才需要具备很大的毅力和牺牲精神。

因此，如果工业设计交叉学科建设以及交叉学科教学想进一步发展，亟需高校在人才支撑和评价标准上做适当的调整，建立一套匹配的评价体系，科学合理地量化科研成果以及教学成果。

**教师队伍建设难以适配教学课程**

毫无疑问，工业设计专业本身就是一门交叉学科，它涉及材料科学、社会心理学、人的因素工程、工程学等许多学科。在当前的产业背景下，各设计学校都希望在课程设置上考虑其他学科的教学内容，但在师资源稀缺的背景下，学校很难找到能够适应交叉教学模式的教师。

课程设置是一个复杂的过程。交叉学科教学的课程设置需要不同学科教师的参与。然而，目前很多行业设计课程的教师都缺乏其他学科的背景知识。教师对传统教学形成了固有的观念和方法，这对开放式、综合性的交叉学科教学模式形成了一定的挑战。例如，可持续设计近年来逐渐成为设计热点。目前，设计类院校的教师可能只是从材料和服务的角度对学生进行一定的指导，对可持续技术的背景了解不够深入。新技术对产品和服务的影响，以及其中的技术原理，更是一片空白。在这样的背景下，教师很难对学生学习交叉学科进行指导。

许多设计学校（包括本书中提到的三所学校）通过整合不同学科的教师资源实现了交叉教学的目标，但并没有解决根本问题。交叉学科教学的本质是培养学生的交叉学科思维能力和掌握交叉学科能力，而不仅仅是传授交叉学科的概念知识。在这个飞速发展的时代，知识更新的速度很快，而学生应该具备基本的学习能力，只有教育学生的交叉整合方法，才能真正达到交叉学科教学的目的。

机遇和挑战往往并存，而这些挑战也意味着机遇。目前，浙江大学充分利用产业资源，让企业和学校共同培养交叉学科人才。企业是知识整合的实践者，能够充分展示如何将多学科知识整合到研发和生产中，对学生的实际学习具有重要意义。把握机制创新和政策调整，并通过深化改革和持续探索高等教育领域的各个层面，应该是解决上述问题的科学有效的方法，能够更好地调动积极性。大学、机构、团队和个人参与交叉学科的发展，促进交叉学科和合作创新不再是难以做到的事情。

## 3.4.2　三所高校开展交叉学科教学模式改革的差异性

本科教学不同于硕士、博士学位的培养。本部分主要分析三所学校设计专业本科培养中交叉学科教学的差异。本科教育的重点是研究基础学科知识和技能，学生需要掌握专业能力，分为纵向和横向两个维度。如果只注重纵向的基本专业能力，学生就很难适应社会和企业对人才综合素质的要求，与高等教育的性质不一致。比如，产品设计专业过分追求学生的设计表现能力，与熟练的软件等操作技能没有区别，学生没有对社会、技术的了解，设计作品往往缺乏深度和实用价值。然而，过分强调知识的横向广度要求学生既要掌握专业技能，又要掌握交叉学科技能。学生自身无法把握专业的核心内涵和价值，学习精力分散，不利于教学。这就要求高校在大学生的培养中，寻求专业纵向基本能力与横向一般知识、横断面知识的平衡，这一点具有很高的研究价值。

### （1）院系基础与教学资源的差异

根据最近的学院和部门改革，以及可用的教学资源，设计专业交叉学科教学的三个学院和大学提出了自己的风格特点，且国内高校的改革和发展都存在这种差异。交叉学科教学模式注重实践，即培养学生解决实际问题的能力。造成设计院校之间差异的内在原因有两点：首先，校园的特点是不同的。在中国，设计学科建立之初，就借鉴了国外的艺术设计教育。在扩招的过程中，传统艺术院校、综合性大学、理工科院校等三类院校已经成为中国设计教育的主要探索者，如表3-2所示。其次，在传统的教学中，根据不同的教学团队、研究方向和招生来源，自然对应的是不同部门的发展条件（例如，艺术学校重视审美教育，强调设计表达式）及所需能力。

许多高职院校在2000年扩招前后，开设了艺术与建筑设计类专业学院，并开设了机械学院、数字媒体信息学院、计算机学院、建筑学院等一些设计类学院，教师和培训计划根据教师的特点，在影响教学发展的同时，也有利于交叉学科教学模式的形成。在一定程度上，综合性高校可以更好地组织教学资源，搭建合作平台，也有利于交叉学科教学。而三所学校在不同程度上开展了校际合作、国际交流和企业合作。

表3-2　不同类型的设计专业发展基础

| 院系类型 | 理工院校背景 | 综合院校背景 | 艺术院校背景 |
| --- | --- | --- | --- |
| 发展基础 | 院校扩招 | 下属的艺术、建筑学院 | 传统的艺术设计专业 |
| 学科优势 | 技术支持与重视产出、逻辑思维能力 | 教学资源丰富、交叉平台 | 审美与表现基本能力、浓厚的人文精神 |
| 代表院系 | 浙江大学计算机科学与技术学院工业设计系 | 同济大学设计创意学院 | 江南大学设计学院 |
| 代表性的交叉领域 | 人工智能与大数据、智能化与自动化设计 | 社会创新设计、可持续设计 | 关怀设计、健康与医疗、传统艺术与创新 |

例如，江南大学设计学院的前身是无锡轻工业学院造型系，在传统教学中具有设计表达能力和创新活力的优势，但与理工科学生相比，逻辑思维能力较弱。因此，构建交叉学科教学合作平台已成为当前和未来的发展方向。同时，江南大学的所在地无锡是改革开放以来中国轻工业快速发展的地区，因此学院更容易与江浙地区的家电企业达成合作，在教学中可以根据企业的实际项目提出建议，培养学生更好地满足企业对综合型人才的需求。

同济大学设计创意学院位于国际大都市上海，与江南大学相比，具有更好的国际传播机会。不同的设计新趋势，如设计如何处理环境问题，如何引导社会创新、商业创新和文化创新，设计如何利用大数据和人工智能为人们服务等，都突出了设计交叉的理念；计算机辅助设计及其他技术应用。学生在这样的环境中学习，能够增长知识和拓展视野。另外，上海是一个融合传统与现代理念的国际化大都市，不断挖掘城市设计的契机，建立与不同群体的合作关系，希望用设计来实现社会的创新，如与麻省理工学院合作建立上海城市科学实验室，着眼于未来可持续的生活方式，着眼于城市交通、智能生活、社区建设等领域的交叉，协助行业加快创新。

浙江大学是世界著名的综合性大学，其运行水平在国内处于领先地位。由此，浙江大学计算机科学与技术学院工业设计系的教学质量可想而知。在研究方向上，设计学科知识与计算机学科等其他学科知识并重。在这种氛围下，设计的技术和科学驱动属性得以凸显。从浙江大学设计学科的学术水平来看，交叉学科带来的是实践成果，而交叉学科的程度是传统美术学院和综合性大学所不能达到的。由于重视工程技术教育和思维逻辑能力的培养，工业设计专业的毕业生具有较强的实践能力，注重设计的合理性和项目从概念到实施的生命周期。因此，浙江大学交叉学科教学的成功经验值得国内工科院校借鉴。

（2）现阶段人才培养目标的差异

总体而言，三所学校的人才能够适应当前社会产业的快速变化，能够综合运用不同领域的交叉知识来解决复杂的社会问题。现阶段，三所学校的培养目标存在一定差异。

江南大学注重培养对新出现的社会问题敏感、关注的人才，希望教师和学生能够通过交叉创新的意识和能力进行研究，最终提出解决方案。江南大学设计学院的人才培养目标，结合"促进设计学科发展""促进社会福利""引领未来"三个维度，培养"有问题意识、有执行力、有责任心、能够尊重别人的设计师"。因此，交叉学科教学的重点是拓宽学生的视野，提高他们对社会问题的敏感度。在人才实践方面，要求相对较低，更多的在于对新出现的社会问题的研究。

浙江大学非常重视项目的实施，鼓励学生参与产业改革和新制造业创新，这与江南大学形成了鲜明的对比。浙江大学设计专业设置在软件学院，被命名为"信息产品设计"，具有自然交叉资源的优势，其人才培养目标是培养设计领域的领导者，注重培养学生的实践创新能力和领导精神。在培养目标的指导下，浙江大学设计专业充分发挥其文史哲、理工等学科的综合优势，探索艺术、人文、科技交叉的人才培养模式。浙江大学要求学生不仅要掌握设计思维和设计方法，还要掌握实现设计思想的技术手段。思维、方法、技术的融合，正是大型设计时代"全链接"设计师所需要的能力，也是技术、设计、商业、文化、用户、引领产业发展的人才所需要的素质。

同济大学的交叉教学模式从小到大，改革和发展较少。在传统设计创新人才的基础上，注重培养更多具有综合创新意识和能力的设计人才，使设计人才能够迅速适应时代的变化，与时俱进。

综上所述，本文总结了三所高校设计人才培养目标：江南大学培养具有主动性、探索性和敏感性的设计人才；浙江大学培养具有产业整合能力的人才；同济大学培养适应时代发展、与时俱进的人才（图3-32）。

如今，中国的设计教育"大而不强"，"大"体现在学生数量和办学规模上，而设计专业毕业生的实践能力往往"不强"，就业形势不容乐观。虽然进入工业4.0时代，设计的重要性已逐渐被大众所认识，但是设计师的工作，尤其是设计师的工作，仍然没有得到企业的重视。设计学科教育的发展停滞在审美教育与训练阶段。在跨领域的合作中，未能抓住更具社会价值的设计机遇，也未能理解交叉学科教学在培养设计人才、协调各方面因素、引领行业走向整合与创新方面的深刻内涵。因此，中国的设计

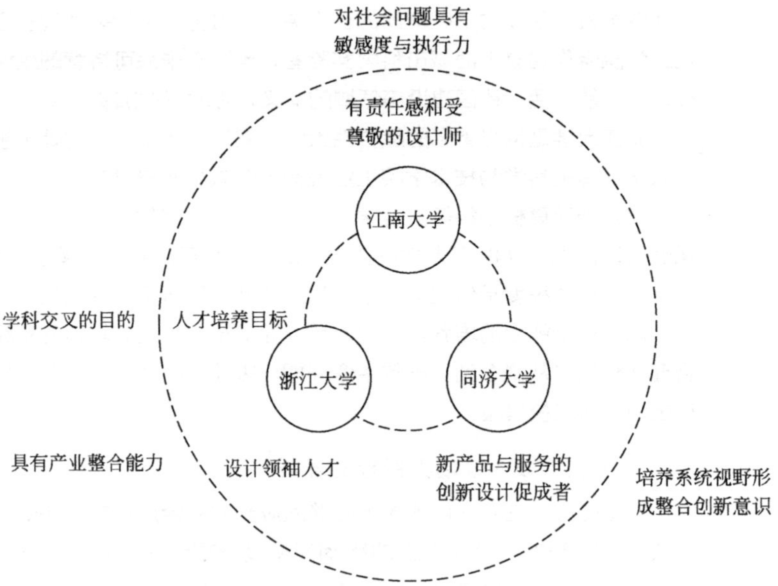

图 3-32 三所高校设计交叉目的与各自人才培养目标

大学应积极调整人才培养目标，借鉴江南大学、同济大学、浙江大学和多学科的知识及多学科的创新资源整合到他们的人才培养目标中，提供更多的视觉设计教育的机会和更大的设计学科的影响，实现能够引领未来的设计。

（3）交叉学科改革着力点的差异

通过上文对三所学校设计交叉学科教学模式改革进程和方法的分析，发现三所学校本科教育的着重点存在差异。

**江南大学**

江南大学设计的交叉学科教学模式改革，着眼于系统的改革与创新，不是坚持一门具体的课程或一个科研中心，而是要从人才培养模式到课程内容创新，创造一个全面的教育教学改革，再到交叉创新的氛围（图3-33）。

江南大学的交叉学科设计改革在一定程度上是有计划的。率先建立"1+2+1"人才培养模式，合理安排本科生四年学习课程，从点到面、从简单到困难、从基础知识到交叉应用，逐步开展交叉课程。同时，建立综合创新实验班，开展跨课程创新尝试。

首先，由部分教师和学生进行综合创新教学实验，然后根据实验教学结果不时调整课程设置，通过营造交叉创新的环境氛围，配合实践教学，达到交叉创新的目的。江南大学的交叉学科设计改革，着眼于规划布局的整体性和组织结构的严谨性。其知识体系来源于"艺术与工程的结合"，如工业设计交叉学科知识所体现的造型特征与材料技术的交叉融合。改革开放以来，江南大学设计学院强调本科知识体系的完整性和课程设置的系

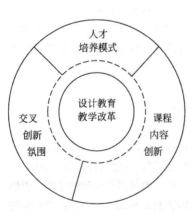

图 3-33 江南大学设计交叉学科教学模式改革

统性，从心理学的角度和方法进行用户研究，紧密结合新技术、新商业模式的创造性生成，最终提出了设计方案。通过将交叉学科的思想融入本科课程，鼓励每个学生关注社会和其他领域，综合运用知识解决现实世界的问题。以"国家艺术研究与创新设计"课程为例，学生必须在设计院内部或跨学院建立一支更专业的团队，以保证不同专业知识的综合性和设计性成果，这是江南大学设计学院教学与课程设计综合性改革交叉学科的主要特点。

**其次**，江南大学设计学院长期以来在设计教育和对特殊群体的关怀设计中重视人文思想。其研究方向更加关注社会问题，涉及多个学科领域，如通过健康设计提高医疗质量和患者体验。以服务设计为导向，思考如何引导业务创新，实现社会创新设计的跨领域合作，为各行各业提供设计服务。江南大学的上述交叉学科设计以"1+2+1"模式整合到"2"阶段。在第三至第六学期的连续教学中，教授学生交叉学科设计能力。关注民俗文化也是江南大学交叉学科教学的特色。"国家艺术调查与创新设计"课程鼓励学生通过实地调查的方式深入挖掘传统文化资源，将设计力量与地域特色相结合，挖掘和传播民俗文化。

**同济大学**

同济大学的交叉学科改革着眼于教学模式中的课程设置，从现有的本科课程，如上述"可持续设计"课程中提炼出课程内容和发展。这种改革避免了实验班形式的学生覆盖问题，使所有学生都能体验到交叉学科教学。同时，现有课程的改革创新降低了教学改革的风险，保证了可操作性。此外，同济大学设计专业本科阶段注重垂直能力，研究生阶段逐渐强调知识的广度。通过高质量的课程和实践科目来完成交叉能力的培养，既保证了学生设计专业能力的培养，又避免了"博而不精"的现象。另外，同济大学设计创意学院借鉴国外先进设计学校的教学方法，在课程实施中注重师资队伍建设，并邀请业内优秀人才参与课程指导。有来自不同领域的专家和丰富多样的学科，学生可以更好地发展交叉学科合作能力。

**浙江大学**

随着浙江大学设计专业的发展，其交叉学科教学理念得到了很好的实践。浙江大学在注重设计的同时，也注重技术与设计的结合，最终完成了实际输出。可以说，浙江大学是最注重交叉学科实践的学校之一。与江南大学设计学院和同济大学设计创意学院相比，浙江大学软件学院的设计专业更注重技能的培养，以实现设计输出。例如，鼓励学生通过编程实现产品功能和交互界面功能；通过工程软件设计产品内部结构，制作样机并进行测试；引进技术支持，提高设计专业设计方案的完整性，实现艺术与技术的更好平衡。

浙江大学软件学院设计交叉学科教学模式以培养设计领军人才为目标，力求在设计教学、设计实践产出、商业价值和交叉创新环境等方面构建设计交叉学科发展的闭环。这不仅让学校产生的设计成果充分发挥商业价值，而且回归学校，真正实现了良性循环（图3-34）。

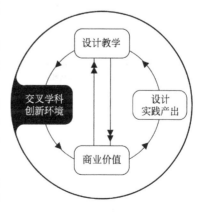

**图3-34 浙江大学设计交叉学科发展闭环**

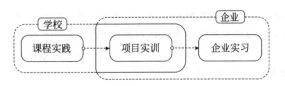

图 3-35　浙江大学产学研合作

　　基于良好的闭环发展路径,浙江大学在产学研合作方面取得了突出成绩,并建立了计算机辅助产品创新设计工程中心、浙江大学国际设计院等平台。这些平台的建设不仅有效地实现了科研成果的转化,也为不同专业背景的学生提供了交流的空间,使学生们在创新创业等国家级比赛中取得了良好的成绩。与此同时,学校与企业也在许多方面达成了合作。"课程实践-项目实训-企业实习"的合作模式为课程提供了企业指导、企业命题、实践培训等多种机会(图3-35)。

　　从三所学校交叉学科教学模式改革的角度看,设计学科具有鲜明的实践性。设计理论可以是统一的,但设计对象是多样的。因此,相应设计的要求也是重叠的。今天,社会发展创新的速度正推动着设计与其他领域的交叉,机遇与挑战并存。设计的交叉学科课程可以通过专业课程(同济大学)来实现,也可以通过项目培训(浙江大学)来实现,同时也是培养专业素质和能力的环境(江南大学)。三所学校分别以交叉学科改革为重点,推进了设计交叉学科教学改革,取得了良好的效果。同济大学以其高质量的课程和实践性的学科,使学生能够掌握相关的交叉学科知识。浙江大学重点建设校企合作平台,使学生在实践中既能运用创新设计方法解决问题,又能运用技术工程方法解决问题。江南大学设计学院本科教育通过逐步交叉学科能力培养,引导学生树立交叉学科意识和基本能力,形成广泛的社会视野,使学生能够应对未来设计实践中的不确定性挑战,发现交叉设计中存在的新问题、新趋势和新方法。通过差异分析,三所学校的交叉学科教学实践有其自身的特点,但都能达到交叉学科教学的效果,都具有参考价值(图3-36)。

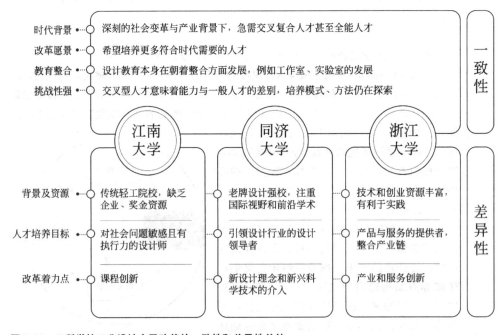

图 3-36　三所学校工业设计交叉改革的一致性和差异性总结

## 3.4.3 三所高校交叉学科教学模式存在的问题点

当前经济的快速发展带来了社会各领域的快速迭代升级，市场对复合型创新设计人才的需求也在不断增长。然而，工业发展对新知识和新技术的需求在学术研究中难以满足。其中一个重要的原因是，大多数大学生毕业后只能掌握一个领域的知识和技能，而现代工业是多学科融合的结果。传统工业社会可以通过社会分工来解决人才单一的问题，但是现代工业生态却衍生出许多非传统的专业岗位，例如用户成长设计师，这是由传统的UI（User interface，用户界面）设计师转变而来的。对人才的要求不仅仅要理解交互设计，更要深入理解业务和用户增长逻辑。当前，现代产业对复合型人才的需求日益增长。

综观工业设计教学领域，目前高校设计课程与社会发展的需要缺乏紧密联系，缺乏交叉学科的教学。虽然一些高校在社会实践中也整合了多学科课程资源，但从整体教学模式来看，还缺乏系统的实施方案。

下文将分析三所高校设计专业交叉学科模式发展中出现的问题。

（1）江南大学

正如上文提到的江南大学设计学院在工业设计交叉教学模式改革中已经迈出了关键的第一步，在取得一些成绩的同时也暴露出一些问题，这些问题源自主观和客观多方面的因素，在后续发展中还需要教师和学生共同努力加以解决。

当前，江南大学设计学院的交叉教学模式主要存在三个方面的问题。

**设计知识博而不精**

交叉学科的教学模式会引入许多交叉学科的教学内容和方法，大量的知识灌输教育会使学生出现"样样通，样样不精"的现象。尤其是学生对设计基本知识和技能掌握不足，导致缺乏深度的知识掌握；既不深入了解设计的基本知识，也没能掌握用户研究和品牌设计管理，导致知识泛而不精。

**课程设置需系统和创新**

在重视交叉学科教学的同时，传统学科教学的创新也不容忽视。构建交叉学科教学模式要顺应时代需求，培养能够解决复杂现代问题的人才。传统学科在进行交叉学科教学模式改革的同时，也要注意创新的必要性。顺应时代潮流，用新思维、新方法、新目标引导传统学科，使交叉学科教学模式得以实施。

**研究方向及人才培养缺乏特色**

建立教学、综合、创新人才培养模式，课程内容定制的建设和创新平台，这是一套完整的交叉教学模式改革逻辑，但人才培养的目标尚不够明确。江南大学设计学院的交叉学科教学模式致力于培养能够整合创新、解决复杂社会问题的人才，但需要进一步明确课程的特色、人才培养的特色以及具体的研究方向。如何找到一个或多个与地域资源相结合，与综合性大学的优势相结合的突破点是建设一流设计专业的关键。因此，如何构建以设计为核心的具有特色的交叉教学模式是江南大学设计学院亟需解决的问题。

（2）同济大学

同济大学设计创意学院在探索交叉学科教学模式方面迈出了重要一步，为工业设计教育模式带来了新的思考。同济大学在具体课程的基础上，尝试在课程设置上进行交叉教学，参照各学科，从课程内容到评价指标进行整合。

交叉教学模式具有明显的优势，可以为设计高校教学改革提供有价值的参考：以课程为基础的交叉教学，保持教学知识的相对完整性，不易形成"富而不精"的局面；以设计为基础的交叉教学，培训成本低，但跨专业师资队伍力量薄弱，模式仍有改进空间。

**缺乏整体的交叉教学目标规划**

学院对交叉教学模式设计的探索与课程紧密相关，缺乏以准确的改革切入点和课程创新为基础的整体交叉教学规划，导致缺乏整体目标。在教学过程中，没有做到目标导向，造成课程设置模糊的局面，难以从整体上把握教学改革的程度。

**缺乏系统的社会实践交叉课程**

学院以设计四秩序（4 order of design）概念构想设计交叉教学模式的改革还处于探索阶段，课程教学还处于理论学习阶段。虽然该项目涉及社会问题，但与行业的真实设计环境相去甚远。随着交叉学科教学课程的发展，产学研合作的机会越来越多，既可以让师生深入行业进行交流，也可以让行业专家深入学校进行交流。

一方面，行业是真正的需求方，他们对交叉人才有着天然的敏感性，其积累的经验可以为培养高效率的设计复合型人才提供一定的参考，真实的行业环境也将为大学生提供更多的实践机会。

另一方面，高校交叉教学理论丰富，可以为行业在人才培养方面提供一定的参考。这意味着行业和教育需要相互影响。在下一步的交叉教学模式改革过程中，有必要接触更多的行业实际项目，使学生在实践过程中了解经济学、心理学、人因工程学等多学科知识。

缺乏课程设置的丰富性和连续性：目前交叉学科教学的课程设置还不够丰富，交叉整合的内容还不够充分，需要根据学院的优势和特点，对课程创新进行定制。一方面，增强课程的丰富性，将交叉学科教学融入日常的工业设计教学体系中；另一方面，提高课程的连续性，即本科四年的教学设计逐步进行，从一年级到四年级的课程要更加连续，逐步深化，使学生对交叉学科知识理解的广度和深度得到进步和实践。

### （3）浙江大学

**欠缺人文关怀**

从工程角度看，浙江大学软件学院充分整合了其他专业领域的知识，开辟了从理论到实践的设计之路，但整体而言，设计教学中缺乏人文关怀。学校的办学和研究多集中在现代智能制造等新兴产业或领域，对传统文化的更新迭代缺乏自主探索。因此包括罗仕鉴教授在内的浙江大学教师都在积极探索设计与文化的融合，发表了《产品设计中基于图形思维的隐性知识表达》等文章，深入探讨了图形思维和文化因素对设计方法的影响。

新时期的中国设计创新，不仅体现在对新制造业、新产业的追求上，更体现在对传统文化的复兴上。浙江大学具有雄厚的产业资源和学术实力。如果能利用新技术、新制造，配合学院工业设计专业交叉学科教学模式改革，使传统文化焕发新的光彩，将是国内外设计专业交叉学科教学的一个突破。

**缺少学界经验交流**

虽然浙江大学软件学院在设计交叉学科教学模式改革领域有很多优秀的尝试，但外界对其了解甚少。一方面，学院的教学改革宣传较少；另一方面，其他高校的教学是建立在设计学科本身的基础上的，这与浙江大学设计教学的起源和发展有着本质的区别，不能在短时间内掌握此种教学方法。目前，我国的设计教育正处于改革和发展的转折点，各高校都在积极探索设计专业交叉学科教学的可行性。浙江大学软件学院的实践经验和教学成果推进了教学改革的进程，在推进设计专业交叉学科教学模式、分享因地制宜发展设计教育的经验方面发挥了非常重要的作用，这些都要求设计学界加强交流与共享，共同发展。

### 3.4.4　三所高校交叉学科教学模式改革问题启示

目前，行业正处于快速变化的关键时期，人才供给是行业发展的关键。正是在这样的背景下，工业设计专业交叉教学模式的改革是一次积极的尝试。目前，江南大学、浙江大学和同济大学和正在率先进行交叉教学模式的改革，但各自的侧重点都有所不同。

基于以上分析，可以看出：交叉学科教学模式改革要有详细的改革规划，从课程设置到人才培养其目标要有明确性，并能顺应新时代技术、经济等方面的发展而能及时给予教育改革上的指引，使改革能够落到实处。

课程设置从小处着手，设置创新的精品课程，以保证人才培养的循序渐进，不舍本逐末，在确保设计基础知识掌握之外，其实践不可缺少。

较注重教学团队的协同合作。交叉教学过程中会有不同专业、不同学科、甚至校外团队参与进来，怎样合理的做到协同合作是摆在各大高校间的一个考验。

# 第4章
# 美国设计交叉模式

4.1 美国高校的教学发展背景与状况
4.2 美国四所高校设计交叉教学模式与发展状况
4.3 美国四所高校开展设计交叉教学模式的一致性和差异性
4.4 美国高校设计交叉教学模式的特点及启示

## 4.1 美国高校的教学发展背景与状况

### 4.1.1 美国高校教学发展背景和教学目的

（1）发展背景

计算机已经成为各领域必备的工具，这与美国科学技术的高度发达是密不可分的。教师在课堂上普遍使用计算机作为辅助教学的工具，如制作PowerPoint演示文稿等。很多课程都有生动形象的仿真工具，如MATLAB（Mechanical Aptitude Test）对机械的适应性试验，可以对信号和各种数学函数进行仿真。计算机可以显示出信号或函数的图形，以加深学生的理解。

同时，很多高校都在校园网上给教师和学生提供一个存储空间，师生既可以在自己的空间建立自己的个人网页，介绍自己的专业和研究方向、研究成果等，同时方便教师建立教学网站，把课程教学的计划、内容、讲义等发布到教学网站上。有的教师还利用校园网提供的数据库技术，建立网上提交作业、提问题或就别人所提问题发表自己的观点、查询成绩等网络课件。在网上教师还可以和学生进行相互讨论并对学生进行个别辅导，学生可以24小时上网学习，了解课程的教学内容和进度。这在提升教学工作开展的同时，也提高了教学效率。

美国高校目前互联网的应用比较广泛，但仍以校内教育和远程非学历教育为主。例如，明尼苏达州决定通过网络把各大学、社区学院提供的专业和课程联网，成立明尼苏达虚拟大学。网上大学以非学历教育为主，学生可通过网络选择自己的受教育方式，学校可以迅速根据社会需要设立有关课程和教学计划。目前，美国技术与知识进步方面约占生产力提高因素的80%，高于欧洲发达国家。近几年来，美国科技发展之所以如此迅猛，人口素质能得到极大改善，应该说高等院校作出了不可磨灭的贡献。为了迎接21世纪的挑战，维持其在全球的主导地位，美国从90年代中期以来，加速高等教育改革，旨在提高教学质量和办学效益，以期为社会、为经济发展作出更大的贡献。

一个专业所设置的课程相互之间的分工和配合，构成了课程体系。实现专业的培养目标，不仅仅是靠一门或几门课程，更是靠各开设课程之间的相互协调和补充。课程体系是否合理，直接关系到所培养人才的质量。学分制用来计算学生学习进程或学习分量，允许学生在一定范围内根据各自的基础、特长、兴趣选修一些课程，并允许学生通过专业交叉和系交叉的方式选修课程，有利于学生的知识结构趋于多样化，也有利于学科之间的渗透及边缘学科的发展，因此要求学校和教师能够开设大量的选修课。美国高等教育竞争性大，其教育系统鼓励革新和创造，并以能够对社会需要做出最迅速的反应而称雄。同时，在科技日益发达的社会中，每一个学科领域，特别是科学和技术领域，新的东西不断出现。要使大学教育跟上时代的步伐，势必要求大学开设新的课程，把最新的科技成果传授给学生。

美国大学的专业课程体系比较灵活，除了一些基础课程和专业基础课程保持相对稳定外，老师可以根据新的科研成果或人才市场需求，开设新的选修课程，使学生掌握最新的科研成果，或学到最紧缺的专门知识，从而易于找到工作。而学分制的实行，恰恰有利于新的学科较快地进入高校。例如，20世纪末微电子学刚刚兴起时，很多芯片设计制造公司急需大量这方面的人才，很多高校都及时开设了这方面的课程。

（2）教学目的

美国的经济实力和科研水平一直处于世界前列，这也得益于其对优质人才培养的高度重视。随着新时代的发展，美国高等教育越来越重视高校学科交叉融合教育与研究，其高校教学人才的培养目标也在不断更新。

**培养学生的创造性**

随着知识爆炸、技术革命和全球化市场等作用，以及"概念经济"的出现，国家财富受自然资源和生产能力的影响已经变少，这在很大程度上由国民的智力、读写能力、创新能力等决定。创造性教学已成为当前教育界的共识，培养学生的创新精神是素质教育的重点。创新精神的培养主要依靠课堂教学，而为了营造发散性思维的课堂氛围，创造一个能够支持或包容创新者的环境，教师应该让学生在课堂上感受到"心理安全"和"心理自由"，鼓励学生自由提问、辩论和交谈。在师生之间相互尊重的基础上，为学生创造一个高度自由、民主氛围浓厚、思维空间大的课堂环境。

**注重动手能力和社会适应能力的培养**

在培养学生实践能力方面，美国大学教师有自己的独特之处。除了有一些要求学生自己动手的实验课程外，还有一些没有安排实验的理论课程，同时教师也会拿出自己的科研项目或课题，让学生具体做一些工作。例如，在一些计算机网络课程中，教师把属于自己工作的校园网建设项目划分成一些特定的任务，分配给每个学生，学生根据给定的要求，完成教学实践，如编程等项目。学生在完成任务时，不仅学习到了知识，也掌握了解决实际问题的能力。

美国大部分高校课堂的实践课程，都鼓励低年级学生参加社会实践和研究活动。目前，许多大学实行一学年三学期制。学生用两个学期参加教学活动，一个学期离校参加社会实践活动，使理论学习与实践提前结合，大大提高了学习积极性和解决问题的实践能力。此外，学校还鼓励学生直接参与教师的科研活动，甚至与导师一起撰写科研论文，以熟悉基本的科研方法。

**注重学生团结协作精神的培养**

在学生团结协作精神的培养方面，美国高校教师的做法颇有独特之处。在一些理论课程中，教师会布置一个比较大的题目，让几个学生组成一组共同去完成，每个人完成其中的某一点或某一个方面的论述。在实践性较强的课程中，如网络工程、数据库应用系统设计等，教师一般会布置课题大作业（PROJECT）。例如，由学生自发形成小组，每个组设计一个系统。每个组的学生再进行分工，每个人具体做其中的一部分工作，如设计系统的一个模块，而一个系统内各个模块之间紧密联系。这样一个组的学生要完成系统的设计任务，就必须互相协调，分工协作。

（3）教学特点

**教学的普遍性特征**

现代设计教育在全世界的发展都呈现出极不平衡的趋势，且在同一经济水平梯队的国家中也大相径庭，没有一个国际标准和统一体系。但设计教育是随着经济的发展而发展起来的，也能够反映一个国家经济发展的水平。现代设计教育与科技发展息息相关，因此现代设计教育都是在科技发展最高、经济发展较快的国家产生和得以发展的。但由于社会和经济发展情况不同，欧美国家之间在设计教育的发展上呈现出不同的情况。

美国教育的特点是"传统课程+交叉学科素养+全球化能力"。美国是世界上最大的经济体之一，工农业和第三产业都高度发达，设计学科自然占据着举足轻重的地位，因此设计教育也相对发达。美国全国有60多所独立的艺术设计学院，在600多个综合性大学中设有与艺术和设计相关的学科，在接近6000家高等院校中基本都设有艺术课程和学科，是一个非常庞大的教育体系。长期以来，美国将高等教育国际化作为全球化发展战略的重要组成部分，并作为发展对外关系、增强国家安全和全球竞争力的一种重要工具。美国联邦教育部认为：传统的课程已经不能满足21世纪的需要，21世纪的教育应该包括三个层面：一是传统的核心学科，包括英语、科学、数学、社会科学和艺术；二是交叉学科的素养，包括批判性思考能力、技术素养、创造和创新能力、公民素养；三是全球化能力，包括跨文化沟通和合作能力、理解能力和世界意识。美国把培养学生的全球化能力单列出来有其特殊意义，显示出美国对于国际化认识的逐步深化。

美国高等院校中的设计专业基本包括了设计教育的所有科目，从比较传统的建筑设计、工业产品设计、平面设计、包装设计、插图设计、广告设计、商业摄影、影视（电影），到细致分化的环境设计、室内设计、交通工具设计、娱乐设计、多媒体设计、服装设计等。与绝大部分欧洲国家不同的是：美国并没有公立的教育制度，联邦政府也没有设立管理高等教育的任何机构。联邦政府对于高等教育，包括高等艺术和设计教育的主要关系是通过全国科学基金会、全国人文科学基金会和全国艺术基金会拨款，以协助教育的研究工作。因此，美国不存在统一的教育体系，自然也就没有全国统一的设计教育体系了。美国不但各个州之间的设计教育差异很大，各个学校之间的差异也很大。

美国各设计学院通过相互竞争控制教育质量。由于没有全国性的教育管理机制，美国的艺术设计教育管理也很松懈。大部分艺术设计院校都是在非营利性的教育机构中，它们的质量控制基本上取决于市场竞争的压力和行业间的自律。美国有600多所高等院校自愿组成了"全国高等艺术和设计院校协会（NASAD）"。通过年会，他们讨论和研究了高校美术与设计教学中存在的一些问题，并采用互查的方式来检查教学情况和水平。地区之间的高等院校也有类似的组织，例如美国西海岸设有"西海岸学术委员会"，每两年，如果成员学校检查结果不令人满意，委员会将发出类似"黄牌"的警告。于是美国的设计教育就呈现出丰富多彩、多样化的局面，但同时也造成了教育良莠不齐的局面。美国设计教育的发展经验不同于欧洲国家，主要原因在于欧洲的设计教育是社会变革的结果，而美国的设计教育主要是商业发展和经济增长的结果。欧洲的设计教育是在第一次世界大战和第二次世界大战期间发展起来。当时的社会背景是战后的动荡，民族主义与帝国主义的冲突，欧洲列强重新瓜分世界领土的斗争。因此，设计教育被作为一种社会工程手段引入，旨在通过设计来协助解决社会贫富悬殊的问题，向无产阶级和社会底层提供基本的设计，是当时欧洲国家具有先进思想的艺术家、建筑家之中非常流行的思潮。

美国开始形成两个不同的设计教育体系：欧洲体系和美国体系。欧洲体系重视观念，重视解决问题的方法，目标比较集中在设计的社会效应上；而美国体系则注重表达效果、风格和形式，目标比较集中在设计的市场效应上。这两个体系在美国并非完全区别开来，而是互相渗透的，但是在不同的学校之中有不同的侧重。

建筑设计是设计教育门类中较完善的设计学科，现代主义运动是从建筑学中突破并发展起来的，学科一般都设在综合性大学的建筑系或者建筑学院之中。但是也有少数专门的独立建筑学院，比如位于洛杉矶的"南加州建筑学院"（Southern California Institute of Architecture，Los Angeles）就是一个颇具特色的独立建筑学院。建筑教育机构是现代设计思想的激励中心，比如哈佛大学、宾夕法尼亚大学、普林斯顿大学都对现代建筑发展和现代设计思想的发展有重大的促进作用。不少综合性大学都设有建筑和设计研究机构，通过这些机构来探索新的理论。建筑教育延伸出室内设计、环境设计、园林设计等边缘学科，成了以建筑为中心的一个重大的设计教育组群。

工业产品设计在美国一度占很重要的地位，特别是在第二次世界大战之后，由于当时美国工业产品极为先进，工业产品设计随即得到发展，因此部分艺术学校在20世纪40年代开始设立工业设计专业，比如洛杉矶的"艺术中心设计学院"，这些院校的工业产品设计教育在20世纪50-80年代之间得到蓬勃发展。但是随着美国的制造业占国民经济比例日益降低，工业产品特别是消费产品逐步从自己生产转移到进口，美国的工业设计教育也就呈现出一个调整的过程，并非专业萎缩，而是逐步在结构和重点上发生改变。同时，平面设计在设计教育中也是一个有变化的专业，这个专业曾经长期处于一个相当稳定的状态中，教学内容变化不大，但是自20世纪80年代以来，由于数码技术的发展、多媒体的兴盛，教学内容发生了较大的变化，目前发展方向并不明确，呈现与数码设计、娱乐设计等学科形成交叉、互动的局面（见图4-1）。

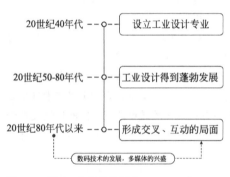

图4-1 美国工业设计发展史

（4）美国当代设计教育的特点

没有统一的体系，甚至没有统一的教学方式、统一的教学大纲和统一的教学计划，各个学校根据具体情况形成自己的体系，它们之间具有很大的差异，开设的专业也有很大不同。

设计教育分布在综合性大学和独立的艺术院校两个大范畴之中，综合性大学的艺术和设计学科是为专业学生和非专业学生同时开设的，艺术和设计课程对于非艺术和设计专业的学生来说仅仅是选修课程而已。专业艺术和设计学院则仅仅面向专业学生开设。

综合性大学分为州立大学和私立大学两大类型，前者属于公立性质的大学，而独立艺术学院和设计学院在美国全部都是私立性质的。因此，如果要去公立大学学习设计，就必须去州立大学。

根据美国的情况，进入大部分艺术和设计学院学习都无须参加入学考试，以高中毕业证明、创作作品为依据即可入学，美国学生部分要提供学习程度考核分（SAT

等），外国学生要提供TOEFL成绩，学校一般在入学上比较宽松，但是进入学校之后还会按照学习成绩进行筛选，因此能够进入学校，但未必都能读下去。

比较重要的设计教育机构大部分分布在东西海岸，芝加哥是中西部的中心；以纽约、新英格兰地区、加利福尼亚州为代表；其中罗德岛设计学院，纽约的帕森斯设计学院、时装技术学院（FIT），洛杉矶的艺术中心设计学院等，各自都有其独特的重点学科，比如时装技术学院是世界上最好的服装设计学院之一，而艺术中心设计学院的汽车设计在全世界首屈一指。

学科边缘模糊化，学科一方面出现细分和专业化，另一方面出现交叉化的趋向。美国的设计教育虽然没有统一的教学体系，但是依然有其教学结构。在整个设计教育的体系中，基本的结构是建立在基础课程、理论课程、专业设计课程三个学科组群之上，实行学分制度，一般的学分要求都在150分上下，其中基础课程的学分在40分上下，理论课程的学分在50分左右，其他的为专业设计课程。

综上所述，美国的设计教育一直处在变化和改革之中，其教学内容、教学结构和管理体系，不断因新的社会、经济和技术条件的更新而发生变化。这种变化使得美国的设计教育能够适应新的需求，同时也能够保持领先的地位。

## 4.1.2 美国高校交叉学科教育发展状况

（1）美国高校交叉学科教育发展现状

**第一阶段：高校教师和有关学者的自发探索**

美国高校交叉学科教育的发展大体上经历了如下三个阶段。

第一阶段开始于第二次世界大战之前，表现为高校教师和有关学者的自发探索。这一阶段交叉学科教育的课程和课程相关活动被作为通识教育的一部分，主要集中于对文科教育传统的改革。

第一次世界大战前麦克里琼（Meiklejohn）在所任教大学的本科教育中引入"社会与经济机构"（Social and Economic Institutions）课程，让学生同时了解社会和经济方面的问题。十年后，他又提出为一年级学生和高年学生开设的通识课程（General Course）和调查课程（Survey Course），后者成为现在高校讨论课程的先驱。此时，通识教育理念与课程日益受到重视，埃略特的经典五步课程（Five-foot Shelf of Classics）和郝钦斯的名著课程（Great Book）等出现在大学中，这些课程实际上具有超越学科界限的性质。另外一些学校还开始为本科生设置直接以探讨包含多学科知识为内容的课程，如芝加哥大学开设的"战争问题""和平问题"。

这一时期，与交叉学科教育有密切关系的交叉学科研究也初露端倪，学科的隔离首先引起社会科学研究者的关注。在1920年成立了社会科学研究委员会（The Social Science Research Council，SSRC），该组织以推动学科间的综合为宗旨，首次使用了"Inter-disciplinarity"这一概念，具体指两个或多个专业组织进行的合作和交流。经济合作组织指出：由两个及两个以上学科交叉的教学模式叫作学科交叉活动，这种活动包括从广阔的领域下简单的思想交流，到各种概念、方法、过程、认识论、术语和数据的整合，以及教育和研究的重新组构；进行交叉学科活动的团队成员有不同的知识训练背景，要通过不断的学科间的交流将不同的概念、方法、数据和术语运用于同一个问题上。在这里，交叉学科教学活动被理解为学科之间的相互联系的过程以及这个过程所导出的结果，在实践中表现为学术研究、教育课程和管理模式上进行的各种跨越学科界限的活动；在理念上则强调各学科知识与方法的整合，并以此解决传统学科所不能解决的知识自身发展与社会现实问题。

30～40年代，芝加哥大学形成交互行动者（Interactionist）研究框架来为学科之间的交流与合作提供机制保障。与此同时，社会科学的研究模式也由借鉴其他学科知识和技术来为研究本体提供帮助的工具性取向，转为对各学科概念进行整合来形成共同术语和法则为目标的整合取向。

### 第二阶段：交叉学科教育深入发展

第二阶段，从第二次世界大战开始到20世纪60年代末，体现了在社会变革和交叉学科研究发展的推动下，交叉学科教育的深入发展。

在自然科学领域，由于战争和战后发展的需要，国家和有关组织加大了对交叉学科研究的支持力度。在福特基金会和国防教育法的资金支持下，领域研究、雷达系统研究等交叉学科研究在高校中得到了迅速发展。不同学科学者的合作催生了固态物理、生物化学等新的研究领域。

在社会科学领域，社会科学研究委员会继续大力推进学科整合，并在哈佛大学成立了企业研究中心。同时，研究内容开始转向对人口多样性和社会科学与自然科学关系的探讨。在此基础上，随着通识教育的发展，交叉学科教育已经延伸到高校中，种族、城市、环境和妇女研究的内容也越来越多。同时，还出现了专门的交叉学科课程。例如，博耶在1965年设计并实施的"未来变革课程"，旨在促进人与环境的联系。1967年，一所新的艺术与科学学院在华盛顿特区成立，该学院不限制学生必修的学科课程，允许学生进行完整的交叉学科研究。一些高校还为有共同兴趣爱好的学生和教师提供小组研究的机会，帮助他们进行多学科的交流和研究。但这一时期的交叉学科课程往往局限于少数学生，也属于学校课程的边缘部分。

### 第三阶段：学者和高校主动探究交叉学科教育的本质及实现

第三个阶段，20世纪70年代至今，学者和大学开始有意识地探索交叉学科教育的本质和实现，交叉学科教育进入了自我发展的过程。最值得注意的是，经济合作组织（OECD）和教育研究与创新中心在60年代末对高校的交叉学科教育和研究进行了大规模的调查，在70年代共同出版了《交叉学科：大学中的教育和研究问题》。在这本书中，他们详细讨论了交叉学科问题的性质、目的和实施，引发了更多学者的思考和讨论。随后出版了第二部重要的研究专著《交叉学科与高等教育》，该书全面收集了弗吉尼亚州立大学学者关于交叉学科教育和研究的论文和资料。20世纪80年代又成立了两个专业性交叉学科研究组织：一个是整合学习委员会；另一个是国际交叉学科研究调查委员会。前者的成员来自从事交叉学科教育的教师和学者，旨在推动交叉学科教育的理论、方法、课程与管理；后者形成于自然基金会组织的交叉学科研究会议，是一个国际性组织，通过周期性的会议来交流交叉学科研究的组织和管理问题。

这些研究成果的引入和组织的建立，促进了对交叉学科教育本质的理解，也促进了组织管理领域交叉学科课程和活动交流。以此为基础，20世纪90年代出现了交叉学科教育及其研究的新高峰。在以20世纪90年代克莱恩出版的《交叉学科：历史、理论与实践》为起点后，相关的研究专著显著增加，美国大学委员会也成立了交叉学科学习工作组并参与到研究中。21世纪初，美国的CIP—2000用"Multi/InterdiscipLinarity"来表示交叉学科/交叉学科研究。至此，交叉学科或交叉学科的内涵认同和文本使用便确定下来。

如今，"交叉学科学习具有很强的知识和教育价值，这使得它成为现代教育改革的一个重要主题"。交叉学科的相关课程和活动不仅是普通教育的一部分，也是传统的交叉学科课程，如文化研究、环境研究等。其课程和组织风格展示新面貌，认知科学、技术和社会进入课程内容后，传统的学科开始组织各种交叉学科的教育。交叉学科课程和活动在高校中以前所未有的速度增长，并得到高校的普遍重视和采用。

### （2）美国高校交叉学科教学模式的特点

**美国学科专业目录（CIP）单独设置了"交叉学科"和"综合学科"**

美国学科专业目录（Classification of Instructional Programs，CIP），最早由美国国家教育统计中心研制开发并由教育部颁布。CIP—2000中单独设置了"交叉学科"和"综合学科"两个学科群，占所有学科群的7%。"交叉学科"群下的21个学科，比之前的10个增加了超过一倍，这些学科由系统科学与理论、行为科学、神经科学、认知科学等成熟的交叉学科组成。"综合学科"群有一个学科和四个专业，主要包括通识教育专业和人文艺术综合专业。

CIP在结构上充分考虑学科的发展性，在名称和代码设置上为学科交叉、新兴学科留有充分的发展空间。除了单独设置"交叉学科"和"综合学科"群之外，CIP还在其他学科群内设置了交叉类（一级）学科。在24个学科群中，学科名称末尾带有"综合"或"其他"的（一级）学科共有38个。加上"交叉学科"与"综合学科"群下设的22个，CIP中共有60个交叉类（一级）学科，占292个学科的21%。

此外，大多数学科设置了学科内部的交叉专业。各个主要学科内部都有一定比例的学位授予。在学科内部的综合、交叉和新兴学科上，理学类综合、交叉和新兴学科学士学位占理学总学士学位的2.0%；社会科学类综合、交叉和新兴学科学士学位占社会科学总学士学位的8.7%；工商管理类综合、交叉和新兴学科学士学位占工商管理总学士学位的9.0%；教育学类综合、交叉和新兴学科学士学位占教育学总学士学位的4.5%；历史学类综合、交叉和新兴学科学士学位占历史学总学士学位的100%；交叉学科类综合、交叉和新兴学科学士学位占交叉学科总学士学位的100%。

**美国高校不断进行课改，整合教学资源**

美国高校不断进行课程改革，整合教学资源。它们通常在本科前两年开设通识课程，大多数学生在两年后决定专业。通识课程大致可分为三类：人文、社会和自然。其中英语写作、数理统计和外国语言被列为基本必要或基本能力课程，而思维推理（包括逻辑思维、判断能力等），应用技术（包括数理统计、自然科学等），表达能力（包括英语写作、口头表达等）和综合文化素养是通识课程设置的基本方向。核心课程的发展为学生提供了广阔的学习空间。

以哈佛大学为例，其核心课程主要包括历史研究、外国文化、文学艺术、社会分析、自然科学、定量推理，同时还有历史与文学、社会研究等交叉学科课程。为了使不同类别的知识整合更加有效，在新一轮的课程改革中，哈佛大学以"哈佛学院课程"取代了核心课程，增加了许多新课程，如公共政策、妇女研究、环境科学等。每门课程都由不同类别的课程知识整合而成，由多名不同学科的教师负责，以协同教学的方式实现各类学科知识的有效整合。

目前，美国高校的通识教育模式大体上有两种（图4-2）。

第一种模式是以哥伦比亚大学和芝加哥大学为代表，强调通识课程的教学内容要以全面为主而不是各门都深入学习，以激发学生自由探索和钻研的兴趣，给予学生更大的知识选择权，并不需要授课教师有很强的专业性知识，只需有一定的水平即可。

第二种模式是分布式课程模式，以耶鲁大学为代表，学生需要在不同的院系中挑选自己感兴趣的课程，探索不同学科的学习方法和内容。该模式主张学生不应仅仅学习单一学科，而应该接受交叉学科或者跨学科的学习，分布式课程体系的框架可以帮助学生构建起崭新的、具有创造性的学科联系。

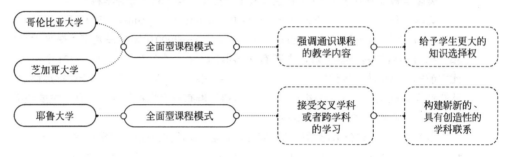

图 4-2　美国高校通识教育模式

哈佛大学近期开始了实施新的通识教育改革方案（图4-3）。哈佛大学的通识教育模式是上面两种模式混合的产物。按照旧方案，任何一名哈佛本科生均根据自身兴趣在通识教育8大门类的各个分类中各选择一门课程进行学习。这种课程体系涉及范围比较广，基本涵盖了各个领域，但是整个体系的内在逻辑不够清晰，缺乏明确的定位和边界。

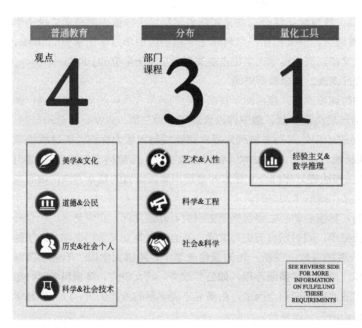

图 4-3　哈佛大学通识教育新方案

例如，没有明确地区分通识课程和分布式课程，以致新生在入学选课时，面对8类几百种课程的时候，很可能不知道如何做出最佳选择。哈佛大学在最新的通识教育方案中做了相应的改革，将原来的通识教育计划的"8大类"改为"4+3+1"的模式，包括四门必修通识课程、三门分布式课程和一门实证与数学推理课程。

具体而言，哈佛大学的本科生需要从"美学与文化""伦理与公民""历史、社会、个人""社会科学技术"等领域中，分别选出一门必修通识课。三门分布式课程则对应"艺术与人文""科学与工程""社会科学"等领域。学生需要从艺术与科学学院和保尔森工程与应用科学学院下属的三个院系中各修一门分布式课程。改革后，"实证与数学推理"作为一个课程类别被独立出来，体现出哈佛对学生数理量化分析能力的重视。

美国高校专业内部的课程设置也体现了很强的交叉学科理念。以广告教育为例：

● 密苏里大学的广告课程包括跨文化新闻、创意技巧、广告对美国文化的冲击、互动技巧、创意投资、全球传播、公关技巧、媒体销售和媒体战略计划等。

● 田纳西大学广告课程包括人类学、会计学、管理学、活动策划方法和技巧、英文文献选修、经济学、统计学、心理学、营销学、公共关系、传播研究等。

● 得克萨斯大学奥斯汀分校广告课程包括创意与美国文化、艺术方向、广告与社会、数字媒体研讨会、非营利组织的整合传播、投资组合、媒介法规与伦理、数字测量及网络隐私、广告流行文化等。

这类交叉学科课程设置为多元化创意人才的知识结构提供了必备的条件。而且，国际化课程的开设实现了跨国教育资源的整合。如开设专门的国际教育课程及注重国际化主题的新课程或者在已有的课程中添加一些国际方面的内容等。国际化课程的开设提升了学生在国际化及多元文化的社会工作环境中的生存能力，是培养高级国际化复合型人才的重要途径。

通过上面的分析，结合高校教育的组织方式以及教学要素两个维度，可以总结出一个美国高校交叉学科人才培养模式的框架，如表4-1所示。

**表4-1 美国高校交叉学科人才培养模式的框架**

| 组织方式 \ 教学要素 | 专业 | 学位 | 课程 | 教学方式 |
|---|---|---|---|---|
| 个体 | 交叉学科专业；个人主修专业 | 交叉学科学位 | 交叉学科课程；供学生参与的交叉学科研究项目 | 一个或多个教师负责一门交叉学科课程的教学任务；交叉学科授课和指导研究生；指导教师的交叉学科组成 |
| 组合 | 主辅修；双主修；毕业后的第二专业 | 联合学位；双学位；第二学位 | 课程结构的交叉学科（如分布必修式的通识教育） | |

经过不断的改革和与时俱进的发展，美国设计学科逐渐步入正轨并具有以下特征。

**学制不一、学位类型丰富**

美国工业设计本科教育主要在设计学院开设（表4-2），学制一般为4年，但奥本大学的学制为4.5年、辛辛那提大学的学制为5年。工业设计本科教育授予学位主要有三种类型：艺术学士学位（Bachelor of Fine Arts，BFA）、理学士学位（Bachelor of Science，BS）和工业设计专业学士学位（Bachelor of Industrial Design，BID）。其中罗德岛设计学院、伊利诺伊大学香槟分校和罗切斯特理工学院授予艺术学士学位，亚利桑那州立大学、辛辛那提大学和俄亥俄州立大学授予理学士学位，普拉特学院和奥本大学授予工业设计专业学士学位。

表4-2　美国高等院校工业设计本科授予学位类型

| 院校 | 学位 |
| --- | --- |
| 罗德岛设计学院、伊利诺伊大学香槟分校和罗切斯特理工学院 | 艺术学士学位 |
| 亚利桑那州立大学、辛辛那提大学和俄亥俄州立大学 | 理学士学位 |
| 普拉特学院和奥本大学 | 工业设计专业学士学位 |

**大一学年强调设计基础学习**

佛罗里达大学工业设计本科教育将大学第一年定义为基础学习阶段，并行设置通识教育课程与专业基础课程，强调为学生提供交叉学科的学习体验。在此阶段，学生应充分理解设计概念、工具、方法和材料，培养设计思维和基本设计能力。在课程内容上，专业基础课程一般包括制图、3D设计、工业设计原理等，注重使学生了解产品的空间关系、结构、材料和工程；在教学方法上，理论学习与实践活动相结合，注重使学生熟悉调查、分析、比较、评价的设计过程。在普拉特学院，基础学习阶段的教师通常采用引导教学、生成性学习和问题解决、自主学习等教学方法，学生由被动学习向主动学习转变。在俄亥俄州立大学，大一上学期的重点是学习基本的绘画技巧，并能够使用基本的设计软件工具进行描述、创造、装饰和展示。在第二学期，学生将学习材料的表现，并进一步掌握可视化能力。

**专业学习贯穿本科阶段全过程**

首先，高校工业设计本科专业的总学分差异不大，大体为120～134分。通识教育课程和专业课程的占比呈现出较大差异，一般在30∶70（辛辛那提大学和俄亥俄州立大学例外，前者为17∶83，后者为45∶55）。与1998年44∶56的均值相比，专业课程的占比有所上升。

其次，美国工业设计本科教育课程设置的共性特点是，专业学习在大一至大四学年不间断，贯穿本科教育全过程。大二和大三学年学习核心课程，掌握制图、色彩、三维形式、模型制作、数字计算机技能；大四学年，着重专业实践与锻炼。在亚利桑那州立大学，工业设计本科教育的总学分为120分，其中专业课程86学分、通识教育课程34学分，学生每学期限选4～6门课程，必须同时包括通识教育课程和专业课程；普拉特学院工业设计本科教育的总学分为126分，其中专业课程84学分、通识教育课程42学分，学生每学期限选15～18学分的课程，专业课程和通识教育课程学习分散在各个学期。

**强调交叉学科设计和学习**

工业设计是一门新兴的交叉学科，涉及心理学、社会学、美学、工程学、机械结构、摄影、色彩学、环境等领域，是一项创造性的活动。工业设计以工业产品为主要对象，综合运用科技成果和社会、经济、文化、美学等知识，了解产品的功能、结构和形态，对状态和包装进行整合和优化。因此，在课程设置上，美国工业设计本科教育课程涉及设计方法、色彩理论、产品规划、视觉统计、材料、制造方法、消费者心理学、环境研究等。学生应该熟悉基本设计原则、工程、人为因素、销售和社会学，掌握计算机辅助设计和绘图。学生经过4～5年的研究学习，除了需要掌握基本的设计与表达技能，还需要养成开发市场需求和材料以及比较成本的意识，这样才能使设计与环境保持和谐，有效地满足消费者需求。研究表明，交叉学科的设计教育给学生和设计师带来了实践和主导自学学科的好处，尤其是使他们的设计能力更加专业和具有市场价值。

**突出实践能力的培养**

美国工业设计教育以工作室（Studio）课程和合作教育（Cooperative education, Co-op）为抓手，凸显和强化对学生专业实践能力的培养。工作室课程以项目为导向，是关于"怎样设计"的课程，它将完整的产品设计与开发过程引入课堂，使学生熟悉完整的产品设计过程，养成批判性思维和问题解决能力，以及环境责任意识等。工作室课程贯穿整个本科阶段，按次序开设，随着年级的递升而逐渐增加难度，强调视觉体验，以培养学生的创造力、视觉沟通技能、动手能力和独立开展研究的能力。低年级的二维设计、工程基础、造型基础类课程作业以工作室课程形式完成，帮助学生实现设计思维与设计过程的结合；高年级的工作室课程强调创新和设计能力，使学生承担高级设计项目，学习本领域更多的法律和商业知识。

合作教育是美国工业设计本科教育另一种广泛采用的教学模式，产生于20世纪初，最早由辛辛那提大学提出。合作教育涉及学校、学生、雇主以及教师，为了有效进行合作教育，各个学院成立了职业实践处以负责计划的管理，上述各方的关系如图4-4所示。

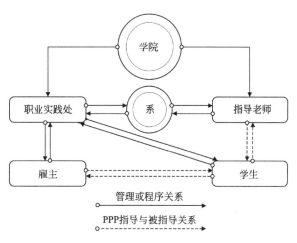

**图4-4 合作教育主体图**

在该组织结构中，各主体扮演着不同的角色。职业实践处负责全面管理，从管理或程序方面，将接受来自雇主对学生的评价及意见，同时也接受学生对雇主的意见，并将这些信息反馈到学生所在系，以改进计划；从业务指导关系看，学生完成合作教育后，将成果交予雇主，雇主在线予以评价并给出成绩等级，提交给职业实践处，通过系反馈给指导教师，教师在此基础上，结合对学生的面试情况，判断该学生是否可以通过合作教育计划。采用该管理模式，可有效控制合作教育的质量，并做到持续改进。为了保证合作教育质量，职业实践处成立了一个职业标准审查委员会（PSRC），由教师、学生和其他人员组成，解决计划实施中的矛盾和保证各方行为的规范性。

合作教育是对课堂、实验室和设计项目的拓展，有助于学生深入学习，为从事该领域的工作做好准备。它改变了传统的课堂学习，为学生提供了专业实践机会，学生将获得专业实践的一手知识，同时将产生对这一职业的直观感受。辛辛那提大学工业设计本科教育为学生设置了5个合作教育学期，从大二学年的春季学期开始。在合作教育学期，学生从事所选领域的全职工作，同时完成有助于学术和专业发展的在线课

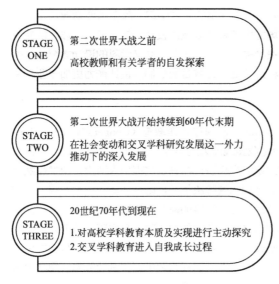

图 4-5 交叉学科发展三阶段

程学习。学生应在一个公司中至少工作2个合作教育学期。相关实践显示,第一个合作教育学期主要为培训和适应,第二个学期学生才能有效开展工作并作出贡献。合作教育结束后,企业将评价学生的发展和成绩。

综上所述,美国高校交叉学科教育发展背景主要分为三个阶段(图4-5)。

在这三个阶段的发展过程中,美国的交叉学科教育组建形成了独有的模式,课程安排也逐渐合理。美国学科专业目录将高校课程分为"交叉学科"和"综合学科"课程,并且根据不同学科的发展提高交叉学科的配比,同时也非常强调通识课程教育,各个学校积极开设学科交叉课程,并且有针对性地设置交叉学科学位、联合学位和第二学位。对于工业设计专业或者艺术类专业,强调分时间段学习专业学科和交叉学科课程,拓展设计思维。与此同时,强调合作教育。美国的产学研结合从本科阶段开始开展,一直延续到更高的学位攻读阶段,通过联合实习计划使学生将理论运用于实践,强调学生的动手实践能力。对于工业设计专业的学生来说,设置工作室是一种良好的实践方式,学生参加小规模设计项目,得到一定的锻炼。

目前美国的交叉学科教育处于不断改革的阶段,改革过程中会发现各种问题,比如哈佛大学旧版通识教育课程体系范围很广,选课逻辑也不清晰,导致学生不知道选择哪些交叉学科课程合适。为了避免学生选课出现茫然,应该设置专业分类,并根据学生的兴趣进行选课指导,使得交叉学科的教育体系发挥更好的作用,也使学生具备最有价值的能力。

## 4.2 美国四所高校设计交叉教学模式与发展状况

### 4.2.1 四所高校设计交叉的知识体系、课程设置、教学方法、人才培养目标

(1)佛罗里达大学艺术学院

① 融入多专业、多学科和相关学科的知识体系

美国的教育工作者认为,学生不应该过早精通某一门学科,只有涉猎各学科的"通才"将来才会有更多的职业选择。因此,在设计学科中,他们十分重视学科之间的交叉和联系,整合多专业、多学科和相关学科的知识,培养交叉学科复合型设计人才。例如,佛罗里达大学艺术学院非常重视交叉学科、多学科的教学。在教学中,允

许并鼓励学生在学习本专业课程的同时学习交叉学科课程,而具体选择哪门课程完全取决于学生。当然也会出现两位同一个专业甚至同一个班的学生,他们的课程设置不一样,所学知识也不同。

佛罗里达大学艺术学院下属有7个学院,包括艺术与艺术史学院、音乐学院、戏剧+舞蹈学院、医学+艺术中心、数字世界研究所、世界艺术中心和艺术与公共政策中心,这些学科之前看似联系不大,实际上正符合佛罗里达大学办学方针中的交叉学科建设任务。在这个学院中,以艺术和艺术史学院为中心,其他学院跟艺术或多或少都有联系(图4-6)。

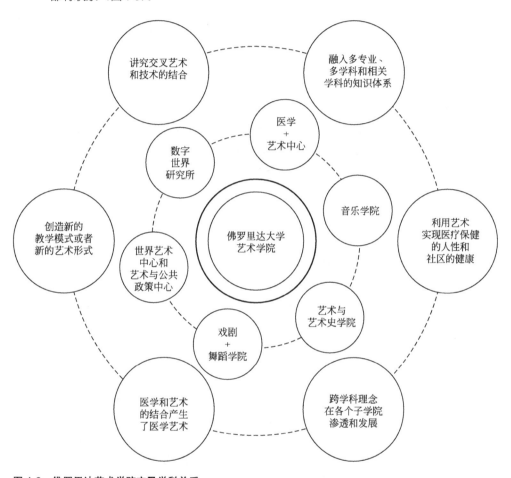

**图4-6 佛罗里达艺术学院交叉学科关系**

艺术与艺术史学院主要教授艺术类,如绘画、摄影、雕塑和平面设计以及艺术史、艺术教育等内容,在学科上讲究交叉,艺术和技术的结合研究是交叉学科知识体系的主要内容。

音乐学院和戏剧+舞蹈学院跟绘画审美类或者视觉传达类结合紧密,会借助艺术与艺术史学院的研究成果跟自己的知识相融合,创造新的教学模式或者新的艺术形式,形成艺术学院内部的交叉学科合作模式,佛罗里达大学艺术学院有着良好的交叉学科合作精神。

医学＋艺术中心、数字世界研究所、世界艺术中心，从其名称就可以知道交叉学科理念在各个子学院的渗透和发展，比如医学和艺术的结合产生了医学艺术。在过去的三十年中，世界各地的医院和医疗机构已开始认识到为患者、家庭成员和员工创造有意义的艺术体验的好处。佛罗里达大学医学艺术中心作为该领域的学术领导者，拥有卓越的历史，很自豪能够提供在线课程，帮助各学科的艺术家，以及医疗保健专业人士和管理人员成功地将艺术融入与健康相关的实践和背景。该课程主要传授如何利用艺术实现医疗保健的人性化和社区的健康。

艺术与公共政策中心（CAPP），为讨论和分析艺术和公共政策问题提供了一个论坛。这些问题可能包括但不限于通过艺术、艺术宣传、教育艺术、艺术公共资金、艺术的经济影响、文化旅游和文化外交等社区和公民参与。该中心是UF艺术学院、商学院、文理学院、法律、设计、建筑和规划学院以及健康科学中心提供的艺术和公共政策课程的催化剂。CAPP自成立以来，与艺术学院、法学院、塞缪尔·P·哈恩艺术博物馆、菲利普斯表演艺术中心、盖恩斯维尔市、文化事务部、阿拉丘亚伯爵学校理事会共同发起、赞助和举办了各种研讨会。

综上，可以看出佛罗里达大学艺术学院重视学科间的交叉和互通，融入多专业、多学科和相关学科的知识体系。它的交叉学科建设渗透到了每一门课程的每一个细小的环节，尤其是在学院内部不同子学院之间的无缝融合，诞生出新的课程、新的拓展知识来丰富整个艺术学院的知识体系。在艺术学院的交叉学科模式中，以艺术为中心，医学、音乐、舞蹈、戏剧和公共政策围绕艺术突破传统的学科设定，拓展了艺术的实用性，也为艺术专业的学生开发了灵感，尽可能地服务于其他行业，摸索出可行的路径。

**② 多元化和突破性的课程安排**

佛罗里达大学艺术学院非常重视学生的基本技能。在入学的第一年，专业课程主要基于基本设计课程，包括平面设计、三维设计、素描、手绘等，有丰富的内容和巨大的学习量，这样学生就可以尽可能多地尝试不同媒体和表达方法来找到自己感兴趣的专业方向。美术学院注重手工操作，如汽车设计中的泥塑、产品手板打样、3D打印等，培养学生扎实的基本功和反复推敲的思维方式。第二年，设计与艺术课程会有明显的专业倾向。以室内设计为例，佛罗里达大学艺术学院室内设计课程采用"理论教学"和"工作室教学"的教学方法。其课程设置和教学理念体现了多样性和突破性。通识课程包括平面、室内和绘画的基本方法。为了将理念转化为实用、可操作的创作与设计，佛罗里达大学艺术学院在室内设计课程中设置了多门课程和多种教学方法，尤其是引导学生对现有的建筑空间进行重新设计与修改。它将涉及对原有空间墙体材料、光源、室内结构的调整，而不仅仅是室内设计。

除了常规的专业工作室外，佛罗里达大学艺术学院还可以从三门交叉学科课程和三门文学艺术课程中选择一间工作室作为额外的选修，具有很强的实验性和探索性。交叉学科课程包括艺术技术可持续性研究、计算机、技术和文化以及画室。艺术技术可持续性研究主要针对环境艺术与现代技术融合的现象或作品提供个性化的学习课程，包括仿生学、新兴技术、全球变暖、杂交和可持续发展，培养学生多角度的批判性思维及解决问题的能力。

佛罗里达大学艺术学院的交叉学科课程设置基本都是在艺术学院内部专业之间展开的，也有少数如"艺术＋技术"是在艺术类和其他专业间展开的。该学院交叉专业类课程体系包括：

**艺术+技术**

其"Art+Technology"项目本科阶段为学生提供了在实践工作室艺术环境中探索使用新兴技术创作艺术作品可能性的机会。该计划旨在培养批判性思考者，他们了解"艺术+技术"的更广泛的社会和理论意义，并利用这些知识来为其艺术实践提供信息和框架。该计划认识到，在数字媒介社会中产生的艺术需要跨越多个学科的广泛理解，并且重视思想而不是工具。本科课程向学生展示数字成像，计算机编程，网页设计，数字视频，动画，互动，游戏，安装，模拟，信息可视化以及新兴技术和艺术形式的特殊主题。学生注重交叉学科实践，必须参加艺术和艺术史学院的选修课程，并强烈鼓励他们在许多其他学科中选修丰富的选修课程。UF的"Art+Technology"研究生课程旨在扩展被认为是数字化的模型，培养一种融合艺术研究、当代理论和实践的多学科方法。

"艺术+技术"计划可以作为催化剂，用于发展终身研究问题和激情，以及促进艺术和艺术史学院内传统和数字艺术形式之间的对话和合作，而不是整个大学。鼓励学生进行包含虚拟世界和物理世界的概念性工作，并批判性地反映文化与技术之间的关系。"艺术+技术"课程营造了一个环境，学生可以在这里学习数据、交互性、安装、网络、视频、声音、文本、动画、互联网、传感设备、GPS、生物技术、绘图、沉浸式空间、美学计算以及新兴的但是无法想象的数字表达形式（图4-7）。

图4-7 "艺术+技术"课程中的数字视频交互

**陶瓷研究课程**

陶瓷部门是一个充满活力的社区，由本科生、后学士学位、研究生、教师和技术人员组成，旨在促进美学、技术知识和概念方法的发展。陶瓷课程的学生与教师积极接触，并鼓励他们进行交叉学科研究。在课堂之外，学生参加学生组织HOT（Handbuilt or Thrown）Clay，这个充满活力的俱乐部赞助参观艺术家工作坊。

陶瓷本科课程的设计理念和意图是提供与陶瓷艺术相关的广泛而具体的知识基础。教育经验包括陶瓷材料和烧制工艺（电、气、木材、分子、原始和蒸汽）的技术探索。研究二维与三维设计概念和美学与陶瓷艺术有关，从历史先例入手，分析当代问题，将整个课程都融入艺术家和艺术作品设计中。工作室呈现传播美学的环境，其形状和表面设计与陶瓷雕塑一起教授。除了传统的手工成型、抛轮和模具制造技术之外，还教授了概念开发和创新的现代成型工艺。陶瓷专业的研究生课程提供了一个强大的活跃学生社区，他们正在研究有关艺术创作中的个人问题，并寻求解决方案、专注点、个人作品。陶瓷专业研究生每周都会参加专题研讨和作品批评性讨论，并与教师一起进行个别辅导。教师认为，评估和讨论作品的能力应该超出个人工作室的参与范围，学生可以与每位教授交替学期，无论个人工作室如何。

### 创意摄影

佛罗里达大学的摄影专业是美国最成熟的本科生和研究生课程之一,佛罗里达大学这所传统而又多元化的国立研究型大学,为摄影提供了和实验方法的创新融合。摄影专业的本科课程鼓励学生通过建设性对话来发展自己的个人艺术作品,这种对话建立在学生的兴趣、教师研究和机构资源的特殊优势之上。不同学科的教师会参与到学生的项目当中,分为材料学、加工学和环境科学等交叉学科专业的指导。为了促成优质丰富的个人艺术作品,导师们鼓励学生参与未来形象和相关媒体的实践工作。

摄影专业的研究生课程一般通过小组讨论、工作室讨论和个别教师监督进行个人研究计划。所有的学生都将摄影媒体和概念与其他形式的探究相结合,包括基于时间性的、表演性的主题研究和理论建模。虽然鼓励学生利用传统场地展示他们的作品,但摄影专业课程更加强调在公共场所寻找或创作替代展览的重要性。公共空间不仅是特定的地点,而且是一个可干预空间,摄影专业也重视学生的实践性训练,重视艺术作品的商业价值,鼓励学生之间形成合作伙伴关系,或者学生可能与外部企业或行业发展为伙伴关系。

### 绘画课程

本科绘画序列从感知绘图和人物绘图课程开始,强调观察和艺术解剖学绘画的用途,而绘画作为一种运动和动作教导学生探索绘画视觉运动的语言和二维艺术中的运动概念形式。大三课程包括彩色绘图、写生、期刊开发和实验绘图。在这些课程中,通过传统和当代绘画方法的作业探索主题,包括一系列交叉学科方法,涵盖书籍装帧、表演、手绘动画和特定场地项目。而研究生课程则通过概念、美学和技术技能的发展来培养学生的艺术创作实践。该计划为学生提供各种课程,包括:艺术史和理论、研究方法和工作室艺术家的专业实践。学生参加研究生教师课程,提供绘画和绘画专题研讨会,以及交叉学科的研讨会和工作室课程。

### 雕塑课程

佛罗里达大学艺术与艺术史学院的雕塑区支持将雕塑概念的实验室和交叉学科的工作室艺术方法作为一种实践,扩大了其影响范围,融入了装置、视频和表演艺术。鼓励学生将艺术作品的物理表现以及他们特定的生产、展示和分发的文化背景视为他们解释的核心。该专业研究生可以选择在任何媒介中工作,并将自己的学习延伸到任何三维专业,如装置、表演、公共艺术、环境雕塑或任何工作室实践,强调美学理论方法,鼓励学生学习其他学科,并将这些练习融入自己的雕塑中。

### 视觉艺术研究

本科视觉艺术研究课程提供广泛的工作室艺术经验,包括技术和正式关注,实验方法和概念发展,同时还探索大学内其他学科所需的课程。视觉艺术研究学士学位课程鼓励学生考虑双学位或双专业,或完成其他非艺术相关课程的专业。许多拿到视觉艺术研究学士学位的学生继续从事医疗保健(医学院、兽医学院、艺术治疗研究生课程等)的专业课程以及非艺术和艺术相关学科的其他研究生课程(即法律、商业、咨询等)。视觉艺术研究学士学位课程是一个灵活的学位课程,学生可以更轻松地完成双专业或专注于完全在艺术之外的另一个学习领域。该课程的美学硕士(MFA)为期3年(共要求60学分)。MFA课程表如表4-3和表4-4所示。

表 4-3　MFA 课程表与学分

| 课程列表 | 学分 |
|---|---|
| 高等教育艺术教学 | 3 |
| 研究方法 | 3 |
| 专业实践或批准的替代方案 | 3 |
| 工作室的专业领域课程 | 18 |
| 工作室选修课外专业领域 | 18 |
| 视觉媒体课程中的艺术史选修课程或经批准的学术替代课程 | 6 |
| SA+AH 选修课以外（研究/纪律适当） | 3 |
| 论文研究 | 3 |
| 论文研究/个人项目 | 3 |

表 4-4　MFA 课程对比分析

| 课程 | 对比分析 |
|---|---|
| 艺术+技术 | 该课程鼓励学生在学院内设课程间进行交叉学科交流，通过不同的技术来探索艺术的创新的表现方式，课程相关老师重视实践，训练学生的批判性思维。另设有工作室课程、历史研讨会、理论与批判等课程，老师们会在艺术层面有选择性地教授学生如何结合实际生产和技术的可实现性，以及对利用新兴技术打造的艺术作品进行评价。该课程交叉学科教学的探索虽说前卫富有创造性，但局限于两门科目可能会限制艺术多角度全方位的发展 |
| 陶瓷课程 | 陶瓷部门是一个充满活力的社区，由本科生、后学士学位、研究生、教师和技术人员组成，教师和学生时常接触，教师们会"一对一"针对学生的作品进行指导，学生们也可以参加工作室课程进行小组讨论交流。在课外，学生们可以组织各种活动来交流陶瓷制作的技法和心得。该课程的交叉学科由老师带动或者学生自发组织，还有一对一辅导，更加自由也更加专业 |
| 创意摄影 | 创意摄影的本科课程可以结合其他不同学科，不同学科的老师也会参与到学生的项目当中，分为材料学、加工学和环境科学等交叉学科专业的指导。为了促成优质丰富的个人艺术作品，所有的学生都将摄影媒体和概念与其他形式的探究相结合，包括基于时间性的、表演性的主题研究和理论建模。摄影专业与艺术学院+艺术史的其他领域，如雕塑、绘画、版画和表演，以及电影研究和建筑等领域以外建立合作关系 |
| 绘画课程 | 该课程的学科交叉教学通过传统和当代绘画方法的作业探索主题，包括一系列交叉学科方法，涵盖书籍装帧、表演、手绘动画和特定场地项目。而研究生课程则通过概念、美学和技术技能的发展来培养学生的艺术创作实践。另外，还会以研讨会或者工作室的形式促成不同专业学生之间的交流 |
| 雕塑课程 | 雕塑课程雕塑区支持基于雕塑概念的实验室和交叉学科的工作室艺术方法。学生可以选择不同专业的工作室，并将自己的学习方法和艺术创作的方式应用于其他专业，之后反过来将应用的结果用于指导自己的专业 |
| 视觉艺术研究 | 视觉艺术研究本科课程重视工作室教学，教学内容包括创造技术、实验方法和概念发展。在具体课程上，老师会鼓励学生选修工作室选修课之外的专业领域，包括新的媒体技术、商业领域等，课程考核以学分制计算，选修课程越多越丰富，学分累计越高，而且包括实践学分，学生就可以将视觉艺术和非艺术相结合（咨询、法律和商业）并与相关的企业合作完成实践活动。这些活动本身有多学科的性质，所以也会吸引其他专业的人 |

这种多专业、多学科交叉的开放式设计教学模式，有利于设计人才的个性化培养，也有利于学生构建起个性化的复合型知识体系，更有利于复合型、创新型设计人才的培养。

比如在交叉课程活动中，计算机与信息科学与工程（CLSE）部门和数字世界研究所（DW）合作，在新的 Game Things2018 两个系列部分和佛罗里达大学的学生们分享创建视频游戏的过程。超过55名来自不同专业的学生参加了 Gator Game Jam 长达40小时的团队视频游戏开发竞赛，该竞赛旨在研究游戏设计、游戏艺术和游戏工程（图4-8）。

图4-8 Game Things 2018 获奖团队及工作人员

"没有精心制作有艺术的游戏没有吸引力。" CLSE 助理工程师 Jeremiah Blanchard 说。通过聚集在一起，来自 CLSE 的工程专业学生和来自 DW（Data Warehouse，数据仓库）的数字艺术专业学生能够创造出比他们单独做更深刻、更具吸引力的文物。这次的合作让两个部门认识到多个学科交叉能够产生更具创新性、有价值的作品，他们希望将来还能够开展这样的合作，希望学生能够从这次的活动中学习到如何通过交叉不同的创造性学科来创造独特和引人注目的东西。

③ 注重实践和学科间交叉的教学方法

以学生为中心的教学方法

佛罗里达大学艺术学院的教授很少采用课堂讲授的方式进行教学，大多采用的是非常灵活的启发和引导式教学方式，能够启发创新思维的设计课题，在整个教学体系中占有很大比重。教师在设计课堂上是学生学习过程的引导者，他们为学生设定学习内容和设计训练课题，同时也是学生课堂学习过程和设计课题的参与者和合作伙伴。在学习过程中，教师会通过给学生布置不同的设计课题，让学生边实践、边体验、边讨论和总结设计原理及方法。这样学生经过实践体验和与教授讨论总结的过程来自主发现和获取知识，进而构建自己的知识体系，就不会在学习中消化不良。而且在布置课题时，教授也给学生留足选择各自不同设计方向的余地。

学生可以根据大选题，再结合自己的兴趣爱好来确定自己的小设计方向。因为教授知道兴趣是最好的学习动力，所以他们充分地尊重学生的兴趣爱好和选择来调动学生的学习兴趣。而且他们也认识到教师的教其实并不等于课堂上的讲授，学生也并不因为你把知识点在课堂上讲授了一遍，就能够完全掌握和消化。设计专业的教师不能按照固定模式去教，学生也不能按照固定模式去设计，否则设计出来的作品就会千人一面。所以设计课程，只从教师的讲授中获取理论知识是不够的，学生还必须通过大量的实践才能真正掌握适合自己，又能受到大家喜欢的设计方式、方法。

因此，艺术学院的教授通常在课堂上都会布置各种设计课题，然后作为一个参与者和学生一起去围绕大的设计课题，通过各种讨论的形式来引导、启发和帮助学生确定各自的小设计方向，然后到设计构思，再到设计表现，最后到设计修改完成的全过程。教授是一个比学生更有经验的课题参与者，而学生则是每个设计课题的负责人，教授和其他学生作为设计课题组的成员，都会以讨论的形式听取负责人每个阶段的汇报，然后反馈自己的建议。通过这种实践、讨论、总结和再讨论的学习过程，帮助每一个学生即设计课题负责人在实践中自主地发现和获取新知识，构建自己的知识体系，进而达到促进学生学习和发展的目的。由此可见，教本身不是目的，教是为了促进学生更好地学习和发展。

"以学生为中心"，是指以学生的学习和发展为中心。它不是对教师和学生的身份、地位高低的划分，而是意味着教学理念、管理理念、服务理念的转变，以及教学方法、评价手段的转变。教学的目的、任务不在"教"，而在"学"。"以学生为中心"，最根本的是要实现从以"教"为中心向以"学"为中心的转变，即从"教师传授知识给学生"转变为"让学生自己去发现和创造知识"，从"传授模式"转变为"学习模式"。学校要从"课堂、教师、教材"为中心，向"学生、学习、学习过程"为中心转变，真正关注学生的学习。

**注重实践创新能力培养的设计教学**

美国设计专业的教师在教学中，非常重视培养学生的动手实践能力。这是因为，美国的教授认为学生只有在亲自的动手实践中，才能锻炼出自我发现问题和自我解决问题的能力，才有可能实现创新。佛罗里达大学的艺术学院开设有平面设计、陶瓷艺术、版画、雕塑、创意摄影、数字化媒体等几个专业，每个专业都有自己的研究生和本科生工作室。走进这些工作室，可以看到学院为学生的学习提供了完善的专业设备，学生随时都能运用这些设备进行创作，而这些设备也能满足学生的设计创作需要。全天候开放的各种工作室为学生的设计实践提供了广阔的平台。

在平面设计工作室、陶艺工作室、版画工作室、摄影工作室、雕塑工作室里，学生可以亲自操作各种与本专业相关的设备，学到各种制作工艺与技法，亲身体会自己的设计是如何从概念变成成品的。这种工作室式的教学模式，不仅培养了学生的实际操作能力，还提高了学生的观察和思维能力，同时还让学生充分了解了相关材料的属性和设备的使用方法，可谓一举多得，为学生的设计创新奠定了基础。

众所周知，艺术设计是一种创新行为。艺术设计创新人才除了学会设计技术、掌握现代设计工具和手段外，还要掌握创造性设计的思维方法，具有很强的创新思维能力。美国的设计教学遵循创新性的教学原则，把创新思维能力的培养贯穿于各个教学环节中。在日常的设计实践教学中，美国设计专业的教师大多采用一种讨论式的教学法，来启发学生的设计思维。这种启发式的讨论交流贯穿于设计准备、设计构思、设计表现和制作的全过程。讨论的形式多元化，有学生间的小组讨论、教师参与的小组讨论和集体讨论等。通过这些讨论和交流，使学生们在互相学习和相互启发中，结合各自的设计实践，培养他们的创新思维能力，进而达到提升他们设计创新能力的目的。

**多专业多学科交叉的设计教学方式**

艺术学院在教学中，也非常注重多专业、多学科的交叉，容许和鼓励学生在学好本专业课程的同时跨专业和交叉学科选修课程，并且具体选修什么课程的决定权在于学生，学生完全可以根据自身发展的需要和自己的兴趣爱好来选择不同专业和不同学科的课程，这与美国艺术类高校采用完全的学分制来对学生进行管理密不可分。

艺术设计是人类为了改造环境有目的规划的一种自觉性创造行为。艺术设计的本质在于创新，在创新中始终追求人类社会和环境的可持续发展目标。信息时代的艺术设计，不仅需要多学科，如计算机科学、工程学、心理学、生理学、市场营销等学科的交叉融合，而且需要知识、技术与人文艺术的深度融合来提升智能化、人性化、艺术化的体验水平。艺术设计已不再是单独个体的艺术设计，不再是单个学科的艺术设计，也不再是单一技能的艺术设计。可见，培养复合型、创新型的艺术设计人才，需要专业、学科交叉式的教学模式。

在佛罗里达大学艺术学院自由的学术氛围中，虽然特别设定的交叉学科课程或项目比较少，但学生可自由选择自主交叉，创造良好的交叉学科学习的教育环境。下面是对以上各点的总结部分（表4-5）。

表4-5 佛罗里达大学设计交叉教学模式评价表

| 研究方面 | 评价总结 |
| --- | --- |
| 知识体系 | 交叉学科理念渗透在佛罗里达大学艺术学院的各门课程里，以艺术为中心，医学、音乐、舞蹈、戏剧和公共政策围绕艺术突破传统的学科设定，各专业之间由学生的自由需求连接成知识网络，各专业间的交叉产生新的知识，不断地丰富整个艺术学院的知识体系 |
| 课程设置 | 课程设置倾向于工作室制，并且采用学分制评价，工作室教学重视基础知识，并且工作室学生可自由学习其他课程，也可以跟商业、咨询等结合起来做项目，重视实践教学以及新兴技术的运用 |
| 教学方法 | 尊重学生的兴趣并因材施教，工作室导师注重培养学生们的基础能力，更加重视实践，会安排实践性的任务，鼓励学生交叉学科学习，并安排交叉学科交流项目或者鼓励学生自发组织融合商业、医学有关的交叉学科创新活动，将交叉学科教学贯彻到对所有学生的培养中 |

**（2）斯坦福大学**

斯坦福大学有18个指定的独立实验室、中心和研究所，提供学校和学科之间的物理和智力交叉。这些交叉学科研究所符合斯坦福大学跨越界限解决大问题的长期传统，让教师和学生参与从国际和经济研究到环境、能源和健康面临的挑战的合作。指定的独立实验室、中心和研究所由副教务长和研究主任Ann Arvin博士领导。表4-6是斯坦福大学18个独立的交叉学科实验室及其工作内容。

表 4-6 斯坦福大学 18 个独立的交叉学科实验室及其工作内容

| 实验室 | 工作内容 |
|---|---|
| Pre court 能源研究所 | 斯坦福大学预科能源研究所是来自各种科学、技术、行为和政策学科的广泛而深入的专家网络中心，他们相互合作，共同解决世界上最紧迫的能源问题 |
| 斯坦福 Bio-X | 斯坦福 Bio-X 通过跨越学科之间的界限和促进交叉学科解决方案来催化发现，以创造有益于人类健康的生物系统的新知识 |
| PULSE 超快能源科学研究所 | PULSE 在超快和短波长科学和技术领域处于世界领先地位 |
| 斯坦福临床与转化研究与教育中心（频谱） | Spectrum 从基础发现到改善患者护理，加速并加强医学研究 |
| CHEM-H | 加强生物医学科学基础的研究所；加速改变人类健康的分子发现；并为最聪明的年轻医生、科学家和工程师提供无与伦比的培训基地，他们的目标是从一楼向上重塑医疗保健行业 |
| 斯坦福神经科学研究所 | 斯坦福神经科学研究所的目标是了解大脑如何引发精神生活和行为 |
| 语言和信息研究中心（CSLI） | CSLI 促进了研究人员之间的合作，从而扩大了斯坦福在认知科学方面已经具有的相当大的优势 |
| 斯坦福经济政策研究所（SIEPR） | 一个专注于经济政策的研究机构，它将斯坦福大学各地的经济学家联合起来，研究当今世界面临的关键经济政策问题。SIEPR 促进商业领袖、政策制定者和学术学者之间的对话 |
| 斯坦福大学弗里曼斯波格利国际研究所（FSI） | FSI 致力于了解跨越国际边界并影响全世界生活的问题、政策和流程 |
| 行为科学高级研究中心（CASBS） | CASBS 在重要的社会问题上激发了前沿的社会科学。该中心支持研究人员发展新方法并应用对我们的生活方式产生重大影响的研究结果 |
| 斯坦福人文中心（SHC） | SHC 赞助对人类经历的历史、哲学、文学、艺术和文化方面的深入研究 |
| 汉森实验物理实验室（HEPL） | 汉森实验物理实验室支持基础科学和工程领域的交叉学科研究项目 |
| 卡夫利粒子天体物理与宇宙学研究所（KIPAC） | KIPAC 将现代计算、实验、观察和理论科学的资源带到我们对宇宙的理解上 |
| 斯坦福长寿中心（SCL） | SCL 研究人类生命的本质和发展，寻找创新方法，利用科学技术解决 50 岁以上人群的问题，以改善各年龄段人群的福祉 |
| Ge balle 先进材料实验室（GLAM） | GLAM 支持和促进交叉学科教育和科学与工程先进材料的研究 |
| 斯坦福伍兹环境研究所 | 斯坦福伍兹环境研究所正致力于一个社会满足人们对水、食物、健康和其他重要服务的需求，同时保护和培育地球的未来 |
| EL Ginzton 实验室 | EL Ginzton 实验室结合了工程、纳米科学、光子科学和量子科学的最佳创意和技术，用于新发明和进步 |
| 斯坦福材料与能源科学研究所（SIMES） | SIMES 解决了能源相关材料科学的巨大挑战 |

**① 多学科互相影响并均衡发展的知识体系**

斯坦福大学的 D.School 是集工程、医药、商业、法律、人类学、科学技术、设计与教育等学科于一体的研究机构（图4-9），内部成员均是来自斯坦福其他学院的研究生，致力于用交叉学科合作的方式去解决一些繁杂的问题，鼓励各个学科的交叉合作，以交叉学科的视角来解决现有的问题，旨在以创新思维的角度提供问题的全新解决方法，并且启发现有学科专业的学生在自身学科领域内的思考，寻求更加适合自身发展的新领域。

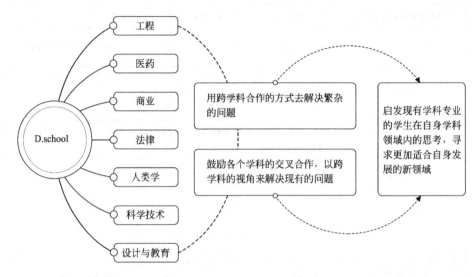

**图 4-9　斯坦福大学 D.School 项目**

D.School 提供了一个课题与实验室的"真实世界计划"（real-world projects），课程包括10周单元课程、1～7天的短期工作室和1～2小时的快速介绍课程。学生来自不同的学院，在这里他们超越自身的学科，取而代之的是工作在同一个项目的不同部分，在创新合作过程中各自负责项目的每一阶段，利用学科之间的差异作为一种创意引擎，将创意思维作为团队的粘合剂，使学生能够脱离直观束缚，展开横向思维，在处理一些旧有的问题时会寻求更新的方法。

D.School教学团队也充分融合对比鲜明的观点与解决问题的方法，所有的课程教学都由强大的组合团队授课，包括专业教师、行业领袖和交叉学科合作。其课程旨在以这种动态甚至一些相反的观点来鼓励学生意识到创新的开放性特质，并且能够找到适合自己的前进之路。在D.School，"教育、学习与设计"构成了一种循环，在交叉学科的合作中，彼此之间互相帮助，激发灵感，超越原本较为浅显的单一学科想法，逐步形成学科之间彼此互通的创意思维与方法。

学院的创始人是美国著名的设计公司IDEO的创始人之一大卫·凯利（David Kelly），他确立的教学目标是教会学生"换位思考"，从小处入手，专注于思考人们的真实需求，重新思考各个行业的边界。学院所有的教学课程都是由项目驱动的，项目来自非政府组织和企业，这不仅保证了资金来源，也保证了选题的现实性。因此，从组织架构上，学院与这些机构建立了长期合作的伙伴关系，是其一大优势。这里的课程名目繁多，斯坦福的学生们可以根据自己的兴趣和专长来选择。但要想被选上也要经过一定的竞争，因为有些课程的报名人数可能达到了课程容量的四倍以上，以往的成果是这所学院最好的广告。

**② 设计交叉集成研究机构为主的课程体系**

通过解决这些具体问题，也可以获得商业利益，但显然商业利益不是首要考虑的问题。有商业雄心的学生也可以注册参加名为"发射台"（Launchpad）的项目，参加这个项目，学生必须签署保证书，同意在10周内推出一项产品或服务。虽然课程的设置具有一定的灵活性，学院甚至允许学生一起参与到课程的具体设定中，但是根据面向的学生群体的不同，也有不同的大的系列划分，主要区别在于对设计的认识，以及基本设计技能的掌握。第一类属于普及性的设计思维训练，为进入其他课程打基础，称为"Pop-up Classes"；第二类是提高技能的课程；第三类也是最多的一类，即主体部分是迎接挑战的课程，称为"Tackle Big Challenges"。其中，2014年春季学期的课程有"与未来合作：推动大规模可持续的变革""为极限购买能力而设计""从游戏到创新""服务于公共政策创新者的设计思维""游戏设计：制造乐趣"等，都根植于当下比较突出的现实问题。

D.School的课程和项目设置将斯坦福大学7个学院的学生聚在一起，共同应对现实世界的挑战。有些学生想要学习更多关于设计的知识，想要成为拥有设计专长的人，而有些学生则想要学习其他领域或者学科的知识，以扩大他们学习领域影响力的技能。其课程主要包括核心课程、提升课程和体验活动，如表4-7所示。

表4-7　D.School的课程

| 类别 | 课程名称 | 教学内容 | 师资力量 |
|---|---|---|---|
| 核心课程 | 设计思维工作室 | （1）使用以人为本的设计解决实际问题。学生将作为合作伙伴与当地组织合作，以获得应用设计思维来创造变革的经验<br>（2）探索并扩展作为创造性个体身份，培养在团队和组织中的创新能力<br>（3）提升领导能力和协作技能，作为由来自不同背景的学生组成的体验式学习社区的一部分<br>（4）连接优质资源。除了同行和教学团队，还将与客座专家合作并向硅谷组织学习 | Leticia Britos Cavagnaro博士，大学创新研究员联合主，兼职教授；<br>Maureen Carroll，博士，Lime Design Associates 创始人，讲师；<br>Frederik G.P ferdt博士，谷歌公司首席创新宣传员，兼职教授 |
| | 创造性规则：创造未来 | 在这个高度互动的课程中，将通过专注于各种前沿技术，来探索如何预测和发明未来以及为什么它很重要。该课程将讨论学生呈现乌托邦和反乌托邦情景的辩论，并说明必须采取哪些措施来结束消极后果 | 斯坦福大学：蒂娜塞利格；奇点大学转型实践和领导力主席：丽莎凯所罗门 |
| | 健康设计：帮助患者驾驭经验 | 本课程旨在让学生积极应用设计思维方法和工具，以改善医疗保健的导航。学生将学习更深入地应用端到端设计思维过程，包括如何发现传统敏感话题领域的需求，产生新颖的干预措施，以及制定不同形式的解决方案，这是一个协作团队项目以及通过与当地医疗中心合作应对实际设计挑战的机会 | Stanfordd.school医学博士：DavidJanka；斯坦福大学MBA学位：EmilieWagner；<br>斯坦福大学精神病学和行为科学系医学博士：AlexanderClarke |

续表

| 类别 | 课程名称 | 教学内容 | 师资力量 |
|---|---|---|---|
| 生活与学习设计 | | 学生与设计师和导师一起学习他们的生活地点，发展个人设计理念，为学生创造有意义的体验。通过实践活动、阅读和讲座，学生将扮演驻留设计师的角色，以实践关键设计技术并将他们的想法变为现实。参加大型项目的学生可能有资格获得2个单元。本课程可以预先指定LantanaDesignHouse的居民，非此地居民如果感兴趣也可以联系教练 | 来自D.school的创意总监：Scott Doorley；TinkerLab创始人：Rachelle Doorley |
| 创意健身房：设计思维技巧工作室 | | 建立创造性的自信心，提高个人的设计思维能力。训练直觉并扩展每天操作的设计环境。这个体验工作室引入了一系列可识别的技能。快节奏的动手练习将为行动的强烈偏见奠定心理和生理基础，并深入了解专家学者在其过程中的各个阶段所使用的个人技能 | Paper Punk的兼职教授兼学校创始人 Grace Hawthorne |
| POPOUT：内存和视觉的映射 | | 这个课程揭开了这种心态，以及如何将其用于地理以外的目的。学生将尝试自己的地图制作工作，并了解各种传统制图的技法。最终，学生将使用绘图来锻炼设计技能，为记忆和愿望服务。该课程的灵感来自斯坦福大学自己的"Rumsey"地图中心，这是世界上最好的私人地图系列之一 | 斯坦福大学讲师：Seamus Harte；斯坦福历史系：Charlotte Thun－Hohenstein |
| POPOUT：设计转型 | | 当遇到设计挑战时，很容易接触到受影响的用户群。如果挑战是关于幼儿教育的，首先想到的可能是与孩子、家长和老师交谈。将与"Skyline"学院的职业和劳动力计划中心合作开展此项活动，与斯坦福大学一半的学生和一半的"Skyline"学生一起创作这个课程 | 斯坦福大学约翰阿姆斯特朗生活设计实验室：EmHavens；SAP：Laura Pickel；Skyline College：Andrea Vizenor |

③ 设计交叉课程实践

斯坦福大学的LAUNCHPAD产品设计与开发的课程

《LAUNCHPAD：DESIGN AND LAUNCH YOUR PRODUCTOR SERVICE》是一门关于产品设计与开发的课程，接受来自斯坦福其他院系不同专业研究生的课程申请。在课程中每一个团队和创意方案都可以得到真实的启动，历时10周的学习是交叉学科的交流合作，也是一个真实的设计开发过程。学生运用设计思维方法努力设想方案、进行原型设计、设计产品测试与服务，以及描述、建造、定价、销售、分配和售卖，在课程中学生们运用交叉学科的交流与互补完成了设计开发到销售的全过程。可以说在院系与企业的支持下，这门课程成为一个良好的契机，将实践性设计思维运用于严格的、快速的、以结果为导向的团队中。导师队伍由D.School的创始人之一Perry Klebahn，和曾经是ebay的高级副总裁与商业经理的Michael Dearing教授组成。

极端负担能力的设计

还有一门叫作《极端负担能力设计》课程，极端负担能力设计是一个为期四个季度的项目课程，学生可以针对世界穷人面临的挑战设计全面的解决方案。学生将学习设计思维及其在低资源国家的问题中的具体应用。学生在商业、技术和人类价值观交叉的多学科团队中工作，所有项目都是在与各种国际组织的密切合作中进行的。这些组织主持学生实地考察，促进设计开发，并在课程结束后实施创意（图4-10）。

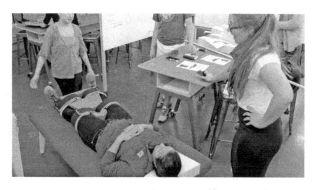

图4-10 支撑靠背人机工程测试阶段

**文学与社会在线学习**

课程理念由该校计算机科学教授塞巴斯蒂安·特龙与比较文学讲师佩特拉·迪尔克斯·特龙共同提出，为来自计算机科学与人文科学专业的学生提供发挥各自专长、合作开展技术与人文相结合的项目的机会。在这门课程中，来自计算机科学与人文学科专业的学生以小组为单位合作创建旨在为使用者带来全新人文体验的网站和移动应用程序。在短短十周时间里，学生已完成了从设计、测试到发布的流程，推出了多款新颖有趣的产品（图4-11）。

图4-11 产品有效性实践

参加课程的学生表示，虽然学科背景和思考问题的角度不同，但他们很快就找到了互通想法、分工协作、发挥各自专长的途径，收效显著。教师们也获益匪浅，并表示交叉学科团队教学和传统教学很不一样，有些挑战是他们在主讲自己的专业课时不会遇到的。学习与来自其他领域的人沟通是这门课最大的挑战，也是最大的收获，他们希望学生能通过对话合作达到仅靠自己的专业技能无法达到的高度。

**以思维广度提升学业教育深度的教学方法**

D.School的官方名称是斯坦福大学哈索·普拉特纳设计研究所，其教学机制异于寻常机构，不提供学位教育，因此没有常规意义上属于自己的学生。这里的课程向所有研究生开放，强调跨院系的合作，以设计思维的广度来提升各专业学位教育的深度为宗旨。这里的课程并没有固定的模式，从学时长度到参与课程的学生人数和师资构成都是不断调整的。每门课程起码配备两名教师，多的可以达五名，这是为了满足学科交叉的要求（总是有一名来自本学院的教师，另外的教师可能来自其他学院，也可能来自企业和社会机构）。这构成了教学上的实验性，对管理者提出了很高的要求。由于没有学位教育的要求，D.School的教学模式不重视一般意义上的系统性，而是强调针对性和实用性，回归到了设计的实践属性。

学校向入学新生传达了他们独特的教学方法：

**从根本上以学生为中心**。在每次会议结束后进行汇报:学生们与教学团队一起讨论他们喜欢和不喜欢什么,以及如何改进课程。教学团队将吸收反馈,并相应地定制下一次课堂会议。

**倾听对立的观点**。遇到不同的观点是激发学生创造力的关键。交叉学科的方法一直是学校的基石。最早的课程汇集了斯坦福大学多个学科的学生和教师,创造了一个互相挑战、发展和学习的社区。在向并不总是以同样的方式看待事物的教师学习的同时,学生们意识到设计项目没有明显或单一的正确答案,他们必须面对的挑战是在对比的专家建议之间导航模糊的空间。

**专注于设计过程**。在学校,重点放在创作或设计的过程而不是内容:学生如何工作,而不仅仅是他们正在制作什么。在许多方面,学校的重点是学生的行为。

**由毕业生领导大项目或者课程**。新学校毕业的D.School学员被要求领导大型项目和课程。经验丰富的教师与这些前学生一起平等地教学。这对年轻教师来说是一个延伸,同时也对学生产生了强烈的同理心。通过这些研究员的任务强度,他们很快就学会了相信自己的能力。

**鼓励不同背景教师群体的加入**

今天看到的D.School,只是由少数几个志同道合的爱好者开创的,也只开设了几门课程。重要的是很多早期成员都自愿加入,其核心团队并没有根据专业或专业知识进行招聘,而是找到了对这个想法真正能奋力拼搏的人组成了自己强大的团队,他们都来自不同的国家,有着不同的专业背景,对设计的理解却能相互补充、相互促进,以此建立专业团队的基础。

图4-12 改造过后的空间

**建立变革空间**

利用对空间的改变而重新塑造教师和学生的设计行为方式。在激发创造力方面,学生与自然环境的关系至关重要(图4-12)。在学校里,学生可以创作空间并将其作为加速设计工作的工具,当团队完成设计一个新的空间并且使它变得舒适时,就是设计团队再次移动、创作的开始。空间的改变和创造的行为对形成高校的学习、科研环境起到一定的推动作用。

**注意团队的力量**

将学生从大学的不同部门带到团队中,意味着除了在不熟悉的环境中使用设计来解决复杂的、开放式的问题之外,他们还必须学习如何交叉学科和观点进行协作。团队做出的选择往往与常规学术文化背道而驰,但这些选择毫无摩擦。虽然团队合作一开始很困难,特别是在构建组织时,每个人都各自不同的想法,但正是在这些不同的想法进行汇聚、摩擦后,才催生出一些令人难以置信的创新课程和教学计划。

斯坦福大学D.School以自由的教学方式为主(表4-8),也十分注重交叉学科,学院不授予学位,各个学生拥有不同的学科背景,教师团队也由不同领域的人组成,包括不同学院的老师和企业以及社会机构中的人,所做的项目也偏重于研究性,更多地使学生在这种教学模式中获利。

表 4-8　斯坦福大学 D.School 设计类学科交叉教学模式评价表

| 研究方面 | 评价总结 |
| --- | --- |
| 知识体系 | 团队的知识汇聚了各个学科，学习中用多学科的知识解决问题，并设立集合多学科的研究机构，将不同专业的学生聚集起来，共同上课，由强大的混合教师团队教学，构成了多个学科互相影响并均衡发展的知识体系，使得学生们可以多维地看待问题，并能迅速找到解决方案，是各学科良性发展的结构体系 |
| 课程设置 | 课程和项目设置将斯坦福大学各学院的学生聚在一起，课程主要包括核心课程、提升课程和体验活动。其课程设置多注重基础性研究和前沿的社会问题探索，淡化商业效应，课程都是有意义的实践课程，如未来、生活和健康等，课程的层次分明，有基础技能训练，也有极具挑战性的创意课程，学生们可自由选择 |
| 教学方法 | 没有真正属于自己的学生，不授予本学院的学位，作为一个联合研究机构，它主张跨院系的合作教学。其教学宗旨是：以设计思维的广度来提升各专业学位教育的深度。它主要训练来自不同学习背景的学生智慧地运用设计思维解决公共问题或本专业特有的问题。主张试验性教学，即没有预期的课程结果，教学团队包括各科老师以及企业和社会机构的人，他们配合紧密并高水平、高效率、高输出 |

（3）北伊利诺伊大学

北伊利诺伊大学艺术与设计学院视觉传达专业凭借优秀的教学团队和非常成功的校友而享有全国的声誉。除了视觉传达专业外，北伊利诺伊大学艺术与设计学院还开设了插图、陶瓷、绘画、材料、雕塑、时间艺术（动画和视频）和艺术＋设计教育等课程。同时，该学院为学生提供了继续学习几乎所有可以想象的艺术媒体和领域的机会。无论本科还是研究生研究的艺术史都强调艺术不仅引人注目而且充满了意义，主张艺术是一个交叉学科的研究领域，涉及很多其他的领域，包括历史、哲学、文学、语言、科学、宗教和技术，并与人类学、考古学和文化研究密切相关。在学位授予方面，该学院的艺术学士学位（BS）是一门综合性学位，专注于在跟广泛的一般学习课程（包括科学、数学和技术领域）的背景下研究艺术、设计和艺术史。

① **专业课和公共课共同发展**

北伊利诺伊大学为一所美国公立大学。公共课在美国的公立大学的艺术设计课程中占比较大。北伊利诺伊大学本科课程偏重于学科的融合和实践部分，具体课程设置如下。

**陶瓷**

北伊利诺伊大学的陶瓷项目提供多样化的材料和工艺方法，从功能性工作到现代船只和雕塑形式。课程指导包括：轮投掷、手工制作技术、模具制造、黏土、釉料配方和射击。通过与同龄人、老师和个人关注的互动，学生们将学到技术能力和概念理解以及陶瓷的历史知识。还有学生组织的陶瓷活动团体为学生提供实验营销，组织实地考察和招募访问艺术家的机会。

**绘画**

北伊利诺伊大学艺术与设计学院的素描课程帮助学生培养基本的绘画技能，从对象的表示到解释再到概念。通过密集的工作实践，创作出多件能探索叙事形象、抽象、社会政治参与、全球化和解构身份的概念作品。其素描课程通过交叉学科鼓励学生将领域扩展到油画包括表现、装置、视频、动画和摄影上。教师们还会鼓励学生拓展对材料、制作流程和历史发展过程的探索和了解。

### 材料研究

材料研究课程主要包含广泛的材料和技术，并独特地融入当代的艺术和设计的话语。材料领域的研究给学生们提供以下活动：造纸、书艺、布料画、印花和染色、纺织建筑、混合媒体技术等。其重点在于传统织物和摄影、雕塑、版画、油画、时尚和装置的概念的结合。在学习完基础课程之后，学生将专注于个人方向，并通过阅读、讨论、接触当代理论和课堂批评来指导自身的发展。

### 摄影课程

摄影课程面向希望探索媒体作为艺术的个人，并为他们作为工作艺术家的成功做好准备。学生接触各种方法并重视摄影中的当代观念，在个人研究上重点掌握传统技术和数字技术。在入门和中级课程中，重点致力于熟练掌握传统和数字图像制作技术和流程，了解媒体的历史、当代实践及其在当代艺术中的地位。高级课程通过技术和材料强调实验研究，并通过几个更大的工作重点建立个人艺术视野。

### 版画课程

北伊利诺伊大学艺术和设计学院版画制作课程将帮助学生做好视觉艺术家或者相关领域的职业生涯规划。课程包括：凹版和浮雕、光刻、丝网印刷。研究版画能够使学生在印刷相关媒体中追求个人创造力和技术能力，因为它在当代艺术环境中被实践和利用，也鼓励交叉学科探索。本科生可以学习使用石材、铝材、照相印版和模板印刷的特定技术，还可以参加研究生课程，以进一步开展版画研究。

### 雕塑课程

雕塑课程的重点是对材料、技术和概念的综合探索。该学院提供全面的课程计划，结合并跨越传统的材料考虑边界与学生的个人愿景。北伊利诺伊大学艺术与设计学院的雕塑专业促进了对当代雕塑实践的历史、社会和概念的探索。雕塑专业的学生被鼓励参加交叉学科课程，获得对"制作"的正式理解，这将扩展和丰富学生的艺术实践。其雕塑课程的上课地点靠近芝加哥，当地的实践艺术家每个学期都会到校园参加讲座和评论，雕塑专业的学生也会前往芝加哥，在那里能接触到最具创新性的艺术和实践，并将现实生活中的经验带回课堂，学习如何达到与当前的艺术世界保持一致的水平。

### 时间艺术

时间艺术是一个数字媒体和设计程序，探索创建动画、交互和可视化的前沿工具。时间艺术包括2D、3D动画、视频艺术、声音、数据可视化和交互性课程，作为一个研究机构不断地创造新的工具和技术。时代艺术专业的学生可以选择专注于一个领域学习，也可以开展交叉学科学习，重点是多媒体元素的整合。

随着专业的发展和开拓，课程设置趋于专业与专业之间的界限越来越模糊。北伊利诺伊大学艺术设计系的平面设计教学超越了二维的概念，并开设了多媒体等课程，注重课程的灵活性和多样性，鼓励学生进行交叉学科的选课，使学生具备多学科的专业技能，培养学生从不同学科的思维科学、心理学、方法论的角度来探讨问题，从而激活学生的创新潜能和创新性。

北伊利诺伊大学艺术设计系的学分和学时设置：艺术设计系的学生一般修完120左右的学分才能毕业，美国公立大学的学分低于私立大学，美国60分钟1学时，不同的课程学分和学时的比值不同。理论课程是1：1，即1学分=1学时；技能课程是1：2；实践课程是1：3。由此可以看出，北伊利诺伊大学艺术设计教学重视实践教学。实践教学是培养学生创新能力的重要环节，也是理论和技能教学的重要补充，还是设计艺术教育的灵魂。

② 设计交叉教学实践

**餐厅设计实训课程**

该课程是北伊利诺伊大学室内设计专业助理教授Connie Dyar和食品专业营养学博士Rachel Vollmer RD合作讲授的一次实训课程。食品专业的学生完成餐厅名称、菜品开发、人员配置、餐厅管理等方面的概念设计；室内设计专业的学生根据食品专业学生的餐厅设计理念，设计出实际的餐厅空间，并且用必要的软件工具进行三维的实景模拟。两位老师从各自的专业领域出发，指导室内设计专业和食品专业的学生整合对方的学科技术和理论，共同完成一个餐厅设计项目，这是一次交叉学科理论在教学领域的应用。此次实训课是针对北伊利诺伊大学设计专业大三学生2018年秋季学期开设的一门必修课程，一学期共计四次这样的实训课程。以下分享的是大三学期的最后一次实训课程。

食品专业餐厅设计作业要求：由食品专业的学生为某品牌餐厅设计菜品，内容涉及餐厅规模、餐厅从服务员到厨师再到经理的人员配比、各工作人员的工作时间及薪酬。食品专业的学生最后呈现的作业内容包括：菜品定位（此菜品为什么样的消费群体研发，价位如何），餐厅需要什么样的环境氛围，需要多大的建筑空间面积等，菜品研发过程记录及营养配比说明，餐厅菜单设计，餐厅各工作人员工作章程和工作时间表以及餐厅经理管理章程。

根据食品专业学生的设计任务书，设计一份该餐厅的概念设计报告书。报告书内容应包括：餐厅色彩搭配说明、餐厅室外效果模拟图、餐厅室内效果模拟图、平面功能分布图和相应的餐厅配套施工图。根据作业要求，学生自行讨论分组，每项目组成员自行讨论项目名称，为自己设计的餐厅拟定一个名字。

各项目组完成项目命名后，食品专业的学生完成餐厅菜品调研和研发，并设计餐厅菜单。食品专业的学生在设计餐厅规模和餐厅功能需求时，与室内设计专业的学生讨论室内设计领域的相关专业知识，讨论达成共识后，由食品专业的学生向室内设计专业的学生下达一份书面"项目设计任务书"。以下为UNWINE项目组设计任务书样本（图4-13）。

> UNWINE 项目组设计任务书
>
> 项目名称：UNWINE 餐厅设计
>
> 餐厅设计理念：UNWINE 餐厅是专门为年轻人打造的一家兼用餐、休闲为一体的中低消费场所，用餐时间为早6点到晚12点，24小时提供咖啡和酒水服务。本餐厅主要只提供各色风味的披萨。
>
> 餐厅规模和功能要求：餐厅空间需容纳100名客人同时用餐和服务人员服务流动空间。功能应配置前接待区、用餐区、提供咖啡和制作酒水的吧台区、供烤制披萨和其他菜品制作的厨房区、工休区、员工私人卫生间、餐厅管理人员的办公区、客人卫生间等餐厅相应的空间。
>
> 餐厅环境要求：UNWINE餐厅氛围应以暖色为主，体现舒适、松弛的用餐、休闲环境。
>
> 其他注意事项：餐厅所有设计应符合餐厅室内设计功能需求和国家消防安全法律。

图 4-13 UNWINE 项目组设计任务书样本

室内设计专业的学生根据"项目设计任务书"的要求，使用Autodesk Revit软件技术模拟现实餐厅三维空间，并用该软件生成该餐厅项目施工图。

整个实训课程目标比较明确，其不同专业的学生所针对的设计也较合理，其作风严谨、效果良好，是交叉学科理论在教学领域应用的成功案例。

### 教育研究与设计中的技术创新

（Technology Innovation in Educational Research and Design，TIER-ED）

"TIER-ED"是一个由伊利诺伊州交叉学科研究人员和设计师组成的社区，致力于将新技术的尖端应用于整个生命周期的教育和学习中的关键问题。该计划以教育学院为基础，但它利用伊利诺伊大学厄巴纳—香槟分校的专业知识来设计、开发和评估这些技术。有效、有影响力的教育仍然是21世纪的重要挑战。虽然我们生活在技术革命的尖端，有无处不在的传感器、人工智能和大数据以及增强现实，并正在改变我们生活和工作方式的方方面面，但教育方面的长期挑战依然存在（图4-14）。

图4-14  TIER-ED 项目课程

"TIER-ED"这个社区主要探究创新的解决方案，包括：

- 促进交叉学科的认知和情感参与
- 解决不同学习者的公平和获取问题
- 让教师在新兴的数字工具领域有效工作

TIER-ED的研究和设计平台包括：

- 增强和虚拟现实环境，支持新的方式与学习内容交互
- 数据分析方法，允许个性化学习环境和理解访问公平问题
- 多点触控和其他支持协作学习的界面

在线学习平台，改变学生与他人互动的方式，并从教师那里获得反馈。

"TIER-ED"研究人员重新思考博物馆空间中的数字展览，下面介绍几个项目的具体内容。

"Energlze"项目：在这个项目中，"TIER-ED"总监Robb Lindgren将他关于具体学习模拟的工作带到博物馆的地板上，以便年轻的科学中心参观者可以利用他们身体的全部动作与有关能量的游戏进行交互。这款游戏叫作Energlze，使用Microsoft Kinect来授权儿童执行各种形式的能量、能量转移以及推理能量守恒。Lindgren博士及其TIER-ED同事Mike TIssenb-aum博士目前正在与劳伦斯科学馆合作，在加利福尼亚州伯克利市，开发相互关联的体现学习展品的系统，它们相互建立并促进学习转移。"EnergIze"是一款有趣、狂热的双人游戏，允许小学学龄儿童以多种形式探索和表达能量观念。玩家使用Kinect传感器来控制机器人，因为他们可以解决能量转换难题并逃离倒塌的建筑物（图4-15）。

在"Energlze"项目中，能源是幼儿的挑战话题，开发能量游戏的目的是引发关于能量的对话，如何被保存以及它可以被转化的不同方式是大家都关注的话题。"Energlze"举办了一个博物馆展览，并就能量的问题在印第安纳波利斯儿童博物馆中进行了有效的测试。

图 4-15　儿童使用 Kinect 传感器来控制机器人

"Move2Learn"项目

H Chad Lane博士是一个大型国际组织的领导团队成员，该团队与美国和英国的多家博物馆合作，了解手势和其他类型的身体运动在学龄前儿童非正式环境中的科学学习中的作用。这个联盟，包括"TIER-ED"的主任Lindgren被称为"Move2Learn"，它将研究人员和博物馆从业人员聚集在一起，研究如何在佛罗里达州迈阿密的弗罗斯特科学博物馆（Frost Museum of Science）举办"草之河"（Rivers of Grass）展览，鼓励学生在参与科学创意时恰当运用身体。关于"Move2Learn"项目的其他数字展览研究，正在印第安纳波利斯的儿童博物馆中进行。在那里，年轻的游客们可以用他们的整个身心来学习农作物科学中的关键思想（图4-16）。

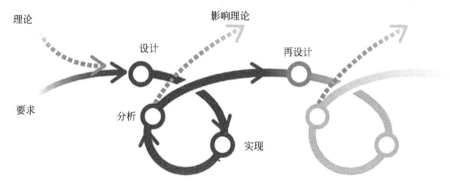

图 4-16　Move2Learn 研究模型图

"Move2Learn"正在开发新颖的方法以捕获儿童的全身展示互动和学习。在这种方法中，他们将重点放在儿童独白和同伴以及与父母互动时的表现上（见图4-17）。通过深入的视频分析和实时观察工具，捕获儿童的展览互动以及互动前后的访谈，关注儿童的经历，以获得如何支持自己思考、交流科学观念的方式和儿童对这些经历的情感投入程度。"Move2learn"还开发了具有文化敏感性的调查工具，使他们可以检查到

图 4-17　参加科学展览的儿童

影响孩子及其父母在展览中互动的因素和变化要素。

③ **不同教学风格的交叉融合**

教学方法对学生创新能力的发展有着重要的影响。耶鲁大学校长理查德·莱文在第二届中外大学校长论坛中指出:"制约学生创造力发展的主要因素应该是教学方法的问题,不同的教学方法取得的效果大不一样。"北伊利诺大学艺术设计教学中同一门课程由几个不同的老师担任,风格各不相同,由学生自由选择。例如,Intermediate visual communication 分别由 Jon AshmanI、Johnathon 和 nick 担任,并由 Aleksandra Gize 担任课程协调员,学生根据需求选择不同的教师。

在同一门课中,如 Jon AshmanI 教授的课堂采用"命题作业"教学方法,在"命题作业"中重视学生思维的培养、学生个体意识的发挥、学生全方位思考的启发。Jon Ashmann 教授在布置作业时试图不控制学生思维,激发学生的想法,让学生有更大的空间进行自我表述。在以"Country Identity"为主题的思考和设计中,教师极为注重学生个性的融入,根据个人种族、年龄、国籍、文化背景等不同经历启发学生思考什么是"Country Identity"。鼓励学生对"Country Identity"从历史、政治、文化、经济等角度进行延伸思考,写成论文。在课堂上,学生交流自己对所选国家的"Country Identity"的研究,同学之间相互批判、老师点评,是挖掘学生深入思考的过程。学生根据自己对"Country Identity"的研究做成书籍,装帧图形、色彩、文字都根据学生对自己做的研究来确定初稿,确定后再次回到课堂,经过几轮学生和学生间的相互批判,老师点评使学生作品逐步趋于完善,设计趋于规范。Jon Ashmann 教授的教学方式为学生的设计赋予了内涵,打开了学生的思维,且使学生了解到整个创意设计的程序。

Johnathon 教授采用的"项目实践"教学方法,在"项目实践"法上,将课堂实践教学和企业实践教学相结合(图4-18)。

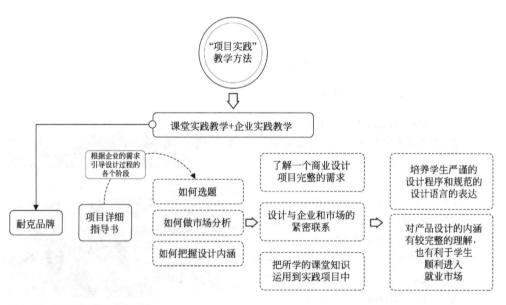

图 4-18 "项目实践"教学方法

Johnathon教授根据耐克品牌的需求制定项目详细的指导书，根据企业的需求引导设计过程的各个阶段，从如何选题、如何做市场分析、如何把握设计内涵等方面提出明确要求。在"项目实践"过程中，学生不仅了解一个商业设计项目完整的需求，设计与企业和市场的紧密联系、潜移默化地把所学的课堂知识运用到实践项目中，通过这种灵活性、开放性的项目教学方式，使学生可以逐渐形成自身独特的艺术观点、明确个人思路，同时也使学生具备独立的创新能力。为了确保设计的成功，Johnathon教授非常注重培养学生严谨的设计程序和规范的设计语言的表达，尤其重视学生规范的设计语言的表达，如包括文字表达、视觉形象表达、口头设计表达。通过这种严谨和规范的训练，使学生具有较高的职业素质，并对产品设计的内涵有较完整的理解，有利于学生顺利进入就业市场。

三个不同的教师承担同一门课，在不同的教学阶段大家会集中到大教室一起分享不同教学阶段的收获，教师介绍自己不同学生的作品，课程协调员Aleksandra Gize做相应的总结，使学生间相互学习。

北伊利诺伊大学为艺术与设计学院的学生们提供了学习丰富的艺术媒体和领域的机会，主张艺术本身就是个交叉学科的专业，设计了很多其他的领域，包括历史、哲学、文学、语言学等（表4-9）。

**表4-9　北伊利诺伊大学艺术与设计学院交叉教学模式评价表**

| 研究方面 | 评价总结 |
| --- | --- |
| 知识体系 | 北伊利诺伊大学的艺术与设计学院提供给学生丰富的艺术学习环境，而且各学科之间联系紧密，所以艺术学的课程和知识都是建立在对一般课程（包括科学、数学和技术领域）的研究基础上再展开研究的 |
| 课程设置 | 北伊利诺伊大学艺术与设计学院的课程体系在重视专业课发展的同时，也注重公共课程的教学。作为一所公立大学，学位授予依赖学分制，没有专门的交叉课程，但学生们可以自由选择，而且课程内容都偏向于技术，各学科在探索与新兴技术融合的可能性，随着专业的发展与开拓，课程设置中专业和专业之间的界限越来越模糊 |
| 教学方法 | 北伊利诺伊大学艺术与设计学院的教学方法有一个特色，就是有不同的老师组成教学团体共同教授一个课程，学生们可以选择喜欢的老师，将一门课拆解开，融入不同教学风格和知识体系，吸引来不同背景的学生，带动整个学科的发展，定期举办的分享会将大家召集起来分享每一阶段的收获，不同导师评价学生的作品，学生之间也可以相互学习 |

**（4）卡内基梅隆大学**

卡内基梅隆大学是一所私立的全球性研究型大学，是世界上著名的教育机构之一。卡内基梅隆大学（Carnegie Mellon University）在六个本科学院、大学和校际学位项目中提供90门课程和专业。卡内基梅隆大学美术学院（CFA）是美国第一家综合性艺术培训机构。通过音乐学院和工作室培训的课程，以及学校提供的大量学习机会，加强对那些想成为艺术专业人士的教育。卡内基梅隆大学美术学院是一个由来自建筑、艺术、设计、戏剧和音乐以及相关中心和项目的国内外五所学校的知名艺术家和专业人士组成的社区。每个专业都是高度专业化的，但也注重与其他学术和艺术学科的合作，其学生和老师的比例是9：1，学生与教授在艺术创作和设计过程中利用各自的特长和资源紧密合作。

① 创造性、技术性、学术性和实践性的课程设置

卡内基梅隆大学的一些交叉学科人才培养项目并非由相关联的两个专业联合创办，统称为"BXA"（交叉学科研究校际学位课程）。"BXA"（The Bachelor of X and Arts）中的"X"是学科、创新和好奇心的交叉点。"X"是变量，根据学生与他们的美术学院集中的学术单位变化。这个交叉点是融合多个探究领域所创造的新形式知识的网站。"BXA"校际学位课程旨在帮助学生追求这些新的发现和领域，将严谨的学术和创造性培训结合在一起。只有通过整合创意和学术工作才能实现目标的学生非常适合"BXA"课程，这些课程可以促进学科主题的创新。

"BHA"项目（人文和艺术学院的交叉学科学士学位项目）

"BHA"项目是由卡内基梅隆大学的人文与社会科学学院DC（The Dietrich College of Humanities and Social Sciences）和艺术学院CFA（The College of Fine Arts）共同发起的，融合了两个学院各自的优势。学生既可从艺术学院中的建筑、艺术、戏剧或者音乐等五个下设学院中选择自己的课程体系，也可以从人文与社会科学学院提供的主、选修课程列表中选择或设计课程体系。对学生来说，"BHA"项目最重要的作用是全面发展他们的兴趣，探索他们选择的学科之间的内在联系，提供足够的灵活性以拓宽或加深他们研究的课程体系，并开发出他们可能感兴趣的其他领域。

课程由三个主要的部分组成：通识教育课程体系、艺术学院课程体系和迪特里希人文与社会科学课程体系。学生必须完成自己课程体系中所规定的大量课程。

**通识教育课程体系**

通识教育课程体系是迪特里希人文与社会科学学院通识教育项目的一个升级版本。此外，学生必须完成新的研究讨论课任务、初级研讨会任务、初级评审组合、高级顶点项目和计算技能培训班，其中研讨会是一种新的教学形式。在教授的主持下，借助师生共同感兴趣的话题，通过教授和学生之间的交流互动，以小组的方式进行讨论与探究。新生研究讨论课还可以帮助学生快速了解学校和所要学习的课程，以及学校的管理和组织等，以便及时改变学习方法，快速适应新环境。通识教育课程具体如表4-10所示。

表4-10 通识教育课程学分要求

| 沟通：语言和翻译 | 3个课程，最少27学分 |
| --- | --- |
| 思考：社会和文化 | 1个课程，最少9学分 |
| 建模：数学和实验 | 1个课程，最少9学分 |
| 决策：社会科学和价值观 | 3个课程，最少27学分 |
| BXA新生研讨会 | 1个课程，最少9学分 |
| BXA初级研讨会 | 1个课程，最少9学分 |
| BXA初级职业文件审核 | 1次审核，0学分 |
| BXA顶峰项目 | 2个课程，18学分 |
| 大学必修：计算机 | 1个迷你课程，3学分 |

② 艺术学院课程体系

在艺术学院，学生可以选择自己的艺术课程体系：建筑、艺术、设计、戏剧和音

乐。每个人都必须符合所选艺术学院的具体录取要求。每个学生只有通过艺术学院所有具体课程的录取要求后，才能改变自己在艺术学院的课程体系。

**迪特里希人文与社会科学学院课程体系**

该课程体系的选择领域包括：经济学、英语、历史学、交叉学科研究、现代语言学、哲学、心理学、社会与决策科学、统计学。艺术与人文学院学士学位课程所需学分如表4-11所示。

表4-11 人文与社会科学学院交叉学科学士学位项目学分要求

| | |
|---|---|
| 通识教育 | 111学分 |
| 艺术学院课程体系 | 108学分 |
| 迪特里希人文与社会科学学院课程体系 | 81学分 |
| 必修课程总学分要求 | 300学分 |
| 自由选修课 | 78学分 |
| 毕业总学分要求 | 378学分 |

卡内基梅隆大学的"BHA"交叉学科人才培养项目通过开发创造性、技术性、学术性和实践性的课程，综合开发学生的多方位能力，以学生兴趣为中心，采取灵活多变的授课方式，使得学生为以后的工作和学习打下良好的基础。

**"BSA"课程（科学和艺术学士课程）**

科学和艺术学士（BSA）校际学位课程，结合美术学院（CFA）和科学学院梅隆（MCS）的优势。该学位课程为擅长美术和自然科学或数学的学生而设计，并且具有同时追求两门学科的兴趣和特殊能力。"BSA"课程有三个主要部分：一般核心课程、美术专业课程和自然科学以及数学集中课程。每个学生的学习课程都是结构化的，这样学生就可以在四年内完成"BSA"的所有课程。学生将他们的"CFA"专业与生物科学、化学、数学科学和神经生物学或物理学的专业相结合，其课程及学分要求如表4-12所示。

表4-12 各课程学分要求

| 课程 | 内容 | 学分 |
|---|---|---|
| BSA通识教育 | BSA通识教育是一门独特的核心课程，为人文科学、社会科学、自然科学和数学奠定了基础。此外，学生必须完成BXA特定课程 | 129 |
| MCS专业课程 | 学生从MCS的各个部门中选择他们的科学专业：生物科学、化学、数学科学、神经生物学或物理学 | 114～134 |
| CFA专业课程 | 学生从CFA的以下学校中选择他们的艺术专业：建筑、艺术、戏剧或音乐。学生必须满足他们选择的特定CFA学校的入学要求 | 108 |
| 自由选修课 | 学生可参加卡内基梅隆大学的任何课程。许多学生通过上选修课来扩大或加深他们的知识力。最多可以计入9个体育或军事科学单元，体育和军事科学课程将不会在学生的QPA中计算 | 9～29 |

**"BCSA"课程（计算机科学与艺术学术课程）**

计算机科学和艺术学术（BCSA）校际学位课程，结合美术学院（CFA）和计算机科学学院（SCS）的优势。该学位课程为有兴趣追求全面融合技术和艺术领域的学生提供理想的技术、批判和概念基础。学生从CFA的学校中选择他们的艺术专业：建筑、艺术、戏剧或音乐。学生也可以选择由计算机科学学院建立的计算机科学专业。"BCSA"课程包括三个主要部分：通识教育课程、美术专业课程和计算机科学专业课程（表4-13）。

表4-13 BCSA课程

| 课程 | 学分 |
| --- | --- |
| BCSA通识教育 | 121 |
| SCS专业课程 | 111 |
| CFA专业课程 | 108 |
| 自由选修课 | 40 |

"EA"课程（工程与艺术学术课程）

该课程主要结合美术学院（CFA）和工程学院（E）的优势学科。这个额外的专业为学生提供了比辅修课程更强大的创造性艺术的正式实践和培训，以及交叉学科研究的基础，从而实现他们兴趣的整合。目前拥有工程专业的学生从CFA的学校中选择他们的艺术专业，如建筑、艺术、戏剧或音乐。"EA"课程包括两个主要部分："BXA"课程要求和美术专业要求（表4-14）。

表4-14 EA课程

| 课程 | 学分 |
| --- | --- |
| BXA课程要求 | 36 |
| CFA专业课程 | 108 |

"Capstone"项目

所有"BXA"项目中的老学生都需完成为期一年的研究密集型"Capstone"项目。"Capstone"的范围从论文、表演和游戏到应用程序、装置、商业计划等。"Capstone"的目标是展示学生如何将课程的交叉学科元素融入一个综合项目中。此外，"Capstone"项目提供了学生所做的交叉学科工作的具体表现。

"Brainer！"儿童手游

"Brainer！"是一款2D儿童手机游戏。它是由2017年的"BXACapstone"项目结合了数学科学和建筑学的知识而构成的。该游戏的主要目的是为儿童提供大脑训练的手机游戏以提高儿童的专注度，包括一些简单的迷你游戏。

例如，匹配相同的图片，以刺激不同的感官，使得空间感和注意力达到平衡的专注水平。该游戏在"Unity"移动平台上开发，可轻松点击、访问。该项目希望能帮助那些需要提高注意力的年轻人，以获得更好的教育成就。在这个"BXA"项目中的学生还同时辅修了游戏编程，主要由学生自发提出项目概念，老师给予每个项目建议。经过一年的努力，不断地建立原型，寻找大量用户进行测试，记录分析，然后跟不同学科背景的人交流，确认修改策略并多次与不同领域的老师进行沟通，确保多学科知识融合的成功，以达到产品的可用性。最终产出的游戏作品在2018年5月举行的

图 4-19 基于算法的乐队创作现场

图 4-20 学生在演奏会上拉小提琴

年度思想本科研究会年会上展示出来。

"Creating with the Machine"音乐创作项目

"Creating with the Machine"是2018年的"BXA Capstone"项目（图4-19），该项目涉及计算机科学和音乐技术，同时还要辅修声音设计。这个作品是一个算法，用于现场表演的交互式算法组合，将算法和传统的音乐创作方法融入现场表演中。它探讨了交互式生成算法如何影响音乐即兴创作，并为观众创造引人入胜的聆听体验。创建并首演了三种不同形式的组合，每种组合都展示了不同的算法组合技术在音乐创作里所展现出的不同视觉场景。这些表演旨在融合创意和计算的主题，以便让观众接受自动化和随机性而实现艺术目的。

探索音乐对情绪和疼痛的影响（An Exploration of Music's Effect on Emotion and Pain），参加这门课程的同学需要综合认知神经科学和音乐表演的相关知识（图4-20）。因认知神经科学跟医学联系紧密，大量的医学院学生报名参加了这个课程，他们在这门课程中请教艺术学院音乐系的学生指导相关的乐理知识和音乐表演，并展开相关的实践课程的合作。其中语音独奏是以个人旅程为主题，选择和组织独特的歌曲，以唤起作者对自己的情感联系，其目的是探索音乐表演是否能够成为表演者对疼痛有所缓解及相关数据管理的工具，此次独奏会试图通过非药物性治疗，来达到缓解和改善疼痛的管理工具研究以及相关的实际应用。

③ 一生多师且重视校际合作的教学方法

**首先**，卡内基梅隆大学的交叉学科人才培养项目众多，涉及的范围也极其广泛，涵盖了本科、硕士和博士各阶段的交叉学科人才培养。本、硕、博加上预备役军官训练团在内共计31个交叉学科人才培养项目，在全校大范围地展开，在校内营造了良好的交叉学科人才培养氛围，数量众多的交叉学科人才培养项目也是卡内基梅隆大学的交叉学科人才培养闻名全球的原因所在。

**其次**，拥有庞大的师资队伍和雄厚的资金支持作为保障。教师在高等教育中占据着主导作用，因而师资队伍的质量对交叉学科人才培养的结果起着重要的保障作用。在卡内基梅隆大学的人文与艺术学院，交叉学科学士学位项目中，每个交叉学科项目的学生都有两个额外的学业导师：一位来自美术学院，指导学生的艺术相关科目；一位来自迪特里希人文与社会科学学院，指导学生的人文科学或者社会行为科学的科目。有了双重的导师指导，学生便可以充分享有选课自由，同时减少了选课的盲目性，也最大限度地避免了缺乏了解所造成的选课失误。

在学校的艺术管理硕士学位项目中，艺术管理课程——"MAM"（Master of Arts），更是由艺术管理和行政机构的专家来授课。其中许多人还是各自领域的相关从业者，在传授给学生系统专业知识的同时，还能传授给学生更多行业内部的一手资料，使学生可以更科学、合理地构建自己的知识体系。而资金更是交叉学科人才培养的物质方面的保障，卡内基梅隆大学的交叉学科人才培养的资金来源渠道丰富，其中有些资金来源是交叉学科人才培养项目中获得的收入。资金在用于交叉学科人才培养项目建设的同时，还用于给学习成绩优异的学生发放全额的奖学金，既保障人才培养项目顺利运行，也能激发学生的学习动力。

再次，注重校际互动与全球化经验的获取。卡内基梅隆大学不仅注重跨院系间的交叉学科人才培养，更加注重校际的交叉学科人才培养。如31个交叉学科人才培养项目中的医学科学家交叉学科训练项目，计算生物学交叉学科博士项目以及陆军预备役军官训练团项目等，都是与同在一座城市的匹兹堡大学联合创办的。这样的校际互动不仅可以提供给学生更多的专业指导，还可以实现高校间的沟通交流和资源上的互通。艺术管理交叉学科的硕士学位项目中，则规定了学生必须在意大利博罗尼亚大学完成一个学期的系统学习，这也体现了卡内基梅隆大学全球化的人才培养理念。

第四，培养目标清晰明确，注重实践能力的培养。卡内基梅隆大学的交叉学科人才培养目标清晰、明确，减少了学生学习的盲目性。机器学习交叉学科博士学位项目对博士生每一年的学习都做了明确的计划。第一年主要学习五门核心课程，第二年要参与数据分析项目，第三年则要完成学校要求的选修课，并且对选修课的选择范围也做了明确规定，第四年开始前需完成开题报告，第四年和第五年进行毕业论文的写作。艺术管理交叉学科硕士学位项目的课程对学生的暑期实习也有明确的规定，特别是针对实习的时间也进行了规范，特别注重对学生实践能力的培养。

最后，运用灵活多变的教学模式进行交叉学科人才培养。除了传统的课堂教学，卡内基梅隆大学的艺术管理交叉学科硕士学位项目还创建了自己的实验基地"未来租户"（Future Tenant）。在单独的艺术空间里进行教学，这样独特的教学环境，有助于吸引学生的学习兴趣，强化学生的学习动机，更有助于提高交叉学科人才培养的质量。

④ 卡内基梅隆大学综合创新研究所

卡内基梅隆大学综合创新研究所相信通过将工程、设计和业务的学科结合起来，可以构建更有影响力的解决方案，为真正的人类社会创造价值。他们为学生提供了一种经过社会实践项目的检验方法来创新产品和服务。通过动态的项目和研究，使学生能够使用正确的技术（工程）有效地工作，改善个人生活（设计）并在市场（业务）中创造经济价值。

**交叉实践"BEAM系统"项目**

生活在大都市地区的00后，正在寻找一种新的厨房使用方式。在对大约50个00后的调查中，学生发现92%的00后希望厨房更有利于社会互动。58%的人每天至少做饭一次，并且几乎一半的人不能舒适地在厨房里容纳两个以上的人。通过进一步的研究，则发现新的"00后厨房"的关键设计价值机遇存在以下几个方面：

关系型——鼓励社交互动，因为它不会使厨师束缚于厨房。

空间——尽可能小巧。

多功能——保持每项任务的熟练度。

模块化——只需简单的步骤即可连接到总体系统。

可访问——易于使用、存储和清洁，而用户方面的工作量却最小。

直观——学习曲线低；产品只是"有效"。

敏捷——能够根据需要随情况和环境变化——变色龙。

"BEAM系统"厨具设计是构成厨房套件的单个设备的集合"BEAMbase，BEAMpro，BEAMbowls，BEAMlids"和"SousChef"应用程序，旨在提高烹饪效率，减少清理工作并赋予厨师离开传统厨房的烹饪方式。例如，电磁线圈将热量感应到锅及锅中，为诸如搅拌器之类的设备供电；应用感应技术，炉灶面则不会变热，也能实现有效的烹饪。"BEAM系统"设计的厨具以低成本、紧凑的形式走向市场，从而带给00后不同的生活方式和体验形式。学生们也会在此次项目中根据所做的项目的程度，去建议这种多功能、节能的便携式厨具设计的零售价为149.99美元（图4-21）。

图4-21　BEAMpro、BEAMbowls产品设计

**紧急医疗预防系统（MEPS）**

航空公司如何帮助旅客预防紧急医疗事故？长途旅行被定义为连续旅行6个小时到超过12个小时，这可能会给患有健康状况的乘客带来挑战。通常，由于飞行时间延长和时区变化，经常服用周期性药物的人很难记住在需要的时间服用正确的剂量。特别是糖尿病患者，缺少胰岛素注射会导致一系列医疗紧急情况发生。某些乘客可能遇到的另一个健康问题是深静脉血栓形成（DVT），它通常发生在腿部（图4-22）。

解决方案：通过开发新的或重新设计当前飞机上的相关产品和服务，航空公司可以大大提高乘客预防医疗并发症的能力。拟议中的医疗应急预防系统的推出包括三个项目：EMS项圈、压力袜（见图4-22）和用药提醒。这些将确保改善腿部血液循环和整体处方药合规性。

⑤ **卡内基梅隆大学设计学科教学模式总结**

卡内基梅隆大学以其跨专业联合的交叉学科人才培养项目和高效、专业且覆盖面广的教学方法而跻身于世界最著名的设计类教育机构行列，其独创性的

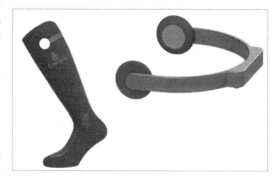

图4-22　压力袜设计效果图

"BXA 项目"将各个高度专业化的课程和创造性的培训结合在了一起。以下将从卡内基梅隆大学整合创新研究所的知识体系、课程设置和教学方法三个方面总结设计学科交叉教学模式的概况。

**知识体系方面**

卡内基梅隆大学有着高度专业化的独立课程，也有着联系紧密的交叉知识网络。卡内基梅隆大学的美术学院（CFA）分为五所独立的学院：建筑、艺术、设计、音乐和戏剧，各个学院有独特的知识体系和教学观念，学生根据自己的兴趣报考相应的学院。各个学院的师生比相对较高，在学习的过程中学生和老师可以密切合作，专业而又横向交叉的知识架构使得每一个培养出来的学生都有着过硬的基础知识和良好的创造性思维。

**课程设置方面**

卡内基梅隆大学的课程除了各个独立学院独立的专业课程之外，最有特色的是它的交叉学科人才培养项目 BXA，主要是关联性大或不大的学院与艺术学院之间的联合，开发创造性、技术性、学术性和实践性的课程，综合提高学生的多方位能力，学生可以根据自己的兴趣选择课程，但必须以完成本专业课程体系为基础，交叉课程采用灵活多变的授课方式，学生更能够拓展知识体系。除了学术研究，卡内基梅隆大学跟 BXA 相关的还有实践项目："Capstone"项目，内容主要是融合各个学科的知识创作出作品或具有商业价值，学生将学习到如何把课程的交叉学科元素运用到一个综合性项目中。

**教学方法方面**

着力培养交叉学科人才，跨越的范围很广，在校内营造了良好的交叉学科人才培养氛围，特别注重教师对学生的了解程度和指导效果。卡内基梅隆大学有些项目中的学生拥有多位指导老师，有了多方位的指导，学生可以更科学、合理地构建自己的知识体系。

卡内基梅隆大学交叉学科教育的成功也得益于其重视校际合作的传统，每年会组织学生参加国内名校或海外设计强校交流项目，拓宽学生的视野，取长补短，促进自我教学模式的更新进步。

### 4.2.2　美国四所高校开展设计交叉教学模式存在的问题点

（1）佛罗里达大学艺术设计专业在交叉教学模式中的问题

佛罗里达大学设计专业可以选择数字媒体、摄影和心理学等学科，但是针对前期课程的普适知识进行课前或课后知识的学习，特别是对相关专业中牵涉到必须掌握的理论知识时，学生会因为准备不够充分而完不成任务或达不到预期的效果，因此前期、中期及后期的课程设置的深浅程度存在不足，也不够全面。同时学生选课过于自由，在学分制中，可以选择各种类型的课程，虽然宽松的选课环境能促使学生建立更加丰富的知识体系并成为个性化的人才，但进行交叉学科选课时缺乏明确的方向引导，会使学生不易在课程设置中全面了解和掌握相关知识，缺少对课程的整体掌握。

（2）斯坦福大学艺术设计专业在交叉教学模式中的问题

美国是设计师职业化最早的国家，它的设计基本上是由市场来驱动的，偏向商业化的设计程度较重。特别是斯坦福大学的"D.School"交叉学科研究机构在艺术设计教学上更加倾向于让不同领域的人协同教学,虽然会使学生在此领域中接受到不同领域的知识和课程实践,特别是对学生将所设计的产品如何商品化、如何推向市场的一整套知识体系的掌握起到重要的推动作用。但如果设计的产品都偏向商业而与人产生距离感,产品设计过于冰冷而缺乏人情味,就失去了设计的真正意义。因此,设计交叉学科模式里的学科不能只局限于商业、科技、法律等,也应结合文化、艺术、哲学、美学等学科的知识。

(3)北伊利诺伊大学艺术设计专业在交叉教学模式中存在的问题

北伊利诺伊大学的课程设置中也有交叉学科设计项目,虽然注重多学科交叉性,鼓励学生进行交叉学科的选课,使学生具备多学科的专业技能,但其重视力度不够。就具体课程设置而言,在学分学时比方面,不难发现其侧重于学生的实践教学,即实践大于技能大于理论。实践教学虽然能提高学生的动手能力和实际解决问题的能力,是理论和技能的补充,但教学模式中并没有意识到理论知识的基础对交叉学科的普及和怎样深入并充实到学生学习意识中的重要性,或者说并没有真正将交叉学科渗透到学生课程中的各个方面。

因此,除了实践之外,在学生学习的整个过程中,还要不断地引导学生先从理论基础知识入手到技能、再到实践的过程,并不断地补充其理论知识。因为在他们的实践项目中,会不断涉及设计学以外的医学、商学、工程学、管理学和哲学等多个学科,而在这一过程中必将将这些不同领域的知识进行融会贯通,了解其本质和应用才能提高学生的创新力和拓宽学生的视野,其实践成果也才能有落地性和有用性。

(4)卡内基梅隆大学艺术设计专业在交叉教学模式中存在的问题

卡内基梅隆大学因鼓励学生打破传统束缚,在学科交叉领域探索和研究而举世闻名。学校设立独立的交叉学科学士、硕士和博士学位。例如,本科阶段的计算金融学交叉学科学士学位,硕士研究生阶段的娱乐科技交叉学科硕士学位,博士研究生阶段的机器学习博士项目等。由以上内容我们可以看出,卡内基梅隆大学的交叉学科发展模式是自主性模式,它追求交叉学科成为独立学科的地位,力求统一的方法论,重视其自身专业性,逐步确定研究领域的边界,目的是获得学术上的合法地位。但这种模式可能重复成熟学科的弊端,过于强调专业性,日益成为一个孤立的领域,逐渐失去交叉学科多样性和灵活性的特征。

## 4.2.3 美国高校交叉学科的两种模式

根据分析可以总结出美国高校交叉学科的两种模式:自主模式和依赖模式。

(1)设计交叉教学模式过分强调专业性、实践性

自主模式在组织结构中拥有独立的地位,在课程设立和选择上拥有自主权,并享有独立的经费保障。自主模式实际突出了其科学化的一面,美国教育模式中的交叉学科多少都具备某种学科化的特征,具备专业的期刊和协会,各自领域内拥有一批专业的研究人员,设置了大量跨专业的本科和研究生学位等。自主模式就是力求交叉学科的专业能够独立,取得学术上的合法地位,其最大优点就是获得的资源、经费、师资

力量和课程设置较充裕，但缺点正如前文提到的过于强调专业性、实践性而失去交叉学科应有的理论与实践知识交错、共同成长、相互辅助的灵活性。

（2）设计交叉教学模式变为依赖模式

依赖模式在大学的组织形式上处于边缘地位，不能自主控制课程，专业师资受限，经费也不能得到保障，整个项目的运行要依赖于其他科系教师的合作。在美国以上4个设计学院中，其依赖模式虽然凸显了交叉学科多学科研究的背景，以复杂的问题或主题为中心，灵活借用其他学科的概念和方法，突破传统教育模式的束缚，使得交叉学科在组织形式、教师类型和教育模式上有着极大的自由性和灵活性。此外，依赖模式依赖于原有的师资力量和课程，具有成本较低的优点，但是其缺点在于项目来源上和外援人员缺乏稳定性，不能保障资源的及时针对性补给，在教学上较依赖于其他独立学科的教师和课程，使得交叉学科丧失学术上的独立地位，而成为现存学科杂乱综合的产物。

因此，交叉学科建设需要因地制宜，根据实际情况采取不同的模式，虽然各有优缺点，但交叉学科在追求独立自主发展的同时一定要保持其开放性的特点，以便能够将理论与实践紧密结合，不致过于偏向非设计类的学科而失去学科的主导性特点。当然在保持专业独立、自主且有主导性的同时，也不能失去多样性和灵活性。

## 4.3 美国四所高校开展设计交叉教学模式的一致性和差异性

### 4.3.1 美国四所高校开展设计交叉教学模式的一致性

（1）注重学生的个性化发展，培养出适合社会和企业需要的人才

提供多元化学习环境，进行多元化交叉课程的实践学习：美国大力发展交叉学科教学模式的目的是培养具有创造力、多元化、个性化的能够适应社会多样化需要的人才，其中个性化是指基于学生自身的兴趣爱好，建立起独立自主的人格，选择适合自己的且感兴趣的课程方向进行学习，最终目的是培养各具特色的人才。这样做的好处在于学生不仅能够学习到本专业相关的知识，还可以有充分的自主权去选择其他学院、其他专业的课程进行知识拓展，而且在学习过程中能够接触到更多新的灵感，从而培养从不同角度联系实际问题进行设计的能力。基于以上优点，高校可以在日益多元化的社会中培养自己的核心竞争力，同时由于这种自主性、个性化的课程设置，在人才培养中所出现的同质化现象就会相应减少，使得每一位受教育者都将具有与众不同的知识体系。

（2）个人设计和团队项目交叉进行

个人能力和团队合作能力的培养在美国工业设计教育中同等重要。对于个人能力的培养，美国更强调学生对兴趣的专注。学生根据自己的"个性偏好"，不但可以选择自己喜欢的设计题材，也可以选择自己喜欢的专业知识去深入学习。在他们的课程中，产品设计是一项典型的现实的团队工作，因此项目实践导向的美国工业设计教育更倾向于将学生置身于真实的设计环境与氛围中，要求学生以工作团队的形式，发挥

各自的专长来完成项目的开发。团队合作完成课题是美国各大院校各个专业的一种最为常见的教学方式，他们不但有同专业学生团队，也有很多跨专业组合团队，灵活的教学管理机制为这种团队项目实施提供了保障。团队设计与个人设计项目穿插进行，紧密结合了设计专业所学的多学科知识，教会学生设计能满足人与产品之间互动关系的产品，在丰富视觉形态的同时，研究、观察和建立需求模型、测试产品概念、完成产品设计服务等。

（3）全员参与设计项目，提升社会影响力

哈佛大学设计学院研究生院院长穆森·穆斯塔法维说道："我认为我们有很多很多种不同的与社会相衔接的方式，使我们能成为在道义上和政治上都有所作为的组织。"他提出了一种思考，试图寻找一种能让教育机构跳出传统教育模式之囿的方式，并试图通过（设计与研究）项目参与到现实中去，以拉近学术和真实世界的距离。哈佛大学的改革从设计任选课教学开始，这些课程中的绝大多数需要到不同的城市进行研究。学生需要同政府机构、非营利组织、私有慈善组织合作。他们也不断在亚洲地区开展设计课程，包括关于吉隆坡、美国、南美、欧洲的设计课程。学生和教师能更容易也更直接地接触到真实的问题，从中学习并产出作品，在这个过程中将产生更大的影响力。

无论是工作室制还是合作教育，上面的四所美国大学都在寻找各种途径，将设计专业的学生输送到社会中、工厂中，与社会产生联系。一方面是让学生们在学校学习的理论知识能通过实践得以验证从而巩固专业知识，另一方面是让未来的设计师们能接触到各个行业的知识，当面对不同种类的问题时，可以知道自己如何解决或者求助于谁，另外就是让设计师与社会建立联系，通过设计解决社会问题，改造社会环境，发挥更大的影响力，产生更强的延续力。

（4）学科交叉向非相关学科跨越迈进，注重培养学生的多学科思维

重视通识教育课程的设置，力求培养"T"型人才：通识教育作为本科生交叉学科课程体系的核心课程，可以为专业课程的学习奠定基础，专业课程又能培养学生的专业能力。卡内基梅隆大学通识课程教育的代表是BCSA，其中包括人文、社会科学、自然科学及数学等基础学科。语言与文化基础课程和自然科学课程是卡内基梅隆大学所有专业都开设的通识教育课程，以奠定学生的人文素养、提升学生的综合素质为目标。此外，还要求学生完成新生交叉学科研讨班项目、低年级研讨会项目、初级档案审查项目、高级顶点项目及计算机技能培训。

（5）拓宽学科交叉的广度，培养设计师的多角度思考能力

交叉学科课程的特点就是多个学科多种思维的相互交融，培养学生用不同的学科思维、分析模式和方法来思考设计问题，从而在寻找问题的解决方案时更具灵活性和创新性。

例如，佛罗里达大学的"Art+Technology"项目本科阶段为学生提供了在实践工作室艺术环境中探索使用新兴技术创作艺术作品的可能性的机会，以此来拓展同学们的思维方式和能力，提高他们的创新性。

斯坦福大学的D.School项目利用学科之间的差异作为一种创意引擎，创意思维成为团队的粘合剂，使学生能够脱离直观束缚，展开横向思维，在处理一些旧有的问题

时能寻求更新的方法。北伊利诺伊大学的课程设置使学生具备多学科的专业技能，培养学生从不同学科的思维科学、心理学、方法论的角度来探讨问题。

卡内基梅隆大学的人文和艺术学院的交叉学科学士学位项目给学生提供了足够的灵活性，以拓宽或加深他们研究的课程体系，并开发出他们可能感兴趣的其他领域，从而实现学生的综合性发展。

交叉课程和对学生的培养方式能够使学生摆脱传统设计教育单一的思维，使学生在实际问题中遇到瓶颈时有能力跳出原有思维方式，多角度思考问题。对于设计过程中的创新，可以从设计学科以外的学科角度来进行创新性分析，展开横向思考。美国高校设计交叉课程特点如表4-15所示。

表 4-15  美国高校设计交叉课程特点

| 佛罗里达大学 | 斯坦福大学 | 北伊利诺伊大学 | 卡内基梅隆大学 |
| --- | --- | --- | --- |
| 艺术＋技术 | D.School | 课程设置使学生具备多学科的专业技能 | 交叉学科学士学位项目 |
| 使用新兴技术创作艺术作品 | 利用学科之间的差异作为创意引擎 | 培养学生从不同学科的思维科学、心理学、方法论的角度来探讨问题 | 提供足够的灵活性，以拓宽或加深学生研究的课程体系 |

上述四所高校除了北伊利诺伊大学之外，基本采用的都是自主模式的交叉学科的教学模式，且都有自己的交叉学科教学项目或机构。如佛罗里达大学本科阶段提供的"艺术＋技术"项目，斯坦福大学的集合工程、医药、商业、法律、人类学、科学技术、设计与教育等学科的集成研究机构的D.School项目，卡内基梅隆大学由迪特里希人文与社会科学学院（DC）和艺术学院（CFA）共同创办的BHA（人文和艺术学院的交叉学科学士学位项目）。

出现独立的项目和机构是交叉学科教学模式发展过程中的一种常常态，会有一部分交叉学科课程成为独立课程，社会需求在不断更新，通过交叉学科的交流学习方式，打破固有的传统设计教学模式，已成为当前艺术设计高等教育的新趋势。例如2010年在芬兰，赫尔辛基艺术与设计大学和赫尔辛基经济学院合并成阿尔托大学。阿尔托大学致力于通过高质量的研究、交叉学科的合作和开创性的教育来超越传统教育的边界，并以其使命支持芬兰国际和社会发展的成功。为了保持交叉学科的灵活性和创新性，处于学术研究前沿的设计学院和大学必须不断更新其模式和结构。这些项目或机构的出现，有利于交叉学科教学模式的落地和实践。

## 4.3.2　美国四所高校开展设计交叉教学模式的差异性

（1）设计交叉学科教学内容和理念上的差异性

斯坦福大学的教学理念注重从根本上以学生为中心、倾向对立的观点、专注过程、允许不同背景教师加入统一项目等，在学生遇到创造力的瓶颈时，通常会汇集多个学科的学生和老师共同讨论，发表不同观点和意见往往有助于学生更好地解决问题，学生在此过程中可以认识到设计问题的复杂性和共通性，以及解决问题的方式是多种角度的,从而在今后的设计工作中从不同角度获得灵感。

佛罗里达大学的交叉学科教学以依赖模式为主,依赖现有学科之间的交流,重在培养学生的多学科视角及批判性和创造性思维,相对来说更加重视思想而不是工具。

北伊利诺伊大学艺术设计教学的特色是重视实践教学,秉持实践教学是培养学生创新能力的重要环节,是理论和技能教学的重要补充,是设计艺术教育的灵魂的教育理念。

卡内基梅隆大学给学生提供了足够的灵活性,以拓宽或加深他们研究的课程体系,并开发出他们可能感兴趣的其他领域,更倾向于建设独立的交叉学科专业供不同专业的学生选择。学生可以自由选择各种感兴趣的课程,在接触更多的学科思维后再回到设计学科往往会有令人意想不到的收获,多种思维的碰撞有利于学生设计思维的灵活性与创新性。

综上所述,美国各高校交叉学科教学模式倾向于依赖模式或是自主模式,各高校都会根据社会发展的状况和企业对人才的需求及时调整教学模式,并试图探索新的学科交叉领域,不仅精通设计,同时知晓力学、结构、社会学、商业,并且具有识别某事物发展趋势的能力。美国高校间的差异界限实际上渐渐模糊,校际交流的普及使得优秀的高校互相取长补短,但维持高校学科交叉教育探索的动力和高校地位的核心还在于培养学生的就业竞争力和社会效应,这两点是美国模式融合欧洲模式后的产物。

(2)设计交叉学科课程设置上的差异性

佛罗里达大学实施严谨学分制,以工作室制独立课程教学为基础,鼓励学生考虑双学位或双专业,该校独立型的交叉学科专业或项目较少,但是细分的各门类专业很丰富,鼓励本科生和研究生在许多其他学科中选修丰富的选修课程。同时所有的交叉学科课程设置基本都是在艺术类专业之间展开的,也有少数如"艺术+技术"是在艺术类和其他专业之间展开的。这种开放式的课程设置有利于学生的个性化培养,有助于学生构建起个性化的知识框架,从而培养出复合型、创新型的设计人才。

斯坦福大学的交叉学科课程多为团队合作项目,即独立的交叉学科合作课程,学生来自不同的学院,在同一个项目中寻找各自学科间的差异,利用差异作为一种创意引擎,同时教学组由强大的组合团队授课。这种强大的合作模式有利于学生养成逆向思维的能力,能够促使学生与教师之间互相帮助,激发潜能,更好地应对设计难题。

北伊利诺伊大学课程设置越来越注重课程的灵活性和多样性,同时交叉课程教学模式中也很重视实践的教学。实践课程是理论和技能教学的重要补充,其课程的学分和学时的比值较高,为1:3。课程内容的灵活性和趋于多学科交融性会使学生更直接地接触到交叉学科理念下的设计知识,且这种学科设置会促进交叉学科设计的快速成长。

卡内基梅隆大学的交叉学科人才培养项目结合联合学院的课程优势,学生可在合作学院下属学院中选择课程来建立自己独特的课程体系。项目中的课程一般包括通识课程、A学院课程体系、B学院课程体系等三个部分,学生必须完成其设计的课程体系内的所有课程。学生可以在多个联合项目中挑选自己感兴趣的方向进行系统专业的学习,学科优势可以促进学生综合能力的全面提升。

## 4.4 美国高校设计交叉教学模式的特点及启示

### 4.4.1 美国高校设计交叉教学模式的四个特点

（1）学科优势互补

在跨专业复合型人才的培养上，美国的STEAM教育值得一提。STEAM教育强调理论与实践紧密结合，以相关项目化的课题设计为主要教学方式，支持学生通过综合交叉学科的知识来形成解决问题的方案，同时注重培养学生的合作能力、协作能力、沟通交流能力以及专注精神。STEAM教育模式使学生发现不同学科知识之间的差异和联系，增强其交叉学科思维和运用多学科知识解决问题的能力。

美国斯坦福大学设计研究所的D.School，在教学模式中很好地实施了STEAM教育模式。D.School的教学宗旨是以设计思维的广度来加深各专业学位教育的深度，让设计师学习科学技术、让工程师学习设计艺术的教学内容。这种设计教育创新模式打破了现有设计产品的传统格局，为设计师的概念设计提供现实的技术支持和保障。工科的一些相关课程介入艺术学科中，能让艺术学科的学生将艺术与科学、技术多角度结合，创造设计出人们建立在现代科学技术和生产力基础上的新的生活方式。

斯坦福大学的全球联合新产品设计创新课程《ME310》同样运用了强调学科优势互补的教育模式。它以教授学生设计创新和国际合作的方法及过程为宗旨，将来自全世界最好的机械工程、计算机科学与设计学科背景的学生分成小组团队，每个小组由业界知名高科技企业赞助并设置选题方向，最终在为期近一年的课程中完成项目课题。通过实践认知将新产品研发的创新方法传授给学生，让学生参与到挑战和解决复杂的真实世界问题中，通过营造这种交叉学科跨专业的学习氛围，帮助学生更好地应对就业和创业过程中遇到的机遇和挑战。

（2）创业课程实用全面

在过去的几十年间，美国各大高校根据各自的培养特色，创业教育课程开发迅速，已达5000门之多，课程分类详细而全面。例如，麻省理工学院创业教育中心（MIT）（图4-23），为学生提供了众多覆盖面广泛的课程，包括基础性创业课程、专业性和知识性创业课程、体验性创业课程、专业技术领域的创业教育以及与众不同的创业课程等五大类创业相关课程。同时课程设计也日趋系统化，充分给予了学生自主选择学习的自由。

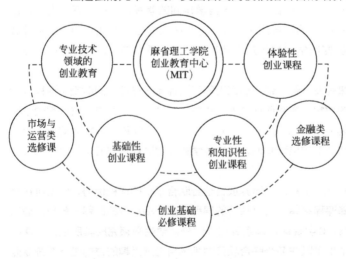

图4-23 麻省理工学院（MIT）课程

高校在重视创业基础课程的同时，也特别注重创业与专业课的结合。各高校充分挖掘专业课程创新创业教育资源，努力打造学科交叉的创业课程，实现创新创业教育与专业教育的有机结合。对于学生来说，创业教育与专业知识相结合往往更具可操作性。例如，斯坦福大学的D.School、纽约视觉艺术学院、芝加哥艺术学院、罗德岛设计学院、麻省理工学院媒体实验室等都为学生开设了软件开发和硬件设计课程，包括软硬件集成的设计项目实践课程。这些课程都旨在培养学生具备较为全面的、专业技术领域的创业能力和素质。

（3）校企合作开放互动

校企合作教育模式是学校人才培养与市场人才需求之间的最佳桥梁。在美国高校中，创新创业教育已经形成了高校与企业深度合作、合作共赢的良好机制。许多知名企业愿意出资支持高校创业项目，提供技术指导，努力探索新的产业发展机遇，实现互利共赢。如英特尔、IBM等公司投资上亿美元，支持相关领域的初创企业，并联合学术界和投资界为新兴技术领域的软件开发者提供技术支持及商业辅导。美国小企业和创业协会也全力关注创业教育和发展，每年都会举办"国际创业教育和培训会议"，为来自世界各地的创业教育者提供沟通和交流的平台。

作为设计类院校，往往会衍生出设计公司或事务所，或是企业与学校共办校内研究开发基地，帮助企业开发设计项目。学校也会与企业共建创意产业基地，实现各种创意作品；与企业进行洽谈，把创意转化成经济效益；同时也为企业挖掘和储备人才。在这个过程中，企业、设计公司和设计院校密切联系，以实现资源、技术、资金、设施的共享。在课堂教学中，企业也会积极深入地参与到课堂中来。

综上，以企业所处的现实环境为切入点，学生通过"企业需求—课堂学习—参观与辅导—设计需求实现"的教学过程，课堂理论知识与企业的需求密切相关，形成了一个以企业生产需求为主导的学习过程。在与企业开展的教学交流活动中，形成了完整的企业文化体系和实践环节，这无疑有利于学生创新创业能力的提高。

（4）教学师资丰富多样

交叉学科复合型艺术设计人才的培养对教师队伍建设提出了新的要求。除了创新创业教育的目标外，教师的知识结构不仅需要深度，还需要广度，在理想状态下，需要理论与实践相结合的专业创业教师。为了解决这一问题，美国大学除了建立学科体系培养具有专业创业知识和技能的教师外，还通过多渠道引进教师，形成成熟的教学团队。许多课程通过聘请资深企业家或具有丰富创业经验的企业家担任客座教授，弥补了教师创业经验的不足。

在意大利，艺术设计教师的"设计师化"十分普遍。许多优秀的设计师不仅有自己的设计公司，或者在企业兼职的同时也在高校任教。欧洲设计院的兼职设计师教师的比例超过60%，这些教师和设计师在大学里都扮演着非常重要的角色。他们不仅能给学生带来设计的新思想领域，提高学生的实践能力，而且还通过项目连接学生、企业和设计公司。这样学生就能更近距离地了解到设计师创业的方式、途径以及设计公司实体的运营情况。此外，为了解决交叉学科和多学科交叉的问题，国外大学通常采取教学团队的教学形式。在这个教学团队中，有具备实践项目的教师，有擅长理论教学的教师，有擅长结构技术的教师，有擅长创造力和表现力的教师。这样的教师组合不仅便于提供多样化的设计项目,也有利于在设计项目的各个阶段对学生进行高层次的指导。

### 4.4.2 美国高校设计交叉教学模式发展的启示

(1)设计交叉教学的系统性和层次性

在当今社会,交叉学科的价值已被教育界所认识,并已开始探索交叉学科教学模式新的功能。传统的高校为了培养新时代能适应社会的全面的人才,开始结合本校的教学特点大力发展交叉学科教学活动。交叉学科的课程设计需要工学、理学、人文学、社会学乃至哲学、美学的共同参与,这样才能全方位塑造具有多重思维能力和方式的设计师。在交叉学科学习中,针对每个学期需系统、分阶段、有层次地持续渗透在教学的各个阶段;分析来看,北伊利诺伊大学的教学模式虽然也强调交叉学科,但从其理论到技能再到实践的教学模式中,学生只是在理论或技能上进行学科交叉学习,缺乏各交叉学科系统知识的切入,使得一部分学生因缺少相关学科知识或实践经验而不能真正掌握交叉课程学习的目的。当然,在实际的项目中,具有不同专业背景和技能的同学一起分工合作,完成一项交叉学科实践活动,能够增加学生的学习热情,促进对不同方面学科知识的吸取。

(2)设计交叉教学的灵活性和自由度

美国目前的学科交叉的发展模式主要有两种:一种是自主模式,另一种是依赖模式。如佛罗里达大学的交叉学科教学鼓励学生跨专业、交叉学科选修其他课程属于依赖模式,即处于边缘地位,不能自主控制课程,专业的师资受限,经费也难以得到保障,整个项目的运行要依赖于其他科系教师的合作。而卡内基梅隆大学的BHA交叉学科学士培养项目,则属于典型的自主模式:在组织结构中拥有独立的地位,在课程设立和选择上拥有自主权,并享有独立的经费保障。从美国高校交叉学科的发展史可以发现,学科依赖模式逐渐过渡到自主模式,并达到两者共存的状态。它们都各有优势和缺陷,实践证明好的交叉学科模式还是将两种模式相融合。即交叉学科教学在成为自主教学的同时,课程上要保持适度的灵活性和自由度,这样交叉学科教学的作用才能发挥出来并越来越好。

(3)设计交叉教学课程需有引导的机制

交叉学科因为其较大的知识和教育价值而被大力推崇,它本质上就是传统教育课程的补充,能较好地提高学生们的创造力。同样,自由选择课程是美国交叉学科教学的一大特点,在自主模式或者依赖模式的交叉学科课程体系中,学生都被鼓励自由地交叉学科选课,由学生自己来设计自己的课程体系。高校中同专业的学生课程都不尽相同,学生可根据自己的兴趣爱好来选择课程,但在学分制中,自由选课可能会造成学生盲目选课而发生负担过重、压力过大的情况。因此,高校的交叉教学还需要对自主选课模式进行一定的引导。在遵循个人特长和兴趣的前提下,让学生尽可能完整且合理地选择自己感兴趣的课程体系,并有足够的精力去完成课程,进而学习到更多的知识。

# 第5章
# 意大利设计交叉模式

5.1 意大利高校的教学发展背景与状况
5.2 意大利高校交叉学科教学模式比较分析
5.3 意大利高校设计交叉中的师资、课程与教学方法
5.4 意大利高校设计交叉教学模式改革的一致性与差异性分析

## 5.1 意大利高校的教学发展背景与状况

### 5.1.1 意大利高等教育的背景

意大利高校的设计教育是建立在其国家整体高等教育体制基础上的,要探究分析设计类交叉学科教学模式在意大利高校的改革与发展情况,首先要熟悉意大利高等教育的历史发展与现状。通过对"博洛尼亚进程"、意大利高等教育体制的基本情况、高等教育保障体系的组成以及高等教育国际化改革四个部分的梳理,了解意大利高等教育体制,为后续研究意大利设计教育做好铺垫。

(1)高等教育体制的基本情况

1999年,根据欧盟协议,意大利开始逐步改革高等教育体制,使其大学教育模式与欧盟其他国家的模式相一致。意大利普通大学学分制的名称为Crediti Formativi Universitario(CFU),艺术院校学分制的名称为Crediti Formativi Accademia(CFA)。学分代表学生的总学习时间,包括必修课时、选修课时、考试准备时间、练习时间。1个学分代表至少25个小时的学习时间。学生在本科阶段平均需要一年完成60个学分,三年制本科学习时间约为4500小时。大学毕业需要180学分,硕士毕业需要120学分,即硕士研究生通过考试和论文答辩获得学位需要300学分。

学分不能代替毕业考试成绩和毕业论文。分数代表学生的学习效果,学分代表学生在特定时间完成的学习总量。学分制允许学生在不同的大学完成学业,这些大学可以是国内的大学,也可以是其他欧盟国家的大学。

(2)意大利高等教育的级别

初级(1° livello)–Laurea(L),学制为3年,相当于大学本科学历和学士学位。学生必须获得180个学分,通过考试后获得初级文凭。这一阶段教学的目的是使学生掌握科学的学习方法和必要的专业知识,并具有一定的专业技能。

中级(2° livello)–Laurea Magistrale(LM)/Laurea Specialistica(LS),学制为2年,相当于硕士学历和硕士学位。学生需修满300学分(其中初级阶段修满180学分),考核合格后颁发中级文凭。这一阶段的教学目的是培养学生从事专业领域更高层次工作的能力。意大利对个别学科有特殊要求(如牙科、人体药学、兽医药学、药学和建筑等),转学时必须提供由意大利大学或相应的外国大学颁发的入学考试证书,且这些学科的学习期限不同。

高级(3° livello)–Dottorato di Ricerca(DR)/Diploma di Specializzazione(DS),博士研究生/高级进修研究生。学生必须通过专业委员会的资格考试,才能进入大学。培养博士研究生的目的是使学生具有较高的科学研究能力,并且其学习时间至少为3年。培养高级进修研究生的目的是使他们具备从事高级职业的知识和技能。

(3)高等教育国际化改革

20世纪90年代,意大利高等教育国际化进程进入快速发展阶段。1993年,意大利教育、大学与研究部迎来了一位新部长。这一变化推动了意大利教育国际化的进程。1993年,意大利政府增加了大学教育的人均经费,同时改变了以往的教育经费分配形式,鼓励教学质量优良的高校和院系。在这一政策的指导下,意大利高等教育开始形成一个更具自主性和竞争力的国际教育体系。随着欧洲一体化进程的加快，为了促进欧洲国家人员和劳动力的流动，1998年在欧洲高等教育领域启动的"博洛尼亚进程"进一步推动了意大利高等教育的国际化。当今意大利高等教育中的设计教育已成为高等教育全球化最重要的代表。

**建立高等教育三级学位体系**。改革前，意大利采用了四年制的一级学位制度，学生毕业颁发大学证书（Laurea）。1980年意大利引进了博士学位，1990年建立了三年制大学文凭。获得大学文凭的学生有权申请博士学位，通识教育制度为3～4年。改革后，意大利建立了新的三级学位制度。第一级为学士学位，学制3年，主要学习理论知识和专业技能。第二级为硕士学位，学制2年。第三级为博士学位，学制3～4年。申请人必须具有硕士学位，并通过严格的面试和考试。新的学位制度为意大利和欧洲高等教育的自由流动和合作开辟了道路。随着新的学位制度与国际接轨，留学生人数大幅增加，意大利大学的国际教育也开始书写新的篇章。

**强制免费颁发"文凭补充文件"**。根据2003年柏林会议的建议，意大利教育、大学和研究部在2004年规定，每所大学都必须向毕业生免费提供意大利语和英语的"文凭补充文件"。"文凭补充文件"的内容包括持有人的所有学习信息：文凭信息、学历、主要学习内容、文凭功能、文凭证书信息和意大利的高等教育系统。"文凭补充文件"的发行有利于国际大学对意大利大学文凭的认可，能促进意大利高等教育的国际交流与合作，也能促进国际人才市场对意大利设计高等教育的理解和认可。

**革新博士生培养体系**。根据新的博士生招生规则，博士生招生要经过严格的面试和笔试。博士生必须在导师和指导委员会的严格评估下进行博士研究。每年都有部分学生因为无法继续博士研究生学习计划而被终止。例如，博士生指导委员会的成员包括本校教授，以及其他国际大学的教授和公司的资深设计师、工程师等，他们参加制订和评估培养计划，确保每个博士生的研究课题对国家和行业具有最大的社会效益和经济效益。为鼓励博士生到国外高校、科研机构和企业学习并交流，国家每年为每名录取的博士生颁发1万欧元的奖学金。在国外学习期间，奖学金增加50%。

**促进学生、教师和科研人员的流动**。为了促进学生和教师的流动，意大利政府于2001年颁布了《学生福利法》。根据该法律，意大利政府将资助出国留学的意大利学生和在意大利学习的国际学生。同时，欧盟的"伊拉斯mus计划"还为学生出国留学提供补贴。出国留学生成绩可以通过"大学生、研究生国家注册系统"进行记录，以促进大学之间学历的相互认可。近年来，在欧洲经济不景气的背景下，"伊拉斯mus计划"的经费有所增加而不是减少，这表明欧盟和意大利政府高度重视高等教育的国际化。

**设立联合学位推进欧洲、地中海地区高等教育的合作**。为了促进意大利大学与欧洲和地中海高等教育机构之间的合作，意大利政府鼓励各大学建立联合学位。目前，意大利与欧盟国家共同建立了"法意大学"（French－Italian University）"德意大学"（German－Italian University），与地中海地区的7个国家共同建立了一所虚拟大学（UNIADRION）。同时，意大利大学还与其他国家大学共同开展"一体化学习计划"，在欧洲高等教育一体化的推动下，意大利高等教育的国际化进程得到了迅速发展。

## 5.1.2　意大利高校设计教育的发展

意大利的设计有过辉煌的历程，令本国的设计教育具备良好的基础，也使其发展有根可循、有据可依。由于受到包豪斯现代设计思想的洗礼,其艺术设计从古典主义顺利过渡到现代主义。这种历史上的延续性,未表现出明显的文化断层,从而为设计教育的进一步发展奠定了基础。

(1)设计专业的起源与发展

意大利的设计文化来自建筑。在早期的意大利建筑学院中,设计专业不分开教授,专业之间没有明确的划分,并且培训目标课程之间也没有太大差异。在学习和工作的过程中,建筑师对一切事物都有责任感。设计师埃托·索特莎斯(Ernesto Nathsn Rogers)在1946年发表的著名文章《从一个勺子到一个城市》中宣称,"一个专业化、分工明确的设计学校显然是没有必要小到勺子,大到城市都应该设计"。在第二次世界大战后至20世纪90年代初期的意大利,几乎所有从事室内设计、家具设计、工业产品设计、图形设计和服装设计的设计师都拥有建筑文凭。

20世纪70年代以前,意大利注册的大学必须是文科或理科学生,工科学生不能注册。意大利设有专业技术高中,培训工业和手工业技术人员。其中,中专建筑学专业5年,中专毕业后,学生不能报考大学课程。为了给这些技术人员提供良好的教育,公司开始资助为期三年的工业设计高级课程,对这些学生进行再教育。这些课程当时由佛罗伦萨的皮耶路易吉·斯巴多利尼(Pierluigi Spadolini)、米兰的阿尔贝托·罗塞利(Alberto Rosselli)和马西昂(Marciano)、罗马的爱德华多·维托(EduardoVittori)、那不勒斯的罗伯托·曼戈(Roberto Mango)担任教学,这五位著名的设计师也是最早在意大利教授艺术设计课程的教授。

80年代在佛罗伦萨的罗伯托·赛贡(Roberto Segoni)和保罗·埃利(Paolo Elli)两位有影响力的教授分别教授产品设计和建筑构件设计,罗伯托和其他教授开设了佛罗伦萨工业设计课程。同时,意大利开始发展其设计专业。从整个国家的角度来看,佛罗伦萨以及意大利中部和南部地区发展缓慢。但是,在米兰这样的大都市,由于资金充裕,发展相当迅速。

1993年至1994年,由于大公司对设计的需求不断增加,在公司资金充足的情况下,米兰和罗马首先开设了工业设计本科课程,分为产品设计、室内设计、传播设计和时装设计。尽管自那时起,其他交叉学科课程(可持续设计、人体工程学设计、交互设计、环境设计、绿色设计等)也相继加入,但以上述四个方向为中心的专业设置一直延续至今。

(2)设计教育的体系发展

**① 学制体系的构建**

20世纪90年代后期的"博洛尼亚进程"提出了统一的"3+2"计划,即三年制本科生和两年制研究生教育,这与英联邦国家的教学机制相似。这项改革改变了欧洲大学的教育体系,特别是本科教学。与过去的五年制相比,大多数设计专业的本科生更愿意在学习三年之后工作。尽管本科教学受到了很大的影响,但作为改革动力的欧盟高等教育资源的整合和教育制度的统一,为欧盟以后的高等教育奠定了基础。2010年之后,"博洛尼亚进程"缔约国的大学毕业生的教育经验在任何缔约国都是普遍的。就欧盟的外观设计教育而言,此后整个欧盟国家的外观设计教育体系和方向基本一致。

意大利设计专业的本科学习倾向于一般概念和基本技能,本科毕业生可以从事基本工作。注册一个本科课程，需要完成一个13年的基础课程直到高中毕业，并通过类似于高考的考试。以佛罗伦萨大学为例，规定了教师带学生的数量。教授不能超过12人，学生不能超过200人，即每位教师只能带16名本科生。因此，必须通过考试来限制注册本科生的数量。2014年，佛罗伦萨大学工业设计本科招生500人，但只有200人入选。

在硕士阶段，学生将对设计专业进行两年的深入研究，并需要修完120个学分后完成更高质量的论文，以说明其设计如何成为现实。由于设计专业的毕业生很容易找到工作，尽管对研究生的数量没有限制，但佛罗伦萨的工业设计研究生只有70名。硕士学位的毕业生适合设计总监或个人工作室的工作。此时，设计人员具有足够的能力来完成可行的计划，实现从产品概念到计划的具体实施。他们要么从事研究工作，要么从事设计工作，并且在设计公司、企业、研究机构和其他机构中从事与应用学科相关的所有工作。

硕士毕业后可以选择博士课程。在博士阶段的三年制课程里，除修满180学分外，还要求获得博士学位，才能贡献出高质量的毕业论文，以此证明自己在社会领域的工作能力。意大利政府对博士学位的资助很少，因此公司资助占很大比重。

此外，设计专业还开设了本科后的一年制硕士课程和硕士后的两年制硕士课程，工作多年的设计师也可以申请重返学校继续学习硕士课程。硕士课程与市场紧密结合并倾向于实践，许多已经工作多年的设计师会选择重返大学学习专业设计课程，公司和企业还将支付培训员工的费用。因此，该硕士课程有时由工作多年的本科生、公司员工和设计师共同组成。

**② 教学考核体系的完善**

意大利设计专业对学生的学习评价非常严格。所有课程的教案进度，包括教材的使用，都将在网上公布。学生需要通过网络查询所有课程信息，完成教学进度评估，教师评价结果可供系主任、校领导通过网络查询，大多数教师也会选择将评估结果公之于众，供学生复习用。在意大利设计专业的教学中，不仅对学生的专业评价非常严格，而且对正在教学的教师也要进行完整的教学评价。以佛罗伦萨大学为例，2000年以后，建筑系工业设计专业的学生需要在考试前通过在线问卷反馈对教师和课程的意见，由于评价结果与设计公司投入的资金密切相关，教师个人的评价结果将关系到整个系和学院的发展。除了教学，教师近三年的研究成果还需要包括发表文章和著作等内容，虽然这一教学评价体系并没有把任务强加给教师，但由于有严格的评价标准，教师要保持教学和评价结果高于专业发展的平均评价值，这一点值得我国高校参考。

**③ 传统文化的传承与新生**

设计的灵魂和实质在于创新，创新的重要途径是继承和超越传统文化。意大利的高等设计教育将"创新传统文化的教育"置于重要位置。设计属于艺术，科学与艺术、科学与创新文化要和谐统一。20世纪50年代和60年代，随着西方社会和经济的繁荣，科学技术的飞速发展，刻板的功能主义设计面临着严峻的挑战。意大利经历了文艺复兴的辉煌，留下了许多不朽的艺术品。美丽的自然风光和地理位置激发了设计师的灵感和创造力；悠久的历史和文化使他们对美感和造型感敏锐。所有这些都为设计教育保留了丰富的设计资源，并孕育了丰富的文化遗产。

意大利的设计源于建筑，建筑在整个西方文化中占有非常特殊的地位。建筑研究包括更多的文化和艺术背景，以及对事物的整体看法。建筑学院培养工业设计师的特殊设计教育方法是直接导致意大利现代设计独特面貌的重要原因。一种是更注重艺术与文化的设计教育，另一种则是以艺术理论为基础课程的设计教育，使其与以德国为代表的功能性、理性的设计教育体系有着很大的不同。这种独特的教育模式使设计师在设计过程中更具艺术性和创新性，也使他们对新材料、新技术的敏感性更强，特别是在培养学生的艺术表达能力方面，其他国家是很难做到的。这也使他们能够更好地协调艺术与产品之间的关系，从而使意大利作品始终具有民族特色。

④ 社会资源与设计教师

意大利设计教育中对城市、社会资源的利用起源于早期意大利工业和设计师之间的合作。从战后一直到70年代，意大利高等教育体系中并没有设计课程，设计也没有被赋予严格的定义，设计师往往与公司直接合作，将创意转化为生产力。1961年，第一次由公司和企业扶持出资在大学里创立产品设计课程，这在意大利是公司出资高等教育课程的先例。在这之后，意大利高校与企业紧密相连，对城市、社会资源的利用也成为设计教育的重要内容。

著名设计师与企业家紧密合作，共同发展和创新，使"意大利设计师"的形象享誉全球。这里设计师的定义超出了狭义的规范范围。当时，意大利的许多设计师甚至都没有大学毕业。他们中的大多数人具有建筑师或机械师的背景，并且精通数学、物理学、工程学和其他领域（意大利大学的建筑专业仍然包括此类课程）。这些著名设计师中的一些后来在意大利大学担任设计专业的老师，影响了几代年轻的意大利设计师，也成为意大利设计教育发展的先驱。

图 5-1　现代生产的 Vespa 摩托车

1946年，机械师Corradinod'Ascani与飞机制造家族Piaggio公司创新性地合作设计了Vespa MP6摩托车（图5-1）。Vespa摩托车曾经风靡全球，是世界经典的摩托车形象之一，它因为电影《罗马假日》而被人们熟知。Vespa70、80年代流行的款式直到今天仍在生产。

图 5-2　Lambretta 摩托车

同一时期精通航空领域的机械师Cesare Pallavicino设计了Lambretta摩托车（图5-2），并在设计中采用了航空领域的技术。

优秀的设计往往涵盖了艺术、工业、机械等各个方面，"创新"是意大利公司的核心价值观，认为产品的质量和创造性可以赢得市场，与其生产大量普通的产品，不如生产少量精致的、具有创造力的产品，正是这种重视设计的态度和与设计师积极合作的方式决定了"Made in Italy"在五六十年代的诞生。

图 5-3　B&B 公司 Le Bambole 沙发

1972年，B&B公司的Le Bambole沙发（图5-3）

由马里奥·贝利尼（MarioBellini）设计。马里奥·贝利尼是意大利的一位与众不同、多才多艺的现代家具设计师，1959年毕业于米兰理工大学建筑专业，1962-1965年任教于威尼斯高等工业设计学院。同时，贝利尼又在欧洲和美国的大学讲课，并参加过许多设计研讨会，成为60年代中期意大利的领头设计师之一。

当时在意大利并没有关于设计的大学教育形式，这些设计师都是在大学没有正式设计课程的情况下通过与公司的成功合作将创造力转化为生产力的。直到现在设计已经进入意大利高等教育体系，设计师与公司合作的方式依然保持。这些著名设计师之后在大学里也起着非常重要的作用，他们能够把教学和实践经验更好地联系起来，将教学成功转化为生产力，通过与企业合作，由老师带领学生以工作室的方式完成设计。

## 5.1.3 意大利高等教育的国际化视野

意大利高等教育的国际化进程是在欧洲一体化的背景下开始的，通过改革博士培养体系、促进人员流动与高等教育欧洲化等人事措施，加强了意大利大学、国立大学和国际组织之间的合作与交流，吸引了大批留学生和学者。意大利设计师必须学习英语课程，通常毕业后，他们将在英语国家工作，许多公司要求将英语作为工作语言，一些研究生课程将用英语授课。意大利设计院校通过国有化的教学科研活动，发展国际教学网络，调整国际办学方向，服务国家经济战略。通过国际领先的设计咨询服务，国际设计与时尚教育网络，国际实践教学，确保设计教育质量世界领先。以米兰理工大学与欧洲设计学院为例：

（1）意大利公立大学设计教育国际化案例——米兰理工大学

米兰理工大学作为意大利重要的国际化大学，有来自100多个国家的学生，每年为超过2500名学生开展专业的培训课程和短期的教育课程（其中20%是国际学生）。米兰理工大学所在地米兰市是一个非常有活力的国际化城市，人均收入居欧洲前列，是意大利最有影响的城市、欧洲最发达的工业区之一，也是世界著名的时尚之都。米兰理工大学与当地以及国际上的很多企业、机构展开了广泛的合作，实现了学校和校外机构的"双赢"发展，这样的合作也为学校的国际化发展提供了优势。

① **国际设计教学与设计研究**

通过提供国际领先的创新设计课程，米兰理工大学使该大学与国际商业界接轨，从而为设计领域的创新和转型作出了重要贡献。米兰理工大学设计实验室帮助一些意大利企业树立了国际声誉，这些优秀的教授和设计师得到了世界设计界的认可。

今天，米兰理工大学是一个国际领先的设计研究中心。学校将优秀的设计理论与世界一流的设计研究实验室和设计人才完美结合。学校每年都会邀请许多国际知名的设计教授到学校进行交流和讲座。同时，学校通过财政奖励政策，招收一批青年学者、博士后研究人员和国际访问学者参加教学活动。这种灵活的机制确保了教学活动的国际化可持续性。米兰理工大学于2005年开始开设全套英语课程。到2014年，全校硕士、博士生全部实现英语授课。

② **科学的管理和国际化实验平台的建立**

米兰理工大学设计系由设计学院于2013年成立。作为米兰理工大学设计学院的重要组成部分，设计系的作用是加强和协调教学与科研的人力资源管理，并为科研和教学活动提供服务。通过一系列活动，设计部门确保教学和研究活动的国际化和领导地位。促进和组织国际学术交流活动，包括出版国际学术杂志、举办国际学术会议、提供国际文学服务以及与其他国际著名大学、研究中心和机构合作举办活动；与其他国际大学和培训机构合作，为教学、学习和培训活动提供国际教学资源。设计部门在不同的设计和研究领域拥有12个国际领先的研究实验室，涵盖医学生物系统领域的技术创新、交互环境的构建、复杂信息的色彩表达设计以及基于物理人体工程学的创新照明解决方案。每个实验室都有常年参加科学研究活动的国际访问学者，还承担并参加了一些国际科学研究项目。

③ **国际化的培训机构POLI.Design**

米兰理工大学设计培训学院成立于1999年，旨在促进设计教育的全面发展，促进创新和潜在的工业应用，将学校科研成果与企业需求结合起来。它同时与意大利四大专业设计协会和国际设计组织保持着密切的联系和联盟。联盟的主要业务范围包括培训、咨询、举办各种设计活动和出版活动。POLI.Design也和米兰理工大学设计学院联合创建了米兰理工大学国际设计教育体系，整合了意大利乃至世界上最好的设计资源和知识结构等设计元素，使意大利理工大学的国际设计教育成为国际设计教育体系的重要组成部分。作为米兰理工大学的重要组成部分，POLI.Design成功地将米兰理工大学设计体系中的设计知识和经验在意大利和国际设计界传播开来，并将意大利的设计文化和意大利的制造业推向世界。他们与世界各地的大学、公司和设计机构建立了广泛的联系与合作，这些合作也为意大利设计提供了新的设计资源和人才，促进了意大利设计教育的不断发展、升级和更国际化。

POLI.Design的设计教育和培训目标市场包括：总部位于意大利的国内和跨国企业、国内外公共或私人企业和机构（协会、大学和研究机构）以及国内外设计专业人士。在这些全球培训计划中，与一些大学和培训机构建立了良好的合作关系。例如，与日本大阪大学之间的培训合作，与北京兰涛文化发展有限公司之间的合作，与中国室内设计师协会之间的合作，与瓦尔帕莱索大学之间的合作等。另外，也与巴西UNISINOS大学之间进行了合作等。

④ **调整国际教育方向，为国家经济战略服务**

米兰理工大学为了继续成为国际一流的设计大学，加入了欧洲和世界各大技术与设计大学的交流网络，同时不断增加外国学生的课程。为了加强研究和教学方面的国际交流，学校与许多国家在设计相关领域开展了广泛的合作。

近年来，随着西方经济发展放缓，亚洲新兴经济体迅速崛起，意大利与亚洲国家经济交流迅速发展。中国、巴西、印度、俄罗斯、土耳其等新兴经济体对意大利国民经济的发展越来越重要。为了服务于国家的经济发展战略，米兰理工大学也增加了在这些国家的招生和国际合作。随着意大利设计教育国际影响力的提高，越来越多的私立大学增加了英语专业，如工业设计、室内设计、工程设计、豪华管理等。在众多与设计相关的专业中，私立大学的教育水平和国际化程度高于公立大学。同时由于私立大学不依赖政府资助，并且具有良好的市场意识，因此专业设置和市场以及未来就业的结合更加紧密，并且比公立大学更具优势。

（2）意大利私立大学设计教育国际化案例——欧洲设计学院

欧洲设计学院（Istituto Europeo di Design，IED）历史悠久，在国际设计领域享有很高的声誉。目前，学院开设了设计、时装、视觉艺术、管理与传播等相关领域的专业和课程，其中工业设计、室内设计、平面设计、服装设计、珠宝设计、摄影等专业是学院的主要专业。学院根据就业市场调整专业设置，以确保教学质量和就业需求。近年来，该学院已招募了大量国际学生，经过多年的发展，已成为一所国际性的学校。

**① 欧洲设计学院的国际化发展历史**

欧洲设计学院于1966年在米兰成立。经过多年的快速发展，学院在3个国家建立了9个校区（表5-1）：1973年的罗马校区、1989年的都灵校区、1994年的西班牙马德里校区和2002年的巴塞罗那校区。西班牙巴塞罗那校区、巴西圣保罗校区成立于2005年，佛罗伦萨校区和创意中心成立于2008年，巴西里约热内卢新校区成立于2009年。每年，欧洲设计学院的每个校区都会招收来自不同国家不同文化的1800名学生。在学院的发展史上，它从世界92个国家招收了学生。九个校区虽然分布在不同的国家，但都采用统一的教学理念和教学方法。同时，各校区根据当地文化、地域和经济特点，使所有课程尽可能与当地经济社会文化相匹配，以更好地服务于当地经济社会。

表5-1 欧洲设计学院9个校区的办学特色与定位

| 校区 | 办学特色 |
| --- | --- |
| 米兰校区 | 米兰是意大利的枢纽和灵魂中心，是意大利的经济中心，也是服装设计之城和意大利出版界的摇篮。IED 在米兰的课程注重企业交流和研究 |
| 罗马校区 | 罗马始终扮演着意大利文化、民族、社会关系和国际展会的十字路口角色。IED 在罗马的课程重在艺术品的视觉艺术学习 |
| 都灵校区 | 都灵是一个文化发酵、运输工具技术和设计领域享有盛誉的城市。IED 在都灵的课程重在国际制造业和当代汽车设计 |
| 威尼斯校区 | 威尼斯是美丽好客的文化和艺术旅游之都。IED 在威尼斯为世界各地的各色艺术家和研究人员提供了一个学习平台 |
| 佛罗伦萨校区 | 佛罗伦萨无疑是世界上最重要的艺术和文化遗产之一，也是时尚和饰品等传统手工艺品的聚集地。IED 在佛罗伦萨的课程注重创新和当代艺术 |
| 卡利亚里校区 | 卡利亚里是欧洲和地中海盆地其余区域之间的天然石桥。IED 在卡利亚里的课程重在融合文化和传统，以新的形式研究设计、创新和商务 |
| 马德里校区 | 马德里是西班牙经济的心脏，在文化、艺术和设计等多个领域代表着西班牙的现状。IED 在马德里的课程重在培养专业的适合企业发展的人才 |
| 巴塞罗那校区 | 巴塞罗那是一个创新型国际大都市，是时尚潮流的象征。IED 在巴塞罗那的课程重在持续改善和创新的研究 |
| 圣保罗校区 | 圣保罗是拉美战略性神经中枢所在，是时尚和设计潮流的风向标。IED 在巴西圣保罗的课程可以让学生在快速发展的巴西经济体制下体会和领略意大利制造的精髓 |

**② 国际领先的设计咨询服务**：欧洲设计学院的创建者Francesco Morelli希望在学院成立之初，为有创造力的年轻人提供接受高等教育的机会，并创建一所国际顶尖的设计学院，同时重视理论和实践，培养一流的设计人才。现在，学院已发展成为全球性的设计学校网络，建立了设计研究中心。除了培训设计人才外，设计研究中心已发

展成为顶级设计咨询服务公司，长期为国际知名公司、学院和政府机构提供设计咨询服务。

③ **国际性设计和时尚教育网络**：欧洲设计学院是一个专注于设计、时尚、视觉传达和管理领域的私立国际教育网络，植根于意大利正统文化，并以国际元素丰富自身。学院得到了国际商界的高度认可，也得到了各大设计专业公司和组织的高度认可，与伊拉斯MUS和苏格拉底保持着稳定的合作关系。它也是许多国际学术组织的成员，包括国际艺术设计和媒体学院联合会、积云、埃利亚、IAA、fyto、IIE、EAIE等组织。学院已成为全世界37个最重要的设计机构之一，是网络联盟的成员。学院将适时与网络的其他成员组织文化、学习和教学交流计划。

与国际组织的广泛合作增加了IED学生参与更广泛学术交流的机会。与许多国际知名大学签订的双边协议为学生提供了参加学习交流项目的机会。作为一个不断发展的国际学校网络，欧洲设计学院（IED）与世界各地的许多专业学校保持合作关系。在整个学习期间，学生可以在国外的合作大学学习一个学期（表5-2）。

**表5-2 欧洲设计学院的国际合作院校**

| |
|---|
| 法国： |
| 南特大西洋设计学院　Ecole de Design Nantes Atlantique |
| 彭宁亨高等图形与建筑艺术学院　ESAG Penninghen Ecole Superieure d'Arts Graphiques et d' Architecture |
| 法国高等服装设计学院　ISEM-ESMOD |
| 美国： |
| 纽约视觉艺术学院　SVA-School of Visual Arts |
| 美国时尚设计商业学院　FIDM Fashion Institute of Design and Merchandising |
| 切尔西艺术与设计学院　MIAD Milwaukee Insitute of Art and Design |
| 加拿大： |
| 蒙特利尔大学　Universite de Montreal |
| 艾米莉卡尔艺术大学　Emilly Carr Institute |
| 英国： |
| 圣马丁艺术与设计学院　Central Saint Martins College of Art and Design |
| 创意艺术大学　University College of the Creative Arts |
| 德国： |
| 普福尔茨海姆应用技术大学　University of Applied Sciences Pforzheim |
| 特里尔应用科学大学　University of Applied Sciences Trier |
| 科学与艺术之家　HAWK Hochschule fur Angewandte Wissenschaft und Kunst |
| 瑞典： |
| 瑞典工艺美术与设计大学　Konstfack |
| 堪培拉大学　University of Canberra |
| HDK设计与工艺学院　HDK School of Design and Kraft |

续表

| 荷兰： |
|---|
| 芬兰埃因霍芬设计学院　Design Academy Eindhoven |
| 格里特·里特维尔德学院　Gerrit Rietveld Academic |
| 乌特勒支艺术学院　Utrecht School of the Arts-HKU |
| 德库宁艺术学院　Willem de Kooning Academy |
| 芬兰： |
| 中博腾技术学院　Central Ostrobothnia Polytechnic |
| EVTEK 应用科技大　Evtek University of Applied Sciences |
| 基门拉克森应用科学大学　Kymenlaakson University of Applied Sciences |
| 莱茵－瓦尔应用科技大学　Lathi University of Applied Sciences |
| 赫尔辛基艺术设计大学　UIAH University of Art and Design Helsinki |
| 以色列： |
| 霍伦理工学院　Holon Academic Institute of Technology |
| 耶路撒冷　Bezalel |
| 艺术与设计学院设计　Bezalel Academy of Arts and Design |

欧洲设计学院每个校区都采用IED集团的理念和教学方法，各分校区都符合IED的全球统一标准，同时又有自己的特点，做到所设课程与当地经济和社会现状接轨。

④ **国际化的实践教学保证领先的教育质量**：作为欧洲设计教育界的航母，学院开设了50多个设计与管理类本科、硕士专业，强大的教学体系和大型专业实验室配置组成学院先进的教学网络。学院与来自全球100多个国家与300余家知名企业合作，如Apple、3M、Ferrari、Armani、Adobe等（表5-3）。

表5-3　欧洲设计学院合作的世界知名服装公司

| 阿迪达斯<br>Adidas | 阿瑞娜<br>Arena | 阿玛尼<br>Armani |
|---|---|---|
| 贝纳通集团<br>Benetton Group | 面包黄油<br>Bread & Butter | 瓦伦蒂诺<br>Valentino |
| 达米阿尼<br>Damiani | 迪赛<br>Diesel | 杜嘉班纳<br>Dolce & Gabbana |
| 杰尼亚<br>Ermenegildo Zegna | 芬迪<br>Fendi | 发莱<br>Ferre |
| 化石<br>Fossil | 芙拉<br>Furla | 添柏岚<br>Timberland |
| 拉科斯特<br>Lacoste | 李维斯<br>Levi's | 路易·威登<br>Louis Vuitton |
| 麦丝玛拉<br>Max Mara | 施华洛世奇<br>Swarovski International Italy | 宝曼兰朵<br>Pomellato |
| 普拉达<br>Prada | 拉尔夫·劳伦<br>Ralph Lauren | 罗伯托卡瓦利<br>Roberto Cavalli |
| 罗科巴洛克<br>Roccobarocco | 新秀丽<br>Samsonite | 休伯家<br>Superga |

每年学院都与意大利和国际上超过200家合作伙伴开展不同方式的合作,学生可以参与整个过程,与世界知名商业团体密切合作是欧洲设计学院保证教育质量的根本。

### 5.1.4 意大利高校设计教育教学模式

意大利现有各类国家承认学历和学位的高等院校205所,其中有64所院校开设了与设计相关的专业。工业设计是"意大利制造"的灵魂;米兰工业大学、都灵工业大学、佛罗伦萨美术学院、罗马第一大学和其他公立大学在工业设计教育领域具有很强的实力(表5-4)许多国际顶级私人设计学院,例如Domus设计学院、欧洲设计学院、米兰时装学院和Marano·Oni时装设计学院也构成了意大利设计教育的重要组成部分(表5-5)。这些优秀的设计学院和机构奠定了意大利设计教育的坚实基础,并且成为设计教育国际化的主要参与者和推动者。

**表 5-4 开设设计、艺术、时尚专业的意大利部分私立大学**

| |
|---|
| 米兰理工大学(PolitecnicodiMILANO) |
| 都灵理工大学(PolitecnicodiTorino) |
| 巴里理工大学(PolitecnicodiBari) |
| 博洛尼亚大学(UniversitàdegliStudidiBOLOGNA) |
| 布雷西亚大学(UniversitadegliStudidiBrescia) |
| 卡美利诺大学(UniversitadegliStudidiCamerino) |
| 佛罗伦萨大学(UniversitadegliStudidiFirenze) |
| 热那亚大学(UniversitadeglistudidiGenova) |
| 巴勒莫大学(UniversitadegliStudidiPalermo) |
| 罗马第一大学(UniversitadegliStudidiRoma"LaSapienza) |
| 那不勒斯第二大学(SecondaUniversitadegliStudidiNapoli) |

**表 5-5 开设工业设计专业的意大利部分公立大学**

| |
|---|
| 欧洲设计学院(IstitutoEuropeodiDesign) |
| 米兰工业设计学院(Scuola Politecnicadi Design) |
| 多莫斯设计学院(Domus Academy) |
| 米兰时尚学院(HauteFutureFashionAcademy) |
| 马兰欧尼设计学院(IstitutoMarangoni) |
| 米兰布雷拉美术学院(AccademiadibelleartidiBrera) |
| ISAD 设计学院(ISADDesignSchool) |
| 米兰圣心天主教大学(UniversitàCattolicadelSacroCuore) |
| 帕里慕达时装学院(PolimodaInternationalInstituteofFashionDesign & Marketing) |
| 佛罗伦萨欧洲学院(AccademiaEuropeadiFirenze) |
| 罗马自由美术学院(LiberaAccademiadiBelleArtidiRoma) |

现以米兰理工大学、佛罗伦萨大学、都灵理工大学、意大利多莫斯学院、欧洲设计学院这五所意大利高校为例,分析意大利高校设计教学模式。

(1) 米兰理工大学

米兰理工大学(图5-4)是一所成立于1863年的国立大学,是意大利最大的工程、建筑、工业设计和多学科的全球性研究机构。学校只提供工程和建筑课程,其教学策略是根据地区特点量身定制不同的课程计划(学校所在的伦巴地区被认为是欧洲最发达的工业区之一)。米兰理工大学采用中央管

图5-4　意大利米兰理工大学

理模式,拥有12个学院、4个主要工程专业以及覆盖伦巴第7个校区的建筑和工业设计学院网络。四所学院以教学为中心,十二所学院和系以研究为中心,米兰理工大学的设计学院(Faculty of Design)从职能上分为承担设计教育的教学部(School of Design)、专注科研的设计部(Department of Design)和从事设计培训资讯的实践部(POLI.Design)三个部门。这三个职能部门组成了设计学院,它们之间没有从属关系。但是,教授和研究人员可能同时属于这三个职能部门,并从事与这些部门有关的工作。

结合米兰理工工业设计专业的教学理念与初级三年本科课程的设置,分析米兰理工设计专业的教学模式:

① **教学理念"知道如何去做"**

使一个物体成为一个设计对象,无论是一种消费手段、一种工具、一辆汽车还是一件家具,都意味着材料和技术的"计划"结合。在功能和技术上,形式、审美和审美属性赋予这个物体,而工业设计作为一种想象产品的使用和消费的方式,这些产品可以为社会服务,同时满足负责生产这些产品的公司的需求。产品设计师应始终保持对新兴或传统技术世界、材料部门(包括这些材料如何工作)和制造技术的偏好及好奇心。不仅如此,设计师的专业技能还包括使用文化和评论工具来欣赏社会和文化框架的变化,以及了解企业管理的知识,以了解企业动态、市场趋势和消费者行为。

② **教学目标**

工业产品设计的初级课程将提供良好的理论和实践基础教育。学生必须学习从手绘到设计技术的适当工具和技术,以表达产品的形式和功能。例如产品拍摄、三维产品生产、数字图像生产技术、感知视觉语言、色彩系统机制;了解产品设计规划方法、设计方法论、产品市场分布和销售情况;了解材料学习和技术、产品原型的转化技术以及后续产品的工业生产等;了解制造过程和技术、经济体系、商业环境和企业文化只是学习产品设计的最基本要求。学生还需要了解相关产品在美学的符号学、社会学和心理学方面的历史演变,并形成自己的美学评估体系。

③ **专业出路**

毕业生能在所有相关的专业设计领域和生产企业找到就业机会,特别是在一些优秀的专业工作室和企业中找到相关的工作。例如设计合作者、设计师、设计助理、实物模型技术或虚拟产品技术助理等。

④ **课程设置**

米兰理工大学产品设计专业本科教育为三年,学生需要在三年内修满180个学分,平均每学年60学分。学分可以通过必修与选修的专业课程、实践课程以及工作室课程来获得(表5-6)。

表5-6 米兰理工大学产品设计专业本科(三年)课程设置

| 一年级(总计60学分) | 学分来源 |
| --- | --- |
| 设计的视觉要素 | 课 程 |
| 设计的理论与实践 | 课 程 |
| 设计的工具与方法 | 课 程 |
| 数学 | 课 程 |
| 英语 | 课 程 |
| 设计材料 | 课 程 |
| 历史1 | 课 程 |
| 设计技术文化 | 课 程 |
| 制图工作室课程 | 课 程 |
| 视觉传播工作室课程 | 工作室 |
| 工业设计工作室课程1 | 工作室 |
| 二年级(总计60学分) | 学分类型 |
| 企业管理 | 课 程 |
| 历史2 | 课 程 |
| 文化与环境 | 课 程 |
| 社会与通信 | 课 程 |
| 结构设计 | 课 程 |
| 技术与生产 | 课 程 |
| 设计实践 | 实 践 |
| Meta-design 工作室课程 | 工作室 |
| 计算机图形工作室课程 | 工作室 |
| 工业设计工作室课程2 | 工作室 |
| 三年级(总计60学分) | 学分类型 |
| 设计工具 | 课 程 |
| 虚拟建模 | 课 程 |
| 交互设计 | 课 程 |
| 高级图形技术 | 课 程 |

续表

| 三年级（总计60学分） | 学分类型 |
| --- | --- |
| 创新设计与策略 | 课　程 |
| 专业研讨会 | 课　程 |
| 技术领域选修课程 | 课　程 |
| 人文领域选修课程 | 课　程 |
| 毕业材料的准备 | 实　践 |
| 综合性毕业设计工作室课程 | 工作室 |

其中，产品设计专业本科一年级的课程安排如下。

**第一学期**

**艺术史、建筑史、设计史课程：** 在这一系列的历史课程中，每门课的课程并不完全相同。通常情况下，教师会结合所学科目安排教学内容和设计教学形式。

**设计中的材料课程：** 该课程包括三个部分：基本力学、聚合物化学以及按材料分类的各种材料的特性介绍。课程分配需要2～3个学生组成一个小组，完成确定材料规格后，每个团队都需要进入图书馆的信息数据库以选择三种合适的材料，计算不同材料的应力范围并确定材料强度的范围，最后选择最佳材料并完成操作。

**设计工作室课程：** 课程内容包括基础制图（三视图、透视图、等角图）、摄影、模型制作（用纸、塑料、木材等）。作业要求学生运用以上所学知识，为一个意大利知名品牌制作一本4张3折的产品宣传册。

**曲线与曲面几何分析课程：** 该课程分为两部分——理论学习和计算机操作。理论部分主要介绍了各种曲线和曲面的形成方法和方程推导；计算机操作部分是学习相关的数学建模软件。家庭作业每三人一组，老师分配作业产品，学生通过分析其形状确定数学方程，然后使用数学建模软件制作矢量模型。

**第二学期**

**设计项目理论与实践课程：** 该课程分为"分析"和"再设计"两个部分。教师的"分析"部分会给出不同的题目，要求学生在课堂内外完成不同的题目。例如，"老、幼、残日常生活中的不便"科目的学生需要分析项目的打开和关闭方式，分析手柄的材质，分析每种体裁风格的元素。"再设计"是指根据前面的分析，对一个非电子的、没有复杂机械结构的小物体进行再设计。

**设计项目的视觉元素课程：** 该课程分为两个部分。课程的第一部分主要介绍各种视觉元素，例如点、线、面、节奏和密度；第二部分主要介绍色彩科学的基本知识和图形绘制软件（例如Photoshop、Illustrator、Flash）的简单应用。在课程结束时，要求学生汇编并提交所有练习。

**设计课程的方法和工具：** 该课程包括计算机硬件原理的介绍（如计算机主板存储器的工作原理），以及三维建模软件Solidedge的简单应用教学。

从课程表可以看出，第一年没有素描课程，也没有特殊的设计基础课程。但是从课程的内容来看，米兰理工大学的工业设计课程非常基础但必不可少。还有一个非常独特的课程——"设计与设计师保护"课程：学校邀请专业律师进行授课，课程内容包括签订合同以及与设计行业有关的其他法律知识。正如其教学理念所说："知道如

图 5-5　意大利佛罗伦萨大学

何做到这一点是产品设计师专业技能的灵魂。"这些米兰技术工业产品设计专业课程围绕"产品设计"主题紧密安排并涵盖了广泛的研究领域。

（2）佛罗伦萨大学

佛罗伦萨大学（Università degli Studi di Firenze）（图5-5）始建于1321年，是一所崭新却拥有古老历史的大学，是一所意大利国立综合大学，也是意大利最重要的现代化高等学府之一，与世界上150个知名大学签订了科研与教学合作协议，曾被欧盟授予"欧洲杰出的科研教学中心"称号。

佛罗伦萨大学有12所学院（表5-7），提供104个学士学位课程、102个硕士学位课程、6个本科和硕士课程、110个博士研究生课程及许多高级课程。佛罗伦萨大学的工业设计是建筑学院的一个专业，它有四个方向：产品设计、室内设计、视觉设计和时装设计。工业设计专业本科学历3年，学分制为60学分/年。从大二开始，就有专业方向的选择，学生在产品、内饰、视觉、服装四个方向上可以选择一个方向进行深入学习，选定专业方向后将继续学习。佛罗伦萨工业设计专业2010年调整课程后，整体课程风格为动手实验增多。从第一学期开始，有大量的课程实验和项目设计，学生在选专业前共同学习和发展并进行大量的实验、实践等环节，其师资力量雄厚、教学考核严格。

表 5-7　佛罗伦萨大学下设学院

| 农业科学学院 | 经济学学院 | 教育学院 |
| 工程学院 | 建筑学院 | 艺术学院 |
| 法学院 | 科学学院 | 医学和外科手术学院 |
| 药理学学院 | 政治和心理学学院 | 文学和哲学院 |

佛罗伦萨大学设计专业旨在培养能够在工业产品设计和开发的各个阶段具有竞争力的"项目技术人员"。教学希望能够在不同的培训课程中支持不同的项目专业，让学生学习不同的专业知识细节，并使之成为设计和生产之间的纽带，从而使设计涵盖从产品设计到大规模生产的各种活动。培养学生视觉传达、多媒体和交互式通信领域的能力，使学生能够熟练应用于产品相关界面的设计和实施。

佛罗伦萨大学设计专业教学是通过单一学科和综合类型的课程及实验室来实现的，旨在提供基础科学学科、设计和科学领域的知识及理解技能。例如展示技术、设计历史、人文、经济和版权，最重要的是项目所直接相关的具体学科。以佛罗伦萨大学时尚设计专业人才培养方案为例，一年级以公共必修课程、专业主干课程为主；二年级的第二学期可以自由选择专业主攻方向，在大方向的基础上，再细分到工作室的项目中来；三年级第五个学期为专业拓展课程学习；第六个学期为专业实习并以考核为主。具体课程安排如表5-8～表5-10所示。

**表 5-8　佛罗伦萨大学时尚设计专业第一、二、三学期课程安排**

| 第一学年 / 第一学期 Primoanno/Isemestre |
|---|
| 近代史——6 学分（Storiamoderna-6） |
| 服装设计——6 学分（Disegnoperlamoda-6） |
| 欧洲语言学科——6 学分（Conoscenzadiunalinguaeuropea-6） |
| 图像处理实习——3 学分（Lab.dielaborazionedell'immagine-3） |
| 实验室实习——3 学分（Lab.dianalisierappresentazionedellaforma-3） |
| 第一学年 / 第二学期 Primoanno/IIsemestre |
| 19 世纪前服装史——6 学分（Storiadelcostume-6） |
| 当代史——6 学分（Storiacontemporanea-6） |
| 意大利文学——6 学分（Letteraturaitaliana-6） |
| 画法几何学——6 学分（Istituzionidigeometriadescrittiva-6） |
| 时尚设计——6 学分（Disegnoindustrialeperlamoda-6） |
| 时装设计实习——3 学分（Lab.diprogettazionedellamoda-3） |
| 面料和配件设计——3 学分（Lab.dimaterialiecomponentiperlamoda-3） |
| 第二学年 / 第三学期 Primoanno/IIIsemestre |
| 时装史 1——6 学分（Storiadellamoda1-6） |
| 舞美设计——6 学分（Allestimentoescenografiaperlamoda-6） |
| 数码时尚的表现——6 学分（Rappresentazionedigitaleperlamoda-6） |
| 数码服装效果图——3 学分（Lab.dirappresentazionedigitaleperlamoda-3） |
| 舞台戏剧史——6 学分（Storiadelteatroedellospettacolo-6） |
| 舞台戏剧史——6 学分（Storiadelteatroedellospettacolo-6） |

第四学期专业分为：服装与服饰设计方向、时尚摄影与编辑方向。以服装与服饰设计方向为例，第四学期又分为四个工作室，学生可选择其中一个进行实习。

**表 5-9　时尚设计专业服装与服饰设计方向第四学期课程安排**

| | 第二学年 / 第四学期 Secondoanno/IVsemestre | |
|---|---|---|
| 服装服饰设计 Abbigliament | 服装及服饰设计——3 学分（Labdidisegnodiaccessori-3） | 皮革制品实习——3 学分（Labdiprogettazionediaccessoridipelletteria-3） |
| 金属饰品设计 Oreficeria | 珠宝设计——3 学分（Labdidisegnodelgioiello-3） | 珠宝实验室实习——3 学分（Labdiprogettazionedelgioiello-3） |
| 面料、图案设计 Tessuto | 面料、图案设计——3 学分（Labdidisegnodeltessuto-3） | 面料实验室实习——3 学分（Labdiprogettazionedeltessuto-3） |
| 舞台展示设计 Spettacolo | 舞台美术设计——3 学分（Labdirappresentazione Scenografica-3） | 舞台服装展示秀——3 学分（LabdiProgettazionedelcostumeperlo Spettacolo-3） |

表 5-10 时尚设计专业服装与服饰设计方向第五、六学期课程安排

| 第三学年 / 第五学期 Terzoanno/Vsemestre |
| --- |
| 传统文化——6 学分（Tradizioniculturali-6） |
| 艺术设计指导——6 学分（Dirittod'autore-6） |
| 建筑史——6 学分（Storiadell'architettura-6） |
| 公共视觉传达——6 学分（Teorieetecnichedellacomunicazionepubblicitaria-6） |
| 第三年 / 第六学期 Terzoanno/VIsemestre |
| 电影艺术史——6 学分（Storiaecriticadelcinema-6） |
| 流行时尚趋势——6 学分（Progettazionedicollezione-6） |
| 流行时尚趋势信息整合工作室实习——3 学分（Lab.diprogettazionedicollezionidiabbigliamento-3） |
| 专业拓展课程——6 学分（Asceltadellostudente-6）<br>可跨专业、跨系部学习相关知识，如面料学可选化工染织专业课程 |
| 企业就业实习培训——6 学分（Tirocinio-6） |
| 期末考试——6 学分（Provafinale-6） |

佛罗伦萨大学设计专业的教育模式是基于民族文化，依靠工作室的运作突出了传承、专业和实用性。在设计专业课程的教学中，应减弱教学内容的统一性，突出教师特殊能力的前沿性和独特性。同一类别中的不同老师将改变课程的内容和形式，每个老师的教学思想和重点是不同的。学生可以在个性化和专业的教学环境中自由选择发展方向。在教学实施阶段，使用交流、访问、讨论和实践培训项目指导的教学方式，使用工作室教学模式，课程安排相对集中，有利于学生设计思想的延续和工作项目的完整。同时突出项目教学，有利于提高学生的岗位工作能力和职业素养。

（3）都灵理工大学

都灵理工大学成立于1800年中期，是意大利历史最悠久的公立技术大学，也是最大的科技大学之一。工程、建筑与设计、城市规划是学校的主导学科。都灵理工大学在汽车、电子和计算机、机械和土木工程等技术领域具有世界一流水平。在组织管理方面，由6个学院（4个工程学院和2个建筑学院）和博士生学院组成。同时还拥有18个部门，每个部门负责一个或多个教育研究领域，为学术研究和教育机构提供人才。都灵理工大学每学期提供的课程之间具有高度的连续性，形成了较为完整的教学知识体系，有利于学生理解和掌握知识，并与相关课程进行衔接，注重学生的全面发展。

都灵理工大学还拥有菲亚特和法拉利汽车设计与制造厂，以及美国通用汽车柴油发动机开发中心，其教学面向本地和欧洲就业市场。这些在校内设立的企业工厂、研发中心和合作实验室，使学生在求学期间有机会接触到社会经济系的优秀人才和国际专业人士，并获得更多的实践机会。例如与TIM（Telecom Italia Mobil意大利移动电信）联合开放实验室合作（见图5-6）。

往往最好的创新诞生在一个开放的、协作的环境中。都灵理工大学与TIM联合开

图 5-6 开放实验室中学生在整理资料

图 5-7 都灵理工大学教学楼瓦伦蒂诺城堡

放实验室由高校、创意孵化器和相关的学术研究部门共同投资，企业、高校和科研机构之间产生紧密的联系和协同作用，为设计创新提供了一个良好的平台。真正的"生活"实验室由每天在现实生活中经历创新的人们一起创造，因此实验室通过更贴近人们创新的"研讨会"形式，倾听人们的需求，并与他们一起创造未来的服务，让开放实验室成为创新活跃的学生社区。

都灵理工大学（见图5-7）在教学中充分利用了课堂外的实践空间与丰富的城市资源，其建筑学院位于坐落在意大利最大的市内公园瓦伦蒂诺公园（Parcodel Valentino）中的瓦伦蒂诺城堡，城堡已经在1997年被联合国教科文组织评为世界文化遗产。

例如，设计专业本科二年级课程建筑历史与设计，由建筑历史课、设计课两部分组成。首先，建筑历史课部分通过阅读教师提供的不同学者对城市发展研究的论文集《City Reader》，学生需要在给定的三个课题（如后工业化城市的问题Post-industry、女权主义的问题Gender、建筑理论Architecture theory）中选择其中一个进行深入学习并结合自己的思考来指导建筑设计。

课程以教师提供影视频资料，课程教师与其他专家共同授课的形式来开展。然后，设计课部分学生需要对一块紧挨着历史风景区的14万平方米的地块进行调研，在调研中抽取有代表性的建筑群设计，最后在所选建筑群中抽取独栋建筑的设计，不断缩小范围，不断细化设计细节，完成设计图纸与概念产出。课程以教师与学生的实地考察为基础，邀请当地议员、建筑师、风景区负责人、遗产研究员等来讲解为补充的形式开展。

（4）多莫斯设计学院

多莫斯设计学院（Domus Academy）是一所私立大学（图5-8），于1982年在米兰建校，被称为后工业化时代欧洲著名的设计学院，由费雷（Gianfranco Ferre）、菲力普·斯塔克（Philippe Starck）、安德里亚·布兰兹（Andrea Branzi）等世界知名设计大师亲自执教。多莫斯设计学院是一所研

图 5-8 多莫斯设计学院

究生学院，也是一个被意大利政府指定为国家级设计、美学和设计营销类专项研究型实验室，秉承意大利本土设计风格，以及科学的课程设置的独特研究生教育理念。

2009年，学院加入了全球高等教育发展联盟，即劳瑞德国际大学联盟（Laureate International Universities）。劳瑞德国际大学联盟旨在为实用、独立和长期的教育方法创造发展机会，鼓励无国界教学，让学生立足本地市场关注世界，从而达到跨文化和实践教学的目的。多莫斯设计学院的内在机制和教学本质可用"实践性""独立性""长期性"来准确描述，同时强调学校、城市和民族文化的结合。学院设计理念以民族文化和哲学为基础，形成具有意大利风格的设计体系，设计师应该根据自己的文化背景和文化环境去思考和创造，如下文所述的多莫斯设计学院共享城市项目。

在名为"我倾听你的心声，城市"的研讨会上，多莫斯设计学院服务设计硕士学生们与"共享城市"的伙伴合作。这是一个由欧盟委员会资助的"地平线2020灯塔城市计划"项目，学生们对"米兰共享城市"及其合作伙伴项目"100个弹性城市"展开了讨论与思考，并提出了想法和建议。共享城市旨在改变大众对数字技术在城市中作用的看法，并阐明大众如何能从城市数字化转型过程中受益并为之作出贡献。为灯塔城市米兰、伦敦和里斯本提供智能和协作服务以及数字基础设施，改善城市的流动性，提高建筑的能源效率，减少碳排放。

这个课程项目的目标是为城市管理者设计创新的交互方式，让城市管理者能够倾听市民在流动性、风险和应急管理、共享和社区恢复力等主题下的意见，并在可持续性相关主题上与市民达成长期良好的合作，这些被讨论的主题与米兰市政府追求的宏观目标密切相关。

多莫斯设计学院鼓励创意爱好者以多学科的方式进行表达，提出当下的工业设计需要打破界限新探索，区别于传统教学的专业课程设置，让学生在具体的项目实践中进行思考获得知识。多莫斯设计学院的学生可能来自不同的学科背景，他们可以通过在多莫斯的学习开拓新的人生轨迹，推进职业发展，创作符合当前市场需求的作品。

例如，多莫斯设计学院的工业设计课程除了基础的专业知识的教授外，还会通过研讨会、讲座、辅导、实地考察等多样生动的形式开展。设计行业的专业人员、项目负责人、领导人通过个别辅导和项目指导等方式引导学生进行学习。工业设计课程内容分为五个模块，每个模块都由以专业知识教学为主的课程和以国际知名品牌合作进行产品研发及课题研发的工作坊两种教学类型组成。最后一个模块，即第五个模块则是专业实践周期和最终演示汇报。在整个专业学习过程中，每个学习模块化结构都是灵活的、多样的、可定制的，能最大限度地满足每个学生不同的学习目的与需求。

工作坊在教学环节中的大量融入，使学科的核心知识体系在实践中得以运用。基于品牌合作产品研发的教学设置，鼓励学生根据不同的文化背景来创建自己的品牌，研发创意产品。图5-9所示这系列作品是多莫斯工业设计专业学生在主题为"设计未来的照明设备"工作坊教学中为ADEO安达屋集团设计的灯饰。

学生作品Focolare是适应各种环境的照明解决方案，可放置在书房、客厅、卧室等地方。该灯可无线连接，实现远程智能控制，其内置电池可充电，使用方便。其树枝状造型稳重且有延展感，金属质感与磨砂灯管相结合，整体设计符合IDEO产品的现代时尚风格（表5-11）。

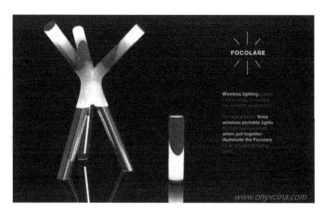

图 5-9 多莫斯设计学院学生作品
Focolare

表 5-11 多莫斯设计学院合作的国际知名设计企业

| 卡佩里尼<br>Cappellini | 黛博拉<br>Deborah Group | 宜家家居<br>Ikea |
| --- | --- | --- |
| 杰尼亚<br>Ermenegi ldoZegna | 阿特米德<br>Artemide | 耐克<br>Nike |
| 菲亚特<br>Fiat | 富士通<br>Fujitsu | 诺基亚<br>Nokia |
| 本田<br>Honda | 三菱<br>Mitsubishi | 欧西亚<br>OregonScientific |
| 先锋电子公司<br>Pioneer | 施华洛世奇<br>Swarovski | 三星<br>Samsung |

（5）欧洲设计学院

欧洲设计学院（Istituto Europeodi Design）作为欧洲最大的私立设计学校，历史悠久，国际知名度高，为年轻人提供了一个理论与实践并重的高层次教育平台，形成了具有长期影响力的"设计文化"。学院致力于设计、时尚、视觉艺术、管理和传播领域的教育和研究。根据课程目标的不同，学院分为设计学院、时尚学院、艺术学院和传播学院四个学院。位于米兰的学院总部设有室内设计、平面设计、动画设计、服装设计等专业。虽然这些专业各有特点，但它们之间有着非常积极的合作与互动。学院设有本科、进修和研究生课程，约有12000名学生。欧洲设计学院自1966年在米兰成立以来，发展迅速，已经成为一个日益壮大的国际学校网络。

欧洲设计学院为有抱负的年轻人提供时装、设计和传播职业发展方面的专业培训。未来设计师必须知道如何将创意和组织、个人意识和群体文化、创意灵感和现有技术联系起来，抓住现代社会加速发展所带来的机遇，重新解读源自其他文化的思想和灵感、艺术或技术环境。知识与实践技能的结合是学校培养和提高学生文化、创新、管理及设计能力的教学目标不可或缺的基础。所有课程都强调了这一点：与商业团体密切合作，将实践研讨会和实习纳入常规教学，所有这些都与课堂同步进行。

欧洲设计学院与行业、企业联系紧密，重视与企业的合作（图5-10）。教师都是各自领域的专业人士，他们拥有专业技能和创新理念。校企合作网络，让学生在企业实践中检验和提高自己的能力。学生在学院举办研讨会，或参与合作公司办公室的项目讨论，全面参与项目进展。许多实际任务和实质性项目就是这样取得成果的。

图 5-10　课程项目研讨会

例如，欧洲设计学院的时装设计专业课程的教学，几乎都是由在意大利著名时装品牌或工作室工作、具有丰富时装设计经验的设计师完成。该课程的教与学采取设计团队的形式，在领导的指导和帮助下共同完成一个项目。在每门课程开始时，老师将给学生一份课时和教学的时间表，其中明确规定了每个阶段必须完成的工作量和该阶段的详细要求。在毕业设计课程中，学校与意大利品牌COSTUMENATIONAL服装民族共同组织品牌设计总监提出并拟定了设计主题，对主题风格、面料类型和产品类别结构都有非常明确的要求和规定。此外，COSTUMENATIONAL还将制定详细的时间表，合理安排学生在各个阶段完成的工作内容。整个毕业设计项目由服装民族品牌设计总监牵头，公司设计师作为导师全程跟踪指导，随时解决学生在设计过程中的问题。在整个项目过程中，学生的设计水平和沟通能力都得到了很大程度的提高。

综上，五所设计高校既有各自的教学重点，又有各自的教学特色（表5-12）。正是有各所高校不断的与时俱进，对教学模式和教学理念的不断更新与发展，才促成了意大利设计教学欣欣向荣的景象。

表 5-12　意大利五所高校设计教学模式比较总结

| 院校名称 | 课程特点 | 教学理念 |
| --- | --- | --- |
| 米兰理工大学 | 围绕设计展开认识制造的过程和技术，经济制度，商业环境和企业文化 | 体味社会文化框架的变化，理解企业动态、市场趋势以及消费行为 |
| 佛罗伦萨大学 | 开展大量的课程实验和课题设计，注重学生的动手和实验实践 | 旨在培养能够在设计和开发的各个阶段具有竞争力的"项目技术人员" |
| 都灵理工大学 | 秉持课程延续性宗旨，将相关的课程进行关联，构建完整的知识体系 | 充分利用城市、社会资源开展教学，发展学生设计的综合能力 |
| 多莫斯设计学院 | 以专业知识教学为主的教学授课，结合与国际知名品牌合作进行的项目研发课题 | 培养能以本民族的文化及哲学为基础，立足于文化背景与所处的文化环境来进行思考与创意的设计师 |
| 欧洲设计学院 | 构建国际化的教学网络，与商业团体的密切合作，经常性地举办实践研讨、实习和练习 | 培养能够把创意和组织、个人意识和团体文化、创意灵感和现有技术联系起来，重新诠释从其他文化、艺术或技术环境中所得到的想法和灵感的国家型设计师 |

## 5.2 意大利高校交叉学科教学模式比较分析

### 5.2.1 意大利高校交叉学科改革与发展

近20年来，随着社会经济、政治、文化的急剧发展变迁，工业设计的内涵、对象及方法论都发生了巨大变化，因此对设计师的职业素养提出了更高的要求。为了适应这种局面，世界各国设计教育界都在积极探索设计改革的新途径和新方向。

**首先**，设计的交叉趋势是已在意大利高校中逐步展开，设计的内涵决定了设计学科自身与其他学科间的交集。2016年10月，国际设计组织WDO（World Design Organization）在第29届年会上公布了工业设计的新定义，将设计作为一种交叉学科的专业方向，旨在引导创新、促进企业成功，提供了更好的生活质量。这是一种战略性的问题解决过程，因而也被应用于产品的设计，系统、服务和一些体验活动的行动中。该定义将设计视为生态链的解决方案，将设计的自然和社会环境置于一种新的交叉学科氛围中；同时，设计涉及广泛的学科，如社会、文化和技术等。

**其次**，随着科技的发展，除了主要为社会各界提供工业企业、产品设计等硬件，设计软件等企业规划之外，特别是随着互联网的飞速发展，新媒体设计和交互、体验、服务设计成为工业设计的新领域，促进了意大利设计走向交叉。

**再次**，设计管理的兴起要求设计师在设计发展的全过程中，有更全面的交叉学科的知识渗入，以拓展设计师对设计发展趋势的全局把控。除此，还须具备与各方面专家沟通协作的技能和知识背景、掌握企业管理的基本原则和方法，才能使设计在企业中发挥更重要、更全面的作用。这也是促进意大利高校交叉学科改革和发展的因素。

**最后**，绿色设计、可持续发展以及经济全球化等趋势对设计师的素质和知识结构提出了更高、广泛的要求。特别是意大利的服装、家具行业等已成为世界设计名牌代表，这也促进了意大利高校的交叉学科走向国际化的舞台。

意大利设计教育提倡传统与现代交融的教育理念，同时设计院校对设计类专业交叉学科的教学和研究十分重视，多所设计院校达成交叉、学科教育的共识，并将此列入永久性规划战略，成立了众多的交叉学院、多学科研究所、研究性工作室和课程项目，使交叉学科教育成为培养设计类专业学生整合创新设计能力的一个重要途径。

以意大利本科工业设计交叉学科的教学为例，在专业性教育的基础上，开展来自不同学科门类的多学科教学。这种建立在专业性知识背景下的交叉学科教学，很好地平衡并兼顾了交叉学科教育与传统教育之间的缺陷；既把握了"点"，又拓展了"面"；既有专业深度的研究，又有专业广度的延伸；不仅能培养设计专业技能人才，还能培养全链路设计人才。设计院校在教学中与企业合作发展，注重实验与实践，提供参与实际项目的机会，将交叉学科知识、方法在实际项目实施的情境下交叉融合，不仅能使学生掌握与运用交叉学科的知识方法，还能培养学生交叉学科思考与实践的能力。以基本的艺术理论和认知理论为基础的意大利设计教育，保留了很多设计及研究的传统方法，但同时又注重教育中新技术和创造性的设计构想，关注人类社会发展与变革的前景、可持续的生活方式，将社会责任、社会事业与课程做实际的链接。

## 5.2.2 意大利高校交叉学科教学模式

在本章第一节介绍意大利设计教育教学模式时,从意大利百所高校中选取了五所对其设计学科教学模式进行详细介绍,分别是米兰理工大学、佛罗伦萨大学、都灵理工大学、多莫斯设计学院和欧洲设计学院。交叉学科的发展是建立在良好的基础学科教学上的,是逐步发展而非一蹴而就的。这五所高校是意大利设计教育的领军者,从各方面来说都走在意大利设计教育发展的前端,其完整成熟的教学模式是交叉学科发展的肥沃土壤。因此,梳理分析米兰理工大学、佛罗伦萨大学、都灵理工大学、多莫斯设计学院和欧洲设计学院的交叉学科教学模式,是进一步了解意大利设计专业交叉学科教学模式改革与发展的良好窗口。

(1)米兰理工大学

**① 理工学科特色是交叉发展的土壤**

米兰理工大学是一所综合性大学,是意大利最大的工程学、建筑学和工业设计学专业研究机构,学校所在的伦巴地区是欧洲最发达的工业区之一。校区之一的米兰宝维萨校区(Milano Bovisa Campus)曾经是著名的工业区,有一系列世界顶级的现代实验中心,例如风筒实验室(Wind Tunnel)、交通安全实验室、设计实验中心和建筑原型实验室以及航空航天、机械和能源等领域的实验室系统。学校特色的理工学科工程学、建筑学、工业设计学之间相互联系,而这些学科的研究发展为交叉学科教育提供了良好的理论研究基础和丰富的研究方法。大量的实验室、研究中心为交叉学科的教学所开展的场景与实践技术提供了支持。学生和教师可以通过实验实践,在项目中综合思考与解决问题并制造产品。米兰理工大学所开展的关于交叉学科的相关教学活动,是在理工学科特色的基础上发展起来的,并一直保持到现在。

**② 行政管理模式是交叉发展的基石**

米兰理工大学的行政管理模式是科学灵活的,是服务于学校的教学理念以及整体的教学框架。例如,设计学院中承担设计教育的教学部、专注科研的设计部和从事设计培训资讯的实践部相互之间并没有从属关系,但教授和研究员有可能同时隶属于这三个职能部门并从事部门相关的工作。这种不拘泥于行政框架的管理模式,使高校教育人才的教育、研究、商业三个方面的能力与价值得以充分发挥,并使得在不同的角色定位时所获得的不同经验与思考可以充分融合、相互影响。在米兰理工大学设计学院,教师既是传授专业知识的传承者,也是引领学术研究的开拓者,同时还是能将所学转化成实际设计输出的创造者;给学生传授专业知识,也给学生分享实践经验与学术研究心得。教师团队的交叉发展能更好引领交叉学科的发展,科学灵活的行政管理模式给米兰理工大学交叉学科的发展奠定了坚实稳固的发展基石。

**③ 教学目标理念是交叉发展的核心**

米兰理工大学设计专业的教学目标理念是让学生"知道如何去做"。在设计全链路中,学生不仅应该熟悉新兴或传统的技术、材料、制造技术,还需把握社会文化框架的变化,理解企业动态、市场趋势以及消费行为。要求全面发展的教学目标理念指导与影响着课程的设置与开展,更强调了多学科的交叉与融合,且有很强的综合性。教学目标理念是从学科基础教育到交叉学科教育转变的核心,以明确的教学目标为中心,去拓展具体的交叉学科教学实践。

**④ 多学科的课程设置是交叉发展的工具**

米兰理工大学的工业设计课程设置的主旨是首先要传授基础但很必要的知识，在理论与实践方面提供良好的学科基础教育。学科基础教育为学科的研究与发展奠定了基础，也是进一步融合其他学科的基础，只有在完善学科基础教育的前提下，才能在交叉学科教育改革中把握正确的方向。在米兰理工大学，学生不仅要学习工具和技术来表现产品的形式和功能，了解产品设计的计划方法论、设计方法论，认识制造的过程和技术、经济制度、商业环境和企业文化，还要了解相关设计的美学、符号学、社会学和心理学。所有专业课程都是紧紧围绕"设计"这个主题来安排的，涵盖面广，涉及领域多，使课程设置成了交叉发展的工具，帮助和推进了交叉学科教学的发展（图5-11）。

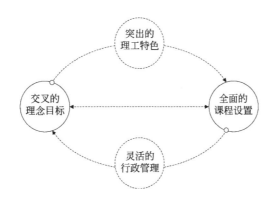

**图5-11　米兰理工大学交叉学科教学模式特点**

（2）佛罗伦萨大学

**① 综合性专业培养目标**

佛罗伦萨大学在专业培养方面注重综合性，希望能够在不同的培训课程中支持不同的专业项目，从而让学生学习不同的专业知识及细节。教学是通过单一学科和综合性课程及实验室来实现的。例如，培养视觉传达专业学生学习多媒体和交互式通信领域的能力，使学生能够熟练并应用于产品相关界面的设计和实践。

**② 突出个性化与专业化**

佛罗伦萨大学设计专业交叉学科教育以本国文化为基础，突出传承性、专业性、实操性，弱化课程教学内容的统一性，突出不同教师专项能力的尖端性和独特性；依托工作室开展实践教学，使得学生能够在个性化和专业化的教学环境中自由选择发展方向；在交叉学科教学中突出个性化与专业化，使设计专业教学既能保证专业培养，又能对其他学科的交叉融合有更强的包容性。

（3）都灵理工大学

**① 与世界市场的研发中心、企业工厂、实验室接轨**

都灵理工大学在汽车、电子与计算机、机械和土木工程等科技领域都具有世界顶尖水平，因此吸引了大量世界顶尖研究中心、企业工厂、合作实验室的驻扎，学校在教学内容的设置上也与地方和欧洲工作市场接轨。这为设计专业交叉学科教学的开展提供了丰富而又优秀的教学场景、实践环境的真实项目，使学生在学习的课程中就有机会接触社会经济系与国际优秀专业人才。同时，也有了更多实践机会，能够让学生在实践中体会交叉学科的重要性，培养交叉学科的思维模式，掌握交叉学科研究的方法。

② **城市资源的最大化利用**

都灵理工大学在教学中充分利用了课堂外的实践空间与丰富的城市资源开展教学，其所在的瓦伦蒂诺城堡更是联合国教科文组织认证的世界文化遗产。在课程设置中，课程场景会优先选择在课堂外，在城市范围内展开。以城市为设计背景、设计对象、设计资源，邀请当地议员、建筑师、风景区负责人、遗产研究员等来讲解，开展调研、讨论、构想，并最终完成设计研究。城市的环境是复杂的，城市自身的发展建设就融合了多学科，在城市资源背景下开展设计教学，自然能够准确地将各学科交叉、融合在一起。

（4）多莫斯设计学院

① **跨文化的设计教育**

多莫斯设计学院积极加入国际教育联盟，为学生创造发展机遇，让学生立足于本地市场而放眼于世界，以达到跨文化和学以致用的教学目的。学院强调学校与城市、国家文化相结合，以民族的文化及哲学为基础进行思考与创意，形成具有不同风格的设计体系。

② **以多学科方式进行设计思维的传达**

多莫斯设计学院鼓励学生以多学科的方式进行表达，并提出"设计需要打破界限新探索，区别于传统教学的课程设置，让学生在具体的项目实践中进行思考获得知识"的交叉学科教学理念。多莫斯设计学院有来自不同的学科背景，这也是学院开展交叉学科教学的有利条件。当不同学科背景的学生进行同一主题研究，就会出现多学科思维的碰撞而形成多学科理论与实践的相互补充、学习和融合的良性教育氛围。

（5）欧洲设计学院

欧洲设计学院重视与企业间的合作，与商业团体联系紧密，聘请各领域的专业人士为教学人员，从而为教学带来了核心专业技能和不断创新的思想。学生能够通过学校与企业之间的合作关系网络，在实际的公司实践中测试并提高自己的能力。实际任务和实质性项目区别于基础学科知识教学中虚拟的任务设置，实际任务或实质性项目交叉融合了多种学科，在讨论与研究中需要使用不同学科的思维、知识和技能。学生在学校或者合作公司开展的研讨会、项目讨论中，与不同学科背景的企业人员进行沟通，能够充分参与项目进度的推进，学习和掌握多学科的研究方法，以培养交叉学科的思维并开展相关的主题设计实践项目。

### 5.2.3 意大利五校交叉学科教学模式比较

下面通过表5-13～表5-17分别从理念与目标、课程设置、师资配置、项目合作四个板块出发，通过教学理念、培养目标、课程列表、整合学科、项目实践、实验实践、师资来源、师资数量、项目类型、项目目标等要点梳理米兰理工大学、佛罗伦萨大学、都灵理工大学、欧洲设计学院、多莫斯设计学院五所院校设计专业交叉学科教学模式的基本情况并进行比较（图5-12）。

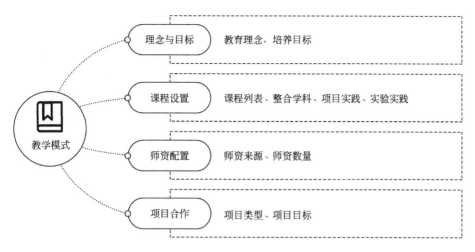

**图 5-12 教学模式分析板块**

通过对意大利高校设计专业交叉学科教学模式的梳理比较，为之后的总结分析提供参考。

**表 5-13 米兰理工大学设计专业交叉学科教学模式简况**

| 理念目标 | 教学理念 | 将前沿的设计理论知识和实际实践相结合，发挥设计作用并体现设计价值；利用米兰城市与社会的相关设计展览、活动和企业资源等与学生的交叉实践项目对接，并将成功经验嵌入实际生产和技术运用中，使交叉学科的教学模式能够兼顾理论与实践 |
|---|---|---|
| | 培养目标 | 培养学生除了具有设计学科的专业背景之外，也拓展学生的设计思维和具有开发实际产品的能力，训练学生所设计的产品能与市场接轨，并真正达到可落地性 |
| 课程设置 | 课程列表 | 实验室项目的视觉元素 Laboratorio Di Elementi Visivi Del Progetto |
| | | 绘图实验课程 Laboratorio Del Disegno |
| | | 实验室基础项目 Laboratorio Di Fondamenti Del Progetto |
| | | 设计和建筑史 Storia Del Design E Dell' Architettura |
| | | 曲线和曲面设计 Curve Superfici PerII Design |
| | | 工具及项目方法 Strumenti E Metodi Del Progetto |
| | | 材料设计 Materiali PerII Design |
| | | 实验室性能数字学 Laboratorio Di Rappresentazione Digitale |
| 课程设置 | 课程列表 | 工业产品设计模型 Laboratorio Di Design Del Prodotto Industriale |
| | | 结构技术 Tecnologie E Strutture |
| | | CAD 建模 Modellazione CAD |
| | | 设计和技术历史 Storia Del Design E Della Tecnica |
| | | 环境可持续性设计 Design Per La Sostenibilita Ambientale |
| | | 项目策略与经济 Strategia Ed Economia Del Progetto |
| | | 操作间实习 Workshop Tirocinante |
| | | 学位课程 Preparazione Elaborato Di Laurea（P.E.L.） |

续表

| | | |
|---|---|---|
| 课程设置 | 整合学科 | 实验室项目的视觉元素，设计和建筑史，工具及项目方法，实验室性能数字学，设计和技术历史，环境可持续性设计，项目策略与经济等课程是交叉学科性强的综合性工业设计课程，整合了建筑、工程、数字媒体、环境、经济等多专业、多学科的课程 |
| | 项目实践 | 具有开展企业与课程合作的实践基础，可让学生直接与企业接触并参与实际项目，带动了多数传统学科进行了相互交叉的设计活动 |
| | 实验实践 | 设置了全世界设计领域最先进的 Workshops 系统和研究实验中心，只需学生和老师通过相关培训和考试合格后，就可进入实验中心使用 |
| 师资配置 | 师资来源 | 教授和研究员可能同时隶属于设计教育的教学部，专注科研的设计部和从事设计培训资讯的实践部这三个职能部门，并从事相关的工作。这种部门设置模式使得专业课程与交叉项目的实施具有了相对的灵活性 |
| 项目合作 | 项目类型 | 米兰理工大学设计学院有广泛的外部合作经验，很多重要的公司如 Natuzzi、Fantoni、B & B、Artemide、Porada、Panasonic、Carrefour 等很多意大利的和国际的企业都是学院对外咨询工作的合作伙伴 |
| | 项目目标 | 通过与企业间的多维合作，不仅提升了自身的设计和研究能力，同时也为学生创造了直接与企业接触和参与实际项目的机会，而这些企业就成为学生未来就业所选择的对象，从而达到校企合作的双赢 |

表 5-14 佛罗伦萨大学设计专业交叉学科教学模式简况

| | | |
|---|---|---|
| 理念目标 | 教学理念 | 佛罗伦萨的工业设计专业整体课程偏向于动手和实验，将教学、研究和实践相结合 |
| | 培养目标 | 本科生教育以理论课程为主，除了培养学生理论知识之外，希望能在工作室培养模式下具有实际项目的执行能力，最终实现学生能够在设计开发的各个阶段（无论是材料还是其他产品）都具有竞争力的"项目技术人员" |
| 课程设置 | 课程列表 | 工业产品技术和功能分析 Analisi Tecnica E Funzionale Dei Prodotti Industriali |
| | | 美学和符号学 Estetica E Semiotica |
| | | 几何画法基础与应用 Fondamenti E Applicazioni Della Geometria Descrittiva |
| | | 设计课程（实践课程）Laboratorio Di ProgettazioneI |
| 课程设置 | 课程列表 | 设计数学 Matematica PerII Design |
| | | 感知心理学 Psicologia Cognitiva E Della Percezione |
| | | 工业设计史 Storia Del Disegno Industriale |
| | | 调整与室内（实践课程）Laboratorio Di Allestimento E Interni |
| | | 人类工效学（实践课程）Laboratorio Di Ergonomia |

续表

| | | |
|---|---|---|
| 课程设置 | 课程列表 | 传媒设计（实践课程）Laboratorio Di ProgettazioneII - Comunicazione |
| | | 室内设计（实践课程）Laboratorio Di ProgettazioneII – Interni |
| | | 时尚设计（实践课程）Laboratorio Di ProgettazioneII – Moda |
| | | 产品设计（实践课程）Laboratorio Di ProgettazioneII – Prodotto |
| | | 材料的技术与材料科学 Scienza E Tecnologia Dell Materiali |
| | | 设计社会学 Sociologia PerII Design |
| | | 木质品的技术 Tecnologia Del Legno |
| | | 传媒技术 Tecnologia Per La Comunicazione |
| | | 时尚技术 Tecnologia Per La Moda |
| | | 工业财产权 Diritto Della Proprieta'a Industriale |
| | | 市场营销 Marketing |
| | | 设计质量的方法 Metodi Per La Qualita' Della Progettazione |
| | | 毕业论文 Prova Finale |
| | | 实习 Tirocinio |
| | 整合学科 | 在工业设计专业课程中，传媒与设计，材料的技术与材料科学，设计与社会学，工业财产权，设计与市场营销等学科的交叉性较强，整合了社会学、数字媒体、材料技术、经济等多类学科专业 |
| | 实验实践 | 从第一学期开始的课程中就有大量的课程实验和课题设计，Workshop贯穿于本科教育课程体系始终，注重设计与生产实践项目的合作 |
| 师资配置 | 师资来源 | 师资由设计专业能力高的教师、国际学者以及知名设计师组成，以在实践课程中教授学生 |
| 项目合作 | 项目类型 | 与企业合作，教师与学生在课程中直接参与完成企业实际项目，并有实际的落地产出。例如由FiordiFiera公司生产的托斯卡纳系列陶瓷餐具、由Lucedentro公司制作的新型灯具 |
| | 项目目标 | 以校企合作的方式将教学成果转化为设计产品 |

表 5-15　都灵理工大学设计专业交叉学科教学模式简况

| 理念目标 | 教学理念 | 实践性设计创新研究；前沿性设计发展方向研究，从维护全球可持续发展的生态环境出发，对设计方法和方向进行再思考和探索的前瞻性研究 |
|---|---|---|
| | 培养目标 | 培养能掌握文化、经济和社会综合能力的设计师，使其有能力认识不同领域的新技术和生产方式、具备管理和变化革新能力，完成在技术、市场、成本等条件约束下进行可实施的创新设计，能为最终的产品在生产制造、销售领域进行有效的沟通 |
| 课程设置 | 课程列表 | 绿色化工加工及材料 Green Chemical Processing and Materials |
| | | 设计史 History |
| | | 项目代表 Representation Project |
| | | 概念设计 Concept Design |
| | | 场景设计 Scenario Design |
| | | 展示设计 Exhibit Design |
| | | 探索设计 Exploring Design |
| | | 毕业论文 Fina Lessay |
| | | 工业设计 Industrial Design |
| | | 职业培训 Professional Training |
| | | 工作坊 Workshop |
| | | 能源、进步和可持续发展 Energy, Progress and Sustainability |
| | | 人体解剖学和人类学 Anatomy and Anthropology Ofthearte facts |
| | | 气候和社会经济变化 Climateand Socio – Economic Change |
| | | 食品工业过程 Food Industry Processes |
| | | 互联网和通信实验 Internet and Communications Lab |
| | | 城市经济 Urbane Conomy |
| | 整合学科 | 在工业设计专业课程中，能源、进步和可持续发展，气候和社会经济变化，食品工业过程，城市经济等交叉学科性强，整合了生态、食品、城市经济、社会学等多类学科专业 |
| 师资配置 | 师资来源 | 教师和研究人员的数量约 900 人，700 个博士，340 个津贴生和约 1000 人的技术人员及管理人员组成。教师的年龄与国家平均年龄相比较低，希望有更多年轻且有创新能力的老师加入 |
| | 师资数量 | 共有约 1900 个老师，平均每个老师与学生的数量比例达到 1：30 |
| 项目合作 | 项目类型 | 始建于 1999 年的都灵理工企业孵化器项目（Incubatoredi Imprese Innovative del Politecnicodi Torino），至今已为 213 个创业计划提供了设计服务支持，其中 118 个成功上线，62 个已发展成公司。因其显著优异的成绩，在 2014 年被权威机构 RankingUBIIndex 评选为全欧第 5，世界范围第 15 位的最优孵化器项目 |

表 5-16　欧洲设计学院设计专业交叉学科教学模式简况

| 理念目标 | 教学理念 | 将创意与组织、个人意识与团体文化以及创意灵感与现有技术相联系，紧跟时代发展，让学生从文化、艺术与技术交叉结合中学会设计创新 |
|---|---|---|
| | 培养目标 | 培养和提高学生的文化、创新、管理和设计能力，并将知识和实践技能相结合，使学生成为理论与实践并重的创意人才 |
| 课程设置 | 课程列表 | 理论认知与形式心理 Theoretical Cognition and Formal Psychology |
| | | 制图技术与工艺 Drawing Technology and Process |
| | | 材料类型学 1 Material Typology1 |
| | | 文化营销入门 Cultural Marketing |
| | | 交叉学科演讲/研讨会/工作室 Interdisciplinary Workshop |
| | | 文化社会学 Cultural Sociology |
| | | 当代建筑史 History of Contemporary Architecture |
| | | 3D 电脑建模技术 3D Computer Modeling Technology |
| | | 设计管理 Design Management |
| | | 设计竞赛 Design Competition |
| | | 布局与显示工艺 Layout and Display Process |
| | | 当代艺术现象学 Phenomenology of Contemporary Art |
| | | 文化人类学 Cultural Anthropology |
| | 整合学科 | 在设计专业课程中文化营销入门、交叉学科演讲、研讨会、工作室实践、文化社会学、设计管理、当代艺术现象学、文化人类学等课程的交叉性关系较强。同时，设计也整合了心理学、社会学、传播学、金融管理、人类学、材料等多类学科专业 |
| | 项目实践 | 与行业、企业的联系紧密，校企间所开展的交叉课程实践的合作项目较多 |
| 师资配置 | 师资来源 | 教学人员均为从业于其领域的专业人士，带来了专业技能和创新的思想。以服装设计专业为例，几乎所有专业课教学全由供职于意大利知名服装品牌公司或者工作室，并且由具有丰富服装设计经验的设计师担任 |
| 项目合作 | 项目类型 | 课程即项目，项目即课程。专业课授课是以一个设计团队在领导者的指导和帮助下合作完成项目的形式进行的 |
| | 项目目标 | 使学生可以在实体公司中进行相关设计实践，从而提高其综合组织能力 |

表 5-17  多莫斯设计学院设计专业交叉学科教学模式简况

| 理念目标 | 教学理念 | 强调学校与城市、国家、文化相结合，以本民族的文化及哲学为基础，鼓励以多学科的方式进行表达，形成跨文化的打破界限的设计新探索 |
|---|---|---|
| | 培养目标 | 培养能够立足于自己的文化背景与所处的文化环境来进行思考与创意，能够立足于本地市场而放眼于世界的设计师 |
| 课程设置 | 课程列表 | 设计文化 Design Culture |
| | | 形成设计 Design Formation |
| | | 设计商务 Business For Design |
| | | 个人品牌 Personal Branding |
| | | 展望研讨会 Envisioning Workshop |
| | | 前沿设计与进程研讨会 Advanced Design & Processes Workshop |
| | | 产品策略研讨会 Product Strategy Workshop |
| | | 体验设计研讨会 Experience Design Workshop |
| | 整合学科 | 在设计专业课程中，设计文化、设计商务、个人品牌、展望研讨会、前沿设计与进程等交叉学科性较强，同时也整合了文化、商业、科技等多类学科专业 |
| | 项目实践 | 在教学环节中大量融入工作坊方式的教学活动，使学科的核心知识体系在实践中得以运用 |
| 师资配置 | 师资来源 | 教授基础专业知识的教授，与设计行业的专业人员、项目负责人、企业领导者共同参与教学。著名设计师菲利普·斯达克（Philippe Starck）、亚力山卓·麦狄尼（Alessandro Mendini）、安东·西比克（Aldo Cibic）等都在此执教 |
| 项目合作 | 项目类型 | 与企业共同开展课程的设计项目；基于品牌合作的产品研发项目等。由学校老师与专业人员共同通过盐田会、讲座、辅导、实地考察等形式实现 |
| | 项目目标 | 使学生学习的学科核心知识体系在实践中得以运用，让他们能够根据不同的文化背景来创建自己的品牌，研发创意产品 |

## 5.3  意大利高校设计交叉中的师资、课程与教学方法

### 5.3.1  设计交叉中的师资配置

优秀的设计团队对设计的发展潮流具有强势的引导作用，一个设计专业的教师同时有可能也是一位出色的设计师，正因其具备综合能力，才使艺术设计教育的发展紧随潮流，从而培养出大批新生代设计师。交叉学科设计教育要求教师素质的全面提高，以课题为中心的设计教育意味着教师由担任一两门课程转向全面负责指导设计课题，而单一知识背景的教师显然无法胜任交叉学科的设计教学要求。这就要求设计专业的教师除了具有多学科的理论与实践的背景、专业素质和相关领域的学术研究能力，而且还需具有多学科的知识与交叉学科的综合与理解能力，可将交叉学科的教学

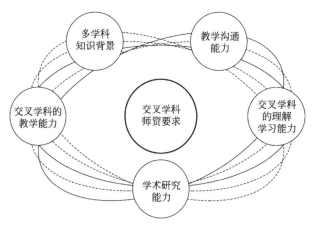

方法自然融入教学中，并了解和把握国际上学术发展的前沿与动向（图5-13）。

意大利高校设计专业的师资由设计专业能力较高的教师、国际学者以及行业内知名设计师、设计总监组成。

首先，意大利高校提出交叉学科概念较早，发展基础良好，校内学科研究边界相对模糊，学科间无明显界限，教学上独立的行政辅助体系也不明显。因此，在意大利高校中设计专业师资的

**图 5-13　交叉学科师资要求**

交叉学科专业知识丰富、个人能力较强，不同学科背景的教师也能通过大量的长期的项目、课题进行交叉学科的合作，相互学习的动机与主动性强，有成熟的交叉学科的教学思维与教学方法。

其次，意大利高校大量外聘设计师在课程中担任重要的授课工作，而大部分的教学工作者都具有教师与设计师的双重身份，他们在设计专业交叉学科教学的实施和实践上起到了很好的推动作用。

在欧洲设计学院的师资构成中，以外聘设计行业内有影响力的设计师为主，本校全职专业教师为辅，既是本校全职教师，同时也是兼职的自由设计师。设计师在担任与企业合作的实际项目或课题时，将会从多维角度去引导学生利用交叉学科的思维，进行实际项目的工作。以下分别从多莫斯设计学院项目课程和佛罗伦萨大学的教师培训的案例中说明交叉学科教学的发展现状。

（1）多莫斯设计学院故事演绎与视觉叙事项目课程

**课程介绍**："讲故事"已经成为当今设计的一个基本主题，将叙事融入设计过程的能力是吸引、参与和扩展用户体验能力的重要组成部分。项目提出，针对从项目沟通、界面设计、社交媒体渠道管理到编辑故事等不同领域的设计，来满足不断增长的原创视觉内容创作和传播需求。参与项目的多莫斯设计学院互动与服务设计硕士的学生有机会参与到项目中，通过学习项目沟通、界面设计、社交媒体等不同领域的基本知识，进行了整合实践以培养与提高在设计中的叙事能力。

**课程特色**：学生们可以近距离接触来自专业领域的讲师们，共同参与前沿的设计话题讨论；在数据科学家、互动媒体艺术家兼设计师里卡尔多·曼特利（Riccardo Mantelli）和Linkalab首席执行官亚历山德罗·切萨（Alessandro Chessa）的指导下，探索并试验人工智能作为"讲故事"工具的应用；交互设计师迭戈·卡鲁奇（Diego Carucci）将展示视频作为一种设计工具的强大力量；视觉和信息设计师费德里卡·弗拉帕尼（Federica Fragapane）将展示如何用数据来讲述故事。

在多莫斯设计学院故事演绎与视觉叙事项目课程案例中，课程的教学部分完全由企业执行官、艺术家、不同领域的设计师，以及其他学科领域的科学家来负责。作为一门交叉学科课程，课程中不再有基础知识传授教师，而是聘请各领域的专家、行业

精英进行授课，让课程学科的交叉性得到保障，通过教师实践经验分享和学生实践练习，使学生更好地掌握交叉学科的内容。在设计交叉教学模式中，师资的培养与长久发展与师资的来源同样重要。意大利高校也为教师们提供了许多学习深造、学术研究的机会。例如，在佛罗伦萨大学就开设有为教师和教育工作者提供的培训课程。

（2）佛罗伦萨大学教师与教育工作者培训课程

佛罗伦萨大学根据国家和地区立法为本校的教师以及教育工作者提供培训课程，本校的教师与教育工作者如有需要，可以永久参与继续培训。另外，学校对于希望深化技能和获得进一步教学资格的教师或教育工作者，除教师培训课程外，还通过硕士、进修课程和高级课程提供具体的培养路线。这些课程均由大学的学术机构批准，并且颁发MIUR（意大利科研部门）认可的文凭。

在持续多样化的培训课程中，佛罗伦萨大学的教师可以获得来自学校不同院系开展的培训、讲座等学习机会，能够在不同学科领域的知识和技能方面得到发展，提升自己的教育实践能力，培养交叉学科思维方式。

佛罗伦萨大学的教师与教育工作者培训机制，充分利用学校的学术研究与社会资源，不仅给教师与教育工作者提供更多的学习机会，还从师资层面为交叉学科的发展、学科间的交流与学习打下了可持续性的扎实基础。

### 5.3.2 设计交叉中的课程设置

意大利高校设计专业交叉学科课程设置强调实战性。在学生了解设计的基本知识，接受设计的基本技能训练后，学校都会在课程中安排大量设计实践，让学生都有参与的机会并进行实践学习，提高知识与技能的实际运用能力，培养项目沟通等相关实践能力。

（1）米兰理工大学设计管理实验课程

**课程介绍**：设计管理实验课程（Design Management Lab）是米兰理工大学设计学院研究生设计实习课程。教学对象为研究生一年级60个设计专业，涵盖产品设计、服务系统设计、车辆设计、设计与工程。本课程共10学分，每周1节课，每次8课时。课程教学由5名教师（2名教授、3名副教授）共同承担，以工作坊的方式进行。课程开始前，学生需要被分成12个小组，每组4～5人。在学生分组中，教师会考虑学生的学科背景，与每个小组成员交谈，提出分组建议，然后填写相应的分组表。

这门课由三个阶段组成（表5-18）。在每个阶段，教师都会指定一个具体的设计项目。学生需要在教师的指导下进行设计研究、概念设计、细节深化、项目汇报等环节。在每个项目的实施过程中，教师团队将对每个小组进行共同指导，从研究方法、选材、配色、概念设计、结构、图集设计等方面提出建议和改进意见，直至项目完成。

表5-18 设计管理实验课程的项目主题

| 第一阶段 | 不锈钢镂空灯具的设计 |
|---|---|
| 第二阶段 | 金属挂衣架的设计 |
| 第三阶段 | 某品牌的桌椅设计 |
| 作业提交方式：作品设计图集 ||

课程项目大多来源于与企业合作的实际项目。在项目实施过程中，会有企业代表到课堂上，带来实用的材料、结构样品、硬件以及现有的产品图集等，让学生学习和了解，并为学生提供指导。企业和企业商店也向学生开放，方便他们参观和研究。如果课程作品被选中，企业将提供前两年销售利润的20%作为奖励。

在项目报告会上，每组学生应结合产品或组件模型和幻灯片，向教师小组、其他小组的学生和企业代表解释小组的设计成果。设计成果包括研究成果、草图、效果图、场景图、尺寸图、爆炸图、零件细节、结构图、零件图、节点图等。学生完成项目报告后，教师小组将开会讨论学生的成绩，并当场向学生公布成绩。最后，教师就设计中存在的问题向每组进行反馈，并提出进一步的修改建议。

米兰理工大学设计管理实验课程在教学模式上，采用工作坊（workshop）的方式，结合校企项目合作确定课程项目主题，企业人员参与课程，教师带领学生解决企业提出的项目设计要求。在这个过程中，学生学会为企业工作，企业会选择满意的设计进行量产，并给予学生丰厚的奖励。这种与企业合作的工作室教学方法在意大利高校普遍存在，有利于提高学生的创新和创业能力及工程实践能力，真正进入适合学生毕业后工作领域的设计。同时，工作坊采用团队合作的方式，弥补了传统课堂教学的不足，特别是对于具有较高专业水平、组织能力和创新学术观点的教师来说，工作坊更有利于专业知识和实践知识的转移。学生们以小组为单位设计课程或毕业设计，甚至可以打破专业壁垒。在团队中，产品设计、环境设计、视觉传达、服装设计等专业的学生可以一起工作，充分发挥各自的专业优势，完成一整套设计项目或整个设计链的系统设计。学生的收获不仅局限于本专业，还可以在战略合作和综合设计中得到锻炼，从而显著提升学生的创业能力。

（2）佛罗伦萨大学设计驱动战略——制造4.0和社会创新的战略设计课程

佛罗伦萨大学的长期设计驱动战略——制造4.0和社会创新战略设计课程，是在项目教学中提高学生工作能力和专业素质的课程案例。本课程旨在培养一位能将不同利益相关者与特定领域的经济和社会发展过程联系起来的设计师。在课程中，学生可以与托斯卡纳的家具和配件制造以及提供数字技术的国际中心网络运营商深入合作。学生将两个组织之间的互动联系起来的设计工具，并开发技术和社会创新项目，以研究和理解未来的创新发展选择。

设计驱动策略课程包括五个教学模块和一个研讨会。该课程是一项旨在发展大学、传统企业、制造商和新商业模式之间联盟的培训计划，作为OD&M（佛罗伦萨大学的一项产学研项目）开放设计和制造项目的一部分，并由欧洲Erasmus+项目基金全额供资。

在本课程项目中，学生不仅学习战略设计知识，还通过参与企业与制造商的商务项目合作，获得战略设计的实践能力。在不同的教学情境和研讨班中，设计师应充分提高自身的工作能力，培养自己的设计专业素质，成为将不同利益相关者与特定领域的经济社会发展过程联系起来的设计师。

（3）多莫斯设计学院与菲拉格慕（Salvatore Ferragamo）合作管理工作坊

从2018年5月开始，多莫斯设计学院的时尚管理硕士研究生与菲拉格慕（Salvatore Ferragamo）团队、项目负责人Andrea Banfi、项目负责人Kiran Vajpey共同参与时尚品牌管理工作坊。研讨会旨在从可持续发展的角度分析菲拉格慕的市场地位，并制定一套完整的营销和传播策略，重点关注菲拉格慕的可持续发展举措（以及菲拉格慕的产品和流程）。该战略还要求多莫斯设计学院学生高度关注产品，并确定与菲拉格慕鞋、手袋和小型皮革制品相关的创新解决方案。为了更好地完成与品牌的合作，时尚管理专业的学生被邀请到菲拉格慕位于佛罗伦萨的总部，向菲拉格慕的员工展示他们可持续的创新设计。

在这个案例中，多莫斯设计学院充分利用了城市与社会资源，来开展以与企业品牌合作开展工作坊为载体的，时尚设计、服务设计、工商管理交叉融合的设计交叉学科教学实践。

（4）新技术下的"未来的钱"课程项目

数字技术和联网设备的普及为新的支付方式打开了大门，而这种支付方式在几年前是不敢想象的。如今，拥有的数字服务，使消费者可以在商店里付款、在网上购买产品，甚至与处在地球两端的人实时进行转账。从支付宝（Alipay）到苹果支付（Apple Pay），再到谷歌钱包（Google Wallet），这些大型IT公司创造的新数字服务让人们可以想象到支付的未来将是纯数字的。数字化的交易方法，带来了新的可能性，产生了新的支付场景，这些都将成为未来生活的特征。

"未来的钱"课程项目以新体验设计工作室为载体。新体验设计工作室与埃森哲数字学院合作，学生们将在课程项目中探索在连接设备、区块链技术和循环经济时代新的支付体验。设计活动分为探索、构思、提炼和最终呈现四个步骤。

探索阶段，学生将在6个多学科小组中进行初步研究，并在接下来的构思阶段探索支持他们的灵感集合。构思阶段，每个小组的主要目标是提出一个设计挑战，埃森哲数字学院将指导参与者进入设计思维环节，指导他们完成整个研讨会。构思阶段将在中期评审结束，向公司展示研究和初始概念，以便获得反馈，帮助团队验证项目的方向。在中期评审之后，团队将开始开发他们的概念，以便向公司提交最终报告。根据几个小组成员的背景和技能，经过探索和构思阶段，每个小组可以专注于项目的一个具体组成部分和具体产出。在细化阶段的最后，团队将能够识别出在前一部分中创建的给定设计挑战的解决方案，每个团队将为最终的演示制作自己的交付品和原型。

（5）思科火花板会议室

多莫斯设计学院的学生利用思科系统（Cisco Systems）（图5-14）推出的最新技术交流工具——思科火花板（Cisco Spark Board），探索新的学习可能性设备叫作

图5-14 思科火花板会议室成果展示

"Cisco Webex Teams"。Cisco Webex Teams是一款全新的团队协作设备，它完全基于云技术和触控技术，可以与思科Spark应用程序连接物理会议室和虚拟会议室。

学生们在思科公司设计师达里奥·布里尼（Dario Buzzini）和米歇尔·马尔凯蒂（Michele Marchetti）的指导下，利用火花板相互合作，为10个不同的学科设计未来的学习课程，紧跟教育领域的变革。这些学科包括：艺术史、化学、地质学、语言学、文学、音乐、体育教育、物理学、兽医。

每个团队将被分配到一个学科，在四个星期的课程中，将以这个学科为主题，探索不同的教学技术、学习技术，为这些学科设计并构建一些具体教学活动的原型。每个团队需要了解、分析并设计他们被分配的学科中每一门学术课程的关键点，例如听课、收集信息和参与主题讨论、执行实践活动、参加活动、体验测试和评估。这些关键点的设计，以及学生、教育者和内容之间协调互动的设计，都是本课程的重点和最终需要呈现的成果（图5-15）。

图5-15　课程设计成果展示

## 5.3.3　设计交叉中的教学方法

在教学方法上，意大利的艺术设计教育注重培养学生的团队精神。在教师的指导下，学生作为一个团队进行设计项目培训。值得注意的是，除了室内设计专业的学生外，平面设计、媒体、服装设计等专业的学生也齐心协力，充分发挥专业优势，完成了一整套毕业设计项目。因此，毕业生的收获不仅限于自己的专业，更在于战略合作和综合设计培训。在现代主义设计教育的指导下，意大利创造性地将传统文化融入艺术设计教育中，特别注重形式背后隐性知识的培养，使设计带给人们更多的惊喜和全方位的精彩体验，呈现具有发展潜力的丰富多彩的艺术设计教育模式。

（1）佛罗伦萨大学新观众和可持续发展Whale HUB项目

鲸鱼馆是佛罗伦萨大学博物馆之一。为了加强永久藏品，将开展文化活动，以吸引非专业观众，并创建有博物馆兴趣爱好的社群。项目希望佛罗伦萨鲸鱼馆成为一个公共的教育空间，一个科学、历史和创造力交汇的地方，一个欢迎有创造力的人和艺术家面对著名收藏的文化中心，就人与自然关系有关的议题进行对话，激发新的反思方法和想法的地方。

项目由20名学生、4名当代艺术家共同进行。此项目促进了青年观众对鲸鱼馆的兴趣，特别是将艺术转化成为传播科学知识的手段，成为对鲸鱼化石进行时代化和提高对环境危机认识的工具,并通过当代艺术促进可持续发展(图5-16)。

**Whale HUB项目及分三个阶段开展**

**第一阶段(2018年9月)展览:** 开展一个名为"海底永无止境的变化全景"的短时间展览项目,为年轻创造力提供催化剂,在传播关于巨大鲸目动物和海洋生态可持续性知识的基础上,它将向更广泛的观众开放博物馆。

图5-16 Whale HUB项目海报

**第二阶段(2018年10月)焦点小组:** 将有4个小组参加创作领域,每个小组由佛罗伦萨主要教育机构的5名学生组成。在这一阶段,4个小组在策展人的陪同下组织博物馆参观,并对鲸鱼馆的主题进行了研究和深化。他们还将倾听和分析年轻公众对科学博物馆的需求、愿望和期望。

**第三阶段(2018年11月)竞赛:** 成立了由4名学生组成的5个混合小组,这5个团队积极参与制作专门用于鲸鱼馆的宣传内容,以便在博物馆外进行传播。比赛要求制作多媒体通信原型,作为鲸鱼馆的宣传元素。

获奖项目的制作将由大学博物馆系统在DIDA Communication Lab(DIDA通信实验室)、Laboratorio Multimediale(多媒体实验室)和Nemech新型文化遗产媒体的技术支持下提供资金。交流原型于2018年12月13日庆祝日在佛罗伦萨大学的奥鲁麦格纳推出,然后在大学博物馆系统的所有数字推广渠道上传播。

近年来,包括米兰理工学院在内的国际设计教育和研究领域,经过多年的研究储备,出现了"可持续设计"和"服务设计"的热潮。不同的设计学科、设计领域和研究小组从不同的角度开展相关的研究工作。因此,"可持续设计"不再是一个特殊的学科或研究领域,而是一个基于交叉学科基础上的设计理念和设计伦理;服务设计是系统设计的表现形式之一,是对设计对象和设计范畴的一种新的认识,然后体现在具体的设计方法和工具上。服务设计也涵盖了大部分传统的学科分类和科研领域。因此,米兰理工学院去年成立了服务设计中心,以协调各研究机构的活动。在研究生教育方面,开发了服务设计硕士课程和产品服务体系国际硕士课程。服务设计与其说是一门专业,不如说是一种设计创新的新方法、新体系,它涉及许多传统的专业技能和知识,可以应用于不同领域的设计活动。

**(2)米兰理工大学EXPO2020现场体验活动**

米兰理工大学EXPO2020现场体验活动的核心为实地考察。该实地考察的目的在于促进学生对当代建筑施工现场,特别是在迪拜2020年世博会等当代大型活动的了解(图5-17)。实践学习活动的主旨是增加对设计和施工过程复杂性的了解,并与多种学科的利益相关者一起参与现场。在参与的过程中学生可以获得现场经验,在大型活动建设过程中与建筑师、工程师、项目经理等专业直接对话,参加沙迦美国大学等当地大学举行会议、讲座和研讨会。

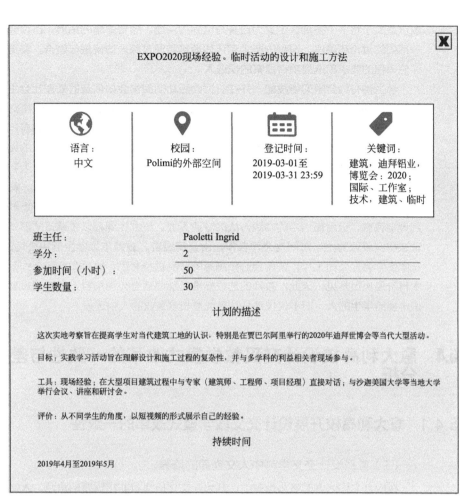

图 5-17　活动卡片设计

① 米兰理工大学开放式建筑参观活动

该课程的目标是向学生介绍建筑工地的活动，包括所有不同的设计、管理、安全方面以及与施工过程其他阶段的关系。课程选择莱昂纳多校区建筑工地的导游参观，包括介绍性研讨会以及根据正在进行的不同建筑活动的结构系统和装饰。该课程将在Tecnico Edilizia 地区的支持下组织，并由 ABC Dep 的建筑技术教师进行协调、推广和管理。

此项目有来自各公司的设计人员、参与不同设计阶段的建筑师和工程师、项目开发者、施工管理者、项目工具管理者以及 ABC 建筑技术学术人员。研讨会有许多不同的主题，其中包括创新教学与学习空间之间的关系和发展趋势的评估，并拟定制作了一份相关报告。

② 米兰理工大学国际研讨会

2019年2月在多伦多举办由乔治布朗学院、无边界研究所组织的八个国际研讨会，由来自世界各地的相关学校合作，包括米兰理工大学建筑城市规划建筑工程学院（AUIC）和设计学院。研讨会于2019年2月19日在加拿大多伦多乔治布朗学院举行，重点是关于将多伦多地区定义为自身与世界的主题。随着主题的拓展，研讨会组织了一系列的讨论和讲座。课程的要求和评估最终将通过深入访谈进行整合，将更全面地评估课程的要求和选拔项目提案的候选人。

学生将有机会学习新技能，并在研讨会活动期间学会如何及时处理社会主题及其与建筑和城市建设的关系。建筑师如何通过系统思考引领社会变革，能在交叉学科团队（包括工程师、城市规划师、景观、建筑师、平面设计师等）中提高自己的工作技能。意大利高校的交叉设计教育除了室内、产品、媒体、时尚四大方向的设计课程外，本科还涉及基础科学、工程、人文、经济等多个领域，这些课程在意大利设计教育体系中的重要性与设计课程一样，学生将具备设计、工程、营销、技术、科学、传播、文化等概念的综合能力。研究生教育注重设计主题的多样性，致力于培养能够批判大学教育、运用最恰当的实践方法的专业人才。研究生课程以研修班的形式，以理论课和实践课为主，车间与公司合作，由公司投资。教师带领学生解决公司的要求，让学生学会为公司工作，公司会选择满意的产品进行奖励。这种与公司合作的模式在本科阶段也很常见。因此，教师的选拔标准是那些适合公司项目，能够通过项目把知识传授给学生的人，而不仅仅是从事或擅长该专业的人中选拔。

## 5.4 意大利高校设计交叉教学模式改革的一致性与差异性分析

### 5.4.1 意大利高校开展设计交叉教学模式改革的一致性

（1）重视设计交叉学科中人文素养的培养

在西方文化艺术的悠久历史中，意大利文化扮演着非常重要的角色。人文主义思想在意大利产生并迅速发展，将欧洲文化艺术的发展带入了文艺复兴时期，将欧洲乃至整个人类社会带入了现代社会的发展进程。在意大利的艺术、设计作品、意大利人的生活和思维方式中，以人为本的思想随处可见，渗透到意大利文化艺术的各个方面。意大利的设计被视为生命形式的思考和表达，它是设计师个人观点的载体，是满足他人需求的活动，也是向世界传达意大利传统文化精神和精髓的方式。意大利的设计教育包括其文化艺术背景以及整体的事物观，倡导尊重传统艺术，传承人文精神。意大利大学设计专业交叉学科教学模式延续和发展了意大利的设计教育理念，其中人文素质的培养是意大利大学交叉学科教学模式的灵魂。

① 文史知识是设计交叉学科的实现基础

意大利悠久的历史是其当代设计取之不尽、用之不竭的灵感宝库。优秀的传统文化也为艺术设计教育提供了一条合理而有效的途径。意大利的设计教育通常根据不同的专业侧重于历史和文化。例如，米莉传播设计专业的"当代艺术史"从文化运动和文化体系的角度学习设计、艺术、电影、戏剧和摄影。而讲习班则是五天的实地实践和小组工作，其中包括参与性设计和人类学工具。而"庭院梦幻岛"是一个参与性的项目，旨在讲述新的故事，寻找新的用途，以增强文学和语言科学大学图书馆的深层身份。

② 伦理观是设计交叉学科的必要理念

在产品的生产、使用和报废的生命周期中，设计是影响最终成本和效益的重要决策，高水平的设计往往是基于更高的设计行业乃至整个社会的道德情操，这是一个典型的伦理过程。意大利优秀的设计离不开设计教育中对设计伦理的重视和培养。例如，米兰理工大学开设了"设计伦理基础"和"可持续系统设计"等课程，还专门成立了设计人文学科的研究小组。

③ 尊重个人特性是设计交叉学科的重要特点

意大利高校交叉学科的人文教育是从人的利益、价值和尊严出发，在关爱学生教育中，不仅体现在思维的引导和生活的思考上之外，还体现在开放性的课堂上，同时也体现出他们对创新、创造的思维方式上创新，以及对学生个性化追求上的尊重。特别表现在他们在对待学生的实践项目的创新点上，持有宽容态度，让他们可以采用任何方式去表达出自己的想法。在对待与企业合作项目的最终方案成果上，除了正规的设计图纸之外，也让学生随时在课堂内外得到展示。

（2）秉持实践型教学方法

意大利自然资源的稀缺性导致了贸易和手工业发达的经济和工业特点。珠宝制造、皮革加工、纺织、缝纫等行业的工匠技艺精湛，世代传承着注重生产和产品质量的工匠精神，因此"在动手中学习"（Learning by doing）成了一种重要的设计学习方法，也是意大利设计教育不可或缺的重要组成部分。学生可以通过实践课程、行业专家讲座、校企合作项目等方式去实现。

① 实践型课程在总体课程设置中比例高

意大利设计大师Achille Castiglioni说："你不能教如何设计建筑，你不能教如何设计商店，你不能教如何设计展览，因为没有规则，没有方法，只有行动，一个接一个。"意大利人认为，在实践中"消耗"时间是学习和创新的有效方式。意大利设计教育大多采用"平行线模式"，即专业知识教学与学科实践并举，以达到学以致用的目的。多莫斯的产品设计研究生课程以工作坊为基础，辅以讲座和教程。课程安排与四分之一的讲座和四分之三的讲习班成比例，约五分之一的课程是实习。讲习班和实验室实践设计课程也占总课程的50%以上（每个专业的平均数）。

② 一线从业者是师资队伍的重要成员

意大利设计和产品的高品质不仅在于材料和生产的精良，更在于创新与实用的和谐统一。在研究生设计教育中，对这一概念的把握与教师的构成和结构密切相关。Domus Design Institute的很多老师都是设计公司的资深从业者，所以课程的设计过程都来源于公司的实际操作过程，作业也是真实的设计项目。在Millie Fashion Design Studio的课程中，有来自New Beautiful Brand的资深设计师，他们可以在布置作业的第一时间，为学生提供可行性和实用性方面的指导。同时，还将举办权威讲座、研讨会和会议，邀请行业公司和行业专家。在这种教学环境下，教师为学生提供了一个实践的平台。由此，学生在一线设计师的密切指导下，对实际交叉设计项目的内容也有了更好的把握和更深的理解。

③ 专业设置教学与地方企业联系密切

在意大利各大设计学校的手册和网站上，合作企业的名单总是出现在非常显眼的地方，其中包括大量著名的设计工作室和世界级品牌。校企合作已成为意大利设计教育的一大特色、优势和资本。例如，欧洲设计学院（European school of design）就以都灵为交通设计基地、以米兰为时装设计基地，因为它拥有强大的本地工业基础。多莫斯的学生不仅可以直接在工作坊里做企业设计项目，还可以在企业里实习。这些措施不仅保证了学生有机会接触实际项目和动手实践，而且也方便学生能随时掌握最新的实时信息、了解行业前沿，把握行业发展趋势和方向。

（3）构建系统化思维模式

包豪斯宣言说，我们应该"致力于团结所有的创造性努力，并将所有实用艺术学科——雕塑、绘画、手工艺和工艺——结合起来"。现代设计是交叉学科的代表，而交叉学科离不开人文、商业和技术。目前，设计师的专业技能还应该包括通过文化和对社会文化框架变化的评论，以及通过经济和管理知识来了解企业动态、市场趋势和消费者行为。系统化意识是实现这些要求的必由之路，这就需要以交叉为导向的设计教育。意大利设计教育的系统化思想一方面来源于对现代设计市场的研究和探索；另一方面与"建筑师"教育传统中的整体观密切相关。

① 开设拓展课程，培养全局眼光

米兰理工大学的服装设计专业硕士方向：服装系统设计与文化和服装系统紧密相关。从限制中获得灵感，思考用户的新需求，并通过设计师的新产品提出切实可行的解决方案。这不仅仅是一个简单的"造型师"或只专注于自己的艺术家，要求有更广阔的视野和更全面的才能。在课程设置上，除了本专业的传统课程外，还包括工业层面的照明设计与包装设计、技能层面的艺术指导与写作、知识层面的社交与沟通、思维层面的商业创新与品牌战略。欧洲设计学院为室内设计研究生设立了"交流实验室"，其目的是开发和培训设计师展示及沟通客户和市场。在他们看来，这是一个成功的设计项目所必需的战略环节。米兰理工大学还为研究生开设了"事件设计"（Eventdesign）课程，内容不局限于对设计本身的研究，而是将设计还原为市场中一个完整的事件，有自己的生命周期，包括从提案、概念、设计、预算、沟通、制作到反馈的所有过程。教学内容由课堂教学、实地研究和实践项目组成，在本课程中，通过对这些环节的分析、研究和测试，学生可以学习实践方法论，了解设计的整体结构，充分了解实际设计中的经济、环境、伦理、制度逻辑和市场规律等各种因素。

② 多人同时授课，启发多维思考

在意大利设计教学中，有些课程是专门设置的，由几位不同的老师同时授课，常见的组合数为3～4个，包括1～2位教授、2～3位副教授或助理教授。一般来说，每位教师都来自不同的专业方向，具有不同的技能和专长，能够为学生提供多方向的启发、指导和培训。例如，米兰理工设计学院的产品创新设计专业"用户与社会创新"由两位教授共同主持，一个是在设计项目和文化研究方面有丰富经验的产品和战略设计师，另一个是在市场和社会研究方面有专长的社会学家、作家和记者。像这种多元化的教师结构和互补的教师背景，有利于激发设计实践中的多维思维，对促进知识面广、包容性强的交叉设计对不同学科下的教学都起到积极推动的作用。

③ 材料的学习和研究

材料研究是一项必要的基础创新，一直是设计创新的重要研究领域。在意大利，学习材料是设计教育的重要组成部分。例如Millie有两门产品创新与设计课程，专门针对材料的学习与应用。此外，还有关于材料的"物质体验"课程，此课程介绍和分析不同类型材料的最新发展和应用，以及它们独特的机械、热、光学、传感性能和表现。课程中也将不断会讲授关于"设计相关的纳米技术和功能材料"，学生因此将在相关设计项目实践中引入大量的技术创新和纳米技术。如溶胶——凝胶法、等离子喷涂、电纺、激光烧结等，不断地创新和设计相关的研究材料，以此培养学生对技术和创新材料的兴趣，提高学生在设计中的应用能力。

### （4）鼓励多学科设计交叉融合

**① 生源学科背景丰富**

在意大利，不同学术背景的现象非常普遍。在欧洲设计学院毕业的学生来自各种专业背景。例如，传播设计专业的新生来自广告、插画、经济学、新闻与传播等本科专业。米兰理工大学在招生方面并没有明确要求同一专业或相近专业的学生，甚至鼓励不同学术背景的学生申请。例如，设计和工程专业有许多理工科专业毕业的本科生；视觉传达专业也没有提出对背景学科的限制和必须有美术基础的要求。但在专业课程中增加了很多与之相关的课程，如产品服务体系设计就包括了城市规划、建筑设计、室内设计、工业设计等学科。它给学生带来了知识的延伸和思维的碰撞，增强了学生与不同行业的合作能力，对设计交叉学科的发展起到了有很大的帮助。

**② 米兰理工大学 ARNOLD 项目**

**破冰的理解阶段**。在课程开始阶段，随机分配55名来自不同国家的学生。学生被分成5组。课程报告装置的设计与教室空间相结合。现有材料为木板，价格限制在10欧元以内。在这一阶段，不同国籍、文化背景的教师和学生给双方提供了一个相互了解和合作的机会，并彼此了解各自专业背景的优势和劣势。例如，中国学生擅长设计分析和效果图的制作，而意大利学生则具有思维、语言上的优势，可以从不同角度看待问题和理解米兰的环境和历史。另外，他们让不熟悉的学生互相了解并迅速建立设计团队，从那时起设计就已经开始了，整个课程就是一个服务设计过程。

**区域研究阶段**。本阶段的目标是通过文献资料和实地调研的方式熟悉诺洛社区，不仅能让师生对诺洛社区有深入的了解，也能激发设计团队与当地居民的互动，通过社区写生的方式调查区域情况，体验地图、视频采访和文献报告。

**协同（协同创造）设计阶段**。空间设计通常重新定义当代生活，揭示变化着的新的社会形态。在这个项目中，学生充分发挥多个设计学科之间的碰撞和在理论和应用上的相互作用，以适应更广泛的社会、文化、政治和商业需求。在这个阶段，艺术家、设计师、网站所有者和其他利益相关者直接参与互动和协同创作这个设计过程，这是项目协同创新的关键点。

**活动设计阶段**。30天后，这一阶段的目的是规划一个艺术设计之旅和一个社区活动，可以在22个艺术项目的24个地点进行。活动需要考虑成本、展览时间和游客流量。第一小组的艺术马拉松（MarathonofArtinNOLO）设计工具和设计过程和方法，如供应地图、虚拟角色模型、显示图腾和用户体验活动设计。

通过多学科交叉实践，不难发现提高社会创新价值有效性和可持续性的途径有：有效的手段、重要的活动导向和协同创造价值。

首先，交叉学科的设计背景提供了多种设计工具，使得设计专业学生与社区居民之间的设计合作得以有效开展。其次，由于利益相关者的观点和背景不同，在合作过程中会有不同的愿景。整合各利益相关者的愿景是可持续发展的重要保障，需要各方的支持才能有效地组织和沟通,本次活动组织者即活动引导者来自DESIS网络,还得到了来自国际学术团体、米兰市政府、米兰理工大学设计学院、NOLO社区公共和私人相关部门等多方面支持。最后,当地NOLO社区协会与本次活动的愿景达成共识,积极参与和支持是本次社会创新工程实践成功的重要保证。然而,在实践中建立一个可持续的创新机制,以持续推动价值共同创造,并支持关键利益相关者之间的利益转化,仍然是一项具有挑战性的持续任务。

**③ 跨专业合作是常态**

在意大利设计学院,各个学科之间的互动和协作非常频繁,其中许多是通过研讨会或实验室协作项目和项目完成。Milley的实验室几乎都集中在一起,资源利用率很高,所有的实验室都对所有专业的学生开放。学生只需完成相应的安全培训,通过考试取得证书,即可享受实验室使用资格。这为资源共享和不同设计学科之间的交流与合作带来了便利。例如,物理计算实验室时装设计专业的学生创作的《背包中的旋律与光》,通过背包功能的变化,随之光的变化也不同与用户间产生互动,用光与旋律感知用户的心情。

### 5.4.2 意大利高校开展设计交叉教学模式改革的差异性

(1)院校发展背景的差异性

在本章前两节列举了意大利高校设计专业的大量案例,结合第二章中对意大利高校开展交叉学科的梳理,能够发现米兰理工大学、佛罗伦萨大学、都灵理工大学、欧洲设计学院、多莫斯设计学院这五所意大利高校设计专业开展交叉学科的差异性。

(2)国际化的视野方面

**米兰理工大学**:设计教育国际化和设计资源化的学校

**特点**:是一所集国际化教学理念和设施方面于一体,有着国际化的设计交叉教学经验和设计实践项目以及国际一流的设计研究实验室。

**人才方面**:国际化的教授、学者、博士后研究人员等设计人才、研究团队。

**国际化的网络平台**:加入了欧洲及全球各大科技、设计大学的交流网络,增强了科研和教学领域的国际交流,同时也能随国际时事的变化,调整交叉课程教学的方向和措施。

**欧洲设计学院**:设计教育国际化

**课程方面**:有9个国际校区,根据每个校区所在地的文化、地域和经济特点,来设置相配套的课程,并与当地的经济、社会文化相匹配,以便更好地服务于当地的经济和社会。

**国际化的网络平台**:设计研究中心已经发展成为国际领先的设计咨询服务公司,与全球众多专业院校保持着合作,形成国际性的设计和时尚教育网络。

**校企合作机制**:与全球知名企业保持着常态合作项目,同时也共同合作加强和促进了交叉设计学科保持着国际化先进性和教学实践上处于领先的地位。

(3)教学模式方面

**都灵理工大学:与TIM联合开放实验室**

国际化的网络平台:与地方、市场接轨,拥有多个与企业的联合研发中心或开放实验室。企业、高校和科研机构之间产生紧密的联系和协同作用，为设计创新提供了一个良好的平台。

**多莫斯设计学院**：共享城市项目

为城市管理者与市民之间设计沟通渠道桥梁，与城市文化相结合，与技术相结合，多学科共同协作解决问题。

（4）交叉学科师资方面

**多莫斯设计学院**：故事演绎与视觉叙事项目

**师资目标**：通过学习项目沟通、界面设计、社交媒体等不同领域的基本知识并进行整合实践，培养与提高在设计中的叙事能力。

**师资组成**：各领域科学家、艺术家、设计师、企业首席执行官等人参与课程项目的分享。

**佛罗伦萨大学**：教师与教育工作者培训课程

向在校教师或教育工作者提供终生培训，不同院系面向来自不同学科背景的教师，并提供硕士、进修课程和高价课程的培养路线支持。

（5）交叉学科课程设置方面

**米兰理工大学**：设计管理实验课程

**以实践为基础**：课程涵盖设计类各专业学生，以与企业合作开展的实际项目为内容基础。

教学形式和机制：以工作坊的形式展开教学实践，并由多位教师团队的共同指导为课程的开展形式，学生最终的作品会接受企业筛选并有机会得到量产而得到相应的设计奖励为课程的评价机制。

**佛罗伦萨大学**：设计驱动战略——制造4.0和社会创新的战略设计课程

课程形成大学、传统企业、制造商和新商业模式之间的联盟，与企业合作，由企业提供项目主题与相关信息、技术、场地等资源，通过开展教学和研讨会等，在项目化的教学中提升学生岗位工作能力和职业素养的养成。

**多莫斯设计学院**：与菲拉格慕合作的时尚品牌管理工作坊

学生与品牌团队、项目负责人共同参与项目，课程设置里融合了时尚设计、服务设计、工商管理等专业，设计完整的可持续发展的品牌营销和传播策略。

**"未来的钱"课程项目**：以新体验设计工作室为载体，与埃森哲数字学院合作，融合了体验服务设计、数字技术、物联网技术，探讨未来支付的可能性，设计新的支付场景。

**与思科公司合作的设计课程**：学习与运用思科公司的最新技术交流工具，通过四周的收集信息、主题讨论、实践活动、体验测试等，为10个不同学科设计未来的学习课程。

（6）交叉学科教学方法方面

**佛罗伦萨大学**：新观众与可持续发展的 Whale HUB 项目

**多种资源整合**：教学中以学生与当大艺术家合作，利用设计与技术手段，通过焦点小组的研究与设计原型的制作，以构建博物馆兴趣爱好社群。

**改善教学空间**：教学方法中整合公共教育空间，增加文化活动的开展为目的，重新设计多种不同类型的场馆增加用户体验以实现设计传播的途径。

**米兰理工大学：EXPO2020现场体验活动**

**开放式建筑参观活动：** 向学生介绍建筑工地的活动，了解所有不同的设计、管理、安全方面以及与施工过程其他阶段的关系，同时与技术、材料专家共同参与研讨会。

**国际研讨会：** 由乔治布朗学院无边界研究所组织，米兰理工学院参加的八个国际研讨会，使学生有机会学习在交叉学科团队中工作的新技能，学习并学会处理社会主题与设计的关系。

由于学校历史发展、社会资源、教育理念等的不同，不同学校开展的交叉学科教学有其不同的特色。米兰理工大学更注重设计教育的文化体现，强调学生的设计思考能力。欧洲设计学院由于其强大的国际化背景，在交叉学科教学中无论是从师资生源，还是到与企业、其他院校的合作中都有突出的国际化趋势，时刻紧密结合新时代的发展模式。都灵理工大学有大量与企业合作的研究中心与实验室，充分利用了与企业间的协同创新的多元化的资源，而多莫斯设计学院其本身的师资与生源就具有多学科的背景，且师资多数由有经验的设计师或技术人员组成，因此为交叉学科的设计教学的发展奠定了良好的基础，同时也强调在多学科下的设计实践的产出与应用。佛罗伦萨大学在交叉学科设计教学的发展道路上最大的特色在于师资的培训与教师团队的建设上，从教师团队顶层做起的多学科的发展，为他们设计教学的交叉性做好了铺垫。

（7）地域影响的差异性

不同地区的大学有不同的教学方法。意大利北部的学校深受大公司的影响，这与东部和中部的学校截然不同。北方的大公司提供大量的资金支持创新产品设计并与大学间紧密联系，已成为大学为公司工作的一种常态。一所大学将与许多小公司有着长期合作的项目，虽然公司相对较小（少于100或20人的公司），但这些小公司却因为得到高校的设计支持而长期致力于设计和生产市场上具有创新性的"好的"产品。米兰的大学大多注重与大公司的合作，而在罗马和南部的一些城市，由于缺乏资金，大学与公司的联系较少。如托斯卡纳大学主要与瓷器、皮革、室内高端装饰等工艺品公司合作，同时也会和诸Gucci、Ferragamo奢侈品公司合作，这些公司大多是半手工、半工业的状态生产产品。佛罗伦萨大学的教学质量较高，注重产品设计的卓越性，但它在市场上的需求较少，因此侧重于传统手工业的设计。

## 5.4.3 意大利高校设计交叉教学模式存在的问题

高校设计专业交叉学科教学模式分析从理念目标、课程设置、师资配置、项目合作四个方面评价了意大利高校所开展的设计专业交叉学科教学模式。从高校发展、教师发展、学生发展三个视角，来看意大利高校设计专业交叉学科教学模式中的问题。

（1）高校发展的视角

以上分析的五所高校中米兰理工大学、佛罗伦萨大学、都灵理工大学为国立综合性大学，而多莫斯设计学院与欧洲设计学院为私立设计大学。综合性高校开设的学科大类丰富而全面，为交叉学科的教学模式开展奠定了夯实的基础；而多莫斯设计学院、欧洲设计学院虽为私立设计大学，因学生、教师学科背景的来源多元化，因此不同的学科背景为交叉学科教学模式的发展做了铺垫。同时五所高校都位于意大利工业、时尚发达城市，为高校设计交叉教学模式的发展提供了充足的经济、文化、社会、资源与国际交流的基础。

在本章着重分析讨论了意大利设计、设计教学模式的发展，从各高校设计专业教学模式的改革中可以发现，意大利设计高校有以国际化视角发展设计与设计教学，培养掌握设计理论与方法，具有整合用户、技术、商业和文化等多方面的创新设计能力，其交叉学科的思维是国际化创新人才的教学理念与目标。因经济、文化、社会与国际交流的支持，意大利各高校都拥有配置高的技术实验室的平台，以便于开展与国内外企业项目合作，开展和实现了与其他各国高校教师资源对接的路径。意大利高校设计专业交叉学科涉及工程技术、数字媒体、环境可持续等多个方面，因此其学科技术性、前沿性强。同时也因意大利设计与意大利设计教育本身注重文化与设计结合与设计与文化传播的特点，在交叉学科过程中除了有交叉的特点之外，又很好地保留了社会文化的内容。

（2）教师发展的视角

交叉学科的教学模式相比于传统教学要求教师具备更高的专业素质，让交叉学科的教学法融入教学过程中，教师需要参与到相关的所有学科中，除了教师的备课量增加外，教师与教师之间、科研室与科研室之间的交流与合作也需更加深入。教师如何有效运用交叉学科的教学模式，最关键的问题在于自身的专业素质。想要更好地发挥交叉学科的作用，教师在本专业基础上，需要对交叉中的其他学科领域有一定的研究基础和专业知识量，而多学科教师之间则更需要长期、有效的沟通和研讨，才能达到交叉在理论与实践上的无界限。对于那些临时组建的课题，意味着需要花费更多的时间和成本来适应，才能真正进入交叉学科的相关研究中。

意大利高校工业设计师资基本都是由设计专业能力较高的教师、国际学者以及知名设计师组成。高校内的学科之间没有明显分界，或是存在有长期的交叉学科的独立行政体系。因此，在意大利高校中，师资对于交叉学科的适应性能力较强。

上文分析的五所意大利高校，在交叉学科的师资上都十分充足，专职的专业教师与兼职的商业设计师在教学上相互补充并达到了良好的实践教学效果。从教师发展角度来说，对于专职教师，过多交叉学科的教学与项目会限制教师的学术研究，从时间和能力上都会对教师产生一定的影响。而兼职设计师，虽然实践专业能力强，但会因无法做到像专职教师那样只专注于教学的相关活动，加之教学方法良莠不齐，最终在教学效果与预期上存在偏差。

（3）学生发展的视角

交叉学科的教学模式从教学内容、教学方法、教学实践、教学结果反馈等多个层面来说，都与传统的设计教学模式不同。从学者角度来说，学什么、怎么学以及最后如何运用所学知识都与传统设计学习不同。

首先，意大利高校交叉学科设计教学课程中的交叉工程技术、数字媒体、环境可持续等学科的技术性、前沿性较强。因此，意大利学生可以接触到很多前沿的设计，这对开拓学生的视野和思维有重要作用。

其次，从教学方法与教学实践两个方面综合来看，意大利高校对于交叉学科的教学模式较注重以实践为主的教学方法，因而在相关设计实验、实践和企业的合作项目上都会让学生有机会参与实际设计过程。因此，通过实践的方式整合多种学科，可以在较短的教学时间内有效地完成多学科的教学内容，使学生学起来不会感到枯燥，这也是一种具有高效的交叉学科的教学模式。

最后，从教学成果来看，意大利设计学生在课程后的成果往往可以通过学校或者企业转化为实际的设计产品，甚至是直接投入市场，而学生在进入企业后，也会因有了前期实践的基础而能迅速胜任实际设计工作。

综上，在意大利高校中，设计交叉学科的教学模式强调实践性，以帮助学生更快掌握实践设计能力，适应未来的设计实践工作。但相对来说，如只注重过多的实践性，也会导致学科相关方法与理论学习的缺失；相关的实践项目和设计方向会因企业的过多主导和参与而限制学生的创新思维和未来职业发展的拓展及机遇，尤其是对于一些未来准备继续深入学习的学生来说，在本科或研究生阶段的相关学术研究上会存在不足。

# 第6章
# 日本设计交叉模式

6.1　日本高校设计交叉教学发展背景与状况
6.2　日本五所高校设计交叉教学模式改革与发展状况
6.3　日本五所高校交叉学科教学模式存在的问题
6.4　日本五所高校设计交叉教学模式的一致性与差异性分析
6.5　日本高校设计交叉学科的发展模式

## 6.1 日本高校设计交叉教学发展背景与状况

### 6.1.1 日本高校教学发展背景

20世纪50年代，日本的高校教育研究开始关注交叉学科研究。1973年创建的国立筑波大学以交叉学科的教育和研究为特色。1991年文化部放宽了大学设立的交叉学科基准后，私立大学为了在竞争中生存和进一步发展，将交叉学科学院的特色作为其建设和发展的首选战略。到20世纪90年代末，这样的学院已经超过260所，其学科和课程设置都以就业为导向，注重新颖与创新。1995年，日本开始重视大学的基础研究，大力并着重推进大学的基础建设。《科学技术基本法》和《科学技术基本计划》明确了创新研究的方向。1998年日本通过《二十一世纪的大学与今后的改革对策》的决议后，教育部和文化部等出台了一系列促进加强高校科研功能的政策措施，如交叉学科"大讲堂"、流动科研机构、联合科研机构等。

这引发一些以国立大学为中心从事交叉学科教学和研究的部门、学院、研究机构、研究生院进行创建或重组。2006年，东北大学国际交叉学科前沿研究中心开辟了前沿科学领域，形成了新的产业发展基础，它的目标是国际交叉学科科学研究基地。学校不仅设立中心主管、规划部教授、研究部教授，以及研究部客座研究人员，也建立了范围广泛的渠道，与外部机构合作和接受外部合作参与，以便可以更有效地利用外部科研优势资源。在开放政策的引导下，东北大学更加关注学科交叉的发展趋势。2017年，东北大学在本科阶段建立了专业的交叉学科研究，如，化学和生物反应工程、材料统计力学、数学、材料等，目的在于培养超越单科专业及领域的高度洞察力，创造有新价值的人才（图6-1）。

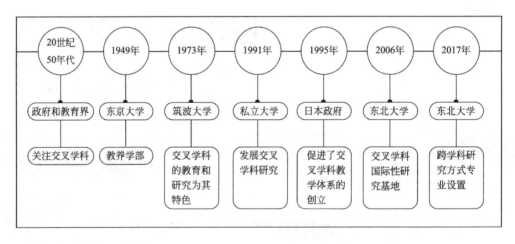

图6-1 交叉学科发展历程

（1）国家加大教育投资力度

"二战"后，日本成为战败国，联合国限制了其军事力量的发展。因此，日本政府将人力和物力转移到民用物资的开发上。日本政府在大力引进西方成果的同时，积极与社会企业合作,为国内经济的快速发展创造了良好的市场环境;此外,政府大力支持企业与设计师合作的项目,为设计的快速发展提供了良好的专业平台。

"二战"后日本大力推动高等教育改革,高等教育规模迅速扩张。1960年日本有245所大学,至1980年已有446所,大学在校生数在1960年上升至62.6万人,日本的高等教育毛入学率已超过15%,进入高等教育发展的大众化阶段。旧制大学、高等专科学校、高等院校、师范院校、预科院校等都升格为大学,不符合大学标准的则转为短期大学。经济的发展和行业对专业技术劳动力的巨大需求,促进了短期高等教育机构的发展,与高校共同形成了专业教育和通识教育的"二元"结构。同时,私立高等教育的飞速发展有效推动了高等教育的大众化进程,1990年日本私立大学占比73.4%,私立短期大学占比83%,与国立和公立大学构成高等教育体系私立和公立的"双层"结构。

日本在教育上投资较大,2011年"3·11大地震"引发了日本社会对科学技术创新的反思,尤其是要加强对能源科技和教育的投入,要秉承科技创新与社会经济协调发展的精神,另外,也希望科技创新和教育产出能够带领日本人从地震当中振作起来,恢复其经济增长。在这一背景下,2011年8月,第四期《科学技术基本计划》正式通过并公布,该计划是由综合科学技术会议(CSTP)起草的,其宗旨是,科技创新要以教育为基础,高效教育要从小抓起,从基础抓起,注重对教育的产出评估及结果评价。政府要确保科学家和专业人士的全面参与,并致力于培养人才。该计划阐明了今后日本在科技创新道路上的相关政策以及基本思路。第一,要推动技术科学与创新政策的一体化;第二,进一步突出人力资源及相关组织的职能;第三,促进全社会的协力创造与共同推进。

基本方向是激发研发人员的积极性,推进研究成果的市场化,"产"与"学"的结合。日本大力推进技术转移机构的建设,同时为了避免科研与市场相结合造成的"短视",日本还不断增加对基础研究的公共投资。

计划中所列的关键攻关项目,由文部科学省指导。从2014年实际执行情况来看,日本的科技和教育财政预算较上年提高2.8%,总额达到13372亿日元,占全部财政预算的1.8%。虽然科技计划经费作为一种稳定性支持经费每年都有所提高,但是从整体上来看,其规模仅占总经费的1/4,仍然远远小于基础课件创新项目的经费支出。

此外,日本政府积极推动教育科技创新体系的国际化,善于借鉴国外成功经验,重视技术、人才和国际交流。早在"二战"结束时,日本就采取了引进、消化、吸收、模仿、再创新的技术输出逻辑,提升了国内技术研发和设计生产水平。据数据显示,1970—1995年,日本从国外引进了25700多项技术,耗资高达90亿美元,也凭借这一战略的成功实施,逐渐缩小了与西方国家的技术差距,并跃升为仅次于美国的第二大经济体。

(2)政府加大人才培养力度

日本之所以能够积累如此强大的人力资本优势,是因为其完善的人才培养和创新体系。在知识经济和技术经济时代,各国都在努力把自主核心技术及其产业化作为竞争的核心任务。在这方面,日本致力于创造、保护和利用知识产权。通过维护创新者的权益,进而推动创新过程,可以调动高校师生的积极性,从而更好地管理知识财富和设计思维。为了提升人才培养力度,日本政府还出台了一系列公共计划,如21世纪的卓越研究基地计划、240万科技人才开发综合推进计划、首席执行官计划等，从而逐步建立起良性互动的人才培养、交流、筛选和竞争机制。同时把文部省和科学厅合并为文部科学省，并推动国有高校以及科研机构的独立行政法人化教育和科技体制的改革。

日本政府还积极推动校际合作以及人才派遣，例如，在2010年提出的"新成长战略"中极力鼓励大学生赴海外高校学习交流；2011年的"亚洲校园"计划，进一步加强了中日韩学生的交流往来，同年实施了"加速头脑循环青年研究人员战略性海外派遣项目"，并组织优秀青年人才赴海外进修，这两个项目分别拨款13亿、25亿元。此外，2012年至今文部科学省通过出台入学制度改革，吸纳了更多优秀的海外留学生，共计投入138亿日元，旨在培养全球一流的人才。

（3）政府、企业、高校的产学官一体化

早在20世纪70年代，日本的科学技术会议就明确指出要加强各部门之间的联系。提出了产学官一体化理念，其中"产"是指创新企业及其内部研发机构，以核心技术创新和研发为主要任务；"学"是指以基础技术和教育知识开发与创新为主要任务的高等院校、科研机构；"官"是指以应用研究为主要任务的政府和国有科研院所。产学官一体化合作中主要包括两种直接资助活动，即共同研究和委托研究。共同研究指的是文部科学省于20世纪80年代创立的一种企业和高校合作研发课题的制度，具体是由企业向高校拨付资助经费，来扶持高校与企业的科研人员依据企业的需求开展共同的课题攻关。企业利用高校和国有R&D科研院所的智力资源及知识人才，并提供科研设备，而相关费用由双方承担，创新成果由双方共享。这种合作模式有利于减少研发风险，降低企业的研发成本与成果转化风险。

20世纪初，在《科学技术基本法》颁布后，日本政府计划进行行政管理体制的改革（图6-2）。21世纪初，中央省厅进行重组时才彻底疏通了产学官合作行政机制。

第一步，日本设立综合科学技术会议（2001—2013年，Council Science Technology Policy，CSTP），统筹协调各省厅之间的关系。根据日本的《内阁府设置法》，CSTP直接向首相负责，由首相担任议长，成员包括主要省厅大臣以及来自企业和大学的代表。相较于改革前的科学技术会议，CSTP具有四个突出特点：

战略性：在省级部门之上制定国家科技振兴政策；

及时性：每月举行一次会议，并设立一个事务局处理日常事务；

综合性：除了自然科学，还包括人文科学和社会科学，注重社会伦理；

自发性：CSTP的任何成员都可以随时主动向首相提出意见和建议。

第二步，日本解散了科技部，成立了文部科学省。2001年，科技部与文化部合并。原科技会议升格为CSTP直属内阁。文部科学省也接管了国家研究机构，解决了"学"管辖两个省级部门但由于竞争不能相互协调的问题，形成由CSTP统辖各省厅，文部科学省主管"学"，经济产业省带领"产"的产学官合作新机制。

第三步，根据《科学技术基本法》的规定，日本CSTP作为最高领导机构制订科学技术基本计划推进产学官合作，CSTP设置的各种具体专业调查会对产学官合作进行调查分析，对科学技术基本计划的制订和实施进行调查分析。同时CSTP还组织召开各种产学官合作会议，主要包括内阁府、总务省等联合组织召开的产学官合作峰会和每年6月在京都召开的产学官合作推进会议。疏通了行政机制后的产学官合作模式开始有效地运转起来。

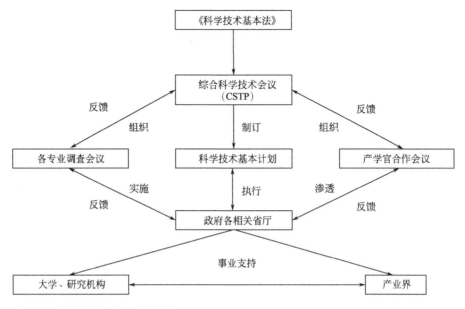

**图6-2 日本主导的产学官合作模式**

为了促进三者之间的接触和交流，日本政府成立了专门的相关组织，包括新技术企业集团、日本学术振兴协会、筑波研究财团、神奈川科技园区、国际超导工业技术研究中心等，以及筑波科学城市园区、关西科学城市横滨高科技园区和其他企业家的创业园区。这些职能部门促进开发与应用的融合，促进创新技术的推广和传播。

具体措施如下：一是提升核心产业竞争力；二是提升区域技术整体创新水平，创造知识创新的优越环境；三是改革人才培养和科技教育的培养体系，推进"产、教、官"合作项目，聚焦项目攻关的核心优势，确保日本在世界经济中的地位和影响力。通过产学官合作机制，早稻田大学实现了"学校向产业界提供研究成果贡献社会—产业界将研究成果商品化并返利于学校—学校进一步发掘研究成果激活教育"的螺旋上升模式（图6-3）。

在螺旋上升模式中，推进中心将政府、企业、大学各方紧密联系起来，成为产学官合作的中央处理器，技术转移机构（TLO）和创业孵化推进室则构成处理器的双核。技术转移机构于1999年获得日本文部科学省和经济产业省批准，作为官方认可的技术转移机构正式成立，致力于孕育培养知识产权、通过知识产权的技术转移服务于地区发展、通过技术转移率先创建新兴产业等工作。推进中心基于《专利法》、《知识产权基本法》等，制定了《早稻田大学职务发明规程》，并参与了日本"大学知识产权本部建设工程"等，进而在之后的产学官合作中取得了丰硕的成果。而创业孵化推进室为大学在编研究者提供从软件到硬件的多方面支援，通过扶持风险企业实现技术革新，也为大学研究者研究成果的商业化提供了另一途径。

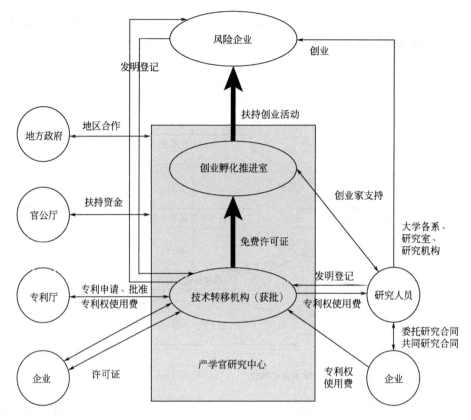

图 6-3　早稻田大学的螺旋上升模式

### （4）企业制度在设计教育中的作用

在日本设计和创建行业的科技创新体系中，民营企业绝对占主导地位，承担大部分的技术研发和制造任务，这可以从项目经费使用的分布情况中反映出来，因为它们的政府研究资金明显低于欧美国家。尤其是在20世纪80年代之后，很多企业成立了独立的内部基础研究所，由内部R&D到国内"产学官"合作，再到海外设立的研发机构，建立了一套独特的以大企业为主导的科技创新体制。

第一，日本企业经常在技术引进领域进行科学论证，技术项目的引进是基于日本的基本国情的。邀请相关部门和专家对技术项目的引进进行分析，进行严谨可行的科学论证，从技术适用性、先进性、收益等方面论证，不存在行政部门的纵向干预。使企业的技术引进非常顺利，为企业带来真正的效益，满足企业的实际需要。第二，选择关键项目。日本政府提供技术引进的总体方向，并提供各种公共服务，通过优惠资金和税收支持企业重点技术引进项目。第三，随着日本经济的发展以及借鉴、吸收能力的提升而有计划地安排项目的引进。如20世纪60年代开始引进软件技术和管理经验，70年代引进了航空、核能、通信等技术，90年代之后引进了信息技术以及核技术等。

企业严谨和追求前沿科技精神不断带动着高校教育朝着这一方向发展，高校的人才教育也应顺应社会和企业的需求。因此，在教育过程中，综合能力的发展以及核心技术的掌握是每一个高校人才培养过程中所必不可少的。日本设计教育注重和企业的合作，而企业的发展和管理制度也反过来促进高校教育以迎合企业发展的需求，二者在政府的桥梁搭建下进行共通合作，致力于培养高质量设计人才。

（5）民间机构的创新推动

长期以来，科技类民间社团在促进日本科技创新方面发挥了重要作用，从R&D开始的全部环节，以灵活有效的形式为科技创新提供服务，其主要参与方式包括以下三方面：第一，为产业科技创新提供"产官学"交流渠道。民间科技社团积极地促进了科技交流活动，为学术交流提供了沟通渠道和平台。目前来看，日本全国从事"官产学"合作的民间机构逾500家，通过论坛、技术交流会、展会等方式，将高校、研究机构、政府部门、科技创新企业等集聚在一起，从而推动产业领域内的技术创新。第二，促进合作创新及成果转化。民间机构在技术R&D机构与企业研发合作、知识产权管理、技术成果转移转化三方面提供了对接服务。例如以简易使用手册的方式将合作研发技术成果专利发放给全国的企业，建立专利数据库、提供技术信息检索等。第三，给予金融、决策咨询与人才培训服务。由于日本的民间组织数量众多，且分布于不同的领域，所以在各方面都能提供支持服务。例如财团类组织可以与金融机构合作，设立专项的科技服务基金；另外，诸如大阪科学技术中心打造了在线咨询服务平台，为会员企业提供咨询服务；还有联络高校为企业开展专业和技术方面的培训。

设计发展依赖于大环境，没有社会产业的支柱，完全依靠高校的教育是远远不够的，唯有将知识付诸实践才能培养出真正的设计专业人才。民间社团的创新推动了整个设计大行业的发展，艺术与技术的结合即可创造出一种设计，因此日本设计的蒸蒸日上不仅离不开高校的整合培养制度，也与整个社会环境息息相关。

（6）日本高校发挥基础作用

日本在人才培养方面取得了显著成绩。在基础教育领域，除了培养年轻人的生存能力，小学和中学更重视激发学生对科学的兴趣，培养学生对知识领域的科学世界的渴望，鼓励学生勇敢寻找问题、思考和解决问题；制订了一系列的计划来激发学生的兴趣和爱好，包括组织专业的研发技术人员、院校教师与中小学生互动，协助青年教师开展创新的科学教育实践，更新中小学教学设备等。

在高等教育领域，日本尊重学校自治的高效率，鼓励自由灵活的办学模式。日本高校开设了大量的二级课程，注重交叉学科和交叉学科人才的培养，提倡交叉学科的碰撞。日本大学经常开展深入合作，以实现意见交流和信息共享。在研究生教育中，日本高校注重理论基础与生产实践的有效结合，为研究生安排参与企业项目的机会。在日本的理工科研究生课程中，已经将"工业实验室"作为必修课程，采用校企模式，提供与实际生产经营相同的工作环境，其目的是提高日本研究生理论和实践创新的能力。此外，日本的研究生教育一直严格执行"国际化"标准，鼓励大学与科研机构对接，并提出建立"具有国际竞争力"的科研基地。此外，日本积极培养专业的在职技术创新人才，包括提高科研和技术人才的竞争力，以促进科研成果的有效转化。

由于日本特殊的地理环境和历史进程，其政治、文化、经济都与众不同，日本高校教育始终对设计教育遵循着"在不放弃本民族特有的传统元素的基础上，向西方学习现代设计，在大量吸收国外文化精华的基础上，将自己本民族的传统文化与其融合"的办学理念，在不断尝试与发展中逐渐形成自己的设计体系，向我们展现了很多与时俱进却又不失传统风格的优秀作品，更完美地诠释了传统与现代两者之间并不矛盾，甚至相辅相成。

### 6.1.2 日本高校设计交叉教学发展状况

日本的学位制度是当时日本发起的现代化改革运动的产物。随着社会的发展和学科的划分，学位的称谓逐渐扩展到各个学术领域。20世纪70年代中期，随着科学技术的飞速发展和学术研究一体化的趋势，一些专业领域很难用现有的学位类型来表达。此时，学位学科点增加了综合性、交叉学科学位，可以授予的学术领域变得更加广泛。日本文部科学省按照社会科学、人文科学、自然科学、农学、工程学、健康、家政学、美术学、教育学等交叉学科研究十个学科大类，统计每年授予的学位人数。

日本传统的学科培养方式与德国非常相似。师徒授课制因其人才培养的封闭性而广受诟病。美国的研究生院制度是在"二战"后引入的，但讲座制度仍然存在。20世纪70年代中期，日本根据其设立的综合性和交叉学科学位相适应，改革了讲座制，实施了大讲座制，其中许多大讲座制由多个研究方向组成，体现了交叉学科的特点。1988年，为了适应交叉学科研究的趋势，日本大学审查会议提出"关于大学院制度弹性化"的咨询报告，鼓励大学设置不要受学部限制，只招收和培养研究生，旨在促进学科交叉的"独立研究科"，自此许多大学都设立了"综合研究部"，一个研究部包括学科的各个分支，基层组织的学科整合和交叉是通过大型讲座系统来实现的。研究部已成为日本研究生教育阶段培养交叉学科人才的主要组织形式，许多大学的研究生培养过程也体现了高度的交叉学科性。例如，名古屋大学试图引入交叉学科教学系统，在原来专业组织的基础上建立一个综合的专业群，建立了一个综合反映交叉学科知识和前沿科研成果，并由多领域教师授课的"平行讲座"系统。

（1）日本交叉学科研究生培养的现状

20世纪90年代以来，为适应现代科学发展的特点，日本政府鼓励交叉学科组建独立的研究科或专攻领域，鼓励创建没有学部的独立的大学院，鼓励高校间共建"联合大学院"，鼓励与高校以外的研究机构组建"联携大学院"，主要从事学科交叉研究生培养与科学研究。自20世纪末至今，日本科技发展战略转型对研究生教育质量的要求，引发了日本的创造型和跨专业复合型人才指向的研究生教育综合改革，通过出台一系列针对性强而又行之有效的政策措施，极大地促进了研究生教育的发展，有力地推动了本国高层次创新人才的培养和科学技术水平的提高。

文部科学省于2006年制定了《研究生院教育振兴施策纲要》，对经费预算、政策制度等进行持续改革。在《研究生院教育振兴施策纲要》制定之后，大部分研究生院都修改了培养方案或校规，将人才培养的目标写入校规，除了对传统的课程学分进行修改外，还对跨专业、国际化、外语能力等指标进行具体设置。大阪大学研究生院就设置了"学际融合教育项目"，以研究生院辅修科目的形式开展交叉学科、跨项目、海外实地考察等研究生培养，研究生可以选修本专业之外的学科，所修学分不仅可以抵充选修课学分，还可以在满足课程学习标准后颁发履修证书，并能拓宽知识面，积极参与到其他项目中。2007年开始实施的"21世纪（Center of Excellence，COE）卓越研究基地计划",面向所有研究生培养单位,重点支持高水平教学与研究的开展,转向以学科方向为重点的基地评审,并突出了新领域、独特性和世界领先性的评审标准,专门设立了"交叉学科及新领域"学科群。

2011年,"博士课程教育领先项目"作为日本研究生院改革的重点项目之一,由日本学术振兴会负责选拔,项目总预算为39亿日元,2012年更猛增至116亿日元。该项目横跨了产学官三界,对硕博连读博士课程进行教育改革。该项目可分为全面型、复合领域型和单一领域型三大类型。"复合领域型"项目主要培养能够在解决人类社会所面临问题的过程中统领产学官项目并引领革新的领导者,因此也必须是跨领域的学位教育。但"复合领域型"一般集中在某一主题领域,如2012年的六大主题领域是环境、生命健康、物质、信息、多元文化共生社会和安全安心,各校可在6个主题领域内申报,也可自行设计这6个主题领域的项目。

比如,大阪大学设立了"超域创新博士课程项目"(图6-4),2011年度共招募了20名学生,师资力量由大阪大学59人、企业及科研机构7人构成,横跨14个研究科、45个专业,所选修的课程远远超过了双学位的标准,形成多个专业的学科交叉复合型知识体系。并且获得松下、大金等多家公司的直接支援,由于该项目直接在政府主导下进行,这就构成了产学官的横向联合,学生不仅能够获得大阪大学优秀教师的指导,也能在产业界直接与公司CEO对话,进入政府相关机构进修培训,还可以外派到其他国家进行海外研修,扩展国际化视野。

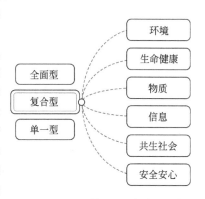

图6-4 博士课程教育项目类型

此外,为了充分发挥各大学的优势,提高教学水平和人才培养质量,避免重复投资,日本许多大学以各种方式相互合作办学,开展交叉学科的教学和研究。如东京工业大学、东京外国语大学、东京医科口腔科大学、东京艺术大学和一桥大学等五所国立大学采取联合办学,通过"攻读双学位,实行联合授课,开设学科交叉课程,开展学科交叉研究,共同开设专题系列讲座,共同指导研究生"等方式,促进了学科交叉教学研究和研究生教育水平的提高。筑波大学将人文科学、社会科学、自然科学、工程技术组成大学科群,开展学科交叉研究、教学与研究生培养。名古屋大学建立了由领域(单一学科)专业群(由18个基础学科的专业组成)和复合专业群(由7个新学科领域的专业组成)组成的流动型研究生教育体系,推进研究生课程体系的灵活性和整合,加强与行业的合作,以培养基础、专业、综合的高层次人才。

(2)日本交叉学科研究生培养的特点

日本交叉学科研究生的培养历史悠久,形成了自己的特色,并取得了一定的成绩。日本交叉学科研究生培养现状可以总结为以下三点。

**① 国家战略层面高度重视学科交叉研究生培养**

发达国家将交叉学科发展、学科交叉科研与人才培养置于国家战略层面予以考虑,通过科研基金的财政资助积极推进,体现出积极的国家干预和政策性引导,如21世纪初日本制定了《研究生院教育振兴施策纲要》,对经费预算、政策制度等进行持续改革；后实施了"21世纪COE卓越研究基地计划"；将"博士课程教育领先项目"作为日本研究生院改革的重点项目之一。

② 为学科交叉研究生培养的顺利开展提供政策与制度保障。

日本2011年推出"博士课程教育领先项目"，为大学推进学科交叉研究生培养提供政策支持与资金资助。日本还鼓励大学采取多种方式相互合作，开展学科交叉人才培养与研究。

③ 学科交叉研究生培养模式多元化并取得实效。

各个国家和大学都根据实际情况在适应交叉学科发展的趋势上做出自身的学科交叉人才培养模式调整。有学者研究后指出，"从日本的情况来看，复合型人才的培养已经改变了从形式到本质，从表面到深层，从个别课程到课程体系，从专业变革发展到教学管理制度，学院设置模式，教学资源分配等"。各高校建立了适合交叉学科培养的组织体系，如通过产学研合作促进交叉学科研究生培养，尤其注重课程的综合改革。

### 6.1.3 日本高校教学人才培养目标

（1）培养高素质普通劳动者

日本把培养高素质普通劳动者作为其教育事业的根本目标。1947年3月31日，日本政府公布了《教育基本法》，"完善人格"被确立为教育的首要目的，为培养高素质的日本人才指明了方向。进入21世纪后，为了适应日本经济社会的新变化和时代发展的新要求，日本政府对《教育基本法》做了较大修改。但是在2006年12月22日公布的新《教育基本法》中仍然规定："教育的目的必须是改善人格，培养具有必要素质和身心健康的公民，使他们成为和平与民主国家的建设者。"由此可见，完善人格始终贯穿日本教育发展的主题，是未来日本教育发展的战略目标。

（2）培养有创造新价值观的人才

日本除了培养人才的社会生存能力，还重视人才对社会的变革和创造新的价值，在全球化社会中能够与多种多样的人协作。为此，日本政府为优秀的学生创造良好的教育环境。制定和实施以科技为先导，包括体育、文化等领域的高级人才培养方法。对有学习热情和学习能力的学生，要提供相应的高层次学习机会和交流场所，扩大对某一领域感兴趣的学习阵营，增强学生的创新和挑战精神，充分挖掘学生在该领域的才能。例如，东京大学设立了教育系，负责通识教育的发展，致力于知识型和智慧型人才的培养。入学后的前两年，所有学生都被纳入教学学部，选修前期课程，接受具有特色的基础素养教育。教养学部的后期课程，编排上主要是适应现代社会的要求与时代的变化，深化横跨文科、理科领域的教育，适应现代社会"学科综合化、国际化、信息化、尖端科学化"的要求。

（3）培养社会需求的应用型人才

日本政府、大学以及企业都非常重视培养适应市场发展需求的应用型人才，并且共同营建了有特色的人才培养环境以及相关的政策制度。主要体现在以下几个方面。

① 应用型教育的政策制度

日本教育重视教育与职业相结合，坚持教育为生活服务的理念。2006年，日本制定的"改正教育基本法"（平成18年法律第120号）指出，教育的其中一个目标是重视职业与生活的联系，培养重视勤劳的态度。以此为基础，自小学至大学各阶段的学校教育根据学生的身心发展特点，在教学中都渗透相应的制造业相关的教育。日本的高等教育体制包括大学、短期大学（相当于中国的高职院校）、专修学校（相当于技校）和高等专门学校（初中毕业后入读，学制一般为五年）四种类型。大学虽然主要以学术为中心，但"培养高端专门职业人才"也是其主要职责，侧重于应用型项目的开发和研究；短期大学包括"专门职大学"和"专门职短期大学"，承担着培养地区专门职业人才的重责，如保育师、营养师和养老介护师等；专修学校以实践型职业教育和专门技术教育为主，主要培养学生在就业岗位或者实际生活中的必备能力；高等专门学校以培养实践型、具有创造力的技术人员为主，一般课程和专业课程有机协调，既能提高学生的修养，也能培养学生的专业知识和技能。

以上大学都承担着培养应用型人才的任务，只是所针对的岗位群有所差异。日本应用型高等教育重视产学研合作项目开发。例如，文部科学省实施了"产学协同培养应用型人才的事业——培养制造业技术者"政策，旨在产学官合作统筹培养适应产业界需求的应用型人才，具体以大学等高等教育机构为对象，通过开发、实施产学项目，与区域、产业界协同开展实验、实习、讲义有机融合的教育项目，培养制造业领域具有创新意识的高端应用型人才。

**② 政府部门之间跨界、构建人才供需匹配体系**

人才培养制度在文部科学省和相关府省的联合推动下开展和实施，文部科学省、厚生劳动省和经济产业省打破政府之间的壁垒，达成资源共享，共同研究并解决人才供需之间所产生的问题。例如，为解决大学人才培养和行业的人才需求之间不匹配的问题，上述三个政府部门共同研究和制定政策，保障产学相关部门健全制度，督促产学官协同有效实施。日本为产学官合作构建了交流互动的平台，设置了产学合作协调员机构，产学合作协调员在产业界、公共研究机构、大学专修学校、政府以及地方自治体之间开展协调匹配工作，主要业务活动包括"技术咨询、共同研究、委托研究、奖学金与捐资、研究成果实用化、创业支持、人才匹配基金、关于政府招标研究项目的申请、来自企业的援助项目的协助以及推动指导"。教育机构与产业界构建合作运营体系，明确产学合作责权制度，定期开展信息互通的活动，在合作平台上互相交流人才培养和产业需求的相关信息，调查实施产学协同培养的可能性并开发相关的合作项目，提出制定相关政策的建议。

**③ 完善适应社会需求的教育环境**

日本致力于产学官合作，构建人才培养教育的可持续发展体系。政府为参与产学合作的企业提供"人才开发支援补助金"，从而为企业减少职业训练的成本。高等教育机构重视学习者"应用型、实践型"能力的培养，并为学习者的技能训练创造环境，在校内建设仿真实训室，校外建设海内外实践基地。以医疗护理专业为例，大学拥有强大的师资，也拥有医疗护理真实工作场景需要的先进实训设备，并有完善的海内外跨界合作的应用型研修项目制度和措施；大学设置研究室，教师带领学习者研究工作流程，研发新产品。大学教育资源向社会开放，文部科学省2008年起实施"社会人继续教育需求对应教育推进项目"政策，利用大学等教育研究资源，对社会人（包括啃老族、自由职业者）提供继续教育和职业生涯教育项目，让以制造业劳动者为首的人员有机会接受继续教育，从而提高职业素质和职业技能。一般社团法人日本开放性在线教育推进协会"Japan Massive Open Online Course"(JMOOC)依次开办产业界需求大的理工科基础科目讲座,推进海外MOOC的合作,为学习者提供丰富的网络教育资源,JMOOC教育为课程开设的灵活性和学习者选择的自主性提供了更大空间,方便在职人员和在校学习者的继续教育;JMOOC教育有助于完善大学和企业的教育资源,促进应用型人才的培养。

④ **日本版的"二元制"**

日本版的"二元制"指为在校学生提供Off-JT(Off-Job-Time)集中培训和OJT(On-Job-Time)在岗培训的制度,主要以年轻人为对象,实施实践教育和职业能力开发教育,有效结合学校的讲义和企业的实习。例如,每周三天在学校学习,两天在企业参加技能训练;或者一个月、两个月在企业强化实习,通过学习培养职业观、勤劳观,提高实践的技术技能。接收实习生的企业必须提交申请给厚生劳动大臣接受资格审核,资格审核通过后企业才有资格接收实习生,在人才招聘广告上注明招收实习生、提供人才培训的信息。企业与应聘者签订实习雇佣合同,实施OJT项目;训练结束后,对实习生实施职业能力评价,评价方式和评价内容主要参照劳动市场所制定的标准,例如国家职业技能鉴定。实习生凭实力有机会成为该公司的正式员工,由于实习生在顶岗培训时已经逐步适应企业文化、了解工作流程,企业对实习生的能力态度也有所了解,因此既可以减少相互之间的错配现象,也可以减少职员由于不适应企业环境而提前离职的风险。接收实习生的企业不仅是为了满足本公司的人才需求,还因为具有强烈的企业社会责任感,本着为地域社会发展做贡献和助力年轻人职业能力发展的目的,尽力为年轻人的职业能力训练提供机会和平台。

⑤ **完善应用型人才就业支援卡的制度**

就业支援卡(JOB CARD)(图6-5)是促进个人职业能力与劳动市场接轨的制度,主要分为三种类型,分别是"职业规划表""工作经历表"和"职业能力证明"(包括资格证、学习经历与实习经历、实习成果与工作绩效)。就业支援卡是一种职业能力证明的工具,灵活使用就业支援卡,可以实施集中培训和在岗培训有效组合的职业训练形式。日本具有完善的国家职业资格考评制度,"持证上岗"是对专业技能人才的必备要求。

**图6-5 就业支援卡类型**

就业支援卡内有一项必填内容是"资格证",用人单位通过应聘者的就业支援卡,可迅速对求职者的技术能力做出客观有效的评价;大学生、求职者或者劳动者借助就业支援卡,通过PDCA职业生涯的质量管理循环,增强目标管理,有效优化知识结构和更新职业能力,有利于提高职业能力培训的针对性。例如企业在查阅职工的就业支援卡时发现该职工的职业生涯发展中需要开发某方面的能力,就会有针对性地加强对此方面能力的培训。

日本较高的产品质量与日本的企业文化和教育体系息息相关。企业高度重视人才的开发与培养,重视员工的可持续发展能力。支撑日本经济的产业中,制造业所创造的经济占GDP的二成,成为经济的主要支柱,特别是以"互联网产业化、工业智能化、工业一体化"为代表的第四次工业革命，使创新性产品和服务跨越了国界，将给社会的各方面带来巨变。随着少子化和老龄化社会问题带来的人口减少趋势日益明显，同时"劳动方式多样化、灵活化"带动就业岗位不断增加，提高生产性迫在眉睫。生产附加价值的竞争力源泉从"物"和"财"转移至"人才"，增加对人才的投资，提高劳动者技能与产业构造变化的适应性，是解决生产性问题的重要措施。

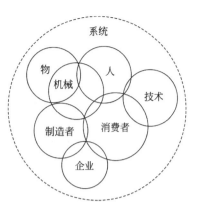

图6-6 融合为导向的产业设计

由于现在产业都离不开IT或大数据，所以加强以IT、数字化领域为中心的应用型人才培养是日本高等教育主打的重点之一。为了提高国际竞争力，日本借助其高端先进技术力和高度现场力的传统优势，力争构建融合为导向的新的产业社会，即构建以"连接产业"为主的新型产业结构，把原本独立的或是对立关系的"物与物、人与机械和系统、人与技术、不同产业领域的企业与企业、隔代的人与人、制造者与消费者"有机联系，创造出新的附加价值，解决社会课题的产业状况（图6-6）。

## 6.2 日本五所高校设计交叉教学模式改革与发展状况

### 6.2.1 名古屋大学研究生院学科结构

名古屋大学在进一步强化研究能力和综合教育能力的同时，着眼于国际化综合教育。主要表现为：

**从单一视角到多元化视角转变**。基于日本与亚洲国家的合作与共存，名古屋大学每年都在亚洲和世界各地开展一系列促进国际合作的项目。

**促进双向人才交流**。目前，具有海外经历的名古屋大学学生比例逐年上升。通过积极推动世界各国与名古屋大学的双向人才交流，培养具有国际视野的人才，构建国际化的人才网络。

**加强英语教育**。名古屋大学通过多种语言课程为学生提供英语帮助（图6-7）。同时开设1140门英语大讲堂课程，英语教学学位授予权课程数量不断增加。名古屋大学汇集了来自世界各地的人才，为学生和研究人员改善了日常交流环境。

名古屋大学工程研究生院的交叉学科教育在其独特

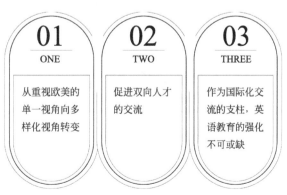

图6-7 名古屋大学国际化视角三步骤

的教育理念和教学体系下整体实施，其宗旨是通过广泛领域的学习和交流，培养具有创新能力的下一代工程研究和技术人才。该方法为教师和学生提供了一个基于多领域下的学习和交流的教育组织系统。上表中的内容充分展示了日本在交叉学科教育组织系统的特点，特别是在学科设置方面，在原有领域专业群的基础上设置了交叉学科的复合领域专业群，两大领域群内部都采用"大专攻"和"大讲座制"的形式；复合领域专业群有6个大系，每个大系都跨3～4个原有领域专业群的专业。因此，日本名古屋高校的研究生院形成了高度交叉的学科体系（表6-1）。

表 6-1　名古屋大学课程设置框架

| | 原有领域专攻群 | | | | | |
|---|---|---|---|---|---|---|
| | 化学生物工学大专攻 | 材料理工学大专攻 | | 电子信息系统学大专攻 | | 机械理工学大专攻、航空理工学大专攻 | 社会基础工学 |
| 专业条目 | 1应用化学专业 / 2分子化学工学专业 / 3生物机能工学专业 | 4材料工学专业 | 5应用物理学专业 | 6量子能源工学专业 / 7电动工学专业 / 8电子工学专业 / 9信息通信工学专业 / 10机械科学专业 | | 11机械信息系统工学专业 / 12电子机械工学专业 / 13航空宇宙工学专业 | 14社会基础工学专业 |
| **复合领域专攻群** 物质控制工学大专攻 | 跨专业1、2、3、4 | | | | | | |
| 能源理工大专攻 | 跨专业2、6、7 | | | | | | |
| 量子工学大专攻 | 跨专业4、5、6、8 | | | | | | |
| 微纳米系统工学大专攻 | 跨专业11、12、13 | | | | | | |
| 计算理工学大专攻 | 跨专业5、9、10 | | | | | | |
| 结晶材料工学大专攻 | 跨专业1、4、5 | | | | | | |
| 课程设置框架 | 一、多元化课程体系：1. 主修课程（基础课＋主专业课＋其他专业课）；2. 辅修课程；3. 综合工学课程；4. 其他研究生院或本科课程；5. 其他自选课。二、并担讲座制 | | | | | | |

（1）名古屋大学研究生院课程设置框架

在课程设置方面，在基础学习的同时不断开阔视野，在给予学生选择自由的同时培养其自主学习和综合研究的能力。

首先，该研究生院实行了"讲座制"，即在原有领域专业群中开设由复合领域专业群教师承担的课程。其优点在于能够将不同领域的，尤其是交叉学科领域的前沿成果及时反馈回原有专业领域群，起到不断补充新知识，深化原有领域知识结构的重要作用。

其次，设置了多元化的课程体系，包括：主修课，辅修课，综合工学课，其他研究生院或本科学院课，其他自选课。其中，辅修课程为复合领域的学生提供交叉科学的知识和前沿的科研成果。综合工学课程是高度综合性的工学通识课程，聘请了来自其他高校以及企业的教师。课程设置的改革显然和新的学科体系是紧密且灵活衔接的。

研究生院还精心设置了一门名为"高度综合性工学创新实验"的课程，目的是训练学生在多领域合作中，能够独立自主地解决现实中的工学问题。在教学过程中，聘请企业技术部部长和主任研究员为主要教授；在选课过程中打破专业、领域、学院、大学的界限，形成跨专业、跨领域、跨学院的学生研究团队；教学方法是：教师提供主要课题，学生自主寻找具体问题，确定具体研究目标，最后通过讨论和实验提出解决方案。根据对毕业生的跟踪调查，大部分人认为从课程中获得的研究能力对他们的现实工作仍能起到作用。

**博士课程启用引领计划增强交叉学科性**

名古屋大学的"养成项目"由国际开发研究科、教育发展科学研究科、生命农学研究科、医学系研究科、农学国际教育合作研究中心、男女共同参与计划室（简称名古屋大学6大科室）共同合作开展，这些交叉学科课程分为八大类：基础科目A、基础科目B、基础科目C、专题研究讨论、全球领军人物特设课程、英语科目、实践科目、博士论文写作指导。

基础科目A属于通识必修课，共计5学分，有《多文化共生特论》等课程，主要由生命农学研究科负责。从M1～D3阶段各开设一门，基础科目A旨在帮助博士生加深对不同文化的理解，同时发现亚洲女性面临的共同问题。

基础科目B属于通识选修课，共计6学分，有《社会心理学研究》《人类学研究》《文化与社会研究方法论》《日本的开发经验》《国际开发入门》《开发援助论》《实地调研入门》《开发合作论》《国际职业生涯开发》《社会医学》《卫生保健管理》《农业生物学原理》等课程，主要由国际开发研究科负责。博士生在M1～M2阶段要选修4学分以上课程。基础科目B旨在帮助博士生拓展文化领域学术视野和加深对不同文化的理解。

基础科目C属于通识必修课，共计4学分，有《人口迁移与异文化理解》《社会开发与文化》《农村地域开发管理》《教育与人才开发》《国际社会文化课程》《医疗行政学课程》《保健学课程》《生命农学国际课程》等课程，主要由国际开发研究科与教育发展科学研究科负责。学生在M1～M2阶段要选修4学分以上的课程。基础科目C除了要达到基础科目B的目标外，还需培养学生的六大核心能力。

专题研究讨论属于专业选修课，共计4学分，有《"女性民生福祉"专题研究讨论I》《"女性民生福祉"专题研究讨论II》等课程。课程由每个专业自主开设。学生在M1～M2阶段各选修2学分的课程。专题研究讨论有助于提升学生针对具体问题开展研究的能力。

全球领军人物特设课程属于专业选修课，共计4学分，有《全球领军人物1》《全球领军人物2》《全球领军人物3》《全球领军人物4》《体验型课程（领导力）》《体验型课程（团队建设）》等课程，主要由生命农学研究科负责。学生在M1-D3阶段要选修至少5学分以上的课程。全球领军人物特设课程邀请国内外活跃于国际舞台的女性领导者主讲,旨在培养世界一流的女性研究者。

英语科目属于专业选修课,共计4学分,有《关系与沟通Ⅰ》《关系与沟通Ⅱ》《学术写作Ⅰ》《学术写作Ⅱ》《报告Ⅰ》《报告Ⅱ》《处于现实问题中的英文交流》《学术写作与研究伦理》等课程。学生在M1～M2阶段各选修2学分。英语学科可以培养学生的国际意识,用英语写专业论文、在国际机构工作的能力。

实践科目属于专业实践课,共计7学分,由《海外实习1》《海外实习2》《海外实习演练1》《海外实习演练2》等构成,5个专业的学生混合编组共同学习,主要由生命农学研究科负责。学生在M1～D3阶段需选够11个学分的课程。

博士论文写作指导属于专业实践课,共计6学分,在D1-D3阶段开设。每名博士生需在三名教师(应包括非本专业教师)指导下开展博士论文写作。

总的来看,"引领项目"交叉学科课程设置兼顾了两个维度:第一维是博专并举,即博士生既能基于全球意识和多元文化视野开展研究,也能基于精尖知识和学科规训视角开展研究;第二维是知行合一,即博士生既能通过实习实践加深对知识的理解,也能通过知识的习得探究去解决现实问题。

### 名古屋大学的整合创新项目——人机协调系统联盟

人机协调系统联盟为CONSORTIUM(Human machine harmonization system consortium)(图6-8),是名古屋大学的一个联合组织,该财团由四个公共研究机构(名古屋大学,早稻田大学,东京工业大学,先进工业科学和技术研究院)构成。其系统联盟主要是解决公司、人力和智能机器等之间的协调工作。如:协调统一硬件软件等设施,并提供一个开放式创新空间,促进相互合作产品的开发与服务等,该联盟的成立旨在建立一个人类和智能机器之间协同工作的新的协作服务平台,具有掌握人机状态、建立数据库和了解人的行为趋势等功能。

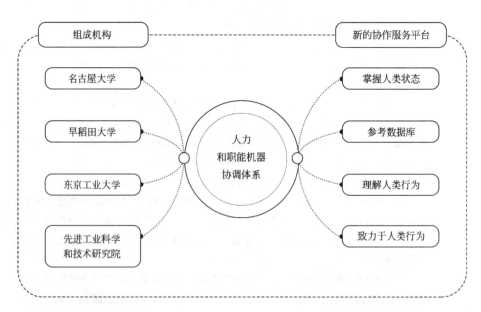

图6-8 联盟的结构

在过去的合作研究中，研究生只能参加"实验助理"的职位，不能充分调动利用他们的能力和动力。在该联盟里，学生可以被选为优秀的博士研究生，通过就业大学，积极支持学生创业，开发相应的技术并快速实现他们的社会实践。同时，该联盟也承担着相应的创业实验室以及提供给学生一定的就业资源和资金的支持。

这既是一个以博士研究生为中心的平台，也是选择优秀学生的一种标准，作为一个财团研究的优秀学生，需采取科研院所的学习计划并为"HMHS联盟卓越创新人才培养计划"做出一定的业绩。HMHS（Human machine harmonization system consortium）项目与传统的合作研究不同，具有四大特色。

**在各种行业聚集的开放平台上进行协作**
- 材料，零件，产品，服务等不同行业的20多家公司宣布参与该项目。
- 利用其他公司的技术，辅助研究和开发自己的技术，可以有效地促进基于市场价值（功能、质量、可接受性）的研究和开发。
- 十年内能够根据市场发展战略规划和人力资源开发，如产业间生态系统的联合研究。

**负责社会实施发展主题的研究生学生"面子可见"的管理**
- 在过去的合作研究中，研究生只能参加"实验助理"职位，他们的能力和动力无法被利用。该联盟选择优秀的博士生，雇用大学，实施运营，在保密的同时发挥潜力，积极支持学生创业，从而开发发展技术快速在社会实施。
- 需要参与到公司的每一个人与实验室，承担学生就业成本的合作，而不是其他的形式。

**国家支持的费用，加速了研究进度**
日本科学技术振兴机构是一个全国性的公司，该机构通过与高校的联合研究并定期拨发一定比例的经费，作为成果输出的有力支撑，以加快研究和开发的周期。

**支撑并成立广泛的研究课题的平台**
为了促进开源基础软件的开发，该联盟将提供应用不同技术并发挥作用的测试平台。由于各种行业的聚集和各种技术测试的数据聚集在一起，因此超越行业的伙伴关系的可能性就诞生了。

HMHS的关键理念是建立一个人类和智能机器协同工作的新社会。将开发Harmoware作为一种基本软件，通过使用各种智能机器提供可与人合作的服务，使之成为一个新的协作服务平台，研究集中在以下四个方面。第一，人体感知，通过小型化和集成化学传感器等来掌握人类状况的技术发展；第二，保护智能机器及其数据免受恶意攻击的技术开发；第三，技术开发，以鼓励人类行为，同时监测人类和智力机器的伴随的技术实现；第四，创建可以参考的数据库和人体建模，以评估环境变化中的人类状况。

（2）名古屋大学COI

名古屋大学COI（Center Of Innovation）组织通过自动驾驶技术与社会创新设计，尝试建立一个老年人健康的流动社会。COI项目的主要应用和服务目标如下：
- 不擅长驾驶（其至不能开车的人）的人也可以享受驾驶；
- 通过随意感应获得外出信息的健康维护和指导；
- 通过社会参与，增加老年人的自我效能感。

COI研究领域包括流动研究，信息基础研究，生命和健康基础研究，可持续基础研究等。

流动性研究将成为名古屋COI核心的流动性研究部门，这个部门实现了"流动的社会有益于老人的健康"。交通事故的发生，驾驶的压力，已成为阻碍老年人流动性的关键。流动性的研究，对应于该区域的汽车智能性的研究，相对应的区域的人研究人类老化的特性，将成为该地区的交通组成的交通和信息系统的研究三个研究领域。

**信息基础研究**。维持以老年人为中心的充满活力的社会，需要在人与人之间建立"联系"。这种"连接"不仅是"空间共享"，还是由空间运动（如爱好和兴趣共享）创建的一种来自内心的感觉的连接。例如，利用每一天的行为模式和周围环境获得的信号数据来进行步行交通事故预防等等。

**生命和健康基础研究**。创造"智能玻璃"，将先进的功能嵌入到我们身体各处使用的玻璃中。如果智能玻璃安装在城镇周围环境中，则可以轻松监控所有场景中的健康相关信息，从移动时间到家庭时间和外出。例如，在配备智能玻璃的车辆中，可以通过个人健康的动态实时信息来支持驾驶。为了实现这样的功能，在这个群体中，最开始用血迹和纳米生物测量，可以无创检测来自包括生物气溶胶的健康信息，如通过咳嗽产生的唾液飞溅，玻璃微细加工技术设备将为实现人与流动性的融合及协调的未来社会做出贡献。

**可持续基础研究**。通过在椅子或汽车等环境中安装传感器，来感知老年人并建立一个数据库，从而进行个人生活信息和身体状况的收集与分析。

综上所述，名古屋大学COI项目通过不同领域的整合创新，实现老年人自动驾驶，从而帮助老年人增加自主外出的频率，增加其愉悦感，增强其生活满意度，该项目整合了信息、医疗、机械、设计、心理、社会等各个领域，在社会创新的基础上，帮助老年人实现自我，增加社会和谐度和人民幸福感。

在日本名古屋大学研究生科研创新能力培养中，最具特色的是"产学研"（产官学）培养模式（图6-9）。在完成一定的基础知识和专业课程后，研究生积极参与各种科研活动和实际应用，形成一个良性的学习和实践循环，从而推动持续改进自己的创新思维、创新意识和创新能力。

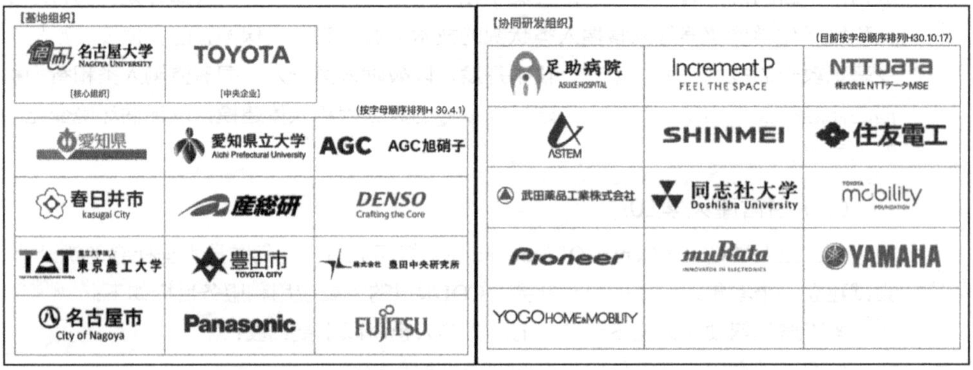

图6-9 名古屋大学的基地组织和协同研发组织

## 6.2.2 东京艺术大学

**（1）东京艺术大学的课程设置**

**教学理念**：在当今文化多样性的时代大背景下，该学科以信息大爆炸的生活为基准点，始终秉持着"生活与实用相结合""传统与革新"的教学理念，并以此为基础继续发展。

**人才培养目标**：贯彻培养广泛的传统知识和追求高造型能力的教育理念，培养学生的创新精神和综合能力。通过各个专业方向的相互渗透和学习，把具体的设计与人、自然界、社会、生活紧密结合起来，更加确认设计的实用性。

**必修科目**：包括专业科目，古美术研究旅行及指定课程三部分。专业科目为84个学分，其中专业共通课程为80个学分，专业方向领域为4个学分。古美术研究10个学分，指定课程20个学分。所开设的专业科目与中国的设计专业课类似，只是在教学内容与课程名称上有所不同。指定课程相当于我国的专业理论课，但其在课程设置上更加全面，更注重学生综合知识的培养，在共同的基础课程学习过程中，随着学年的推进，引导学生发掘自身的潜能从而确定专业方向。

古美术研究旅行是东京艺术大学每个专业学科都必修的课程。旅行以奈良、京都为据点，对日本神社、博物馆中的美术工艺品、物质文化遗产等进行为期两周的实地考察与鉴赏研究。这门课程的设置以培养学生的历史感与观察力为目标，从而将传统与设计相融合。这也类似于我国艺术与设计教育中的外出考察调研，所不同的是东京艺术大学的古美术研究旅行为必修课，其目的更加明确并设置相当比重的学分。而中国的设计教育中的外出考察调研，绝大多数只是辅助相应的科目所做的外出调研，在课程计划上并不属于必修科目。众所周知，日本的现代设计是传统与现代相结合最成功的典范之一，从东京艺术大学的设计教育理念可以反映出其成功的一个重要的因素。

**选修科目**：共通科目包括教养科目、外国语科目、保健体育、专业基础科目四部分。其中教养科目课程门类较为齐全，涉及的知识面非常广泛，包括哲学、社会学、考古学、生物学等，每门课程学分为4个单位。学生可根据自身的兴趣爱好来选修。

**课程构成**：外语课程开设的内容与我国艺术院校基本相同，但东京艺术大学开设的语种更齐全，包括英语、德语、法语、汉语等共七个语种。学生在四年之内需选修一门外语，并完成初、中、高三个阶段的学习，每个阶段为2学分。其保健体育与我国大学的体育课程内容类似，其专业基础科目主要包括日本美术史概说、西洋美术史概说、色彩学等。

**课程计划**

**一二学年**包含：造型基础；以设计观察与表现为中心的视觉传达；生活用品设计（功能设计）；居住（空间设计）；植物园写生课；书法；印刷排版；图形学；设计基础技法；空间展示；功能展示；描画装饰；影像图像；环境设计；企画理论；设计概说。广告策划方案；动漫；模型制作；金属；树脂；透视图技法；设计原理；艺术情报设计；一年级注重观察与表现；二年级注重联想与表现。

**三四学年**包含：都市传统与设计；self-project；杂志创刊；自我表现；家居设计；视觉设计；空间规划；产品设计；影像论；古美术研究旅行；毕业设计创作。三年级注重创新与表现；四年级注重设计与表现。

**项目合作**：设计教学中注重与社会设计实践的紧密结合。东京艺术大学设计科完成了大量与社会企业机构相关联的实际项目，在项目中，不是企业要求做什么，而是企业在那里，学生去看企业需要什么再去做什么，这是一种新的形势。比如在软件"Line"的研发设计中，学生们在考察这款软件的过程中会探寻它增加新功能的可能性，由此来构想这些不具备的功能都能提供什么样的帮助或者服务，据此提出一系列提案。这就很符合新型的项目类型，"公司在那里，我们去发现它们需要什么"，这是一种主动设计，主动为客户提供概念与创意的做法。

本科的课程设置：本科课程（每届招收45人）：

**一年级**：主要培养设计的基本能力。从素描和雕塑的基本技能出发，通过实际的主题，让学生增强对材料可能性的调查、思考、观察和探索的能力，从而为以后的创作打下基础。主修科目包括：设计基础实际技能，如线描、塑像、设计实际的观察与表现、调查、材料、设计技法、实测、字体设计1。

**二年级**：学生通过5个实际的课题思考想象力和表现力。同时通过选修的技法、实践的课程和思考设计本身意义的课程，让学生寻找自己想要研究的事情。主修科目包括：设计基础实际技能、数字造型、字体设计2、金属、树脂、设计总论、设计概论、艺术信息演习、设计实践技能与传达。

**三年级**：通过现代社会问题和传统文化的实践课题，培养学生的构想能力、提出问题能力、解决问题能力和沟通能力；同时，还将开设更多的专业选修课。此外，还有一个必修课程"古代艺术研究旅行"，将访问京都和奈良两周。主修科目包括：专业科目、设计款式、产品设计、空间规划、图像理论、影像理论、设计实践的方案和表现、技术革新、"生命·社会·生活"、古代美术研究旅行。

**四年级**：主要进行毕业设计的制作，学生需要自己确定毕业设计选题，通过1年的时间进行设计与制作，毕业设计将由10个工作室的所有教师进行指导，每位教师负责4～5个学生的指导，但学生可根据自己的需要访问任一工作室。

在研究生的课程设置中也同样注重交叉领域的发展，每个研究所每一年将有3～5名学生所属，通过与指导教师的对话，深度发掘自己的研究活动和作品制作的内容，研究生第一年将与不同专业的学生协力对地区的部门和企业进行设计的提案，这是一个必修的共同的课题。学生需要独立参与各种社会项目，并与其他研究机构合作，拓展视野。为了培养学生更多的国际交流能力，学校将引导学生积极利用交流和留学项目。主修科目包括：设计特论、设计研究、专业科目、环境设计、产品规划、美术研究科项目、创作制作。

东京艺术大学鼓励学生进行交叉学科的交流，不仅仅是针对艺术学院内部、纯艺术设计与建筑，视觉传达等专业的融合，还非常鼓励学生在艺术与工程、科学、医学等领域进行交叉学科的交流和研究，促使更多先锋概念的诞生。

（2）东京艺术大学注重产学官的合作

东京艺术大学主动分析研究合作企业的生产情况与市场，并提出策划设计方案，而不是依赖大学的被动服务。东京艺术大学设计科完成了大量与社会企业机构相关联的实际项目，主动联系企业寻找实践项目，其典型的设计实践项目是著名的交流软件"Line"的相关设计，以及家务新概念设计"家道"等项目。

东京艺术大学在项目方面积极与企业与政府进行联系和沟通。图6-10所示为艺术科正在进行从阿富汗博物馆运输出来的"masticate遗址"的保存修复工作。

此项目对阿富汗专家目前正在修复的一个壁画和两个塑像头部进行了恢复方针的讨论，并对恢复状态进行了最后的检查。另外除了使用阿富汗国立博物馆捐赠的修复材料使用方法，还在帝京大学山梨文化遗产研究

图6-10　壁画修复现场

所保存修复设施中，对金属考古遗物等的修复进行参观进修。项目是由公益财团法人住友财团"海外文化遗产维持和修复事业资助"和政府开发援助联合国教科文组织活动经费补助等支援而实施。

（3）东京艺术大学注重与社会实践紧密结合

曾经作为东京艺术大学的访问学者原博在接受交叉学科现状专访的时候提到，在东京艺术大学的设计教育中，设计的目标是改善社会，这使设计不再是针对某一特定的事物（如海报、包装、品牌标志等），而是围绕着一个目的提出一个全面的解决方案。

一年级的基础课程和技法课齐头并进，包括素描、塑像以及一些设计的实践课程。比如针对"卧"这样一个课题进行设计，但不指定是做产品设计还是环境设计还是平面设计。

二年级同样有专业基础课。工业产品设计、视觉传达设计、环境设计、图形图像设计四个方向齐头并进，不作划分。基础课和专业课是有联系的，并且有一定延续性，基础从一开始就和专业理解互相渗透，专业基础课和技法课并行，技法则不断支撑着专业思考，思考得越深，运用技法提供的支撑就会越有力，最后的表达力就越强。

三年级有半年的时间是共同的课题，开始的时候分A、B组，A组偏视觉、平面，B组偏功能、环境、空间，共同的课题则划分为二：一个是偏设计及设计表现的为国立美术馆提案；另一个是古美术研究。A、B组同时进行，人员也可以互相流动，学生自己的学习也可以交叉。最后一年是做毕业设计，可以中途做一个展览来展示阶段性的成果，这个成果可以是草案，但不是画的简单草图，而是小的模型，基本上可以保证看到设计的完整面貌。从原博学者的专访中可以看到，东京艺术大学的交叉学科发展的还是比较前沿和完整的，它可以作为国内艺术院校发展交叉学科的一大借鉴（图6-11）。

图6-11　古根千课题辅导及汇报展览

此外，东京艺术大学的本科毕业设计展也很好地体现了其设计与社会实践紧密结合的现状。毕业展是该校美术学部、美术研究科史上最大规模的展览，其中包括了日本画、油画、雕刻、工艺、设计、建筑、新媒体艺术表现、美术教育、文化保存学等各个专业的本科及硕士生作品。该展览分别在东京艺术大学本部内各区域以及上野东京都美术馆等场地同步展出，通过展现学校良好的制作和研究环境以及毕业生高质量的艺术作品，将更多优秀的毕业设计项目传播到社会上，引导并活跃整个社会的艺术设计文化氛围。

毕业设计周期跨度一年，作品的选题比较自由，从中可以看出日本设计专业学生的关注方向与热点，除了研究型的传统文化研究与修复等特殊专业方向以外，主要集中于文化符号的研究设

图 6-12　毕业作品《Knitseries》
——混合媒体

计，如关于文字、图形的设计；还有解决社会生活问题的实战设计，如都市交通对策、空间开发、社会心理问题等（图6-12）。

综上所述，东京艺术大学在设计过程中强调动手与实战，在设计教学中注重与社会实践的紧密结合。在教学体系、训练模式和考试制度方面，类似于我国曾经的中央工艺美院，强调动手与实战。本科考试有初试和面试、设立基础部；课程中会有与大型企业合作的概念设计课题，企业和品牌会出资和学院合作，将概念设计有针对性的实现。从本科考试就有动手制作环节，在理论与实践层面更加注重设计的实现和表现，而不是仅仅停留在理论或概念层面。

### 6.2.3　筑波大学

（1）筑波大学设计交叉学科发展背景

筑波大学的创办有着深刻的背景，文部省为了突破大学的文化与制度传统，通过创建一所新型大学，探索日本大学新的办学模式。一方面使大学能够适应和引领社会发展，甚至能够按照文部省设计的蓝图进行改革和发展。另一方面能够用新的理念和制度来引领其他大学特别是国立大学的发展。

在这些咨询报告建议的基础上，20世纪70年代日本国会通过《筑波大学法案》，正式提出建设一所新型大学的重要构想，这些新构想主要包括，在大学理念上强调开放，注重适应和引领社会发展；在科学研究方向上强调应用，筑波大学应成为重科学技术研发的大学；在管理体制上应该注重大学与外部社会关系的连接，强调大学外部重要社会关系应介入和参与大学管理；在学科体系上注重发展交叉学科和新兴学科，强调不同学科间的融合，打破现有学科组织设置模式等。这些改革方向、办学理念、制度设想打破了日本大学传统的办学模式，所以筑波大学又被称为"新构想大学"。而恰恰正是因为这些"新构想"是在政府主导下形成的，因此它既有有利的一面，同时也隐藏着后来必然转型的诱因（图6-13）。

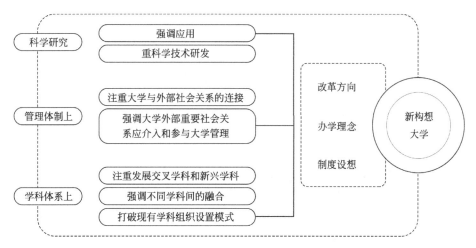

图6-13 筑波大学"新构想大学"思想

（2）筑波大学协同创新机制促进了设计交叉学科的发展

筑波大学通过协同创新，将理论知识和实践应用的各个要素集合起来，提高筑波大学的知识创新能力。知识创新是高校协同创新的逻辑起点和最终目标。高校协同创新的基本逻辑包括协同方法的应用、知识创新目标的确立和内外创新要素体系的整合。大学作为协同创新的核心主体，大学内部需要在人才培养、治理结构、学科建设、科学研究以及社会服务等方面形成协同效应，大学外部需要与政府、企业、研发机构等形成协同效应，同时内外部之间需要共同构建协同创新的生态环境。

协同创新是一项系统工程。筑波大学协同创新生态环境的建设是多学科共同努力、形成合作机制的结果。日本政府的策略加强国家作为大学发动机和引擎赶上科技的同时建立了开放大学运行的概念，学科设置的模式，治理结构和其他大学运行体制机制适应模式在知识经济的时代，知识的生产形成了知识生产的基本特征，如情景合作、集体合作、交叉学科合作等，都为高校与其他学科建立合作机制奠定了基础。

从筑波大学与外部关系来说，筑波大学与筑波科学城形成的网络化协同创新体系适应了高新技术发展的需要，因高新技术发展具有研发投入高、信息流动速度快等特点，筑波大学学术组织的学群制度、管理组织的大部制等特点契合了科学城的管理特点，学群组织、管理组织的进一步细化又与科学城形成了网络状的连接结构，成为协同创新环境建构的基本载体。形成协同效应的关键是不同主体间高效合作机制的建立，在不同层面有序结构的形成过程中，中观层面各类主体之间的协同至关重要，是制约宏观层面和微观层面能否形成协同效应的瓶颈。而第三方组织——协议机构，在推进各类主体的有序合作中发挥了极为重要的作用。

（3）筑波大学设计交叉领域课程设置与进展

**教学理念**：利用综合大学的优势，培养专业知识，摆脱集成概念，以培养知性和感性融合，具有灵活的构想能力和表现力的设计专业人士为教学理念。

**人才培养目标**：培养学生艺术的创造性和表现力；培养用艺术解决问题的能力；培养基于广泛知识的逻辑思考能力；培养感性交流能力；培养自主社会创造活动的基

础力量；培养视野开阔、有活力的艺术理论家、造型作家、设计师等。

**课程设置**：艺术学专业；美术专业；西洋画；日本画；雕塑；书法；构成专业；视觉传达设计；产品设计；环境设计概论；建筑设计概论；信息产品设计概论；摄影演习；人类工程学；感性设计学；成型；编程；信息模拟训练；动态交互训练；设计解析论；设计创新论；城市设计论；住宅计划论；构造力学和构造计划；建筑理成法；建筑材料论；插图；文字设计；印刷编辑设计；数字图形；广告设计；包装设计；企业团体设计系统；签名计划；色彩计划；书籍设计；图画书。

**整合学科**：视觉设计学科；构成区域；专业信息设计领域；造型艺术。

**师资保障**：以艺术专门学群委员会为中心，开展以学生授课评估问卷等为中心的持续教育方法的改善，使教员们得到客观评价教育的机会。

**项目合作**：跨领域合作教育模式将会成为发展趋势，并在跨领域的实践方面多做尝试。

2001年，筑波大学将艺术学、医学、心理学、教育学、体育科学等不同领域内的学科统合起来，再编为人类综合科学研究科，并开设了感性认知脑科学专业，此专业涵盖艺术研究科学、认知科学、脑科学和心理障碍学4个学科。

筑波大学名誉教授原田昭先生提到："跨领域教学模式将会成为新时代发展趋势"。筑波大学的教学发展模式正是顺应了原田昭先生所提到的"将各个学科进行跨领域的整合"的理念，使学生在走向社会之后不仅拥有核心技能，更能成为新一代的全链路设计师。

除此之外，筑波大学为了加深课程设置和实际社会的关系，还设置了校外演习。即，一二学年进行多个领域基础学科的学习；三四学年进行和社会紧密相关的交叉学科领域的演习。在组成专业的综合造型领域，学院把眼光放到现代，通过被称为"社会的镜子"的艺术，来培养能适应时代的眼睛。因此筑波大学20世纪的艺术主题是通过理论和实际制作来学习艺术与社会的关系。

在综合造型教育课程部分，筑波大学倡导以造型制作为基点，使用传统造型所使用的素材，根据新的构思和技术，通过影像、印刷、声音、电脑、移动通信等的复制和通信媒介，利用新媒体和计算机制作的作品，追求媒体和艺术的可能性。综合造型路线的目标是以现代造型艺术为基础，培养具有广阔视野和体验，具有艺术教养的社会人才。

筑波大学设计系隶属于人间综合科学研究科，其中艺术产品研究科导师的研究方向各有特色，申请的学生专业背景也各不相同。例如，一位博士研究生来自计算机系，主要研究方向是模拟仿真，人机交互的模型构建，而研究室的教授却主攻感性工学等方面。因此筑波大学设计系的教师所指导的学生具有心理学、看护医学、机械等交叉背景。

#### （4）筑波大学注重产学结合

产学结合基本上是日本国公立大学设计专业的普遍特色，作为日本认可度很高的国公立院校，学生可以参与的实际项目更丰富他们的实践。学生通过所参与的每个项目迅速融入产业当中，使得学生对于工业设计的理解更全面、更深入。以工业设计为例，与其他设计专业不同，工业设计本身与社会和产业的结合都会更密切。相较于学校纯粹命题式的学习，这种产学结合的项目学习方式在帮助师生间搭建设计思维的同时，企业、项目组、团队间的沟通中也会遇到方案的取舍、甲乙方的不理解等各种现实问题。在这种学习模式下，设计不再是一个人的设计行为，而是一个产业设计形态，学生则在研究生阶段就站在行业的实际项目中，使他们更早地就能和一些知名企业合作，站在更高的行业圈层去做设计、学设计。

筑波大学设计学科分析总结：第一，筑波大学在办学过程中秉承开放性的特色。如设立了运营咨询会议，开设公开讲座，为社会人提供继续教育的机会等。设立运营咨询会议主要是为了倾听社会各界有识之士对大学运营的建议，同时将学校的自我评估结果及时公布，有利于社会了解学校的内部管理状况和获取反馈意见。第二，开设公开讲座，坚持面向社会办学，向市民提供各类公开讲座。通过举办讲座把大学的教学、科研成果还原给社会，为地方提供服务。第三，为大众提供接受继续教育的机会，为适应终身教育的需要，专门开办了夜间授课制。同时，为了适应不同人群的需求，与公立和民间研究机构联合创办了培养硕士、博士生的研究生院。第四，与国际社会接轨是保证"大学开放"的重要一环。为建设成面向国际和未来的大学，还增设了国际关系学类，与国外大学以及教育科研机构间保持紧密的联系，开展灵活多样的合作交流。由此可见，筑波大学不但在办学理念、教学科研组织以及行政管理体制等方面注重交流合作，而且能适时调整发展战略，通过自我的否定与扬弃，在传统大学模式中探索出一条符合自身发展的创新之路，开放型的、多学科交叉的办学模式也为学科的交叉发展提供了良好的道路。

（5）筑波大学研究生院设计全球教育研究项目

**项目简介**

2011年12月，筑波大学"综合与全球专业学院（SIGMA）"成立，以实施和管理大学或研究生课程等多种交叉学科学位课程等。全球教育学院管理博士教育领导计划和高级研究生课程所采用的学位课程，以及管理大学建立的交叉学科学位课程等内容。

作为筑波大学教育改革的一部分，并在本科和研究生课程中，制定了三项政策。即，学位授予政策、课程规划政策、招生录取政策。其教学模式也从传统的以组织为中心的概念，转移到了实现以学生为中心的学位课程中。

筑波大学的全球教育学院目前已有的课程有：一个本科课程和四个研究生课程。在研究生院项目中，博士领导课程则采用"人类生物学学位课程"和"赋权信息学课程"，都是由日本国内外一流的教师担任。筑波大学汇集学生，并在行业、学术界和政府的参与下，进行适合最高质量学术机构的研究生教育，以保证全球教育学院世界一流的质量。此外，财政年度研究生院计划采用的"人文学位课程"，将其他学位课程作为最具有交叉的学科，最前沿的学位课程，将所有交叉学科的教师聚集在一起。

**交叉学科教育和研究计划**

**交叉课程类型**：人类生物学学位课程

**项目协调员**：Akira Shibuya（医学）

**培训目的**：通过使用生命科学、医学、计算科学和材料科学的复杂方法，了解与人类生活的维持、适应和继承的机制，并获得与这些相关的研究技能和专业知识，培养能够领导创建社会的顶级国际领导者。

**教育特色**：将培养能够创造国际协议，突破能力和完整解决全球问题能力的博士人才。可以通过适当的技术培训获得领导能力，也可根据海外合作大学和行业的战略规划，实施课程以支持专业技能。

**交叉课程类型**：赋权信息学

**项目协调员**：Hirota Iwata（系统信息）

**培训目的**：致力于在现实社会中传播的各种全球性问题，运用探索本质和解决实际问题的能力，多方面、多元离散的协同作用，创意开辟新研究领域的前沿，走向世界，并获得全球博士人力资源，能够展示领导世界的领导技能，同时广泛传播信息。

开发具有不同文化背景的人聚集的国际社会中并能展示主动性的全球人力资源。"Empower Studio"的特点是研究风格，学生设定人力资源开发的目标，如"交叉学科技能"、"有吸引力的技能"和"现场技能"，学生每天都要通过展览来完善和改进他们的系统。提供一个培养人力资源的场所，如"Empower宿舍"，以分享食物和促进合作建立由信息学、工程、艺术、心理学、神经科学、临床医学、护理科学、商业科学和公司法组成的复杂领域的协作交叉系统。

**交叉课程类型**：生命创新学

**项目协调员**：Shibata Hiroko（生活环境）

**培训目的**：获取交叉学科和创新性思维，获得世界一流的先进专业研究能力，利用生物资源开拓生命科学研究的新发展，研究创新药物和功能性食品，培养在全球范围内积极参与开发领域及其维护和管理领域的研究人员和高技能专业人员。

**教育特色**：生活创新学位课程在筑波市和国外提供了很好的学习机会，以及世界领先的专家和学生之间的互动-四个专业——"病理学，药物开发，食品创新，环境控制"促进行动。该学位课程的特点是将大学的专业知识与筑波生命科学促进委员会的公司和研究机构的实践知识相结合。

此外，牛津大学干细胞研究所（英国），Wageningen大学（荷兰），蒙彼利埃大学，来自海外的顶级大学的教授，如加利福尼亚州的波尔多（法国）大学大学圣地亚哥分校参加了这项计划，学生还将有机会获得有关准备论文的建议。

**交叉课程类型**：人文学

**项目协调员**：Yanagisawa Masashi（国际睡眠研究与科学组织）

**培训目的**：在生物医学科学、工程和信息学研究领域，具有博士水平的知识和技能，以及可以将这些有机地整合在一起，并将其应用于社会的领导能力。

**教育特色**：培养博士学位优秀的人力资源，可以随时掌握来自不同领域的知识和技术，并不时创造出大大超越生物医学常识的新范式。

筑波大学的研究机构和私营企业之间的跨部门合作具有国际优势和卓越性，建立了生物医学科学与科学、工程、信息学领域的联合体系。生物医学科学教师和科学、工程师、信息学教师在教授学生"完美的双导师制"的同时进行联合研究的"全双辅导系统"和为每位辅导老师研究过两个领域的学生引入一个"反向指导系统"，从相反的位置教授不同领域的内容。

**交叉课程交叉类型1——人类生物学**

人类生物学学位课程（HBP）是由教育、文化、体育、科学和技术部推动的领先研究生课程采用的为期五年的博士研究生课程。针对地球上存在的环境、资源、灾害、疾病、贫富差距等各种问题，或在一个国家、地区或一个学术领域难以解决的问题。

HBP学习与人类生物学相关的各个领域的知识，并从这个角度找到一种方法来设定和解决地球上发生的各种问题，并培养可以克服它们的领导者，我们称之为"船长培训计划"。一位优秀的船长，具有强大的领导能力，将带领船员，使用各种技术，克服波涛汹涌，承担责任并引导船舶朝着正确的方向前进。为此，HBP在许多研究领域拥有大量世界一流的教师，不仅可以学习生物学，还可以学习医学、计算科学和材料科学等，并提供出国留学的机会。

有能力的船长所需的技能不仅仅是单一技术。作为领导者重要的是要具有全面的能力，如完成的能力（A：成就），突破能力（B：突破）和识别能力（C：Cognoscente）。HBP学生在教育中需要获得ABC三种能力。除了HBP的广泛研究能力之外，许多毕业生也积极参与日本国内外的公司、各种研究机构。根据个人能力和兴趣，希望能成为一个可以改变人类生活方式和对社会做出贡献的人。

HBP作为福利型研究生的课程，其教育、文化、体育、科学和技术部的学生将获得五年的经济援助。此外，OIST是日本最成熟的大学，在HBP，来自海外的学生和来自日本的学生可以每天在一起学习、生活和交流，因此该计划也受到社会各界的高度关注。

**交叉课程交叉类型2——赋权信息学**

2013年，教育、文化、体育、科学和技术部采用了赋权信息计划，作为博士教育领导计划。在这个计划下，筑波大学将创建"赋权信息学"作为"补充人类功能，与人合作，扩展人类功能的信息学"，为未来的人类社会提供安全和便利。赋权信息学的目标是培养能够创造工程系统的人力资源，从各种角度改善人类生活质量。

赋权信息学包括三个支柱，分别为补充、协作和扩展人类职能。赋权信息学的英文又被称作"Empower"，具有"赋予人们能力和权威"的含义。赋权的概念近年来在护理和商业环境中使用和实践，指通过促进人们的独立和自主来改善人们的生活质量。筑波大学利用信息和机器人技术从事对人的康复和功能恢复，并支持人的独立生活，通过人机研究以提高驾驶的安全性和舒适性。

## 6.2.4 札幌市立大学

（1）札幌市立大学交叉学科课程设置情况（图6-14）

**教学理念**：以重视人性化为根基，为了承担对当地社会做出贡献的责任，札幌市

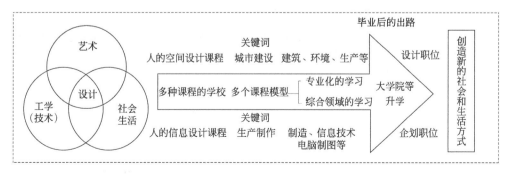

图6-14 设计学院的设计相关领域

立大学在充实专业教育的基础上，实施了世界领先的、在设计学院和看护学院两所学院之间的横向协作式教学模式。通过这种学院之间的协作教学，实现了"以人为本"的设计学和看护学学科间的交叉与融合。

**人才培养目标**：以2006年10月开设的星城校区为中心，札幌市立大学构筑起了与其他大学、试验研究机构、札幌市、企业、市民之间的校外协作网络平台，通过举行市民公开讲座、产官学协作讲座、职业设计讲座等活动和当地社会进行沟通和协作。札幌市立大学力图通过这些实践和交流，培养出能够振兴制造产业、艺术和文化，以及能够贡献于保健、医疗和福利事业等的人才。

**课程设置：一般学科**，以建筑空间、制品设计、平面设计、媒体情报、基础看护学、看护管理学、小儿看护学、女性看护学、成人看护学、老年看护学、精神看护学、居室看护学、地域看护学、人类空间设计课程和人类信息设计路线为主。整合学科，以建筑空间研究科、制品研究科、平面设计研究科和媒体情报研究科为主。

教育科目

专门教育科目有：

一般常识、沟通能力、外语等广泛文化并和看护学院学生一起在艺术森林校园学习。

共通教育科目有：

● 基本科目设计历史和概念等设计基础学习，同时也要学习木材和金属等加工技术、三维计算机图形以及电影制作基础。

● 二年级开始分为人类空间设计和人类信息设计两种路线，学习专业知识和技术。

● 除了学习扎根于地域的设计和管理等实务知识与技术以外，还会与年级的集成科目和看护学院学部进行联系训练。

自由科目有：

● 阶段性进修地区项目，对地区的理解加深，地区的活化性目标的活动。

● 通用设计城市札幌。

项目合作主要内容有：

● 实行看护学部和设计学部结合的交叉学科跨领域制度；

● 与地区的产、学、官合作，进行各种各样的训练和项目并从设计基本的生活者的角度寻找地区的课题，研究相关的解决方法；

● 将学科知识进行交叉和融合，努力成为满足社会需求的整合性创新设计人才。

（2）专业设置上的整合性与互通性

在教学课程的变革上，改变了原有按具体事物或工艺技能进行专业分类的传统方式，将所有专业整合在本科的四个专业当中进行相互连通。在硕士阶段，有相互独立的"本硕连读"机制；在教学组织方面，从基础的一般知识到专门研究的期限上得到了延长；在本科的基础阶段，设计以问题为导向，以生活中出现的大量问题为核心，进行分析和联想，注重培养学生的综合能力和组织能力；在大四的学习阶段，有相对独立的专业并分为空间设计、产品设计、内容设计和媒体设计，同时各个专业在不同领域进行专项研究和交叉创新。

学校结合当地的城市建设市民志愿组织，对人们的生活出行、当地文化和传统理念等做专题探索。在实际课程组织中，教授们围绕各种社会公共问题展开教学，并有针对性地分成相关小组进行实地调研并将此课程贯通大一阶段的整个学年。在此阶段学校充分调动当地社会的公益资源，围绕当地社区建设主题，改变单纯依赖经验和自我意识上的主观性，进行设计的习惯思维的创新，将社会公共利益、人们日常生活需求等作为设计对象，并把"解决问题"作为整个设计的基础训练和评价的基本准则。

（3）与地域经济和地区文化紧密结合

建设"居民们的家园"是本科设计教育的核心主题。学校围绕地区建设与市民、政府、企业和国际民间团体联动的模式，展开学生的综合训练，让社区力量全面介入设计课题成为他们辅导学生之外的主要工作。以社会公共事业为基点，以人们的日常生活作为设计的基础训练，一方面培养设计年轻人善于面对实际生活展开思考的能力；另一方面也锻炼了学生的综合能力。

札幌市立大学交叉学科中"居民们的家园"在本科课程中就有所体现。例如，设计学部二年级课程中的"设计综合实习"（地域交流系），就是为了促进地区活力，促进多世代间交流所设置的相关课程实践。课程中学生会设计咖啡店和研讨会的海报。"凉亭"是札幌市立大学学生一天中在限定的社区咖啡店里实习的过程，学生通过这一天中咖啡店里的"食"和"音"来连接他们与居民间的了解、沟通。

此外，札幌市立大学在交叉学科的进展中也注重和地区的互动与活化，设计学部三年级的学生在课程设计中制作了宣传北海道遗产项目的游戏节目。北海道遗产是此地区的人以此而自豪的非物质遗产，学生利用北海道遗产的独特之处，着眼于被认定的遗产背后的多样性和丰富性，制作相关的海报和游戏节目（图6-15）。

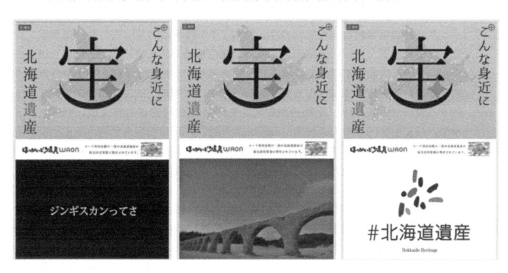

图6-15 北海道遗产项目宣传

就具体课程而言，学生的实践有两个主要特点：第一，实践关注的是当地社会的主要现象和问题，从而建立一个有突破性的、合理的案例。学生所构建的学习小组与当地市民将具有高度的互动性，在市民的配合下完成最终的分析。第二，主题主要围绕地域生活进行。例如，结合北海道冬季大雪封堵的情况设计了雪铲；结合老年人理疗设计了运动健身器材；结合本地产品加工等形成新的采购模式和定制模式等。在跨领域人才培养方面，将地方产业、企事业单位整合到学校人才培养中，不仅扩大了社会影响力和贡献，而且对地方产业、社会、文化建设也起到了推动的作用（图6-16）。

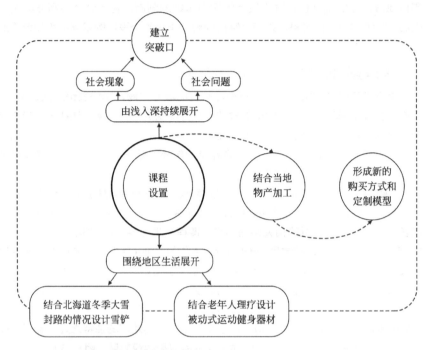

图6-16 札幌市立大学课程设置

在针对跨领域教育课程的调查中，抽取了7个跨领域的关键词，分别是系统、企业、评价、应用、感性、复杂和认知模型，通过跨领域教育在社会上的必要性调查显示，94%的人认为非常有必要。基于此，札幌市立大学把设计学部和护士学部两个不同学部联合，进行跨领域合作教育的创新。其中"生物鸡"的设计由泰国文化学、生物学、设计学、民俗学、生物养殖专家等两国共50名研究者共同完成。野鸡起源于泰国，最初主要用于祭祀。作为一种美味的食材，鸡和蛋受到全世界人民的喜爱，所以开始改进鸡的品种。跨领域的研究机构根据鸡的不同部位的特点设计和建模不同种类的鸡。最后，得到最优的综合结果。这一项目的实施和最终的研究成果使札幌市立大学向交叉学科的合作迈出了一大步。

"札幌市新型路面电车"这一项目则是由札幌市感性工学学部和看护学部共同合作完成的。在这个项目中，项目人员通过公共网络收集了200万市民的意见，挖掘市民对新型路面电车的需求，最终完成新型低踏步路面电车的设计。该校校长原田昭先生提出，"在人人都是设计师的时代，我们也需要尊重市民的意见"。无障碍、经济的活性化、环境负荷减少、交通管制等都是公众关注的问题。在设计过程中也应该考虑这些问题。因此，在高等设计教育中，不仅要培养设计师的创造力，更要培养学生的跨界融合能力。

札幌市立大学将人的因素作为设计的核心，融合当地的经济、文化、历史、产业、人际交往、团队组织、企业模式，将设计教育与当地的社会发展相结合，有机地调动当地社会各方面的力量，形成建设社会的合力。其交叉学科教育具有以下几个特点。

**首先**，以教授团队为单位，将设计理念和设计文化的基础知识与当地市民文化建设公益组织相结合，大力推动设计文化在全社会的传播。具体方式是每月以公共课的形式将研究成果和设计知识传授给社会各阶层，形成学校与社会各阶层的紧密联系。

**其次**，紧密联系社会问题和人们日常生活问题，使设计与社会融合。同时，关注全社会问题，融合社会资源，为设计人才养成建构新的教育理念和实践途径。北海道札幌市立大学设计学院最具特色的一个教学模式就是"D和N"结合模式，即"design"和"nurse"的结合。它们与札幌市最优质的一个护理大学相互融合，创造了一个全新的、集聚了生活形态研究和设计研究的综合性人才培养机构。

**最后**，从本质上说，这种结构是"设计"与"生活"的结合。它告诉人们，人文关怀和社会文明是未来设计人才培养的关键，以社会建设为基础的人才培养将是整合和实现社会发展的有效途径。

## 6.2.5 千叶大学

设计学专业在千叶大学官网上注名为Design Science（设计科学），一定程度上也表明了千叶大学设计学以工学教育为基础，重视客观研究的学科特色。工学院设计学科在今年春季学期开始时更名为"融合理工学府创成工学设计专攻"，更进一步强调了工学研究的重要性。课程设置上，本科生阶段在入学时先进行一年的工科基础教育，在第二年和第三年开始接触设计学教育，统一接受工业设计、交通工具设计、媒体设计、环境设计、科学演习设计五门课程后，在大四时选择研究室与导师开展为期一年的毕业设计项目（图6-17）。

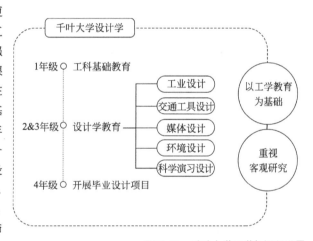

图6-17 千叶大学工学部课程设置

（1）千叶大学绿地环境学科课程设置

千叶大学的绿地环境学科与国内的风景园林学科相仿，涵盖了中国风景园林学科的6个二级学科方向的研究内容，而在具体的研究领域、培养方向和目标上又有自身的特点。绿地环境学专业包含环境造园学、绿地科学和环境健康学3个教育模块。其中，环境造园学领域（Landscape Architecture）主要包含风景园林规划学、设计学和管理学，可理解为狭义风景园林。主要是开展造园空间的设计、风景保护、都市和乡村的环境改造和再生教育，学习从宏观尺度到微观尺度的绿地环境和景观的规划与技术。另外两个领域方向是对风景园林学科的拓展，也是千叶大学的学科设置特色。

**教学理念**：努力推进能引领世界发展的创新性教育和研究活动，以贡献社会为使命,打造能使生命熠熠生辉的未来志向型大学,应对挑战,永不懈怠。

**人才培养目标:**坚持"自由、自立的精神",综合运用关于工程学的知识、技能、态度等,根据社会要求,与他人合作协作,开展工程技术开发,以能够解决主体、主动提出问题为教育目标,从全球化视角出发,广泛联系社会,培育既有优良品德,又拥有专业知识、技术、技能,并兼有较高解决问题能力的人才。同时,积极开展应对现代课题的创新性、独创性研究,为谋求人类的和平与福祉以及与自然的共生作贡献。

**学科设置:**一般研究科室。环境造园学领域:风景规划学研;地域空间规划学研;都市环境设计学研;庭园设计学研;环境植栽学研;绿地环境管理学研。**绿地科学领域:**绿地环境工学研;绿地环境情报学研;地理环境学研;绿地生态学研;再生生态学研;植物进化生态学研。**环境健康学领域:**环境健康学研;自然疗法研;健康机能园艺学研。

**整合学科:**地域计划学;风景计划学;庭院设计学;都市环境设计学;环境植栽学;绿地造园管理学。

**课程设置:**

一二学年,课程内容有:绿地环境学;伦理哲学;生活及环境;生命与科学;信息分析;植物形态分类;职业伦理学;环境管理系统学;城市绿地,管理,福祉学;环境保全;植物学;庭园设计;生态学;土壤学;绿地环境信息学;造园学原论;城市规划;中药学,看护学;自然解说;气象学;植物分类;生产技术;园林制图;环境管理学;植物保护,病理,花卉学;昆虫学;土壤学;绿政学;遗传学;建筑学;农村环境,经济,气象,社会学;绿地环境学实习;环境造园实习;绿地科学实验实习;环境健康学实习。

三四学年课程内容有:绿地环境工学;健康科学;环境文化;风景规划学;景观设计论;都市再生,绿地规划,绿地技术,绿地环境机能学;农村规划学;造园植栽管理,森林管理;地被健康机能植物学;树木医学;人间工学,流域环境学;福祉,地域看护,园艺疗法学;生物统计学;GIS利用论;环境教育学;野生动物保护管理学;害虫防除,植物病原生态,公害论;土壤微生物学;农药学,肥料学;大气科学;微气象学;土木学;构造力学;园艺装饰学;花卉品种生态学;农政学;环境造园实习;绿地科学实验实习;环境健康学实习;安全管理,野外救命法。

**培养模式,师资力量:**绿地环境学科有专职教师30人,教授13人,副教授13人,研究员15人,每个研究室以教授为核心,配有副教授、讲师及助手,共同指导本研究室的大四本科生、研究生、博士生以及预备研究生等。

**培养制度:**本科生的师生比约为1∶2.5,因此每位老师指导本科毕业生的人数为1~3人,采用双向选择的模式。研究生规模采取总量控制,园艺学部一学年入学人数硕士105人,博士18人。每位导师指导硕士研究生人数为在校生15人以下,指导博士研究生每年不超过1人或空缺。

**项目合作:**项目多元化且重国际间的交流合作,更注重实践活动以及对规划设计的深挖,注重对场地、人文和未来等现实问题的切实思考。

(2)千叶大学注重产学研结合

千叶大学的园艺系和护理系在日本国立大学中是独一无二的,特点是采用教育项目制。在培养学生传统学科基础知识的同时,也希望通过该项目来培养学生与时代相适应的知识和能力。这个教育项目与大学的园艺研究部建立了长期的合作关系，学生每学期可以去研究部学习相关专业知识。

千叶大学的植物工厂是日本产学研结合的典范。从日本的学术观点来看，植物工厂是一种环境高度受控、收获高度栽培的生产模式，通常分为两种类型：一种是利用阳光，另一种是利用人工光。基于感觉和经验的传统农业种植模式已不适合植物工厂的需求，在工厂生产中，植物的生长数据作为量产的一种衡量指标。只要合理地、有机地利用环境中的温度、湿度、气流、水分等因素，植物的光合作用也会提高一倍。目前日本设施园艺4.3万公顷，其中蔬菜种植温室约占70%，可以自动控制环境的智能温室面积约为700公顷。日本设施园艺协会非常重视对植物工厂的研究，每月都会组织召开一次植物工厂学习会。

千叶大学的植物工厂成立时，由政府拨出13亿日元（1亿元人民币）。在千叶大学的带领下，60家企业参与了这个项目，其中有8家工厂，每个工厂都在企业高层的领导下，进行农作物的培育。主要的农作物品种最多的是西红柿和多叶蔬菜。该工厂还使用以色列滴管技术，以实现小、多和精确的供应。另外，日本目前采用污水栽培的概念，提高产品的产量。由于日本非常关注食品安全，工厂生产的蔬菜质量好，没有农药残留，生长环境安全清洁，没有病虫害，深受消费者欢迎。此外，该公司还利用植物工厂在俄罗斯等极端低温地区生产蔬菜，以满足其对稳定蔬菜供应的需求。目前该公司的主要业务为建立植物工厂自运营，与北京、内蒙古、上海等地有合作项目。由于人口老龄化和自然灾害等原因，日本温室面积有所下降，目前日本设施农业用地户均持有量为$0.25hm^2$，而荷兰为$5hm^2$，相差20倍，而且荷兰的技术水平相对较高，单体生产面积大，因此设备的单位成本也相对较低。日本的老旧温室占比不少，单体面积较小，但是日本政府一直在进行农业革新，20年后待现有温室老化，就可以重新规划建立大规模高科技温室或植物工厂。

（3）基于JABEE技术的课程设置

一般社团法人日本技术人才教育认证机构（JABEE）成立于1999年，JABEE从"技术者所需要的知识和能力""社会的要求水平"等观点出发，审查并认定培养技术人员的教育计划，它是一个非政府机构。"教育计划"是作为认可对象的教育主体，通常与工学、农学、理学系和学科内的路线相对应。JABEE的认定基准是符合技术人员教育认可的、具有世界通用结构的前沿课程，承认程序的结业通常是接受世界通用教育的技术人员。对JABEE的认证通常有以下特征：通过同一专业领域的评审小组，支持对自身教育的质量保证和改进；认证标准是根据技术人员所需要的国际条件，如科技专长、设计能力、沟通能力、团队合作能力、技术人员道德等。通过认定程序的毕业生，可免除作为国家合格技术人员的首次考试。

千叶大学绿地环境专业于2004年通过JABEE日本技术人员教育认定机构的（获得国际认可）认证，是日本第一批在森林及相关领域获得认证的专业之一。在认证期间内，遵从绿地环境学科的课程设置，修得124学分以上且获得学士学位的毕业生全员成为JABEE认证课程的修得者，可以直接获得技术资格的一次考试免除以及直接获得技术士候补的资格。课程设置以千叶大学身边的自然环境和日常生活环境为对象，对其构造原理进行解析，保护并保全技术，为创造舒适的环境所开展的调查计划而展开技术上的运用以及对自然环境的管理。千叶大学对环境文化论等进行综合教育的内容及园艺学部绿地环境学科内容设置如表 6-2 所示。

表 6-2　园艺学部绿地环境学科设置

| | 专业 | 研究领域 | 研究方向 | 研究室 |
|---|---|---|---|---|
| 园艺学部 | 绿地环境学 | 环境造园学领域 | 环境造园规划学方向 | 风景规划学 |
| | | | | 地域空间规划学 |
| | | | 环境造园设计学方向 | 都市环境设计学 |
| | | | | 庭园设计学 |
| | | | 环境造园管理学方向 | 环境植栽学 |
| | | | | 绿地环境管理学 |
| | | 绿地科学领域 | 绿地环境系统学方向 | 绿地环境工学 |
| | | | | 绿地环境情报学 |
| | | | | 地理环境学 |
| | | | 绿地环境资源学方向 | 绿地生态学 |
| | | | | 再生生态学 |
| | | | | 植物进化生态学 |
| | | 环境健康学领域 | 环境健康学方向 | 环境健康学 |
| | | | | 自然疗法 |
| | | | | 健康机能园艺学 |
| | 园艺学 | | | |
| | 应用生命化学 | | | |
| | 食品资源经济学 | | | |

（4）环境造园学领域的教学特色

千叶大学园艺学部绿地环境学科的研究方向设置得很完备，再加上与工学部（建筑、城规、设计、多媒体等学科）和理学部（生物、地球、情报、化学等学科）一些联合学科教学研究课程，教育方向基本涵盖了日本园林专业涉及的主要领域，包括园林史及理论；传统的造园工学，即材料和施工管理等；园林规划设计；城市与区域规划；景观生态；情报处理和知觉认识。图 6-18 所示为交叉学科方向的毕业设计方向展示。

此外，千叶大学的研究课题都具有一定的广度和深度，本科生和研究生的毕业成果有论文和制作两种形式，论文主要是开展与风景园林学相关课题的理论研究；制作是指园林规划创新设计，主要是针对某一区域或场地而展开的具体又深入的方案设计（图 6-18）。

千叶大学设计专业的本科生和研究生都是根据自己的专业兴趣或导师的研究方向来选择研究内容，指导老师的规划设计项目不作为课题选择项。毕业设计的类型多样，尤其在研究生的选题上较为凸显。除了关注传统的园林技术、历史和理论，他们将更关注景观设计中的社会问题以及城市、自然和人的关系等方面的研究。例如，热

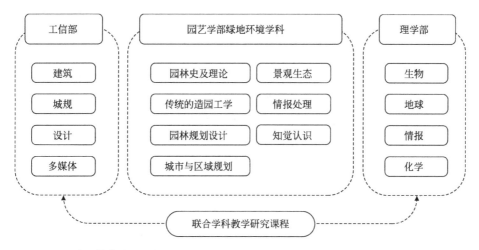

**图 6-18　绿地环境学科研究方向设置**

岛和洪水等结构性问题，环境修复减轻过多的人工环境带来的压力，环境保护和修复在农村地区所面临的阻力，以及相关人口减少问题的解决方案；景观对应策略面对衰老和灾难后重建等问题；儿童保健，道路绿化，减少环境负荷，水治理和土地保全的自然再生；在未来50年甚至100年的变化和反应等。

规划设计课程更注重培养学生分析问题的能力和逻辑思维能力。在理论研究的深度上注重定量分析和科学研究。无论是景观植物与生态研究，还是景观空间、历史与理论、景观建筑与小品、遗产保护与更新、规划设计方法等领域，都通过客观的视角和科学的分析方法来研究课题。为了更好地应对这些社会问题，千叶大学重视人与自然的共生环境、协调建筑、城市规划、土木工程等方面的合作能力。正是因为日本高度重视园林的科学分析和定量研究，才使城乡景观和土地绿化保持了较高的发展水平。

**① 教育模式上注重国际化和多元化**

园艺学部与国外约33所大学建立了长期交流合作关系，其中国内高校有清华大学、北京林业大学、南京农业大学等9所。通过学校间的互访协议，绿色环境领域的学生每年将交换访问不同的国家。国际学生不仅为学校增添了外国文化，而且促进了不同文化的交流。各种国际研究课题为学科的国际化发展奠定了坚实的基础。此外，通过邀请外国教授和学生参加园艺部组织的景观规划设计课题组（工作室或工作坊），可以加强国际交流和影响。千叶大学的创新设计工作坊——植物与环境创新主题，从服务设计、景观设计两个角度展开了创新工作及学术研讨活动。该活动是千叶大学"亚洲校园"特色项目的重要组成部分，该工作坊以"植物工厂创新设计"为主题，开展"实地调研、概念建构、方案发表"三个设计阶段。三个小组分别设计了可穿戴的植物手环"WEARABLE HERBS"、为地震受灾人群有效补充新鲜蔬菜的装置"Growing Hope"、向用户提供全球各种新鲜植物以及有趣选购体验的新型体验商店"Continent"。通过联合工作坊，使不同学科学生的优势得到了补充和整合也希望校与企、校与校之间能够进一步加强多层次的交流与合作，开展国际化人才培养。

如以"地形和水"为主题进行的项目。继2011年东日本大地震所带来的未曾预料的大灾难之后，未来30年内发生率高达70%的首都的直下型地震（预计M7级）备受瞩目，都市防灾建设、灾后救援、疏导、物资运输、重建等问题突出。在这一背景下此课题组基于东京的地形和水文条件以及历史与现状，对东京滨水空间进行概念性规划设计。课程邀请了宾夕法尼亚州立大学的罗恩·汉德森（RonHenderson）教授、日本株式会社的设计师和其他高校的教授共4人担任客座导师，连同园艺学部的3位教授共同指导，学生团队主要由硕士1年和本科4年的日本学生和留学生总计28人，混合编组分为7个团队参与此课题的规划设计。

整个课程的设计过程分为4个阶段：前期场地调研分析、中期总体规划研究和场地设计以及最终讲评。前3个阶段的内容安排主要有：资料收集整理后的交流共享（Pin-up）、草图设计讨论（Sketching）、讲课（Lecture）以及每个阶段的成果汇报（Presentation）。场地调研包括都市的自然、河流、海湾、绿地系统、基础设施、上位规划、世界案例7项，分别进行调研，通过实地调查和资料调查收集东京湾的基本信息，以及政府颁布的相关规定和绿地水系等资料，并将收集、制作的信息通过发表和网盘的形式与其他组共享。根据共享的信息，以小组为单位进行整个东京湾的总体规划，通过讨论、发表、讲评、修改等步骤，完成规划。组员在自己组的总体规划的基础上，选定东京湾内的场地，进行个人场地设计。最后以小组为单位进行最终发表（总体规划+个人场地设计），并由团队教师讲评。

一般的规划设计课程需要与实地环境相结合，进行课程的调查、分析与设计。专业实践课程"景观实践设计课"以学生为主体，开展环境造园学领域的园林规划、设计、管理技术等的实习，基于各种各样的地域社会问题，学习在实践方面的处理方法和技术；"风景园林实践讨论与训练"为研究植物对都市环境的贡献，到都市型植物工厂、都市绿化企业、自治体等单位开展应对课题实习调查研究；"专业实习"，与相关企业、自治体等合作，通过就职体验的实习达到实践训练的目的，相当于国内的单位实习；"国际实习"，与海外交流协定机关、国际研究机构、企业等合作开展共同调查研究，实践体验的时间约为2周到1个月，留学生也可以在日本国内指定的相关机构开展实践活动。

在课程实践中，邀请园艺领域的著名设计师、学术专家或企业家参与教学实践，有时邀请市民参与报告，从使用者和参与者的角度提供意见和建议。千叶大学的工业设计学科是日本历史最悠久的学科。以"输送具有工程理论和高造型感、开阔视野、综合能力和造型规划能力的设计师到各个行业"为教育方针。该教育方针强调设计与工程知识的结合，提倡培养具有综合能力和建模规划能力的横向人才。千叶大学工学部前身"东京高等工艺学校"自成立招生分类当中就包括"意匠"。

千叶大学的设计教育提倡横向交叉学科的协作工作。正如千叶大学《工学部要览》所示，"过去的设计教育一般都把重点放在用艺术为产业服务的美化技术上，但新的设计教育则必须选择最接近目的的手段，构筑从局部到整体系统的思考和作业"。属于设计工学科的工业设计系由工业意匠计划讲座和传达意匠讲座构成。工业意匠计划讲座包括：人机工程学、材料计划、设计系统计划、产品设计、环境设计等五个专业研究领域。传达意匠讲座包括：设计文化计划、设计造型、视觉传达设计、设计心理学等四个专业研究领域。千叶大学工业意匠学科的课程类型主要分为讲义、演习、实习三种。其中"讲义"为课堂内1小时讲课，课外2小时预习时间，有时根据情况需1.5小时或1小时准备的课程；"演习"为课程2小时演习，课外1小时准备的课程；"实习"为所有在实验室、实验场所进行的课程（图6-19）。

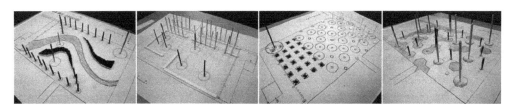

图 6-19 《景观设计论》课程作业

**② 千叶大学洲际设计教育计划**

**计划大纲**：千叶大学洲际设计教育在美国、欧洲、日本由三个完全不同的设计教育课程的大学共同合作，招募来自世界各地的优秀人才，他们可以是活跃于未来将领导日本的创意产业，特别是在服务和内容设计领域作为世界级的全球设计师，培养能够创造日本未来产业型的交叉设计人才。

**课程设置**：本科课程3年（初学毕业）加上硕士1年（两个学期的出国留学）再加上硕士期间2年的课程学习，总共6年制的课程学习，并且在美国、欧洲、日本的三个不同机构里学习设计管理、设计推广和设计技术。

**课程内容**：从本科第二学期开始在研究生院开设基于英语的项目学习，开展实践教育；举办专门课程，研究日本留学前后的设计现状，加深对日本设计独特性的理解；为出国而准备的英语课程以及后期继续毕业研究和硕士研究的学生储备了人才；留学期间继续研究实习，在国外学习结束时再进入国内继续学习，大学在实习期间可以分为海外实习和国内实习两种方式。

千叶大学洲际设计教育计划，采用不同学科交叉方式进行教学模式的改革。以跨文化领域为基础，利用各个国度教育方式和教育内容的差别性将人才融合培养，有利于学生在不同的设计思维上进行设计创新，这在一定程度上促进了交叉学科教育的整体发展。

## 6.3　日本五所高校交叉学科教学模式存在的问题

### 6.3.1　五所高校存在的问题

（1）名古屋大学在交叉学科教学模式中存在的问题

名古屋大学的工学专业设置过于偏技术性方向，专业设置过细，导致人文基础不够，缺少创新性，使高等工程教育偏向于职业技术人才的培养。高校在交叉学科改革之路上，应逐渐转变因循守旧的传统，注重不同领域学科间的交叉与融合，更重要的是关注并解决现实中的社会问题、工学问题等。

（2）东京艺术大学在交叉学科教学模式中存在的问题

东京艺术大学在交叉领域的改革上更加注重已有的传统与新时代的革新，在弘扬传统文化的基础上也注重传统元素和现代设计的结合。但是现代设计更应该是感性与理性的平衡和结合。该校在学科建设的过程中，较偏向艺术上的呈现和思考，缺乏一定的工科理性思维和科学技术上的应用。从该校的课程设置中可以看到本科四年的课程设置都偏重于设计的艺术表现力上，相对而言，对市场商业和现实角度的思考较少。此外缺少了对设计前沿的关注和研究，使得设计发挥的社会价值有限。经济的发展带来的产业结构和人才需求的变化，对学科交叉提出了新的要求，设计已超越本来所属的艺术或美术的范畴，其技术因素、社会因素在设计中发挥的作用也越来越明显。设计的发展需要拓宽交叉学科的广度以及交叉学科整合的深度。

（3）筑波大学在交叉学科教学模式中存在的问题

筑波大学在课程设置中更侧重于理论和方法，在交叉课程的设置中也着重于信息技术等方面。但信息技术和设计在某种程度上是跨度较大的两个学科，中间的基础课程缺少一定的过渡性，对艺术类学生来说，在短时间内对于一些交叉学科的知识和技能上的接受度上存有差距。因此，在该校的课程设置上，应强调宽基础——加强基础数理化课程模块，广领域——注重通识教育，增强学生社会科学化知识和多元化选择。鼓励学生结合自身需求进行不同领域、不同专业的学习，同时也能整合现有资源，填补空缺学科，积极利用优势学科开展交叉学科，多学科的工程研究与设计，使专业交叉的优势能在当前与未来的产业发展中得到集中体现。

（4）札幌市立大学在交叉学科教学模式中存在的问题

札幌市立大学在交叉学科方面整合的领域相对较少，对于高校而言，在发展方向上需要主动搭建多学科、多专业培养的平台，建设交叉学科的实验基地，有效促进院系间的协同合作；而其独有的看护学部和设计学部结合的方式在某种程度上会缩小学生的自主选择范围，对于学生自身的知识背景和个人特长来说，应根据学生的专业需求，进行跨院系、学科以及跨专业的选课。因此札幌市立大学应结合自身基础和院校发展特点，实施特色改革，实现"从不同轨道实现弯道超车"的目标。综合自身设计学部和看护学部的特点，迎合新技术和新产业的发展，推动两个学部向外延伸，积极探索科学向技术领域转变，开发、创造新的学科领域。

（5）千叶大学在交叉学科教学模式中存在的问题

千叶大学虽然建立了研教一体化平台，但在实践中，更多的是从教学出发的"任务"安排，缺乏对研究方向与研究团队的实质性引导与整合，若研究团队根据师资情况进行"灵活"设置，则容易出现学科研究团队不健全且师资过于集中于某一团队的情况，影响整体研教体系的均衡建设与学科方向的凝练。虽然现阶段尚未体现出不同的研究科室而形成独特的学科发展局面，但长此以往，势必会形成交叉学科教学模式发展不平衡状态。

## 6.3.2 日本设计在交叉学科中存在的整体问题

日本设计在交叉学科领域的不足主要表现在三个方面。

首先，日本教师的育人理念虽有学科间的交叉实践，但存在一定的局限性，模式上较自主、主观性较强。

其次，在交叉学科教育方面，日本的一些制度过于僵化和死板。形式制度过于严肃往往会阻碍学科发展的势头。日本的就业体系也处于超级"认真"的状态。例如，毕业后，设计专业的学生很少换工作，追求稳定的状态。例如，松下公司从入职到退休，员工的职业生涯是非常清晰的，这对于设计师来说并非开放和积极的因素。而在交叉教育的背景下，设计师在掌握一项核心技能的前提下，注重整个环节的发展，而不是停留在一条生产线上。例如，丰田汽车公司设计部门的设计师在最初的三周内进行了集中的培训，每天都画一条直线，每天都有一个标记，从基础开始，即使是专业人员也要经过培训的过程。交叉学科教育强调根据学生的不同特点进行不同方向的培养和教育，但日本的条规给设计教育带来了一些问题。日本的工艺、加工、制造都是世界一流，但在学生个性的培养上还存在不足。有人认为好的产品是"意大利设计＋日本制造"，这也反映了日本设计的问题。要想取得更大的进步，交叉学科的设计教育不仅要渗透到课程中，更应从学生自身的特点和需求出发去培养新时代的具有整合能力的设计人才。

最后，产学研合作机制有待完善。工业类高校官方模式的核心是企业、高校与政府的合作，在这种合作模式中，三方各有利弊。从企业的角度来看，企业的科研支出最多的是产学官模式。但由于自身的研究能力相对于高校、科研院所等科研机构还比较薄弱，产品难以及时把握市场机会，导致错失最佳机会。企业和高校合作，高校的科研机构既可以从企业获得充足的科研经费，又可以直接参与产品的开发，把科技发明转化为推向市场的商品，可谓一举两得。

高校与企业合作，将企业的资本优势与高校的人才优势相结合，可以使高校获得充足的科研经费。利用企业的渠道，可以及时转化科研成果，并根据市场反馈及时调整。企业利用高校强大的科研能力，创新产品，以新产品抢占市场。市场上新产品的利润可以继续用于补充研究资金，形成良性循环。日本政府在这一过程中扮演了管理者的角色，政府更多的是希望通过制定制度来规范产学官模式，以加强国内企业、高校和研究机构之间的合作，其合作的模式过于刻板。

日本的企业整体上倾向于与国外高校间的合作，从制度上看有以下几个特点。第一，科研合作需要每年签订合同，许多科研项目需要一年以上甚至几年的时间，这导致企业与高校之间每年都要对同一项目不断续签合同。

第二，整个财政年度的资金使用程序烦琐。对于科研项目，资金的使用往往是根据科研项目的进展情况来确定的。根据日本政府的规定，跨年项目需要经过烦琐的申请程序才能跨年使用，给企业和高校带来不便。

第三，企业提供给高校的科研经费不是简单的直接拨款，而是需要政府机构转移。高校的支出需要提交一份详细的预算报告，经日本政府文省部批准后方可使用。应用周期长，效率低。

第四，企业对高校的科研经费不能被高校充分利用，剩余或未使用的部分往往会被政府的统筹安排回收或挪用，直接打击了企业与高校合作的积极性。

综上所述，政府由于缺乏一些灵动的制度和补救措施，并没有起到很好的推动作用。对于一些企业来说，日本政府无法修改或制定新的有机政策，从而满足企业的需求以及协调与高校间的合作机制。另外，并不是所有的高校都有与企业合作的热情。作为企业，支持高校开展科研的主要目的仍然是追求利润。企业为了追求利润，有目的地与学校的相关专业合作，使许多高校的教授和优秀的研究人员对与企业的这种合作缺乏兴趣。

企业与高校对产学官合作研究所产生专利的归属权也存在分歧。企业提供科研经费，使高校科研的专利权既属于企业，也属于高校，但高校不能通过生产销售专利。这就导致了双方虽然共享专利，但在专利的实际使用中，企业占有主导地位，而高校却没有足够的话语权。高校只能将专利转让给企业以获得相应的财务回报，而不能将专利转化为产品后分享利润。在汽车、电器、通信等重要领域，企业不会支付高校在专利使用权上的补偿，而政府也没有更好的措施来应对这种一直存在的状况。因此，上述原因也进一步导致了企业与高校之间合作的失败。

由于上面阐述的原因，日本产学官模式虽然有良好的计划和愿景，但无法克服现实中负面存有的因素，导致高校也无法从企业获得充裕的科研经费。因此，日本约一半高校的研发经费都来自政府的支持。

## 6.4 日本五所高校设计交叉教学模式的一致性与差异性分析

### 6.4.1 日本的五所高校开展设计交叉教学模式的一致性

（1）注重学生的创新思维能力

日本高校大都具有先进的教育理念和完善的规章制度，这为日本学生进行创新思维能力的锻炼提供了优越的环境。创新思维最主要的实施手段就是课程教育，其课程设置的种类、数量及效果等是检验其是否科学的重要标准，也是检验高校交叉学科发展水平的重要标志。日本高校把交叉课程列入到本科生和研究生的不同阶段的课程体系当中，呈现出有一定的系统性、层次性和实践性的特点。因此，日本高校在培养服务创新人才方面，做到了将交叉学科的思维方式带入到教学模式中，并通过设计实践实现模式上的整合创新，以带动整个设计学科的发展。

（2）注重设计交叉的理论与实践的方向定位

学科交叉是培养创新人才的重要基础和途径，通过学科交叉培养创新人才已经成为高等教育界的基本共识。名古屋大学原有领域专攻群向复合领域专攻群的进展；东京艺术大学在人才培养上致力于把设计、人、自然与社会紧密结合起来，在基础课程学习过程中，学生根据自己的兴趣爱好进行不同领域科目的进修，并完成与企业机构相关联的项目；高校与当地企业、工厂等生产部门建立合作关系，学校的部分课题研究与企业实际生产有关，课题取得进展后，相关企业可以为课题提供经费支持以保证课题顺利进行，在课题结束后，实践成果可以直接应用于生产，使理论知识与实践操作有效结合。

筑波大学在人才培养上致力于用艺术解决问题，使得学生在基础艺术课程进修的基础上，向不同领域不同方向专攻，从而培养出具有灵活的构想能力和表现力的美术与设计专业的专业人士；筑波大学在交叉学科的进程中通常采用项目合作、展览或讲座的方式对学生进行设计实践操作和综合能力的培养。如下图所示为在人类学和艺术领域所开展的"稻恒立男人类学"艺术项目展览，旨在帮助学生从人类学的角度去理解艺术，感受艺术（图6-20）。

图 6-20
筑波大学"稻恒立男人类学"艺术项目

札幌市立大学在充实专业教育的基础上，实施世界领先的教学模式，即，在设计学部和看护学部两所学部之间的横向协作式教育。

（3）培养学生的综合解决问题的能力

这四所高校都以提高学生解决实际问题为基础的综合能力为目标，把学生培养成与社会紧密结合的复合型人才。交叉学科培养主要以两个或两个以上学科的知识融合作为主要学习与研究内容，锻炼学生对交叉知识的多维掌握能力和提高本身的素养，以能解决复杂学科交叉问题的综合型人才作为培养目标，这也是多元化的知识结构和学科交叉研究培养的主要特性。

学生综合能力的培养，通常需要高校、院系、学科间的交叉、合作来进行协同创新的模式，这种协同创新不仅需要校级层面的顶层设计、资源配置，也需要院系间、学科间协同参与课程教学、质量监控、学生指导、教师聘任等各个培养环节，与单一学科所不同的是，综合能力的培养与交叉学科的设置直接相关。从课程分析可知，以上高校均设置有交叉学科领域，这与综合能力的培养具有直接的相关性。

（4）具有社会责任感

日本高校的教学与训练目标并不仅限于本科生或研究生时期的研究生涯，还关注学生是否能获得长期发展并创造社会价值。因此，在培养过程中，各高校都与社会紧密结合，密切关注社会和企业的需求，不仅培养学生的创新思维和交叉学习能力，其交叉学科的培养体系也使学生成为社会复合型人才。

日本高校在课程建设上是否具有合理性，体现了社会责任意识和创新思维在高等教育中的渗透程度，同时也为创新性交叉模式的实践发展奠定了基础。如，东京艺术大学的项目类型与社会实践紧密结合；筑波大学建议学生参加各种公开活动；札幌市立大学与地方政府、产业界、高校紧密合作，充分体现了这些高校履行高等教育社会责任的态度。这些高校相关课程体系的建设，将人才社会意识的培养和引导放在了重要的位置。从课程设置的角度来看，注重对高等教育人才社会责任感的认知程度和相关课程的多层次构建,以及对课程类别进行有针对性的规划,为后期培养整合性的设计师和具有社会责任认同感的人才提供了坚实的基础。

在过去30年间,日本的艺术和美术类志愿人数减少了三分之一,这被认为是艺术的社会作用和人们对于它的关注度在降低,这也成为日本美术教育现状的严重课题。本着传承与培养艺术的社会责任感,东京艺术大学在130周年纪念之际举办了《全国美术教育研究项目-文化艺术基础扩大的目标-孩子是艺术家》,这次展览会展出了幼儿园学生、小学生、中学生、大学生到美术家的作品,为日本学生提供了体验美术教育潮流的宝贵机会,并考虑在今后的教学中为学生增加学习各种艺术表达的机会,进一步加强幼儿园、小学、中学和高等学校间的联系,强调孩子们应在成长过程中进行切合实际的创造力的培养。

## 6.4.2 日本五所高校开展设计交叉教学模式的差异性

### (1)名古屋大学的特色

名古屋大学更侧重于工学方面的交叉学科,且所有学科设置以理工性为主。交叉学科开设较早,设置结构层次较明显,拥有独特的教育理念和教学体系,为学生和教师提供了多领域的教学组织系统。流动型教育和研究系统是名古屋大学工学部在实施研究生院重点战略过程中,逐步建立和完善起来的教育系统形式。该系统的基本理念是以研究生院作为教育和研究的基础组织结构。同时,与产业界积极协作,构建周边战略研究组织,如与理工科学综合研究中心、高温能量变换研究中心和尖端技术共同研究中心以及与高新产业实验室等的合作,促进前沿性科学研究的发展以及科研成果的转化。名古屋大学工学部力图通过流动型教育和研究系统,将交叉学科研究与教育融为一体,构建有利于培养具有创造性素质人才的教育和研究体制,从而成为世界上具有特色的工学教育和研究高校之一。

流动型教育和研究系统是名古屋大学近年来改革和发展的重要成果,其具有三大特征(图6-21):

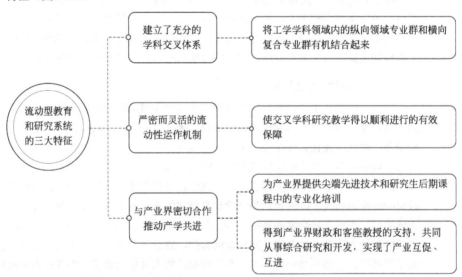

图6-21 流动型教育和研究系统的三大特征

首先，建立了充分的学科交叉体系，特别是形成了跨系、交叉学科的复合专业群。同时通过相关讲座，将工学学科领域内的纵向领域专业群和横向复合专业群有机结合起来。这种学科交叉体系既为学生打下了深厚的专业基础，又培养了综合研究能力。

其次，严密而灵活的流动性运作机制是交叉学科研究教学得以顺利进行的有效保障。通过流动研究组，相关研究中心群和弹性的综合的研究生教育体系一并构成了流动型教育和研究系统，将交叉学科的研究与教育融为一体，在交叉学科研究中实现综合教育和创造教育。

最后，与产业界密切合作推动产学共进。流动型教育和研究系统在施行过程中，充分适应社会化发展的需要，并与产业界通力合作。一方面为产业界提供尖端先进技术和研究生后期课程中的专业化培训；另一方面得到产业界财政和客座教授的支持，共同从事综合研究和开发，实现产学互促、互进。

（2）筑波大学的特色

筑波大学在培养学生方面，不单以学生未来就业为目标，而是从培养学生的思维和心性出发，培养学生的思考能力和逻辑思维能力，使学生在未来的发展中，不论是否从事设计专业，都有自己的立足点和独特的思考方式。筑波大学以交叉学科群为基础，重新调整了教学组织以适应交叉学科的需要。面向技术特异点进行跨领域、跨专业的创新教育。筑波大学早在1996年就得到了文部科学省（日本主管教育、学术、科学技术及文化振兴与普及的中央行政机构）的研究经费，并以此进行了感性工学的基础研究项目"感性工学的框架"的相关课题研究。

（3）东京艺术大学的特色

东京艺术大学在设计教学中注重与社会设计实践的紧密结合，在培养学生方面更多地从实用性出发，从他们的项目合作类型可以看出，东京艺术大学采取积极的态度去跟企业沟通、合作，力争做好每一项设计。在培养目标方面，更侧重于每一项设计的落实，不仅培养了学生的思考能力，更多的是培养了学生的设计能力，强化了设计技能。此外，本科教育更侧重于学生综合能力的培养，使学生在共同科目的实践过程中，逐渐发现自身的学习侧重点之后再选择专业方向。在整个学习过程中，更加突出学生的主体性原则，充分发挥学生的自主创造力，通过各个专业方向的相互渗透学习，把具体的设计与人、自然界、社会、生活紧密结合起来，以此来确认设计的实用性。

（4）札幌市立大学的特色

注重"设计社会论"，强调设计应该寻求新的使命，而不仅限于产业振兴或制造有魅力的物品。设计师也不只是做设计，而是激发出地区或地区居民潜在的设计能力的管理方法。札幌市立大学在设计交叉领域的针对性较强。如，设计部和看护学部的结合，不仅可以培养出健康医疗领域的设计专家，也整合了多元的个体思维，开启了未来社区实践等方面，提出了"社会设计论"。即，设计的边界随着社会的发展会发生变化的相关设计。其设计重点针对于当地的城市和城镇，并能积极解决和建设一个先进的区域创造性的设计。这是一个实践教育项目的领域，却创造出了多种多样的活动小团体。因此，创建当地城镇和社区的活动，也成为年轻设计师独立开发区域管理技能和社会设计能力的有效领域。

（5）千叶大学的特色

千叶大学里的风景园林学科以研究室为组织形式，逐渐形成了以研究室为主线的学科体系和教研体系，并以研究室为基础，进行学术传承和国际学术交流。

在学科体系构建方面，千叶大学以研究室为单位的教学模式，不仅凝练了独具特色的学科方向，也形成了能够有机整合各个学科的平台。在教研体系方面，形成了以"教授-副教授"为核心的教师梯队，以"博士-硕士-本科"和留学生、访问学者为主体的全层次融通的学生体系，各研究室结合自身研究方向，为本专业开展各层次主干及辅修课程，研究和教学并举形成一套紧密结合的教研体系。教学方面除了常规的课堂教学以外，以研究室为单位，举行每周一次的研究例会，内容包含了学生发表、师生讨论和导师点评的互动式教学环节，其内容涉及研究课题、学生论文和研究活动等多种内容，此外由于优良的师生比条件，千叶大学将风景园林专业全部本科四年级学生纳入研究室体系，对其进一步深造并为学生选择适合自己的领域和方向提供了一系列有利的条件。

此外，千叶大学风景园林学科历史悠久，其研究室的发展已形成了良好的代际传承关系，从1950年建设至今，已经历6代主持教授，发展成为日本风景与自然保护领域的中坚力量。千叶大学在学术交流方面已形成了独具特色的国际学术交流体系，由于研究方向明确且具有良好传承，教师团队及学生培养层次完善，同时也是注重实体性的教研平台，通过研究室教授联系，依托校际合作平台，千叶大学风景园林各研究室与世界多国主流风景园林院校建立了紧密合作的关系，吸引了世界各国留学生和访学学生，与此同时，每年各研究室也都相应派出师生赴合作院校交流与互访。

综上所述，千叶大学更注重其在学术理论方面的研究，并对应建立了研究室制度和教研一体化平台，形成了一定规模的学科体系性，较其他高校来说，其师资和学术研究方面较为完善、具体。

## 6.5 日本高校设计交叉学科的发展模式

### 6.5.1 以学生为本体，结合多方需求使交叉良性发展

日本比较教育学会会长马越徹认为，要创建一流的大学，必须要确立研究生院在大学中的核心地位。但到目前为止，日本大学的运作还是以"学部"（本科课程）为中心。因此，有关的财务预算、人事等重要事项也由教授会决定。从1991年起虽然实施过文部省推进的"研究生院重点化"计划，但到2000年为止的10年间其主要对象只有七所原帝国大学（即北海道，东京，东北，名古屋，九州，大阪，京都）的研究生院作了试点。该试点项目的具体内容是将大学教育这一科研的基本单位从院系转移到研究生院，同时将教授关系转移到研究生院。从下而上，将教育的主体变为学生。

### 6.5.2 以需求为导向，探索设计交叉模式新的发展方向与目标

日本设计类高校的交叉教育改革是从全球性、宽领域的视野出发，总结了当前及

未来社会将会面临的挑战及需求，并将这些问题和设计领域相结合，探索如何解决现实性的问题，如何改革设计教育以培养面向全世界的设计师。未来设计师会通过好奇心驱动以及问题驱动的研究产生新知识，为未来的设计知识系统提供相关的研究基础。通过向学生提供世界一流的研究性教育，向学术界、工业界和社会领导人提供广泛的在线学习的机会，通过拓宽受教育的人的思想、改善社会和整个世界来进行设计领域在研究、文化、教育三方面的改革。

### 6.5.3　多元主体参与，搭建设计交叉学科的实施平台

现代科学技术与工程越来越脱离"最纯粹、最初始的形式"，这与社会诸多方面的联系以及学校的交叉学科教育密切相关。日本的设计教育离不开政府政策的引导和社会人士的支持，离不开相关企业的合作，离不开各高校自身积极搭建的合作平台。高校应积极利用这一优势，充分发挥创新精神，合理配置校内资源，积极拓展社会资源，积极推进学校发展规划，为培养新型复合型人才创造丰富的条件。此外，学院和大学应该扩大学术视野，促进学校企业合作和整合科学与教育合作，以实现优质教学资源的分配，在更大范围内开发跨领域课程，积极挖掘和接触行业部门和科研机构的有利资源，开展设计交叉学科和跨领域的深度合作和研究，探索并建立新型人才培养机制。

建立设计交叉学科大学的多学科、移动、协同运作体系，将各学科大学的各类学术组织有机联系起来，形成完整的交叉学科学术体系。这种设计交叉学科的学术体系至少应该包括以下基本机制：首先，确保代表不同知识类别的不同学科之间的有效交流与合作，在灵活设置设计交叉学科学术组织的基础上，尽量减少人为的学术划分，弱化学科组织的严格界限；其次，确保学术人员在学术组织之间的自由流动，但不得自由选择各种学术组织。研究人员可根据主题的需要和个人研究的愿望，共享科研和教学设施，以保证整个设计交叉学科的学术体系的方向性。这不仅是设计交叉学科研究的必要保障，也是提高设计交叉学科研究项目效益的有效措施。

建立广泛的社会支持和参与体系，充分发挥设计交叉学科研究的社会服务功能，实现产、学、研的相互促进，促进交叉学科研究的可持续发展。设计交叉学科大学作为一个系统组织，包括内部系统和外部系统。因此，高校应建立充分的社会合作机制，吸引社会各界的资金和人力支持交叉学科的学术体系，同时以设计交叉学科的研究成果服务社会，实现内外系统的充分协调。

# 第7章
# 创造性未来　设计交叉＆融合

7.1　设计交叉融合教学模式的构建
7.2　科技应用下设计交叉融合教学模式的转型
7.3　强化设计交叉融合教学模式的特色
7.4　建立设计学科交叉融合团队、平台和实验基地
7.5　制定设计交叉融合教学模式的实施路径
7.6　保障设计交叉融合教学模式的机制

## 7.1 设计交叉融合教学模式的构建

教学实践是教学理念指导下的活动,而交叉学科的教学实践是教学理念的体现和检验。通过调查国内外设计交叉学科的教学课程、实践内容,发现其中显著的差距主要体现在以下两个方面。

(1)高校综合层面设计交叉学科发展的制约因素

推进设计交叉学科发展,需要对学科发展体系和机制进行总体的规划和设计,以促进各学科深度融合和提高设计的创新能力,才能产生高水平的设计学术成果以及培养出拔尖创新人才(图7-1)。

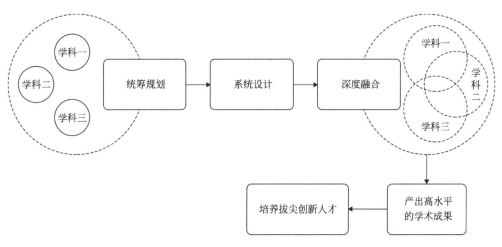

**图 7-1 综合设计交叉学科的发展过程**

近年来,我国一直高度重视交叉学科建设。虽然我国高校已经建立了一些跨学科的研究平台,但体系和机制还不适合发展综合性的跨学科。在行政领导学科建设的体制机制下,学科和专业成为资源配置的基础,学科的划分逐步精细化,并且学科与专业是封闭的,很难对学科进行优化整合。因此,需要逐步建立和完善以市场和社会需求为导向的学科设置机制,促进学科调整、优化和交叉融合。

① 交叉学科顶层设计的欠缺

党的十八大以来,党中央、国务院大力推动实施创新驱动发展战略,先后出台了《关于深化体制机制改革加快实施创新驱动发展战略的若干意见》《深化科技体制改革实施方案》《国家创新驱动发展战略纲要》等一系列制度文件,着力激发和有效提高高校科技创新能力和水平,全面推进世界一流大学和一流学科建设。但并没有重点关注如何更好地发挥交叉学科在促进基础研究和创新的作用,规划不全面,顶层设计落后。

2018年国务院学位委员会、教育部颁布的《学位授予和人才培养学科目录》中,学科门类下有13个学科门类,112个一级学科门类,但其中不包含交叉学科。教育部第四轮国家学科评估中,生物工程、医学技术、特殊医学、网络空间安全等交叉学科性明显的一级学科未纳入评估范围。交叉学科既不在国家公布的学科目录中具有法律地位，也不在教育主管部门学科建设的评价范围之内，突出了跨学科建设的边缘化地位，又严重制约了跨学科的建设与发展。

② 学科分化组织结构形成的壁垒

我国大多数高校的学术组织模式都是院系垂直结构。这种以学科为单位，强化学科认同感的单一学科组织模式，形成了分工过于精细、界限过于严密的学术管理体制，将人员和资源限制在单一封闭的学科中，形成学科壁垒。研究者难以跨越学科和学术组织的界限，阻碍了学科之间的交流与合作，导致学术视野狭窄，其科学研究普遍反映出是独立的、封闭的和分散的，知识生产也是碎片化的。

交叉学科由于其独特的交叉学科性质，在现有的学术体系中很难找到自己的位置。虽然一些大学已经建立了交叉学科研究机构，但是它们依赖于原来院系的组织形式，使得交叉学科的研究往往在传统思维模式和固有研究体系的双重因素下偏向形式化。

③ 学科资源配置方式抑制了交叉的形成

我国高校的资源配置主要基于成熟的传统学科。由于没有完整的交叉学科体系，从事交叉学科研究的人员只能分散到其他学科。在大学层面，大多数高校设立的交叉学科研究机构没有固定的人员配备、办公场地和日常运营资金。即使隶属于某个部门，也只支持本部门的研究人员。在国家层面，交叉学科没有被列为优先资助领域，只有形式上的资助项目，没有长期稳定的资金支持，资助模式较单一。同时，2017年公布的世界一流学科建设名单中，交叉学科也再次缺席。可见，世界一流的学科建设作为大学学科建设的重要政策和资金来源，并不支持综合性学科建设，交叉学科研究想要以长期发展和健康的方式培养创新能力，匹配综合交叉学科在国家科技体系中的重要战略地位，就必须加大政策保障和财政支持。

④ 考核评价体系影响了交叉研究的积极性

传统学科的评价主要基于对其专业的同行评议，从课题申报、成果报奖，到职称评定。中国高校发展和形成了一个科学研究的特点即统一和量化评价机制，缺乏分类评估和开放式的长期评价机制。而交叉学科由于其跨学科的性质，在严格意义上的交叉学科研究中很难找到足够的"同行"，很难被客观公正的科学评价。科研评价考虑到科研成果的归属，使得学者丧失了参与其他机构的交叉学科科研的积极性。在我国的许多研究型大学中，综合性交叉学科研究机构的人员配备很少，甚至没有固定的人员配备，研究人员的配备大多隶属于单一学科的研究所或部门。虽然很多学者在交叉学科研究中取得丰硕成果，但因为它们没有被发表在本学科的学术期刊中，通常不被认为是本学科专业内的成就。评价体系的相对滞后致使交叉学科在学术认定、课题申请、人员流动、同行评议、成果归属、考核激励等方面出现巨大问题。

（2）学科建设特色上的调整与人才优化的因素

① 服务面向的设计交叉学科专业

随着社会的发展，学科和专业不断发展。从西方中世纪的逻辑、语法、修辞、数学、几何、天文、音乐，我国古代的礼、乐、射、御、书、数，到现代教育数百个学科和专业，高等教育正不断适应和促进社会需求，促进新知识的发展，促进学科专业的扩展（图7-2）。

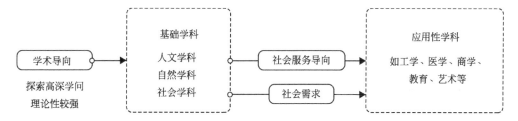

**图 7-2　基础学科与应用性学科的学术与服务导向**

当前，社会进入前所未有的快速发展期，问题复杂化程度不断加深，依靠单一学科领域的知识已经无法有效解决。高等教育已经成为社会系统的一个子系统，其不仅肩负探索高等知识的任务，还要为社会发展服务。以问题为导向、以社会发展为导向，开展交叉学科研究已成为科学研究的重要发展趋势。高校交叉学科调整优化的主要规律是服务需求导向而非学术导向，遵循的是社会需求而非学科逻辑。设计学科是在基础学科和社会需求的基础上发展起来的一门应用性综合性学科，主要服务于社会发展需求。设计学科在交叉学科调整与优化中同样遵循服务需求导向。

服务需求导向包括面向国家重大战略需求、面向经济社会主战场、面向世界科技发展前沿三个方面的内容。面向国家重大战略需求，应整合优化学科的前沿发展，增加一些急需或面向未来的学科。面对经济社会主战场，需要根据社会需求，动态调整一批适应能力弱、毕业生就业率低的专业，并对其进行优化，以适应经济社会发展的需要。面对世界科技发展前沿，就是要根据世界科技发展的趋势，及时发展一些新学科专业。例如，斯坦福大学（Stanford University）作为美国排名前10～12的建筑学院享有良好声誉，但因为当时美国建筑业的就业形势并不理想，提高学院全美排名成本过高，以及邻近的加州大学伯克利分校已经有一个领先的美国建筑学院等原因，建筑学院最终被取消。这就是在学科专业的调整优化中做了减法，根据学科现实与社会发展重新设计学校的学科专业构架，为更好的学科发展打下基础。

设计学科在发展交叉学科时要在面向国家重大战略需求、面向经济社会主战场、面向世界科技发展前沿的基础上，做好学科的调整与优化，了解设计人才的社会需求，掌握最新的行业发展与前沿技术科研。在发展交叉学科，扩展学科范围，融合相关专业时切实做到以社会服务为导向。

**② 办学特色与设计交叉学科专业**

世界高水平研究型大学是共性与个性的统一，共性的内容是高等教育内在规律的反映，是办学的共同基础（图7-3）。

高校的中心任务是培养人才，而高技术高水平人才的培养需要合理的知识结构和学术氛围。上海交通大学对30所世界著名高校的学院设置频率进行了分析，发现8类学院的高校设置

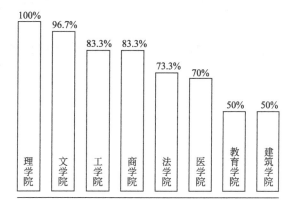

**图 7-3　世界著名高校 8 类学院的设置频率超过 50%**

频率均在50%以上，依次为：理学院（100%）、文学院（96.7%）、工学院（83.3%）、商学院（83.3%）、法学院（73.3%）、医学院（70%）、教育学院（50%）、建筑学院（50%），充分反映了这些学院的普遍性。这也体现了高水平研究型大学的共性。

当前，高等教育发展面临严重同化的瓶颈，办学特色逐渐引起教育研究的关注，是高等教育生存和发展的重要条件之一，但突出高等教育办学特色，并不意味着只满足于填补学科和专业的空白，也并不意味着只发展优势学科。相反，办学特色与主流学科建设不矛盾，与学科整合不冲突。同一学科的不同院系会形成不同的特色，这些特色是基于一般范畴的，不能突出高校的特色。为了发展学校的综合实力，有必要根据现有的条件开展交叉学科教学以解决社会需求和社会问题。

交叉学科教学特色的设计学科专业调整发展，为避免同质化可与学校办学特色相结合，把握学校的教学优势进行学科整合，利用各学科资源，完善设计学科的交叉融合发展，拓宽交叉设计学科的研究范围。

③ **人才培养与设计交叉学科专业**

在科学技术、知识更新、人才流动加快的情况下，"运用多种能力、掌握综合知识、整体素质强"的人才能更好地适应时代变化的要求。专业化学科教育受限于各高校有限的学科领域，培养的人才知识结构单一，适应能力狭窄，迁移能力差。高校人才培养的目标应该是培养时代所需要的"综合素质高、知识面广、自主学习能力强"的人才。学校多学科发展不仅有利于人才的培养，也有利于学校整体科研实力的提高。现代科学发展呈现出全面化、综合性的趋势。学科专业整合可以为各学科的相互促进和共同发展创造条件，为新学科的发展和科学研究的交叉学科发展奠定良好的知识基础。高校需要合理的学科结构和广泛的学科门类，其中应有相应数量的学科达到较高水平。由于高校资源有限，一些学科之间的关联性不强，特别是在信息技术发达的情况下，高校可以利用国外学校的优势来弥补自身在一些学科发展上的不足。研究型大学学科布局的共同特点是基础学科门类齐全，以自然科学、社会科学和人文科学为三大支柱，但并不意味着要开展所有学科。在交叉学科设计调整和优化过程中，我们应该注重基础学科建设，同时还应开发其他应用学科和专业院校的基础，建成一所一流大学。

## 7.2 科技应用下设计交叉融合教学模式的转型

### 7.2.1 创立技术应用实践型设计教育新形式

20世纪初，为了满足适龄人口接受高等教育的需要，培养更多适应社会需要的应用型设计人才，一些高校通过合并、升格等方式成为为地方经济社会建设培养科技应用型设计人才的院校。在随后的发展中，科技应用型设计院校成为实现高等教育大众化目标的重要力量之一。然而，经过十几年的发展，设计院校并没有形成自己独特的办学特色。人才培养质量没有随着数量的快速增长而提高。取而代之的是"千篇一律的学校"和就业困难的局面。在认识到设计院校存在问题的同时，我国教育政策的制定者和广大教育研究者认为，设计院校是"延伸在我国设计院校生态共同体的边缘，受到许多圈子的挤压"，"院校还没有处于长期的提升期，有的学校及学科建设还处于起步阶段,很难得到社会的普遍认可"。甚至有学者认为,设计院校在十几年的发展过程中,延续了传统综合性大学的特点,使得自己的学校和人才培养缺乏特色。该背景下的高校分类系统的建立,实现了高校的分类管理和建立了适应时代发展的现代教育体系,以转换和发展地方高校新的本科学校为主体,并重点展开本科职业教育。

### 7.2.2 推动科技型设计院校发展的战略意义

科技应用型大学作为一种新型的大学,主要培养技术应用和技能人才,是与我国经济发展相适应的现代设计教育体系的重要组成部分。推动设计院校向科技应用大学转型发展具有重要的战略意义,主要体现在以下五个方面。

（1）提高设计院校服务于地方经济发展的能力

当前,中国经济发展方式正在迅速转变。在产业结构深度调整,实体经济快速增长,工业化、信息化、城镇化、农业现代化深度融合的背景下,社会对人才的需求呈现出规模、质量、结构等特征。新的变化也对高等教育服务社会经济的能力提出了新的要求。科技应用型高校的发展模式,会增强高校为地方经济发展服务的能力,与我国经济发展和产业结构调整相适应（图7-4）。

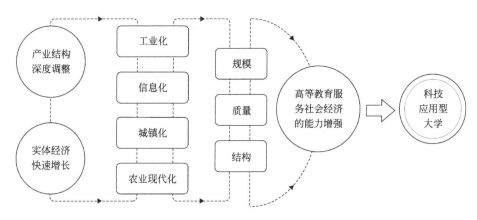

**图7-4** 科技应用型大学的诞生

（2）满足行业和企业对高层次科技人才的需求

新兴战略产业和现代服务业的发展,产业结构的调整,产业的转型升级,都需要高水平的技术和技术人员在一线的实践应用。传统大学很难通过教学和科研来培养科技人才,去适应经济和社会发展的需求。科技应用型大学的优势在于服务地方,与产业企业紧密互动,可以根据当地经济需要设置专业,培养技术应用型人才,满足行业和企业发展对高层次科技技能型人才的迫切需求。

（3）构建完善现代职业教育体系

科技应用型大学的设立,实现了职业教育由一个层次向一个类型转化。传统艺术教育体系中的设计教育,是高等教育的一种类型。科技应用型大学的设立,打通了艺术设计教育的断头路,贯通了艺术教育与设计教育、本科教育以及专业硕士人才培养体系。

(4) 推动设计院校转型发展和建立特色

近年来，世界各地的高校都提出要办有特色的学校，各高校都深知走特色发展道路的重要性。理论上还有很多，但实际情况不佳，国家政策和制度层面缺乏相应的指导和支持。应用型科技大学的定位是服务区域经济发展，服务地方经济建设、产业和技术发展，在服务地方经济和产业中发挥优势，有利于形成办学特色，提高人才培养质量。科学应用型的办学理念使高校从一开始就被确立为一所新型的本科院校，解决了新型设计本科院校转型发展和建立特色的核心问题。

(5) 解决人才与社会劳动力需求之间的矛盾

在我国当前产业转型升级的大背景下，一方面是行业内高层次应用型技术技能型人才的短缺。另一方面是专业特色的同质化，导致学生就业方向上的困境或者失业。与普通高校相比，科技应用型大学的专业建设更注重地方经济与产业集群的结合。学校与企业的合作更加深入，更加注重对学生技术技能和专业技能的培养，提高学生对创新经济的适应能力和产品商业化的专业解决能力，有利于处理好学生就业率及社会劳动力需求的矛盾。

## 7.3 强化设计交叉融合教学模式的特色

### 7.3.1 交叉融合背景下设计专业教学模式的基本思路

(1) 对复合型人才的培养

目前，多学科交叉融合背景下的综合设计专业希望培养复合型人才，这将促进设计专业自身的发展。因为它希望改变传统的单一技术和建模培训，掌握系统设计的多维思维方法训练，只有注重美学演变与转化对生活的影响以及对商业的深切关注和研究，才能培养出"一种特殊的、多能量的"设计专业人才，以满足当今社会日益多样化的需求。

当今社会所需要的设计型专业复合型人才不仅具有扎实的专业基础，而且具有较广的知识面、较强的知识运用能力和较强的科学创新能力，更需要在学习的过程中产生自我知识体系。成熟的科学知识结构，以及对专业课题的实践研究能力，特别是需要不断提高自己的审美能力，才是专业设计院校培养复合型人才的基本思路。

(2) 加强学科院系间的专业交流合作

当前的知识专门化导致了各学科的孤立。因此，学科之间存在着较为严格的壁垒，导致专业研究无法形成有效的交流。多学科融合背景下的综合设计专业教学模式希望突破这些局限，获得更全面、正确的认识。因此，设计专业应该从全球的角度来考虑学科教育，努力做到统筹兼顾，实现教学方法的有效优化，合理解决各种问题。考虑到设计学科与合作方式的不同，在实际教学过程中，更重要的是注重交叉学科的交流与合作，为学生提供一个选择更多、可能性更大的平台，让学生能够发挥各自的专业水平，以更高的视角思考问题，解决问题，实现创新思维。

综合研究设计学科教学的研究方法、研究视角和研究语言，应注重相互间的交流和联系，实现各种复杂的、非简单拼接组合的合作方式，应相互借鉴，整合形成一套独特的合作方式。设计学科的理论体系在长期的实践中已实现了多学科的交叉，其融合点还需经过与其他学科间不断的磨合，以形成设计专业特色的教学模式。在与多学科的合作研究的过程中，教师应根据专业的特点带动学生积极参与各种合作研究活动，提高团队合作能力和培养学生解决社会等方面的复杂问题的能力，并能逐渐适应社会发展的需要，成为多功能的、有能力的复合型专业人才，以迎合社会发展的趋势。

（3）利用交叉学科培养科技创新设计人才

如何让学生更有效地获得交叉学科学习的经历（主要包括学习交叉课程和参加交叉科学研究两部分）是世界著名大学教学改革的方向之一。我国研究型大学具有学科门类齐全、教学和科研水平高、生源质量好等优势，应顺应这一趋势，深入分析设计交叉学科培养创新人才面临的问题，积极探索科技与交叉学科培养创新人才的对策和途径。

**① 设计交叉理念的输入**

树立科技与设计交叉的设计教育理念。交叉学科设计教育是一种新的教育理念和教育实践，是对传统学科设计教育的一种解构。它把学科本身发展整体化过程、知识发展综合化的过程和主体的认知发展过程统一起来。一方面适应了当今科学技术综合化、社会问题复杂化的发展趋势；另一方面遵循了人才成长的规律，有助于科技创新设计人才的成长和提高研究型大学设计教育的教学质量。事实证明，传统设计学科专业教育尽管可以培养出大批专才，但是很难培养出能够做出原始创新的科技拔尖人才。近来学术界广为人知的"钱学森之问"从某种程度上讲就是对这一教育理念的质疑和拷问。当今科学发展高度交叉融合，只有那些具备多元学科背景特别是具有整合创新的人才，才有可能有效地应对这一趋势，推动我国科技发展和创新。因此，高等教育工作者对当今世界科技发展的趋势要有清醒的认识，时刻保持着一种高等教育的危机感，对人才培养改革的方向要有灵敏的嗅觉，敢于突破传统势力的束缚，树立符合高层次人才成长规律的交叉学科教育理念。

**② 设计交叉人才培养的措施**

**促进设计交叉学科发展，形成学科交叉的大环境**。交叉学科是培养创新人才的沃土，交叉学科的发展水平决定了人才培养质量的高低。因此，只有采取有效措施保障交叉学科的发展，形成学科交叉的大环境，才能充分发挥交叉学科平台的教育作用。一方面，在设计学科专业目录中增设交叉学科门类。美国学科分类的指导性标准——学科专业目录（Classification of Instructional Programs，简称CIP）2000中，共有38个学科群，其中交叉学科群被放在首要位置，赋予了和人文社会科学、理学、工学等相同的学科地位。同时，绝大多数学科群下面设置了交叉学科，交叉学科下面又设置了交叉专业，这种划分方式为交叉学科的发展预留了空间，使得交叉学科的合法地位在学科结构中得以确立。

在前面分析的美国、日本等国家中，关于专业目录的内容，可以清楚地看到大到学校与学校间的交叉、学院的交叉，小到团队与团队之间的交叉和融合。因此，有必要将设计交叉学科门类列入专业目录中,并在各学科门类下设立交叉学科专业,从制度上保障交叉学科的发展。另一方面,需要进行设计学科的组织创新。目前,单一成熟的学科仍是学科组织生成的基础。因此,进行设计学科的组织创建、创新和建立一种有利于设计交叉学科发展的学科组织应该提上日程。

在前面对国内外一些高校设计专业的交叉学科的分析中,我们可以看出,大部分的高校较为广泛的做法是建立具有实体运作功能的交叉学科的研究中心。它打破了传统的,纵向的校、院、系组织格局而建立起一种学术资源共享、人员自由流动的纵横交叉的矩阵组织结构。这种矩阵结构的方式,使得研究型大学学科的综合资源及潜力被充分地挖掘和释放,也为设计交叉学科的发展提供了较强的组织基础。当然很多其他非设计类的高校的交叉学科发展的成熟经验对设计学科的交叉和融合起到了很好的参考。另外以美国洛克菲勒大学为例,该大学设有实验室部和医学部两个部门,学校基于实验室的"无墙"组织结构消除了院系对学科交叉研究造成的不利障碍,极大地促进了学科交叉研究。因此,该校取得了很多成果,与其有关的诺贝尔奖和拉斯克奖的得主分别有23位和19位,被誉为20世纪生物医学领域的重大发现地。

**设置开放性的设计交叉课程**。我国大部分综合性大学中的专业是一个实体组织,前期过于封闭性和僵化性的课程设置阻滞了学生知识结构的合理建构。因此,有必要淡化专业的实体封闭性色彩,增加学生自主选择课程的权利。各个院系的课程要最大化地对全校学生开放,学生可以根据自身的兴趣选择相关的课程,可在导师的指导下,形成围绕某一特定知识领域的课程计划,完成计划后可授予相关学位。特别是设计类的课程设置要打破学科中心论的单一价值取向,以当前的科技、社会、政治问题为核心,开设跨越不同学科领域的交叉课程,并吸收在交叉科研方面有所建树的教师任教。例如,美国加州的伯克利文理学院以地区或国际政治中的重要问题为依据,设立了亚洲研究、中东研究、和平与冲突研究等若干专业。这种以问题为中心设置课程的方式,可以促进不同学科知识的有效融合,避免课程知识的拼盘现象。此外,也应注重前交叉课程的开设。"前交叉"是指某些学科有可能交叉,但是还没有进行真正的交叉。前交叉课程的开设顺应了学科交叉发展的趋势,为学生的创新活动提供了多元化的学科知识基础。

**交叉学科人才的培养,穿插在交叉学科科研活动中**。必须认识到只有将交叉学科人才的培养置于真实的交叉性质的科研情境中,才能让学生深刻感受到不同学科知识相互融合、相互启发的奥妙,学生参与交叉科学研究的过程,就是培养创新人才的过程。学校一方面要以交叉学科科研实体为依托,积极吸收本科生参与科学研究,以科研实践带动学生不同学科知识的有机结合。例如,前文所提到的浙江大学、同济大学等通过相关措施吸收本科生参与到学校的科研项目,效果显著。另一方面,完善教学管理制度,制定合理的政策将学生的科研活动换算成学分,以提高学生参与科研的积极性。值得注意的是,鼓励本科生参与交叉学科研究活动,并不是要求或者期望他们做出多大的学术贡献,而是要锻炼他们的实践能力,使其领悟不同学科知识相互启发、促进之效,加深对知识创新本质的理解。

**营造交叉学科学习的文化氛围**。"学生从大学里获得的主要才智收获,并不主要来自他对所选具体知识分支的学习,而更多的是来自生活于洋溢着普遍知识的氛围"。因此,培养创新人才,必须营造浓厚的交叉学科学习的文化氛围。这种氛围可以潜移默化地影响学生的思维方式，促使学生自觉地进行多学科交叉学习和交流。学校可以采取以下措施：定期举办交叉学科性质的论坛和讲座；通过政策和资金支持引领有交叉研究意向的教师进入交叉学科研究和教学领域，并制订相关的交叉学科教师培训计划；制定若干小的交叉学科性质的项目，鼓励不同学科的学生申请，在教师的指导下成立以项目命名的交叉学科小组，并予以经费上的支持；改革学生同一专业同一宿舍的住宿形态，建立有助于不同学科背景学生交流互动的宿舍管理制度；建立虚拟网络平台，宣传交叉学科科研、教学和学习的经验与体会；定期设定主题实践工作，让不同专业的学生参与并完成同一个主题的活动，以增强交叉学科的思维在学生中的形成，并养成一种思维习惯。

## 7.3.2 设计学科交叉融合教学模式的组成内容

（1）学分制的工作坊教学模式

在前期各个国家的调研分析中，综合性高校的设计课堂教学，工作坊模式是一种比较好的、具有通用性的最佳模式。它基于多学科合作和多学科"交叉集成"的概念及额外的信用模型作为教学效果的参考模式，以确保可以成功地融入整个教学模式。

采用学分制的工作坊教学模式，通过学分制将必修课程和选修课程联系在一起，并要求学生在专业学习过程中平衡必修课程和选修课程。例如，学生必须完成注册专业的5到10门必修课，并要求结合工作坊合作教学模式学习选修课，以满足他们对专业设计和专业需求的兴趣，甚至实现某些定制行为规划和选择。在整个学习过程中，教师将引入多科目的交叉教学与实践，以实现专业学生的交流与合作。例如，服装设计专业的学生将有机会与平面设计、3D设计、景观设计和其他专业的学生进行交流，并与学分系统合作建立工作室创新的教学模式。这种教学模式吸引了其他学科的学生积极参与设计相关的学科，加入设计研讨会并与设计类的学生实现联合合作，以完成不同的项目类型。在学分评定方面，教师将学生的出勤率、参与程度和时间、完成项目数量、参加讲习班、做出突出贡献等作为衡量标准，给予学生相应的学分，整体上评分系统灵活，评分系统明亮、开放，对学生多角度创新思维的设计与启发起到了重要的帮助。

（2）开放性思路教学模式

基于综合性高校开放性的特点，以及设计学科创新思维的开拓性特征，其校际合作、校企合作、互联网合作等加速了多学科局面的交叉学科间的融合趋势，也满足了设计院校的教学模式不断向前发展和迭代的需求及对复合型人才的培养的诉求。在基于交叉学科合作和双赢理念的校企合作模式上，要求学生在多学科融合的状态下参与社会企业的实际项目。鉴于社会企业项目较多，项目内容复杂，校企合作背景下的项目应以解决实际问题为主。要求学生将科学技术与专业技术相结合，快速解决问题，锻炼自己良好的专业实践能力。能够实现科学成果转化，最终创造良好的社会效益。目前，前文所述的意大利的都灵、米兰理工学院等都比较重视这种开放的校企合作教学模式，它将学院的平面设计、产品设计、交互设计等多个设计专业结合在一起。专业学科交叉融合，形成了"产、学、研一体化"的校内实训基地，并与市场企业合作，每年参与"国际设计周"的相关活动，在专业实践和校企合作中，时刻积累实践经验，把开放性的创新思维的教学模式，变成培养未来时装设计师的主要措施和方法。

## 7.4 建立设计学科交叉融合团队、平台和实验基地

以课程设计、实践和毕业设计为载体，寻找合理有效的模式，整合现有资源，优化配置，进行学科的交叉与融合，将理论学习与实践相结合，提高学生的实践能力和分析能力解决实际问题，为培养应用型人才做好准备。交叉课程体系下的实践性创新教学活动是创造新知识，促进专业发展的主要途径之一。如，产品开发、专题设计等实践课程强调课程内容从商业出发，将经济学科与设计学科以及社会学相结合，由特殊教师组成课程的实验基地，负责指导和督促课程设计的进度，尝试在其他课程或毕业设计中融入相关的设计思想，并将最终成果进行设计展示，逐步向企业推广并扩大设计创新的影响规模，使成果能落地。

### 7.4.1 制定激励学科交叉融合的措施办法

在交叉学科制定过程中，开设了交叉学科辅修课程。通过这些课程，学生可以获得比现有课程更多的学分，从而激励学生主动学习这些课程。通过不同专业学生组成的交叉学科团队，以项目系统的形式完成设计任务。一方面，在老师的指导下，掌握了创新设计的方法。另一方面，在老师的指导下，利用各自专业的知识，优势互补、完善设计。此外，教师可以承担交叉学科的指导工作，可以设置奖金制度或计算工作量，甚至可以作为职称评定的条件之一，从而提高教师的主动性和积极性。最后，学校在针对设计专业的教学模式上，要敢于打破现有制度的束缚并给予相应的政策支持，在响应时代潮流变化的同时，促进设计的创新和顺应设计发展的趋势。

### 7.4.2 寻求多样化的学科交叉方法

第一，建立了一系列与设计学科相关性较大的学科，在学校可以开展项目竞争性招标制度，召集师生部门对相关学科进行研究，通过校园设计竞赛，从形态上构思概念、绘制草图，完善其功能、结构等要素，并用物理模型的方式进行视频演说、制作、包装等，邀请各个专业方向的优秀人才，组织校内外的合作平台及网络招标和投票等方式，共同为设计专业进行多学科交叉和发展出谋划策，做贡献。

第二，构建以国内外有影响力的工业设计大赛为核心载体的交叉学科整合平台和团队、通过不同专业组织学生，结合不同专业领域的研究重点，培养学生的团队精神和管理能力，领导和沟通技巧。不同专业学生之间的学习互动也有利于培养未来设计师对其他专业领域的理解和尊重，这对于未来与企业相关专家的合作和沟通至关重要。通过一系列的思维碰撞和设计思路，最终设计出具有前瞻性的作品。

第三，以同一领域或重大科研项目为核心，各学科的学生参与科学研究，逐步形成几个学科之间相互渗透、相互支持的学科群。学科组的建设和形成有利于充分发挥学科的综合优势，促进学科间的相互合作，发挥群体效应，优化学科结构，拓宽应用学科，促进融合与渗透学科，这将为学科提供可持续动力，以保持其优势并增强其

活力。

第四，学科建设的关键是建立信息联络平台，拓宽沟通渠道，通过网络、论坛、研讨等方式，将专业与专业、企业与学院、学院与社会联系起来。与此同时，建立一个课外工程和工业设计交流平台。

一方面，丰富和完善设计专业网站，展示老师和学生的优秀作品，介绍课程和学科动态，并使工程科学和社会更好地了解学生。以更好地建立学科交叉，提供优质服务，培养学生的综合实践能力。

另一方面，重视毕业设计展的组织工作，展示学生们的综合应用能力。这不仅体现了学生的水平，也体现了教师和高校的能力。它是与其他学科如工程、其他学科和企业进行交流的最具说服力的方式。在毕业展的设计中，可以与多个学科相结合，可以与企业合作开展真实的问题。因此，交叉学科互动的实施可以是灵活的、多角度的、多模式的合作。这种教学模式对设计学科的改革和发展将具有良好的推动作用。

在设计学科复合型人才培养的背景下，设计专业的交叉课程教学模式将有利于进一步完善工业设计模式和人才培养体系。在设计激发学生创造力的同时，督促和回馈学生更加热衷于学习自己的专业，发展学生的学习自主性和综合学习能力。通过新学科的支持，学生可以对所学的理论知识有清晰的认识，并可以对现实有清晰的分析和掌握，从而使理论知识与现实相结合（图7-5）。

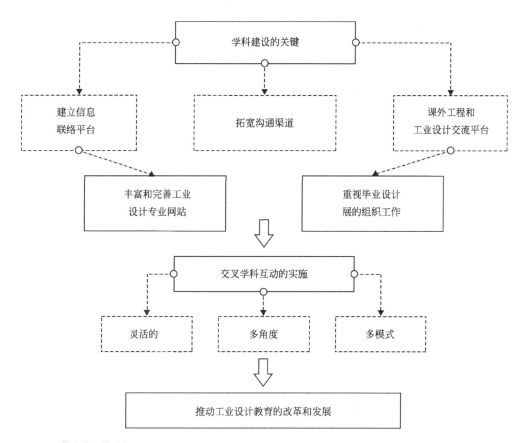

图7-5 学科建设的路径

因此，建立交叉学科整合型的教学模式和设计人才培养模式，有利于交叉学科整体向前发展，使团队合作和各设计学科间竞争能力增强。同时，全面的设计教育才能适应设计专业发展的趋势，这也是设计交叉学科必须遵循的科学发展方向。

### 7.4.3 建立设计交叉融合教学模式的组织架构与形式

（1）实行一体化的教师培训，建立校企合作的师资培养模式

教师应不断更新其知识结构，并保持终身学习的观念，并与社会保持最新、最前沿的联系，就能不断促进专业发展。一体化的教师培训模式使教师的职前培训与继续教育密切相关。此外，与教师利益紧密相关的评估体系以及政府政策法规的强制性规定，使教师培训的开展变得顺畅。

我国设计院校的发展道路并不平坦，需要政府的关注和支持，也需要稳定的校企合作。设计院校的科技应用型转化过程，必须有一批能够及时将科技成果转化为现实生产和服务的应用型技术人才。目前流行的"产学研结合、校企合作"模式，既能发挥学校和企业各自的优势，又能合作培养市场所需的人才。加强本科院校与企业的合作，使得教学与生产相结合，以及校企相互支持、相互渗透并进行优势互补、信息共享和资源互用，是促进本科教学发展的主要动因，也是促进科技发展和经济合作的有效手段。

（2）强化交叉学科发展，彰显文化创意潜能

随着国民经济形态的变化，模仿消费和冲浪式消费阶段基本结束，经济发展进入新的常态，个性化和多元化的消费已逐渐成为主流。具有个性化创意和个性特色的文化产品已成为新的消费趋势。高校艺术设计教育是文化创意产业人才培养的摇篮，再加上艺术理论、艺术管理、设计、艺术创作、文字和政策研究等多元化人才的融入，更加注重本地文化行业发展的需求。此外以美术设计教育为核心，以交叉立体多维学科为主体的多维学科正在形成，培养人文素养和艺术素养，深厚文化科技创新人才的创新能力，为文化产业推动文化创新的发展目标。

艺术设计教育在高校的应用打破了传统的单一学科教学模式，创造了交叉学科的融合发展。以文化产业为驱动，是应用型大学艺术设计教育发展的新路径、新方向。文化产业是新兴的战略性产业，其内容复杂，没有明确的主体归属。管理、文学和艺术都有学位授予。课程包括文学、艺术、历史、经济、管理和法律等，这是应用艺术设计教育人才培养的机遇与挑战。交叉学科的核心是知识的整合，这个过程是各种学科的相互作用。它的目标是培养学生解决复杂问题的能力，学科间的交叉不是简单的多学科的拼凑，而是多学科依赖于内在的逻辑关系形成的一门新学科。不同学科的交叉融合有利于培养新的增长点，甚至有利于新学科的出现和跨学科群体的出现。交叉学科科学是自然科学、社会科学、人文科学、数学、科学和哲学等学科之间的外在交叉，是该学科中许多学科之间的内在交叉。形成一个全面、系统的知识体系，是形成交叉学科产业融合的基础。

高校艺术设计教育人才培养勇于开展跨学科的探索与讨论，以艺术设计为核心，整合管理、经济学等多学科知识，从而拓宽研究视野，也为当地文化产业的人才培养

奠定了坚实的基础。

高校艺术设计教育的应用促进了文化产业的发展，以市场需求为指导和产业发展为目标，培养综合应用人才与文化和艺术创新能力和艺术管理和工程技术知识，将继承文化遗产和艺术创新，把社会效益和市场经济效益结合起来，推动文化产业升级转型，增强文化创新能力，激发产业发展动力。

（3）完善校企合作模式，加快科研成果转化

校企合作教学模式已经从探索阶段发展到深入阶段，合作模式呈现出多元化的趋势。学生在岗实习，学校秩序培养和校外实习基地的形式多种多样。在应用型大学与文化企业的校企合作过程中，虽然学生的实践能力得到了提高，在一定程度上可以帮助企业的生产，但也存在很多问题。大部分学生从事重复性工作，技术含量低，创新能力不高。校企沟通不畅，人才培训课程实施混乱，人才培训质量不高。校企合作模式不完善，教学科研体系不科学，企业项目与学校教学科研不符。随着文化产业的快速发展，迫切需要文化专一、综合应用能力较强的人才，以改善校企合作模式，资源整合和学科多元化的模式。高校要促进学科交叉融合，提高教师的教学和科研能力，提高学生的实际应用水平。引进教学项目，在高校教师、企业专家的交流与合作下，开展文化挖掘梳理、文化创意设计和产品技术研发等，进一步完善高校与企业的合作，深化理论学习和实践能力的双重提升。利用学校资源和行业信息的共享，使教师了解社会的需求，了解市场的发展趋势，带领学生参加科研项目，解决社会经济发展中存在的问题。

面向高校设计学科应充分发挥其面向应用的特点，并以文化产业发展的瓶颈问题为科学研究和教学研究的重要研究方向，通过课题研究进行深入的分析和研究，并进行合理有效的转换和改进。通过企业创新和创造能力，提高学生的市场意识，提高大学艺术设计的集成原始资源和市场需求，增强高校的艺术设计教育，促进文化产业的开发效率。同时引领文化产业创新，实现文化产业创新人才的科学集成培养，有效地把科研成果转化为产业优势，促进经济发展，促进文化产业的升级转型。

高校的设计教育作为重要阵地，肩负传播当地文化建设和开展全国文化遗产创新的功能和使命，加强艺术设计师生的基础理论研究、专业性、创新性强、实践性强、对社会时尚趋势敏锐的洞察力有利于文化创意优势。高校的设计教育应充分发挥应用效率，挖掘艺术创造潜力，大力提高社会服务能力，促进稳定有效的转型和发展。

（4）提高设计交叉学科自主创新能力

在科研、人才培养和知识服务三个职能中，前文中多处提及注重科技应用创新人才的培养，因此，各大高校的自主创新能力应更加注重创新人才的培养。在科学研究方面，更多地侧重于技术应用上的创新、研究成果的创新和相关技术成果的原始创新。

针对高校自主创新能力所侧重的创新人才培养和技术应用的创新机制，并考虑自主创新能力提高的制约因素，处理好政府、高校和企业三者的关系是应用科技大学提高自主创新能力的重要保障。同时，政府、高校和企业之间相互支撑，相互辅助，相互扶持为技术创新和协同创新能力的提高提供了保障。具体可以从以下几个方面考虑：

首先，高校的设计创新成果需要政府的支持。政府应加大科研经费投入，提高双师型教师的福利待遇，帮助科技大学建立和完善自己的科研机构以保障更多的应用性

创新。政府应增加对创新科研成果的风险投资基金的投资，增加优秀科研成果和专利投资是促进科研成果转化的重要保障。同时，要有效保护创新成果，才能有效提高科研人才的创新积极性，从而提高设计学科自主创新能力的强度。

其次，建立科学的人才引进和培养机制，是提高设计交叉自主创新能力的重要制度保障。而具有丰富创新能力的创新人才是提高创新能力的主力军。因此，一方面，设计高校应加强创新型人才的引进，另一方面，也应大力培养自主创新型人才，制订适应社会发展的创新型人才培养计划，从而尽快实现提高自主创新能力的目标。此外高校应根据实际情况建立自己的科研单位和特色科技园区。

最后，企业与应用科技大学共建产学研平台。科技大学的创新应用应转化为生产力，科技大学与企业共建产学研平台是加快生产力转型的重要途径。一方面，应用科学大学应及时与企业进行沟通，使应用科学大学与企业的信息对称，避免信息不对称，使科研项目无法有效转化为生产力，浪费科学资源。另一方面，企业可以为设计高校提供一定的研究设备和研究经费，从而缓解高校研究经费的不足。同时，应用科学大学获得金融企业的支持，可以改善创新科研成果的转化速度，提高企业的技术效率，并进一步获得更多的社会和经济效益。高校的自主创新能力也因此可以进一步改善。同时，高校的创新研究可以为企业提供一些技术支持，可以解决一些技术问题，企业的生产能力和产品的技术含量及附加值可以进一步改善，从而达到提高应用科技大学自主创新能力的目的。

## 7.5 制定设计交叉融合教学模式的实施路径

通过跟踪交叉学科教学的起源，澄清交叉学科教学的内涵和本质以及交叉学科教学部门教学之间的关系，从理论上阐明交叉学科教学的正确路径，最后实现交叉学科教学实践的有效性。

### 7.5.1 设计交叉学科教学的应然路径

交叉学科教学内涵和实质的澄清为探讨其实施的应然路径奠定了基础。针对现实问题，交叉学科教学的实施路径可从以下几个方面着手。

（1）夯实各学科主体教学基础，加强各学科知识的联系

如上所述，交叉学科教学应以不同学科的教学为基础。在交叉学科教学过程中，学科教学是科学发展和学校教育的产物。主体性教学是学校教育本质的必然要求，是由学校教育的生产和生活的特点决定的。但值得注意的是，学科教学并没有完全脱离生产和生活。学科课程的基础之一是社会生产和生活的需要，因此不同学科的完整教学应包括知识的应用性教学。在明确了学科的基本概念和原则后，教师应详细讲解知识的具体应用，加强知识与生活的联系。然而，在学校追求毕业率的影响下，高分的实践目标逐渐被忽视甚至忽视了知识在教学中的应用。因此，加强学科教学的基础还应加强学科教学中的学科知识与生活的联系，加强学科与学科之间知识的联系，为交叉学科教学打下良好的基础。

### （2）增进学科间内在联系，切实实行交叉学科的教学实践

目前，交叉学科教学实践中机械式混合、刻意复杂化的问题表明，许多学校仍停留在"多学科教学"的层面，这并不是真正意义上的"交叉学科教学"。虽然"多学科"和"交叉学科"这两个概念经常被混淆，但实际上它们是有本质区别的。在研究领域，"多学科研究"是学科中心或方法中心的一种趋势，它局限于每个学科从自己的立场和角度出发，用自己的一套技术和方法来解决某个问题的某个层面或某一方面。"交叉学科研究"从特定的研究对象本身的丰富性和基础问题出发，采用策略解决问题。因此，"多学科"与"交叉学科"的区别在于是否建立了一个独特的、有机的方法体系。因此，一方面，要进一步加强以"问题"为中心的交叉学科教学。在选题上，要注意在现实情境中对现实问题的选择，在问题的基础上加强学科之间的内在联系。另一方面，要加强交叉学科教师队伍建设，既要注重多学科背景教师的培养，又要注重交叉学科教师队伍的建设，使成员利用自身的专业知识完成教学任务。才能从目前的"多学科教学"水平提升到真正的"交叉学科教学"水平。

### （3）正视交叉学科教学的局限，加强教学与科研之间的联系

交叉学科教学是当今世界教育改革的前沿课题，具有独特的实践价值。但是不可盲目地相信和夸大它的优势，甚至用"探索""经验""实践"来代替知识教学，很容易使交叉学科教学成为一种孤立的教育改革措施，偏离学校教育教学应有的意义。面对交叉学科教学的局限性，还需注意两个方面。首先，交叉学科教学的应用范围有限，需要一定的条件，其问题的设计是交叉学科教学时需注意的关键点。同时，学科之间的内在逻辑和连贯性决定了交叉学科教学的成败，其问题的难度和学生的知识库以及教师的知识结构、指导水平等因素，影响着交叉学科教学的有效开展，不能强行实施。其次，交叉学科教学作为设计学科的教学模式，应与设计学科科研项目建立联系，解决学科知识的综合运用及设计的实际问题，使设计交叉学科教学模式得以真正实现。

### （4）建立促进学科专业交叉融合机制

美国高等教育专家伯顿·克拉克（Burton Clark）曾提出著名的高等教育"学术、政府、市场"发展三角模式（图7-6）。从历史和比较的角度来看，以市场为导向的学科发展模式更有利于学科的不断调整、优化和交叉融合。如前章节中所分析的日本的高校就进行了大规模的交叉学科改革和实践。

近代日本对德国讲座教授制进行了大量研究，以学术主导教学、科研和学科的制度设计，导致了学科的不断分裂和教师研究的碎片化、封闭化。德国柏林大学的讲座教授制度确立了教授的绝对领导地位。

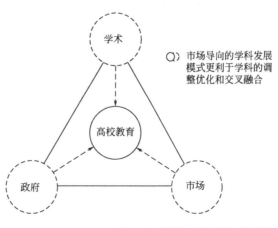

**图 7-6 高等教育发展的三角模型**

讲座教授制度是由一名导师带领青年教师和几名学生围绕某一学科的知识形成的小规模、精细化、师徒式的精英教育模式。由于一个学科只能有一个教授，教授的地位是很难撼动的，这就迫使年轻的学者努力开拓新的研究领域，以获得教授的地位。因此，文科类专业在日本大学中普遍开设，但研究领域的划分往往过于狭窄或被忽视，实用性较差。2015年日本文化部发布通知指出重组或取消人文社会科学以满足社会需求的合理化，进行科学和工程的方向改革，充分发挥创造性的研究，最大限度地整合资源和环境，完善专业知识，从而达到多学科"融合"。强调"要培养技术水平高、管理能力强的专业人才，必须立足理工科人才培养战略，强化以研究生院为中心的教育功能"。

可见，日本的改革是加强学科的整合和交叉整合，强调学科的建立和人才的培养，以满足社会需求，而不是学术需求。在行政主导的学科建设体制机制下，学科成为资源配置的基础，要以市场、社会为导向建立学科设置机制，才能打破学科固有利益，促进学科优化和交叉融合。

首先，面向市场和社会的学科和专业的建设要面对现实的问题和需要，不能单方面被学术或行政力量所主导。不同的学科可以围绕问题进行组合，在组合的过程中会有交叉整合。

其次，资源的分配是由问题决定的。没有社会需求、没有资源支持的学科，将无法在大学中长期发展，也无法促进学科的优化调整。同时，社会和学校对一门学科的评价首先是看它是否具有社会需要和发展优势。学科的调整、优化和交叉融合是建设适应社会需要的一流学科的必然要求，不仅要从人才培养和办学特色的角度来考虑如何优化和交叉整合，还要考虑如何建立和完善调整、优化和交叉整合的机制。

### 7.5.2 交叉学科促进了设计新学科专业的层次结构

运用设计学科教学的特点来拓展学科是学科结构最重要的体现。按照学科产生或形成的基础和要素划分，扩大化的设计新学科可分为新型学科、新生学科、新兴学科三种类型，具有引领性、融合性、创新性、跨界性、发展性等特点。这三个学科构成了新学科的基本。

（1）新型设计学科专业

新型设计学科专业是指为了满足传统产业转型升级对相应人才培养的需要，对传统学科和现有设计学科进行转型升级而形成的一门新学科（图7-7）。首先，传统与现有学科的升级是基于新经济对传统设计人才培养的新要求，特别是人工智能、大数

图7-7 新型设计学科专业

据、云计算、物联网等新技术对传统与现有设计学科的影响。从传统学科信息化、数字化和智能化三个方面探讨这些学科转型升级的途径和方法。其次，其他学科对传统设计专业的介入。

（2）新生设计学科专业

新生学科专业是指为了满足行业当前和未来发展对引领未来技术和产业发展的人才培养的需要，从不同设计学科的交叉结合或设计学科与其他学科的交叉融合中产生的一门新的学科（图7-8）。设计与科学、管理、经济、人文、医学、新闻、法律等学科的融合是现代产业发展的需要。新兴设计学科专业建设的重点是确立专业培养标准和培养方案，重组和优化课程体系和教学内容，构建实践性教育教学体系和师资队伍建设等。

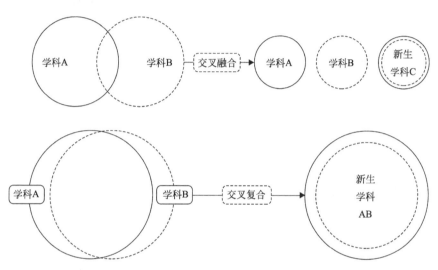

图7-8 新生设计学科专业

（3）新兴设计学科专业

新兴设计学科专业指的是新兴的、前所未有的新学科，主要是指从其他非设计学科，特别是应用科学等基础学科中延伸、扩展出来的，面向未来新技术、新产业发展的设计学科（图7-9）。近年来，基础学科孕育出的新兴技术在工业化后形成了新的产业，体现了以科学为代表的基础学科在引领未来技术、发展新兴产业、形成和建设新兴设计学科方面的重要作用。因此，有必要探索科学在技术前沿的应用，促进应用科学向产业的延伸，促进设计学科与其他学科的交叉融合。

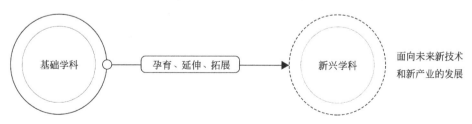

图7-9 新兴设计学科专业

## 7.6 保障设计交叉融合教学模式的机制

### 7.6.1 搭建有利于学科交叉发展的平台

发展交叉学科研究，必须突破传统学科边界上的学科组织模式，解决传统学科组织体系和管理体系与学科平台建设之间的冲突。要整合人力资源，组建科研团队，以建立研究平台和实质性的交叉学科研究机构为主体，虚拟的交叉学科研究机构为辅助。不同学科背景的研究者在交叉学科机构中可以相互碰撞，补充学习方法和知识，共同解决前沿问题，充分发挥学科体系效率的有效整合。

一方面，国家主管部门和高校应对交叉学科发展制度进行系统的顶层设计，设置独立的综合交叉学科门类，将综合交叉学科统一纳入学科管理轨道，使其获得合法的地位，为综合交叉学科发展提供制度平台。另一方面，改变学科狭窄的院系设置，提高院系所含学科的综合度。综合研究型大学整合教学组织机构，扩大学院的学科覆盖面，尽可能地消除同一学科门类之间的壁垒。再一方面，突破传统思维方式，以科技前沿问题为导向建立学科高度集成的研究机构和平台，以及富有弹性和灵活性的研究人员队伍。对研究人员实行双聘制度，在交叉学科研究机构与基础的院系交叉任职、成果互认，使不同学科的研究人员之间建立伙伴关系，促进他们广泛互动、深入交流和深度整合。

### 7.6.2 建立有效的交叉学科资源配置机制

与单一学科相比，综合交叉学科机构和研究项目基础薄弱，研究队伍极不稳定，研究项目也有很大的不确定性，以学科和部门的绩效为基础的资源配置方式，严重影响综合交叉学科获得竞争性资源的支持。充足的学科资源配置是学科发展的重要保障，为了鼓励研究者开展交叉学科研究和高校支持交叉学科研究的积极性，西方发达国家专门制定政策支持综合交叉学科的发展。例如，美国国家科学基金会、国立卫生研究院优先资助交叉学科研究基地、队伍建设和研究项目，许多高校设立"种子基金"资助新建立的跨院系研究机构等。近年来我国对综合交叉学科研究格外关注，并采取一些有针对性的资助政策。但是这些政策还是针对研究项目的资助，国家科技管理部门应改革对综合交叉学科的管理机制：一是，建立交叉学科研究管理部门。当综合交叉学科研究被列为单独的资助领域时，应设立专项资助，确定资助规模，给予支持性资助，优先开展前沿综合交叉学科研究。二是，适度弱化综合交叉学科研究的绩效资源配置模式，从基础平台和研究团队、长期支持、研究团队稳定性、调动研究积极性等方面增加综合交叉学科研究支持。三是，改变学科资源配置模式，建立基于问题的资源配置模式，建立交叉学科发展"种子基金"，重点支持重大前沿科学问题和国家战略问题。

### 7.6.3 完善科学的评价和绩效考核机制

研究表明，评价机制对综合交叉学科科研生产力的影响最为关键。交叉学科的长久发展需在课题立项与成果评审、职称评聘与绩效考核等方面建立有利于综合交叉学科发展的评价机制。首先，改进交叉学科项目和成果的评审机制，在评审专家遴选时，选择具有交叉学科教育背景的专家或从事过交叉学科研究的专家，一定数量的从事交叉学科理论研究的专家。这样的专家团队能够较为准确地理解、评价项目和成果的先进性，才能从理论的角度把握交叉学科研究的本质，有助于专业科学家理解交叉学科研究。其次，是对"双聘制"的教师进行职称聘任和晋升评审时，其所在部门的负责人必须邀请相关院系的专家共同担任评审委员会主任，保障交叉学科研究人员的利益。

### 7.6.4 推行交叉学科教学培养交叉型人才

交叉学科的综合发展需要多学科背景的复合型人才，而复合型人才只能来自交叉学科教育。我国的交叉学科综合研究水平相对较低，原创成果较少。这在很大程度上是因为中国研究者的学术背景单一。这不仅使中国的综合交叉学科研究远远落后于西方发达国家，也制约了前沿原创研究成果的产生。在教育部《普通高等学校本科专业目录》和《学位授予和人才培养学科目录》中除了建立一个独立的综合性交叉学科，各学科门类下还应设综合交叉一级学科和专业，授予综合交叉学科学位，为本学科的学位授予和人才培养提供法律依据，为克服以往学科目录对人才培养和学科发展的限制，保留跨学科综合发展的固定空间。

在培训过程中，课程设计和学习不应局限于传统的学科边界。要转变问题逻辑的教学模式，通过多学科知识的整合构建跨学科知识，加强对交叉学科的理解；注重多学科的理论和方法的应用，加强多学科背景的项目操作的团队合作，为学生构建一个全面的多学科的学习经验，改善他们整合知识和创造性地解决问题的能力，培养一流创新交叉型人才。

### 7.6.5 加强政产学研整合合作式的交叉学科教学

需要加强政府、产业界、高校和科研院所之间的合作。高校与政府开展合作教育可以通过培养产业需要的人才，支持政府产业政策措施的贯彻落实，促进产业的发展。同时，通过未来学科专业的建设和引领未来产业发展的方向来影响政府产业政策措施的制定。与产业或企业合作培养交叉学科人才，能够准确把握社会对交叉人才的需求。新产业相关的科研院可以为交叉学科教育带来研究新技术和发展新产业的研究人员、技术设备和环境条件，有利于交叉学科专业人才的培养。政府、产业界、高校和科研院所之间的合作可以协调多个利益相关者的关系，争取各种社会教育资源，建立一个新的交叉学科和专业合作教育模式。

### 7.6.6 营造设计交叉学科与各个组织间合作创新的氛围

高校科研与教育的互动在很大程度上取决于意愿、个人兴趣和自由的结合，具有很大的不确定性、复杂性和风险性。除了必要的制度和流程保障外，它还取决于教授的个人责任和内部动机，学校可以监督和控制，但不能采用行政干预。大学的特点是学科范围广泛，个人探索自由。也就是说，大学知识的创造和传播是一种"自下而上"的个人意志的非结构化状态，与国家科研机构以任务为导向的知识创造目标的

"自上而下"的责任管理有很大不同。

高校科研团队是科研人员自愿合作的组织形式,诚信、责任、能力、激励和期望效益是合作的基础。也就是说,科研团队具有生命力和可持续发展的条件,利用行政干预等手段来管理高校科研团队,效果会越来越差。高校科研团队自愿合作和有效运作的持续动力,一方面,来自科研人员的内在利益和意愿。另一方面,来自良好的评价机制和合作激励。大学的科研人员责任心强、学习能力强,一定会不断改进科学文化氛围和互信机制,对那些热爱科学研究、独立思考、勇于创新的人学校应鼓励他们对自己的学科进行创新,并与外校进行资源整合。

目前,我国高校由于缺乏有效的控制手段和凝聚力机制,阻碍了高校之间、高校内部各部门之间、重点实验室与科研人员之间的科技资源与成果的交流,在开展交叉学科合作研究方面面临诸多困难。当前系统的人事管理、科研评价和效益分配水平的大学学院和部门往往注重项目基金和科学家发表的论文数量以及奖励项目的完成,缺乏共享管理的基本条件,研究成果和研究的经验,以形式的研究风格为主,严重影响了高校科研发展的作用。许多研究型大学试图形成一个矩阵组织结构跨越重大科研项目的管理水平与垂直人事管理系统的大学、学院和部门的水平,以便解决人员自由流动的问题。即横向机构逐渐相对独立,无法实现科研与教育的互动;或者等级结构禁锢了研究者,使研究者无法进行有效的横向合作,其原因在于矩阵式组织结构交叉点上研究者的个人评价和激励问题没有得到根本解决。

高校的交叉学科合作在很大程度上依赖于学校与外校之间的合作,因此迫切需要培养团队精神,建立新的合作与运行机制,营造良好的科研氛围,提高交叉学科研究合作与创新能力。

结语
# 创造性未来设计交叉与
# 融合的趋势

## 设计交叉融合促进"双一流"学科建设

"双一流"学科建设是未来学科建设的趋势。党的十八大以来,国家进一步确立了推进世界一流大学和一流学科建设是提升中国高等教育综合实力和国际竞争力的重大战略决策。学科是高校人才培养、科学研究、社会服务、文化传承和创新的基本功能载体和工作单位。大学的学科建设水平具体反映了大学的综合实力、办学特色、学术影响力和社会地位。"双一流"学科建设注重内涵的发展,积极探索建设中国特色世界一流大学和学科的道路。国务院《统筹推进世界一流大学和一流学科建设总体方案》把"坚持以学科为基础"作为"双一流"学科建设的基本原则,强调"引导和支持高等学校优化学科结构,凝练学科发展方向,突出学科建设重点,创新学科组织模式,打造更多学科高峰,带动学校发挥优势、办出特色"。

交叉学科是自然科学、哲学和社会科学以及许多学科和专业交叉融合形成的知识体系,也是推动科技创新发展、促进重大原创成果的主要动力。教育部、财政部、国家发展改革委制定的《统筹推进世界一流大学和一流学科建设实施办法(暂行)》明确指出:"坚持以学科为基础,支持建设一百个左右学科,着力打造学科领域高峰。支持一批接近或达到世界先进水平的学科,加强建设关系国家安全和重大利益的学科,鼓励新兴学科、交叉学科,布局一批国家急需、支撑产业转型升级和区域发展的学科。"从世界一流大学和一流学科的发展历程和经验来看,"学科间的交叉融合形成新兴的研究领域,研究领域的发展完善进而形成新的学科,并反过来赋予传统学科新的内涵是高水平学科形成和发展的重要规律"。发展中国特色哲学社会科学学科体系,要"使基础学科健全扎实、重点学科优势突出、新兴学科和交叉学科创新发展、冷门学科代有传承、基础研究和应用研究相辅相成"。从中可以看出,交叉学科是建设世界一流大学和一流学科的有效途径和关键环节。

## 设计交叉与融合引领科技理念创新

从科学发展历程来看,"分类与精细化"是现代科学发展的主要表现,"交叉综合"是20世纪以来科学发展的重要动力。因此,以深度分异为基础的高度交叉融合成为当代学科发展的重要趋势之一。学科交叉是促进学科发展、产生前沿创新的有效途径,也是当代科学发展的主要动力。传统意义上的基础研究、应用研究和技术发展的界限越来越模糊,技术创新活动不断突破区域、组织和学科的界限,逐步演变为创新理念、创新战略和创新体制的竞争。高校许多学科都有其独特的交叉学科发展条件。高校必须遵循科学发展的趋势和科技创新的法则,放弃学科分离的思维模式和组织建设,建立促进交叉学科合作和发展的概念,注重学科建设和布局优化,强调交叉学科的整合创新与深度集成,以创新资源为突破口,不断增强高校经济社会发展的驱动力,使交叉学科建设支持国家创新驱动发展,充分融入国家科技创新体系。

## 设计交叉与融合增强体制上的创新

制度和机制的创新是增强交叉学科的内部力量,是实现可持续发展的重要保证。高校应该从根本上突破科学研究和学科范式基于传统学科的界限,注重加强顶层设计、系统规划和整体突破，并逐步建立体制机制。交叉学科作为一种综合性的、跨学科的产物，有利于解决人类面临的重大而复杂的全球性社会问题。高校应该优化和调整学科布局，敢于打破学科壁垒，专注于合作创新，建立科研平台，探索合作研究的集成机制，努力形成一个有利于交叉学科的发展跨学科机制。教育部需进一步探索有利于完善交叉学科建设的制度保障体系，完善高校学科分类体制，在学科专业目录的设定和学位授予方面，给交叉学科预留充分的发展空间，赋予交叉学科与传统学科同等地位。学科门类下可设交叉学科为一级学科，同时给学校更多的自主权，充分体现科学性、前瞻性、系统性和灵活性，以更好地推动交叉学科科学研究、人才培养多元化实践。国家相关部门应以建立不同层面的交叉学科管理机构为重点，探索有利于推动交叉学科发展的运行体制，定期分析和评价我国交叉学科建设情况，提出促进深化交叉学科建设研究的对策建议，全面推进交叉学科兼容、协调发展的运行机制。作为高校特别是综合性、研究型大学，也应探索依托学校学术委员会，建立专门交叉学科组织，重点规划和指导本单位交叉学科的建设和发展。

## 设计交叉与融合是夯实学科建设的基础

近年来，高校越来越重视交叉学科建设，积极探索和培育交叉学科作为重点学科建设新的增长点，并取得了一些初步成果。从整体上看，这些探索仍处于初级阶段，交叉学科研究合作虽然受到更多的重视，但交叉学科建设的基础还相对薄弱。"交叉学科建设不是简单的学科叠加、专业拼凑和方向合并，其本质在于学科间的交叉渗透和知识的融合会聚以及由此催生的原创性发展动力"。高校应促进交叉学科建设管理方面的改善，遵循学科建设规律，创新管理模式，加快建设一个高效的管理机制，提高交叉学科建设的质量和水平；重点围绕现有的基础学科、优势学科和特色学科开展交叉学科建设，整合资源、组建团队，统筹安排学科基础相关、内在联系紧密、资源充分共享的交叉学科和学科群建设，尽快形成新的学科领域和研究特色，逐步增强交叉学科建设的核心竞争力。完善交叉学科评价体系，充分尊重学科建设的差异性和科研人员的个性，营造宽松包容的协同创新的学科环境和良好的学科生态，以促进设计交叉与融合的长足发展。

# 参考文献

[1] 郭国强.论交叉学科专业教学团队的内涵及建设[J].中国大学教学,2013(03):70-72.

[2] 陈香,张凌浩,陈嫄.当代视野下"大设计"教学模式的构建与思考[J].创意与设计,2013(03):42-44+55.

[3] 曹盛盛.解读美国艺术教育环境背后的教育理念——访美国三所艺术设计院校之心得[J].装饰,2013(08):70-71.

[4] 李佳敏.跨界与融合[D].华东师范大学,2014.

[5] 高磊,赵文华.学科交叉研究生培养的特性、动力及模式探析[J].研究生教育研究,2014(03):32-36.

[6] 钱晓波.米兰理工大学——意大利最重要的建筑、设计、工程大学[J].创意与设计,2014(06):58-62.

[7] 郭明净.美国跨学科研究生教育述评[J].现代教育科学,2014(3):30-35.

[8] 日本教育ソリューション.大学入試改革で教育構造は変わるか:大学全入時代と少子化の中で抜本的仕組みの変革望む[J].月刊カレント,2014(3):2-6.

[9] 王毅,常丽霞.美国工业设计专业学生就业能力提升的教学策略研究及启示[J].中国大学生就业,2014(08):26-30.

[10] 曹恩国,邓嵘,张寒凝.工业设计专业实践型交叉课程教学模式初探[J].创意与设计,2014(06):63-66.

[11] 付志勇.从学科交叉到开放性创新人才培养——写在清华美院信息艺术设计系建系十年之际[J].装饰,2014(12):12-15.

[12] 齐冀.米兰欧洲设计学院服装设计专业创新型人才培养的实践教学[J].装饰,2014(04):102-103.

[13] 李娟、陈香地域文化符号融入博物馆文创产品设计中的策略研究[J],包装工程,2020,41(8):160-165.

[14] 尹虎.探索学科交叉融合的综合性工业设计教学模式[J].图学学报,2014(03):459-463.

[15] 汤箬梅.创新设计教育:艺术设计高等教育跨学科发展趋势[J].南京艺术学院学报(美术与设计版),2014(05):125-128.

[16] 万秀兰,尹向毅.美国高校交叉学科发展模式及其启示[J].比较教育研究,2014(12):20-25.

[17] 华明,常姝,董维春.美国高校推进学科交叉融合的范例探析及启示[J].学位与研究生教育,2014(09):73-77.

[18] 绿川享子.教育ソリューション大学入試改革で教育構造は変わるか:大学全入時代と少子化の中で抜本的仕組みの変革望む[J].月刊カレント,2014(3):23-30.

[19] 大膳司.高大接続に関する研究の展開：2006年から2013年まで[J].大学論集，2014（9）：21-25.
[20] 蒋红斌.融在生活里的设计教育——日本北海道札幌市立大学考察[J].装饰，2015（02）：72-73.
[21] 蒋盛楠.美国本科生跨学科教育探究及启示[J].黑龙江高教研究，2015（5）：58-61.
[22] 陈乐.创建世界一流大学视域下学科体系构建的实证研究——基于中美18所研究型大学的比较[J].山东高等教育，2015（12）：42-53.
[23] 张忠福.美国高校学科专业和课程设置特点及其启示[J].现代教育科学，2015（05）：161-166.
[24] Martin Thaler.美国伊利诺伊理工大学马丁·泰勒教授"如何进行创新设计"专题讲座[J].工业设计，2015（07）：12-13.
[25] 宋漾.意大利高等院校工业设计教育体系研究[J].高教学刊，2015（14）：1-3+6.
[26] 张凌浩.创新性与复杂性——为转型而设计的教育思考[J].创意与设计，2016（06）：74-79.
[27] 魏洁.社会转型与设计教育变革——江南大学设计学院"121整合创新人才培养模式"探索[J].装饰，2016（07）：131-133.
[28] 娄永琪.从"追踪"到"引领"的中国创新设计范式转型[J].装饰，2016（01）：72-74.
[29] 马谨，娄永琪.基于设计四秩序框架的设计基础教学改革[J].饰，2016（06）：108-111.
[30] 邓嵘.重构工业设计专业课程体系的探索[J].创意与设计，2016（04）：74-77.
[31] 辛向阳.设计教育改革中的3C：语境、内容和经历[J].装饰，2016（07）：124-127.
[32] 辛向阳."设计教育再设计"系列国际会议回顾[J].设计，2016（18）：93-94.
[33] 廖曦，鲍懿喜.综合设计课程中协同教学的特性与方法——以整合创新设计课程为例[J].装饰，2016（07）：142-143.
[34] 彭茹娜，张希承.美国艺术硕士（MFA）人才培养模式初探——以佛罗里达大学艺术与艺术史学院为例[J].设计艺术研究，2016（04）：118-125.
[35] 焦磊，谢安邦.美国研究型大学跨学科研究发展的动因、困境及策略探究[J].国家教育行政学院学报，2016，（10）：89-95.
[36] 陆挺.美国大学艺术教育的模式、特点及其对中国大学艺术教育的启示[J].艺术百家，2016（04）：211-215.
[37] 李文英，陈元元.抑文扬理：日本国立大学课程改革新动向[J].比较教育研究，2016（10）：53-58.
[38] 段鹏.美国国家核心艺术课程标准的内容、特点与启示[J].课程.教材.教法，2016（01）：122-127+121.
[39] 何月琦.美国艺术教育的转变与发展走向——基于艺术教育国家标准与国家核心艺术标准的比较分析[J].教师教育学报，2016（05）：112-118.
[40] 胥秋.大学交叉学科组织的类型与特点探究[J].现代教育科学，2016（01）：86-90.
[41] 王莹玥.浅析卡耐基梅隆大学本科生跨学科人才培养——以BXA跨学科学士培养项目为例[J].林区教学，2016（05）：122-123.
[42] 张卫伟.中美工业设计教学方法比较研究[J].艺术教育，2016（03）：172-173.
[43] 邓嘉瑜.美国研究型大学跨学科人才培养的模式研究[D].华南理工大学，2016.

[44] 周晓琪.留学意大利是中国区域经济发展的风向标—意大利教育中心发布留学意大利大数据[J].留学，2016（23）：17.

[45] 苗岭，周东梅.美国高校艺术设计教学实践对我国教学改革的启示[J].新课程研究（中旬刊），2016（04）：134-136.

[46] 路杨.美国研究型大学跨学科组织的生成与运行初探[J].现代教育科学，2016（03）：115-120.

[47] 张炜，颜盼盼.美国华盛顿大学跨学科教研融合模式及经验启示[J].科技管理研究，2016（023）：121-125.

[48] 渡边敦司.大学システム改革会議「最終報告」を読む：先行する「大学改革」にも注目を[J].月刊高校教育，2016（07）：1-5.

[49] 朱强.交叉学科视野下的大学生创新能力培养研究[D].山东大学，2017.

[50] 鲍懿喜.从硕士学位论文看卡耐基·梅隆大学交互设计的研究特色[J].南京艺术学院学报（美术与设计），2017（06）：205-208.

[51] 邓嵘.关于产品设计与工业设计教学专业特色发展的思考——以江南大学设计学院教学改革为例[J].设计，2017（24）：118-119.

[52] 庄丽君.美国工业设计本科教育的特点分析——基于8所高校的样本研究[J].世界教育信息，2017（15）：36-38+42.

[53] 袁金龙.中西方工业设计教育教学方法的对比研究以及教学建议——以美国为例[J].艺术科技，2017（12）：404.

[54] 张明.工业设计专业毕业设计跨学科教学的实践研究[J].工业设计.2017（10）：27-28.

[55] 高博.同济大学设计创意学院立体"T型"服务设计本科教学的探索和实践[J].创意与设计，2017（03）：81-85.

[56] 张赫晨，项忠霞，杨君宇.基于多学科交叉的工业设计人才培养模式探索[J].设计，2017（13）：85-87.

[57] 闫永蚕，汤洲.跨学科理念下的工业设计专业自主性学习模式探索[J].艺术与设计（理论），2017（07）：145-146.

[58] 王平.艺术设计教育的跨文化研究与思考——访问美国太平洋大学艺术设计系有感[J].艺术教育，2017（Z1）：189-190.

[59] 路杨.美国研究型大学设立跨学科组织的功能性条件[D].浙江师范大学，2017.

[60] 王海平.中美研究型大学远缘跨学科学术合作状况比较研究[D].天津大学，2017.

[61] 李雷鹏.美国艺术教育的特征及启示[J].中国高等教育，2017（23）：58-60.

[62] 陈艾华，吕旭峰，王晓婷.研究型大学跨学科科研生产力提升机制实证研究[J].科研管理，2017（11）：82-87.

[63] 颜建勇，李晓峰.设立交叉学科学位：培养研究生创新人才的可供选择[J].高等工程教育研究，2017（01）：179-184.

[64] 胡伟峰.美国奥本大学工业设计专业设计基础课程介绍与经验总结[J].创意与设计，2017（06）：56-62.

[65] 范冬清，王歆玫.秉承卓越：美国研究型大学跨学科人才培养的特点、趋势及启示[J].国家教育行政学院学报，2017（9）：80-86.

[66] 焦磊，谢安邦，赵军.美国大学STEM领域博士生跨学科"规训"研究——基于IGERT项目[J].清华大学教育研究，2017（2）：50-56.

[67] 耿益群.美国研究型大学跨学科研究教师绩效评价的原则、途径与特点[J].现代教育管理,2017(4):41-45.

[68] 蔡端懿,赵静.意大利设计学科研究生教育现状研究——以米兰地区设计院校为例[J].艺术与设计(理论),2017(03):150-152.

[69] 阿不都西库尔·扎依提,穆哈西.浅析意大利高等教育和中国高等教育的差异[J].教育现代化,2017(19):83-84+89.

[70] 赵慧臣,周昱希,李彦奇,刘亚同,文洁.跨学科视野下"工匠型"创新人才的培养策略——基于美国STEAM教育活动设计的启示[J].远程教育杂志,2017(01):94-101.

[71] 袁金龙.中西方工业设计教育教学方法的对比研究以及教学建议——以美国为例[J].艺术科技,2017(12):404.

[72] 潘长学,季晓莉.面向技术特异点的设计教育——访谈日本筑波大学名誉教授原田昭先生[J].设计艺术研究,2017(05):1-4.

[73] 马素文,朱华欣.探讨多学科交叉背景下的高校设计工作室制度改革[J].艺术评鉴,2017(07):125-127.

[74] 惠玉,王淼.国外校企合作应用型人才培养模式及其启示[J].北京城市学院学报,2017(06):77-80.

[75] 刘梦竹,王永鹏,路大勇.多学科交叉的"拔尖计划"人才培养模式的探讨[J].吉林化工学院学报,2018(08):17-19.

[76] 刘璘琳.高校跨学科协同教学模式的运行机理与实现策略:知识共享的视角[J].重庆高教研究,2018(03):107-116.

[77] 梁峭,陈旻瑾,陈香.汽车车身消失面的构建方法分析与教学,创意与设计,2018(03):48-54.

[78] 陈香、张庭瑜,中意高校设计专业跨学科教学模式比较研究[J],美术大观,2020,389,(05)126-129.

[79] 张庭瑜、陈香,意大利高校设计专业跨学科教学模式比较研究[J].美术教育研究,2020(6).58-59+68.

[80] 张咏梅.以设计思维为导向的创新人才培养模式初探——以上海市同济黄浦设计创意中学为例[J].创新人才教育,2018(02):42-45.

[81] 包水梅,谢心怡.美国研究型大学博士生跨学科培养的基本路径与支撑机制研究——以普林斯顿大学为例[J].江苏高教,2018(3):95-100.

[82] 乔涵丽,陈安,蒋宜蓉.中意理工类大学必修基础课程教学模式及效果初探[J].高教学刊,2018(21):10-12.

[83] 黄艳丽,范伟,张妙.意大利设计教育国际化战略探析[J].湖南社会科学,2018(02):180-187.

[84] 秦洁.学科交叉视域下的品牌设计教学改革路径探索[J].设计,2018(19):39-40.

[85] 袁广林.综合交叉学科发展的组织建构和制度设计——基于我国大学创建世界一流学科的思考[J].学位与研究生教育,2018(07):1-8.

[86] 何岩.多学科交叉融合的综合性设计类专业教学模式探讨[J].读与写(教育教学刊),2018(06):33.

[87] 廖菁菁.日本建设世界一流大学的战略及实践——以日本东北大学为例[J].当代教育科学,2018(05):86-91+96.

[88] 郑文涛."双一流"背景下的高校交叉学科建设研究[J].首都师范大学学报（社会科学版），2018（01）：160-166.

[89] 张婧霞.日本培养面向未来的人才的目标、指标及对策——解读日本第二期教育振兴基本计划[J].高教学刊，2018（15）：11-14.

[90] 王梅，李梦秀.斯坦福大学工程学院的跨学科教育及启示[J].教育评论，2018（04）：160-164.

[91] 陈要勤，冈田昭人.日本应用型人才培养及对中国教育的启示[J].教育与职业，2018（19）：107-112.

[92] 吕云震.欧洲应用科技大学科研资助的类型及管理特色[J].中国高校科技，2018（04）：37-40.

[93] 陈香，张庭瑜.新工科语境下工业设计跨学科人才培养模式研究，创意与设计，2020（02）：48-54.

[94] Lefeber, D., Mireles, M., Fang, Y., & Ostwald, S..Facilitating a paradigm shift in geriatric care: An innovative educational and training model for interdisciplinary teamwork[J].American Acupuncturist, 2013（63），32-41.

[95] Science-Applied Sciences; Studies from Constantine the Philosopher University in Nitra in the Area of Applied Sciences Published（Predicting Student Grades Based on Their Usage of LMS Moodle Using Petri Nets）[J].Science Letter, 2019.

[96] Life Science Research-Organic Research; Recent Findings from Niederrhein University of Applied Sciences Provides New Insights into Organic Research（Lipase Catalyzed Modification of Functionalized Polyester Binders）[J].Biotech Week, 2019.

[97] Xiang Chen, Rubing Huang etc.A Novel User Emotional Interaction Design Model Using Longand Short-Term Memory Networks and Deep Learning.Frontiers in Psychology.2021（12）：1-13.